Ferdinand Falkson

Giordano Bruno

Ferdinand Falkson

Giordano Bruno

ISBN/EAN: 9783744644778

Hergestellt in Europa, USA, Kanada, Australien, Japan

Cover: Foto ©ninafisch / pixelio.de

Weitere Bücher finden Sie auf **www.hansebooks.com**

Vertheidigter Grund

des an die

allgemeine Reichs-Versammlung

gelangten

Sponheimischen Recurses

wider die

Reichskammergerichtliche Erkänntnisse

und eine

zu deren Rechtfertigung zu Wetzlar gedruckte

sogenannte

Actenmäßige Proceß-Geschichte,

nebst

rechtlichen Ausführung

in Sachen

der Freiherrn von Dürckheim

entgegen

die ehemalige Sponheimische gemeinschaftliche Regierung zu Trarbach

Prætensi Mandati de non violando Territorium S. C. modo provocationis ex l. diffamari, nunc revisionis incompetenter rejectæ

das

Hinter-Sponheimische Mann-Lehn

Züsch

nebst der Landeshoheit

betreffend.

Mit Beilagen von Nro. 81. bis 134.

Carlsruhe, 1779.
gedruckt bei Michael Macklot,
Markgräflich Badischen Hofbuchhändlern auch Hof- und Canzley-Buchdruckern.

Einleitung.

Es ist ohnlängst eine sogenannte actenmäßige Proceß-Geschichte in Sachen der Freiherrn von Dürckheim wider die aufgehobene gemeinschaftlich-Sponheimische Regierung zu Trarbach und den vormaligen Amtmann Fabert zu Birckenfeld, Mandati de non violando Territorium &c. S. C. nebst einer vermeinten Rechtfertigung des Kaiserl. Reichskammergerichtlichen Verfahrens an das Licht getreten, wodurch dargethan werden wollen, daß der von des Regierenden Herrn Marggraven zu Baden Hochfürstl. Durchl. an die hohe Reichs-Versammlung zu Regenspurg genommene Recurs in gegenwärtigem Falle nicht statt finde, weilen weder des Herrn Marggraven Durchlaucht eine besondere, noch denen höchst- und hohen Reichsständen eine allgemeine Beschwerde seye zugefüget worden.

X 2 Der

Der Herr Verfasser hat sich bemühet, der Sache eine andere Wendung zu geben und sie lediglich nach dem Gesichts-Punct eines Spolii vorzustellen. Er sahe aber sich genöthiget, die Facta zu verwirren und zu verstellen, denen auf unrichtige Vorträge erschlichenen Kammergerichtlichen Erkänntnissen eine eigene willkührliche Deutung zu geben, den Unterschied zwischen denen vorigen Beklagten und jeztmaligen Provocanten zu mißkennen, den Sponheimischen niemalen strittig gewesenen Lehns-Nexum zu läugnen und ein hauptsächliches Reichs-Grundgesetz, den Westphälischen Frieden, in Betreff des Rechtsmittels der Revision, zur Rechtfertigung des Kaiserl. und Reichs-Kammergerichts, eigenmächtig zu erläutern, dasjenige aber, was denen Freiherren von Dürckheim hauptsächlich entgegen stehet, mit Stillschweigen zu übergehen.

Diese Schrift ist gewidmet, den Ungrund jener Einstreuungen an das Licht zu legen, und zum Ueberflusse weiters darzuthun, daß allerdings durch das Verfahren des Kayserl. und Reichskammergerichts denen Höchst- und Hohen Ständen des Teutschen Reiches eben so eine allgemeine, wie dem Fürstl. Sponheimischen Lehenhof und des nun regierenden Herrn Marggraven von Baden Durchl. eine besondere Beschwerde zugefüget worden seye.

Man will jedoch zu Vermeidung überflüßiger Weitläuftigkeit, ohne das mindeste durch nicht Berührung einzuräumen, nur das Hauptwerk bemerken, und sich übrigens auf die Recurs-Schrift beziehen, worinn der unangefochten gebliebene auch mit Urkunden belegte Beweiß lieget:

Erstlich, daß das Dorf Züsch mit seiner Zugehörde (ein uraltes Reichsständiges Eigenthum derer Graven zu Sponheim) in dem Jahr 1368. dem Stammvater der Vögte zu Hunolstein Freiherrn Johann zu rechtem Mannlehn von Graven Johann von Sponheim ist gegeben worden (§§. 3—5.)

Zweytens, daß die in drey Linien, Merxheim, Dürrkastell und Sötern sich abgetheilte Nachkommen des gedachten Johann Vogts zu Hunolstein, so lange die Hunolstein-Merxheimische Linie in dem

dem alleinigen Genuß dieses Mannlehns gestanden, dasselbe von Fällen zu Fällen requiriret und recognosciret haben. (§§. 10-22.)

Drittens: daß auch nach der Hand, als Otto Philipp Vogt zu Hunolstein der ohneinsletzte von der Söterischen Linie, in den Genuß solchen Mannlehns getreten ware, dieser a) in gleicher Masse, wie von dessen Vater und andern Hunolsteinischen Lehnträgern geschehen ware, nicht vor sich und seinen Sohn alleine, sondern als Senior domus, im Nahmen gesammter Vögte zu Hunolstein, um die Renovation und Investitur der von Sponheim tragenden Lehne am 18. Aug. 1665. gebeten, darauf auch unterm 25. Apr. 1668. einen Lehnsindult erhalten, demnächst b) unterm 4. Octobr. 1670. als bey dem Lehnhof eine Veränderung vorgegangen ware, auf gleiche Art die Lehne requiriret, mit einer Vollmacht von Johann Georg Vogt zu Hunolstein sich legitimiret, auch c) im Jahr 1671. zu Rastatt und d) nach dem Hintritt des Herrn Marggraven Wilhelms zu Baden im Jahr 1679. zu Zweybrücken mit dem Züscher Lehn, als Träger vor sich und seine Vettern, welche von dem ersteren Acquirenten her posteriren, die Belehnung empfangen habe; (§§. 23-29.)

Viertens: daß dessen Sohn Ernst Ludwig, der letztere Vogt zu Hunolstein Söterischer Linie, und derer Herren Gegner angeblicher Erblasser, a) unterm $\frac{2}{1}$ März 1684. nach seines Vaters Tod, durch Hanns Georg Vogt zu Hunolstein, als Seniorem domus und Trägern, das Lehnmuthen und wegen unterlassener Requisition um Vergebung bitten lassen, (§. 33.) auch b) unterm 5. Apr. 1684. selbst um Nachsicht bey dem Lehnhofe supplicirte (§ 34) und in einer wiederholten Supplication die Schuld des vorgegangenen Fehlers auf die Nachläßigkeit des Hanns Georg Vogts Hunolstein, Merxheimischer Linie, schieben wollen, weilen diesem als Seniori domus obgelegen gewesen, wie derselbe von ihme mehrmalen erinnert worden wäre, als Träger die Schuldigkeit zu beobachten; (§. 35.)

Fünftens: daß dieser Sponheimische Vasall der Herrn Gegnere Erblasser auch in der Folge nicht sich einfallen lassen, das Züscher Mann-Lehn als ein Eigenthum zu besitzzen, vielmehr nach dem Ableben des Senioris domus Hanns Georg von der Merxheimischen Linie, er Ernst Ludwig als damaliger Aelteste des lebenden Geschlechts derer Vögte zu Hunolstein, als Träger in seinem und seiner Agnaten Namen, a) den 24. Merz 1700. und eben so b) bey veränderter Lehns-Hand am 1. April 1707. das Lehn requiriret und recognosciret hat; (§. 39 und 41.)

Sechstens: daß die Vermündere derer Testaments-Erben des Ernst Ludwigs Vogts zu Hunolstein im Namen ihrer Pupillen der drey Eckbrechte von Dürckheim a) das Sponheimische Obereigenthum des Züscher Lehns durch eine Lehns-Requisition vom 5. Jul. 1717. selbsten anerkannt- und obwohlen sie aus Unwissenheit und Irrthum, oder wider besseres Wissen, dieses Mannlehn vor ein durch das Testament quæstionis von dem Hunolsteinischen Stamm auf die von Dürckheim gefallenes Erblehn dazumalen ausgegeben hatten (§. 46.) dennoch nachher b) unterm 24. Jul. 1724. die Mannlehnseigenschaft anerkannt- (§. 49.) auch c) den Felonie-Proceß gegen die Vögte zu Hunolstein bey dem Sponheimischen Lehnhofe in denen Jahren 1737. und 1738. selbst eingeleitet, (§§. 59. 60. 61. 62.) und d) gegen vortheilhafte Versprechungen, ex capite gratiæ, um die Conferirung des Züscher Mannlehns supplicirt- (§. 49 & 63.) zu dem Ende e) um eine Sententiam declaratoriam gegen die ganze Dürrkastellische- auch die Merxheimische Linie derer Vögten von Hunolstein, propter omissas renovationes &c. nachgesuchet (§. 62.) auch noch f) am 29. Febr. 1739. um des Sponheimischen Lehnhofes Final-Resolution gebeten, (§. 65.) und als in dieser offenbaren Lehns-Sache, sowohlen die Sententia declaratoria gegen die Vasallen von Hunolstein, als gegen die Freiherren von Dürckheim den 23. Dec. 1739. ein abschlägiges Final-Resolutum publiciret wurde, diese zwar g) durch ihren Bevollmächtigten zu Carlsruhe vor einem Kaiserl. Notarien am 30. December 1739. appelliren lassen, jedoch solche Berufung nicht fortgeführet,

ret, sondern den Bescheid, eben so wie die Vasallen derer Vögte zu Hunolstein, das durch die Freiherren von Dürckheim betriebene Lehnhofs-Urthel, in die Rechtskraft haben erwachsen lassen (§§. 65. 67. 68.) folglich kein Recht hatten, der Execution des Urthels sich zu widersetzen.

In Betreff des Kammergerichtlichen willkührlichen Verfahrens und der daraus entstandenen besonderen auch allgemeinen Beschwerden, könnte zu dessen Darlegung völlig genug seyn, wenn man anführet, daß in der durch die Freiherren von Dürckheim während ihrem Proceß veranlaßten oder doch mit eingeflochtenen anderen Züscher Sache der Mittelrheinischen Reichs-Ritterschaft, entgegen die Sponheimische gemeinschaftliche Regierung zu Trarbach und Amtmann Fabert zu Birckenfeld, Mandati de non turbando in possessione vel quasi juris collectandi, ut & restituendo spoliatiue ablata &c. S. C. nunc interpositæ Revisionis, durch ein Urthel vom 24. März dieses 1779ten Jahrs, die zu gleicher Zeit in der ganz ähnlichen Dürckheimischen Sache mit eingelegte Revision, gegen die von gedachter Reichs-Ritterschaft gestellte Caution zugelassen worden ist; *) Hingegen das nemliche Hochpreißliche Gericht in der weit weniger zu einer Spolien-Sache sich qualificirenden Züscher Lehens-Sache, die bey denen Umständen derer Freiherren von Dürckheim höchstnöthige Caution, eben durch die Verwerfung der von des Intervenirenden Herrn Marggraven zu Baden Durchl. behörig eingelegten Revision entzogen hat. Bey dem bekannten Schicksal der letztern Reichs-Visitations-Deputation, und bey dem entfernt anscheinenden Prospect zu einem Fortgang des Revisions-Gerichts, bleibet kein anderes Mittel als der Recurs an das unter seinem allerhöchsten Oberhaupt versammlete Reich übrig, wann das Kaiserl. und Reichskammergericht gegen Reichsständische Lehnhöfe, in erster anmaßlicher Instanz, mittelst des Processus summariissimi, über die Landeshoheit erkennen will, und wenn dieses höchste Gericht nicht nur gegen die Execution eines von Reichsständischen Lehnhöfen gefällten und in Rechtskraft gegangenen Urthels, zu Gunsten eines Inuasoris priuati mit Gebots-Briefen fürfahret, sondern

* Siehe Anlage unter Nro. 81. Nro. 81.

dern auch einen aus eigenem Rechte intervenirenden dritteren Reichsstand enthöret, sogar als Spoliatorem behandelt und in nicht veranlaßten angeblichen Schaden, auch in nicht genossene nachgeerbte Fructus, mit dem Anhang, condemniret, daß er das Lehnguth an die Erben des unberechtigten Inuasoris abtreten und sein Recht darauf in dem ewigen petitorio suchen solle. Wer wird aber mißkennen, daß eine allgemeine Gefahr bey landesherrlichen Besitzungen und Territorial-Rechten entstehen müsse, wenn das Kaiserl. und Reichskammergericht sich erlauben darf, vermittelst eigenmächtiger und irriger Erklärung derer Reichsgesezze, über das dermalen Flebile beneficium revisionis, welches nur bis zur Stellung tüchtiger Caution den effectum suspensivum hat, und zwar über die Materialien gegen den Intervenirenden, an allem was vorgegangen wäre keinen Theil habenden Reichsstand zu erkennen, dasselbe bald in dem nemlichen Falle zuzulassen, und bald wieder gesetzwidrig zu verwerfen? Wer hier kein Gravamen commune findet, der muß an der Möglichkeit zweifeln, daß jemalen eine gemeine Beschwerde entstanden seye und entstehen könne.

Der Stammtafel setzet man die hier nachstehende verbesserte entgegen, woraus der Status controversiæ mit einem Blick kann übersehen werden.

Summarischer Innhalt.

Einleitung.

Erster Abschnitt.

Nähere Entwickelung der Geschichte.

Erste Abtheilung.

Beweiß, daß die Freiherrn von Dürckheim durch das Testament Ernst Ludwigs Vogten zu Hunolstein weder ein Recht auf das Hunolsteinische Mannlehn, noch per constitutum possessorium den Mitbesitz von Züsch erlanget haben.

§. 1. Der eigentliche Grund, von welchem die Dürckheimische Ansprache und die Possession hergeleitet wird, §. 2. ist nur bey der heimlichen Sollicitatur zu Wetzlar vorgebildet worden, nicht aber in denen Cammergerichts-Acten zum Vorschein gekommen. §. 3. Die eigene gegnerische Urkunde widerleget das Vorgeben. §. 4. Der entfernte Grund wird gesuchet in einem- unter Abfindung des Wild- und Rheingrävlichen Lehnhofes von der Hunolstein-Sötterischen Linie theils ererbten und theils von denen andern beyden Linien erkauften angeblichen Eigenthum des Eberswaldischen Guts. Der nähere Grund wird aus einer angeblichen Disposition Ernst Ludwig Vogts zu Hunolstein-Sötern hergeleitet. §. 5. Es ist aber die Disposition verdächtig, auch berühret sie nicht das Züscher Lehn, §. 6. welches schon im Jahr 1368. als ein Mannlehen auf das Haus der Vögte zu Hunolstein von Graven Johann zu Sponheim ist verliehen worden, §. 7. wogegen das Eberswaldische Lehn von einem andern Lehnhof abhanget und erst im Jahr 1602. als ein mütterliches Beybringen an das Hunolsteinische Haus gekommen ist, auch mit dem Sponheimischen Lehn ganz und gar nicht in Verbindung stehet. §. 8. Es kan deswegen bey dem Streit mit Sponheim nicht darauf ankommen, ob und wie die Söterische Linie zu dem Eberswaldischen Lehen gekommen seye. §. 9. Nur das Sponheimische Mannlehen nebst der Landeshoheit von demselben ist dermalen das Objectum litis. In Betreff des ersteren kommt es nicht darauf an, welche Hunolsteinische Linie oder wer den Genuß von dem Lehn gehabt. §. 10. Beweiß und Erläuterung des Hunolsteinischen Seniorats und wie es mit der Lehnsträgerey ist gehalten worden. §. 11. Der Dürckheimische Erblasser wird als unverwerflicher Beweißzeuge angeführet. §. 12. Weitere Nachricht von dem Hunolsteinischen Seniorate. §. 13. Franz Leopold Vogt zu zu Hunolstein handelt gegen die Seniorats-Ordnung und verwickelt über die zweierley Züscher Lehne die Höfe von Kur-Trier und Sponheim in nachbarliche Gränzstrittigkeit. Merkwürdiger Umstand zur Beurtheilung der Sponheimischen wahren Lehns-Sache. §. 14. Diesen Umstand wollten die von Dürckheim sich zu Nutze machen und allen vorhin anerkannten Sponheimischen Lehns-Nexum mißkennen, um ein Erbrecht vorzubilden; §. 15. Allein ihr eigenes Geständniß widerleget sie. §. 16. Weiterer Beweiß. §. 17. Verfolg. §. 18. Fernerer Verfolg. §. 19. Schlußfolge, daß das Mandat de non violando territorium erschlichen seye.

Zweyte Abtheilung.

Untersuchung der Geschichte von der Zeit des Ablebens Ernst Ludwig Vogts zu Hanolstein bis zur Zeit des gegen die Freiherrn vor Dürckheim erfolgten abschlägigen Lehnhof-Decrets.

§. 20. Die gerühmte Besitz-Ergreifung von dem Jahr 1716. wird beantwortet, §. 21. und remissive widerleget. §. 22. Der Gegentheil vermenget die Besitznehmung der Eberswaldischen Güter mit dem Züscher Mannlehn. §. 23. Allenfalls kommt es in gegenwärtigem Proceß auf jenen angeblichen Natural-Besitz ganz und gar nicht an. Beweiß. §. 24. Verfolg. §. 25. Weiterer Verfolg. §. 26. Beantwortung des aus dem Mandats-Proceß zwischen Dürckheim und Kur-Trier entlehnten vermeintlichen Rechts. § 27. Erläuterung, Gefährde und mala fides der Dürckheimischen Vormundschaft. Das Kur-Trierische Sequestrations-Urtel gehet nicht auf das Sponheimische Züsch, wird aber auf Betr eb des Vasallen Franz Leopold Vogts zu Hunolstein dahin erstrecket. §. 28. Nähere Aufklärung des Irrthums.

Dritte Abtheilung.

Weiterer Verlauf der Geschichte von der Zeit der Erkänntniß des Sponheimischen Lehnhofes bis zur Zeit des von denen Freiherrn von Dürckheim erschlichenen Mandati de non violando territorium.

§. 29. Gegen die Sponheimische Sententiam privatoriam wird die Appellation weder von denen Vasallen §. 30. noch gegen die denen von Dürckheim gegebene Lehnhofs-Final-Resolution die Berufung verfolget. §. 31. Kur-Trier widersetzet sich der Sententiæ privatoriæ. Sponheim hatte es nun nicht mit denen längst depossedirten und von dem Sponheimischen Lehnhofe abgewiesenen von Dürckheim, sondern mit Kur-Trier zu thun. §. 32. Der Vasall von Hunolstein nimmt in Züsch unter Trierischem Schutz die Huldigung ein. §. 33. Spon-

Sponheim tritt mit Trier in nachbarliche Correspondenz. §. 34. Sponheim hörte des Vasallen Entschuldigung, §. 35. hob in Güte den Mißverstand bey Kur-Trier, und vollstreckte die längstens rechtskräftige Sententiam priuatoriam §. 36. ohne von denen vor 11. Jahren abgewiesenen Lehns-Candidaten sich Gesetze vorschreiben zu lassen.

Zweyter Abschnitt.

Nähere Beleuchtung des Cammergerichtlichen Verfahrens gegen die vorige Sponheimische Regenten.

Erste Abtheilung.

Die vorstehende Sache ist eine Lehnssache gewesen, und sie konnte durch die Nichtgestattung der Dürckheimischen Invasion so wenig in eine Spolien- als in eine Criminal-Sache verwandelt werden.

§. 37. Die Dürckheimische Absicht gehet dahin, dem rechtlichen Benehmen des Lehnhofes die Gestalt eines Spolii anzuheften, §. 38. zu welchem Ende nicht passende Gesetze und Rechts-Stellen so übel als häufig angeführet werden. §. 39. Es ist aber ein Spolium nicht vorhanden. §. 40. Was zu einem Spolio erfordert werde. Die Requisita ermangeln. §. 41. Allenfalls wäre die angebliche dejectio nicht iniqua gewesen. §. 42. Beweiß, daß 1) das Objectum Litis seit 1368. ein Hunolsteinisches Mannlehn ist. §. 43. 2) daß der Vater des jenseitigen Erblassers das von der Merxheimischen Linie in nutznießlichen Besitz erlangte Dorf Züsch nebst Zugehörden nicht als ein Eigenthum, sondern als ein mit denen andern Hunolsteinischen Linien gemein habendes wahres Lehen lebenslänglich besessen, auch §. 44. 3) daß selbst der gegnerische Erblasser dasselbe nicht als ein- seiner Linie und ihme, als letzteren des Söterischen Hauses, privativ gehöriges Erblehn, sondern qua senior des ganzen Hunolsteinischen Hauses und als Träger im Nahmen seiner Agnaten der andern Linie vor ein gemeinschaftliches wahres Lehen recognoscirет und besessen habe. §. 45. 4) daß Ernst Ludwig von Hunolstein-Sötern denen Herren von Dürckheim das Dorf Züsch nebst Zugehörde durch die unter Ziffer 1. neuerlich in das Publicum getretene Disposition weder verschaffen können, noch per constitutum possessorium übergeben habe. Ein Umstand, der die Gegnerische- in formalibus ohnehin nicht bestehende Urkunde verdächtig machet. §. 46. Nothwendige Folge aus jenen 4. Gründen. Die possessio des Dominii directi bliebe unwandelbar bey Sponheim, §. 47. so wie die Vasallen vor den Lehnhof immerhin das Dominium utile und dessen Possession vel naturaliter vel ciuiliter ante sententiam priuatoriam in Ao. 1739. latam behalten haben. §. 48. Beweiß, daß diese Sache eine Lehnssache

sache gewesen, §. 49. und geblieben ist. §. 50. Nähere Untersuchung des Dürckheimischen angeblichen älteren Besitzes. §. 51. Beweiß gegen denselben durch das eigene Dürckheimische Geständniß. Erstlich erkennet die Dürckheimische Vormundschaft im Jahr 1717. in denen ersteren 10. Monaten nach dem Tode ihres angeblichen Erblassers vor dem Sponheimischen Lehnhofe dessen Dominium directum. §. 53. 2tens bekannte die Dürckheimische Vormundschaft im Jahr 1724. vor dem Sponheimischen Lehnhofe a.) daß das Dorf Züsch und dessen Zugehörde ein Sponheimisches Mannlehn seye, welches im Jahr 1368. denen Vögten zu Hunolstein conferiret worden, und b.) daß die Freiherren von Dürckheim kein Recht darauf haben. §. 57. 3tens wiederholte der Gegentheil die Anerkänntniß des Sponheimischen Dominii directi im Jahr 1737. zu der Zeit, als er schon drey Jahre lang des Genusses und angeblichen Besitzes entsetzet gewesen, durch einen zu dem Lehnhof Bevollmächtigten. §. 58. 4tens leitete selbst der Dürckheimische Bevollmächtigte den Felonie-Proceß gegen die Vasallen von Hunolstein ein und betriebe denselben. §. 59. Hielte auch 5tens eine Sententiam privatoriam, die er betrieben, vor nothwendig. Diese erfolgte, denen Gegnern aber wurde die neue Belehnung abgeschlagen. Dürckheimischer über den Leist des Faust-Rechts geschlagener Plan. §. 60. Nur der Weg Rechtens war ihnen erlaubet, sie wollten ihn aber nicht wandeln, und verfolgten die erhobene Berufung nicht. §. 61. Der Dürckheimische Proceß gegen Kur-Trier gehet Sponheim nichts an. §. 62. Weitere Erläuterung, wie es hätte gehen müssen, wenn das Cammergerichtliche Urtel gegen Kur-Trier hätte exequiret werden wollen. §. 63. Es kame aber nicht dazu, sondern nur die von Dürckheim wollten ihr gegen Trier erhaltenes Urtel eigenmächtig gegen Sponheim exequiren, wurden aber nach ihren eigenen Grundsätzen abgewiesen. §. 64. Wann etwann durch die Sponheimische Defension ein Exceß vorgegangen seyn sollte, so haben die Dürckheimische Turbatores sich es selbsten beyzumessen.

Zweyte Abtheilung.

Abgenöthigte weitere Beleuchtung des Cammergerichtlichen Verfahrens.

§. 65. Uebergang zu dem Cammergerichtlichen Verfahren. Unterschied des erkannten Mandats. §. 66. Der zweite Theil des Mandats hat Gefangene, angeblich hinweggenommene Flinten und Früchten und in so weit das possessorium recuperandæ zum Gegenstand. Ursache, warum derselbe die dermalige Sponheimische Gemeins-Herrschaft nichts angehet. §. 67. Nur der erstere Theil des Mandats, der sich auf das Interdictum retinendæ gründet, nemlich

das

das Mandat de non violando territorium neque amplius turbando, kommt bey diesem ausserordentlichen Proceß in Betrachtung, §. 68. so durch falsa narrata ist erschlichen worden, §. 69. welche der Senat nicht hinlänglich erwogen hat. §. 70. Hätte der Gegentheil vor gut befunden, auf die Constitution super litigiosa possessione zu klagen: §. 71. So würde er mit seinem Gesuche sogleich durchgefallen seyn. Er wollte aber lieber ein Mandatum de non violando territorium suchen. §. 72. Was hiezu erfordert wird. §. 73. Das territorium quæst. ist ein uraltes Sponheimisches Eigenthum. §. 74. Beweiß, durch unverwerfliche Urkunden, durch die Hunolsteinische Vasallen, durch das Geständnis der ganzen Söterischen Linie, auch des gegnerischen Erblassers Bekänntniß, durch dessen angebliches Testament und durch das gegnerische Anerkänntniß. §. 75. Beantwortung des Einwandes, daß dieses petitorische Gründe seyen. §. 76. Sie müßten als Exceptiones facti angenommen werden. Erstes Gravamen weilen solches nicht geschehen ist. §. 77. Weitere Ausführung derer Exceptionum facti. §. 78. Fernere Beantwortung des von dem Kur-Trierischen Proceß entlehnten Vorwands. §. 79. Fortsetzung. Chur-Trier leistet Parition nur in so weit die Objecta litis nicht lehnbar seynd. §. 80. Was zwischen Kur-Trier und Sponheim strittig, darüber kan das Cammer-Gericht nicht eher erkennen, als bis es imploriret wird. §. 81. Sponheim erhält gegen Kur-Trier seinen Besitz und Recht durch eine im Jahr 1742. eingelegte Protestation, §. 82. exequiret das Urtel des Lehenhofs, §. 83. und lässet sich durch die Invasion der Herren von Dürckheim daran nicht hindern. §. 84. Clam & vi suchten die Gegnere sich des Besitzes ohne Recht zu bemeistern, wurden aber jedesmalen abgewiesen. Sie brauchen Gewalt und greifen zu den Waffen, aber fruchtlos. Sponheim bleibet in denen Schranken der Mäßigung und erhält sich in seinem Besitz. §. 85. Die Herren von Dürckheim waren also zur Zeit des gebettenen und zur Zeit des erhaltenen Mandati de non violando territorium in keiner Possession.

Gravamen commune und Erstere besondere Beschwerde. §. 86. Welches den recursum ad Comitia berechtiget. §. 87. Beweiß. §. 88. Entdeckung, daß der Cameral-Referens hintergangen worden ist. Beweiß, daß das von demselben unterstellte factum unmöglich wahr seyn kann. §. 89. Nicht Sponheim, sondern die von Dürckheim haben ein factum nullo jure justificabile begangen oder vielmehr gewaget. §. 90. Es ist kein Fall vorhanden, der das Mandatum S. C. rechtfertiget. §. 91. Das Dürckheimische Vorgeben eines wohlhergebrachten Besitzstandes wurde nicht bescheiniget, und der gerühmte jüngere Besitz bestunde in Turbationen. §. 92. Sponheim hat den neuesten, älteren und ältesten Besitz in puncto territorii vor sich. §. 93. Sponheim besaße civiliter durch die Vasallen das Dominium utile nicht nur bis

in

in das Jahr 1716. als der Zeit des Ablebens Ernst Ludwig Vogts zu Hunolstein, sondern bis zur Zeit des geendigten Felonie-Processes und bis zur Execution des Rechtskräftigen Urtels. §. 94. Das, worauf der Richter bey Entscheidung einer Rechts-Sache zu sehen hat, ist in dieser Sache nicht beobachtet worden. Die Paritoria plena enthaltet einen Widerspruch. §. 95. Beweiß. §. 96. Weiterer Verfolg. §. 97. Ungrund des Vorgebens, daß durch Edirung eines Instrumenti Declarationis titulus possessionis wäre dociret worden. §. 98. Die drey Urkunden, womit der alte Besitz wollte erwiesen werden, waren vor dem Urtel nicht bey denen Acten, sondern seynd erst einige Täge nach Publication der paritoriæ plenæ produciret worden. §. 99. Antwort auf den in paritoria plena vorbehaltenen Felonie-Proceß. Zweyte besondere auch gemeine Beschwerde, §. 100. welche aus dem Mißbrauche des Mandats-Processes entstehet. §. 101. Dritte besondere Beschwerde, die Landes-Hoheit und derselben anklebende Rechte betreffend. §. 102. Gravamen commune. §. 104. Rechtfertigung. §. 105. Fortsetzung. §. 106. Weitere Fortsezung. §. 107. Verfolg. §. 108. Geschehene umständliche und gänzliche Befolgung der auferlegten Vernehmlassung auf die Cammergerichtlichen Acten. | 48. | 49. | 50. | §. 109. Der Gegentheil repliciret nicht, der Cameral-Referens hat die Acten nicht gelesen. §. 110. Vierte besondere auch allgemeine Beschwerde, weilen das Remedium restitutionis als unzuläßig verworfen worden, ohngeachtet nova in facto beurkundet vorliegen. §. 111. Es ist nicht wahrscheinlich, daß der Cameral-Referens den Restitutions-Libell extrahiret oder gelesen habe. Ausführung der gemeinen Beschwerde. §. 112. Untersuchung der Entscheidungs-Gründe. §. 113. Widerlegung, §. 114. aus der Proceß-Geschichte. §. 115. Verfolg. §. 116. Fernerer Verfolg. Bedenken, das Reflexion verdienet. §. 117. Das interponirte Remedium Restitutionis hat die Landeshoheit zum Mitgegenstande. §. 118. Reflexion, die actenmäßige Proceß-Geschichte betreffend. §. 119. Das Cammergericht leitet selbsten seinen in das possessorium ordinarium gehörigen Mandats-Proceß in diesen Weg. §. 120. Concentrirte Anzeige des Ordnungswidrigen Cammergerichtlichen Verfahrens und Bemerklichmachung des hierunter versirenden gemeinen Reichsständischen Interesse. §. 121. Nähere Beleuchtung des neuen Systems von der beschränkten Zulassung derer durch Reichs-Gesetze befestigten Rechts-Mitteln. Beweiß der Zuläßigkeit des restitutorii in summariissimo. §. 122. Beweiß eines ganz besonderen grossen Præjudicii. §. 123. Fünfte besondere und zugleich allgemeine Beschwerde wegen Cammergerichtlicher Erkänntniß über materialia revisionis. §. 124. Kurze Ausführung. §. 125. Sponheim lasset sich von dem Revisions-Weg nicht abwendig machen. Auch unterbleibet die Execution und beyde beklagte Fürsten verlassen das Zeitliche. §. 126. Uebergang zu dem neuen Proceß.

Dritter Abschnitt.

Von
dem Provocations-Proceß
nebst
Rechtfertigung der an das unter seinem allerhöchsten Oberhaupt versammlete teutsche Reich genommenen Zuflucht.

Erste Abtheilung.

Von der Geschichte des neuen Provocations-Processes.

§. 127. Grund, worauf die geschehene Provocation beruhet, §. 128. welche bey dem gesetzwidrigen Verfahren des Cammergerichts nicht zu tadlen, sondern vielmehr zu beloben gewesen. §. 129. Verlauf des Provocations-Processes. §. 130. Dürckheimische unrichtige Legitimation und Antwort auf die Provocation. §. 131. Stillstand und Ende des Mandats-Processes mit dem Tod weil. Herrn Herzogen Christian IV. zu Zweybrücken. Auch erlosch die B. Badische Linie. Fortsetzung der Provocation. §. 132. Neue Legitimation des Dürckheimischen Procuratoris, welche der vorigen widerspricht. §. 133. Beschwerendes Cammergerichtl. Urtel, welches die vom Lehenhof geschehene Provocation abschlaget, des Vasallen Intervention verwirft, und das contra allos gefällte Urtel gegen den dritten provocantischen Theil vollstrecket wissen will, in Betreff der Landes-Hoheit und Jagd-Gerechtigkeit aber ein präjudicirliches Verfahren auferleget. §. 134. Erste Beschwerde, die Verwerfung der Provocation betreffend, §. 135. wird ausgeführet. §. 136. Zweyte Beschwerde, die verlangte Abtretung des Orts Züsch rc. auch die Erstattung derer von andern Regenten daraus erhobenen Früchten betreffend. §. 137. Kurze Ausführung. §. 139. Die dritte Beschwerde, die Landes-Hoheit und Jagd-Gerechtigkeit betreffend, ist so beschaffen, §. 140. Daß nach Gesetz, Observanz und gemeiner Lehre, alle Rechts-Mittel dagegen eben sowolen, als wegen der andern Beschwerden zugelassen werden müssen. §. 141. Weitere Ausführung. §. 142. Fortsetzung. §. 143. Fernere Fortsetzung. §. 144. Das remedium revisionis wird, unter richtiger Beobachtung der Formalien, an seiner Behörde eingeleget, Ordnungsmässig bey dem Cammergericht angezeiget und eingeführet. §. 145. Das Cammergericht verwirft gleichwolen die Revision als als unzuläßig und vermehret nicht nur die besondere Beschwerde, sondern auch die

Zweyte Abtheilung
enthaltend
die weitere Rechtfertigung des genommenen Recurses.

der in dem XVI. Jahrhunde|fahrer einer, Nahmens Johann Vogt zu Hunolstein im Jahr 1368,
von der Hintern Gravschaft E|n, auf sein Haus zu rechtem Mannlehn erlanget hat, dessen Lehns-Erben
in denen Jahren 1439. 145|nigten drey Linien geschehen ist. (v. Recursschrift Anl. sub Nr. 6, 7. 8 & 9.)

|schen Linie, erregten Status controversiæ.

Vogt zu Hunolstein erhielte die Er|79. Gemahlinn: Elisabeth von Hagen, welche die Ederswaldische Herrschaft
Edern auch das Guth |t ihr Vermögen niemand anders als das alleinige Vogt Hunolsteinische
|2.

Johann
Stifter d
empfängt durch die väterliche T
dem Jahr 1580. nicht allein vor
und Johann Adam belehnet, und
seine Brüder und Bruders Söhne d
† 1629. Vermählt

Wilhelm
Stifter der Dürcastellischen Linie,
wird im Jahr 1580. eben so wie seine beide Brüder belehnet.
(Nr. 12.) † 13. Nov. 1607.
Vermählt 1589. mit Anna Maria von Landsberg.

Johann Schweickhard
requirirte 1636. das Züscher
Lehn, als Träger des ganzen
Hunolsteinischen Stamms,
(Nr. 17. der Recursschrift.)
† 1636.

Ge

Johann Marzolff
Stifter der Cremsinger Linie.
Gemahlin Anna Catharina von Lützelburg.
†

Johann Wilhelm
requirirte als senior, durch Otto Philipp von der Söterischen Linie, im J. 1641. vor sich und sämtliche Agnaten das Lehn. (Nr. 19.) Dieser hat den zum Züscher Lehn gehörigen Hof zu Berncastel ohne Consens des Lehnhofes veräußert, † 1653.
Gem. Maria Elisabeth von Steincallenfels.

Christoph
Adolph
Friederich.
†

Georg
Wilhelm
† ohne Kinder
cedirt 1648. seinen
dritten nutzniesslichen
Theil des Lehns, an
Otto Philipp von der
Söterischen Linie.
Gemahlin
Anna Diana
von
Steincallenfels.

Otto
Christo
† zu Prag
Kinder, di
fet seinen
Lehns-An
im Jahr
mit Verwi
seines Bru
an Otto Ph
von der S
schen Lin

Otto Wilhelm Ernst
Gemahlin N.
de beau jeu.

Philipp Christoph
Thomas
† 1672.

Georg
Ernst
†

Ferdinand
Franz
†

Otto Ludwig
Gem. Henriette Maria Adelheit von
Büchel. † ohne Kinder.

Franz Felix †
Gem. Elisabeth von Hatzfeld.

Gemahl

Georg
Ernst
† ledig.

Johann Fried
Vogt zu Hunol
Niederwiesen
nat. 5. Nov. 1
Gemahlin: N.
Steincallenfels

Franz Leopold Grav von Hunolstein †
sich an den Kur-Trierischen Lehnhof gewendet, und den Sequester der Trierischen auf das Sponheimische Züsch extendirten Lehne durch pflichtwidriges Vorgeben, als ob selbe zur Kur-Trierischen Burg Züsch gehöre, erschlichen, auch im Jahr 1742. der rechtsfrigen Sponheimischen sententiæ privatoriæ zuwider, die Huldigung zu Züsch eingenommen, (Nr. 58.) und beide Lehnhöfe in Gränz-Strittigkeiten verwickelt, nach deren Beseitig. der Sponheimische Lehnhof, der seine Rechte salvirte (Nr. 57. 58. 59. 60. 61 62. 63. .) die sententiam privatoriam vollends exequirte. Gem. eine N. N. von Eltz-Oettingen.

Carl
Philipp

Ernst Lud
† 1767.

Philipp Carl.

Friederich. Ernst. Lud

|gewiesene Freiherren von Dürkheim, so der Execution, der sententiæ privatoriæ, |ren Genuß längstens verlohren hatten) sich hätten entgegen stellen dörfen, sondern |nehmlich der Kur-Trierische Lehnhof berichtet worden ist, daß das Sponheimische |die Vögte zu Hunolstein von Kur-Trier zu Lehn trugen, wodurch es geschahe, daß |d Vogt zu Hunolstein in Züsch einnehmen lassen. (Nr. 58.) Zu gütlicher Hebung |und-nachbarliche Correspondenz. (Nr. 57. 63.) In dieser Zeit erhielte sich Spon|ie im Monat August 1750. erhaltene erstere Nachricht, daß von Seiten Kur-Trier

der Execution nichts mehr im We| verschiedene, gegen Ende des Augustmonats gedachten Jahres, auch in folgendem
Monat gewagte gewaltsame Einfa|len zurückgewiesen. Dagegen wußten die Freiherren von Dürkheim, unter dem
erdichteten Vorwande, daß sie seit |zum S. C. de non violando territorium neque amplius turbando in possessione vel
quasi loci Zuisch, cum pertinenti|. Es geschahe auch, daß die exceptiones sub & obreptionis als in das petitorium
gehörig verworfen, und eine dem |ritoria plena publicirt, (Nr. 68.) das dagegen behörig eingelegte, mit novis
exceptionibus facti beurkundete re|s verworfen, (Nr. 73.) auch die Execution verschiedentlich erkannt worden ist.
Gleichwie aber das Verfahren des | unterbliebe die Vollstreckung der Kammergerichtlichen Urtel; die beklagte Fürsten,
welche das Kammergericht, wegen | darüber das Zeitliche verlassen, die Marggrävlich Baden-Badische Linie erlösche,
womit die niemalen von denen Frei|Dürkheim sich rühmten, ein besonderes Allodialrecht auf das Sponheimische Lehn
von Ernst Ludwig Vogt zu Hunol|Jahr 1425. und 1437. immer in Gemeinschaft und possessione civili sich befundene
Regenten, (Nr. 4. 5.) in ordnu|auch fernerhin die Herrschaft Züsch mit ihren Zubehörungen, als ein Eigenthum,
und von aller Landes- und Lehns-|n Entstehung dessen sich gewärtigen sollen, daß Ihnen nebst Erstattung Schadens

Erster Abschnitt.

Nähere Entwickelung der Geschichte.

Erste Abtheilung.

Beweiß, daß die Freiherren von Dürckheim durch das Testament Ernst Ludwigs Vogten zu Hunolstein weder ein Recht auf Hunolsteinische Mannlehn, noch per constitutum possessorium, den Mitbesitz von Züsch erlanget haben.

§. 1.

In der jenseitigen Einleitung, wodurch der eigentliche Grund zu dem bey dem Kaiserl. Reichskammergerichte erschlichenen Mandato *de non violando territorium &c.* S. C. summarisch wollte vorgeleget werden, unterstellet der Herr Verfasser zwey Geschichten, um das Recht der Freiherren von Dürckheim auf das von dem Hause derer Vögten von Hunolstein als Sponheimisch Lehn besessene Züsch, demnächst derselben würklichen per constitutum possessorium erlangten Besitz darzuthun, somit das Kammergerichtliche Erkenntniß de non violando territorium zu rechtfertigen.

Der eigentliche Grund, von welchem die Dürckheimische Ansprache und die Possession hergeleitet wird,

§. 2.

Dieses Vorwands bediente sich der Dürkheimische Sollicitant zu Wetzlar, als eines aussergerichtlichen Bewegungs-Grundes, ein Mandatum *de non violando territorium*, bey dem Kammergerichtlichen Senate zu erschleichen; ein Mandat worauf nicht die Inuasores, sondern die Lehns- und Landesherrschaft einen Anspruch gehabt hätte, wenn Sie unvermögend gewesen wäre, die

ist nur bey dem heimlichen Sollicitatur zu Wetzlar vorgebildet worden, *nicht aber in denen Kammergerichtsacten zum Vorschein gekommen.*

Spoliatores abzutreiben. Doch ist in dem Mandatsproceß gegen Sponheim nichts von jenem angeblichen titulo vorgekommen.

§. 3.

Die eigene gegnerische Urkunde, widerlegt das Vorgeben.

Wie aber, wenn sogar aus dem Gegnerischen Impresso und dessen Beilage unter Ziser 1. der Ungrund solcher Vorbildung erscheinet? Dann sollte doch wohl das ganze jenseitige Lehr-Gebäude, wie per processum summarissimum die Lehn- und Landesherren, denen Kaiserlichen Wahlcapitulationen zuwider, um Land und Leute nebst der Landeshoheit zu bringen, keinen Beifall finden!

§. 4.

Der entfernte Grund wird gesuchet in einem unter Abfindung des Wild- und Rheingrävlichen Lehnhofes, von der Hunolstein-Söterischen Linie, theils ererbten und theils von denen anderen beiden Linien erkauften angeblichen Eigenthum des Eberswaldischen Guts.

Als entscheidende Umstände führet man jenseits an,

I.) Wie Johann Vogt zu Hunolstein eine Elisabeth von Hagen zur Frau gehabt, welche im Jahre 1575. die Belehnung auf ein, in die Ehe gebrachtes Eberswaldisches Erblehn erhalten und dasselbe im Jahr 1602. ihren drey Söhnen erblich hinterlassen habe, die zwey ältere Söhne aber, Johann Schweighard und Wilhelm ihre zwey Drittheile des Söterischen Erblehns um 44647 fl. nachdeme sie sich mit dem Wild- und Rheingrävlichen Lehnhof abgefunden, ihrem jüngsten Bruder Johann Adam durch einen Erbvergleich mit der Clausul erb- und eigenthümlich überlassen hätten, daß er oder seine Erben damit als mit andern ihren eigenthümlichen Gütern schalten, walten, thun und lassen sollten, wie es ihm oder seinen Erben künftig beliebig seyn möchte.

Der nähere Grund wird aus einer angeblichen Disposition Ernst Ludwig Vogt zu Hunolstein-Sötern hergeleitet.

II.) Daß des Johann Adams Vogt zu Hunolstein Enkel Ernst Ludwig seiner Schwester Sohn Wolf Philipp Heinrich Eckbrecht von Dürckheim den 4. Jenner 1712. zu seinem Universal-Erben instituiret - weilen aber derselbe vor ihme diese Welt verlassen, seine Disposition auf dessen damals noch minderjährige Söhne, Christian Friederich, Ernst Ludwig und Philipp Ludwig extendiret - auch diese am 8. Julius 1716. per constitutum possessorium, in den würklichen Mitbesitz von dem Gegenstand des Stritts aufgenommen habe.

§. 5.

§. 5.

Es ist aber die Disposition verdächtig, auch berühret sie nicht das Züscher Lehen.

Gegen beide angebliche Facta mögen wohl die Freiherren von Hunolstein wichtige Einwendungen haben; *) Betrachtet man das Testament quæst. nach dem unter Zifer 1. bei der jenseitigen sogenannten actenmässigen Geschichte befindlichen Abdruck, so bleibet sehr wenig vor dessen Glaubwürdigkeit und nichts von dem so ad formalia erfordert wird, übrig. Es ist ein, vor einem verdächtigen Hunolsteinischen Bedienten, Nahmens Külz (der den ungeschickten Notarius vorstellete) und zwey Dürckheimischen Bedienten 1) Nahmens Henrich Ludwig Azenheim (der Birkenfeld und denen von Dürckheim zu gleicher Zeit diente) und 2) einem J. U. L. Ernst Franz Lauth (in dem andern Külzischen nicht besser beschaffenen Notariats-Instrument unter Zifer 3. heisset derselbe Haut) errichtetes Testamentum nuncupatiuum, wodurch der Testator über sein Eigenthum eine Verordnung machet, und des Rechts, weiters zu disponiren sich begeben, auch zur Bekräftigung des Notariats-Instruments, sich eigenhändig unterschrieben haben solle. Die Sponheimische Herrschaft aber kan dieses verdächtige Testament auf seinem Werth oder Unwerth beruhen lassen, weilen es ganz und gar nicht das dermalige Objectum litis berühret, auch das Züscher Lehn keineswegs ein Theil des von der Elisabeth von Hagen in das Haus derer Vögte von Hunolstein gebrachten und erst nach ihrem Absterben im Jahr 1602. unter die drey Hunolsteinische Linien vertheilten Söterischen Lehns ist.

§. 6.

welches schon im Jahr 1368. als ein Mannlehn auf das Haus der Vögte zu Hunolstein von Grafen Johann zu Sponheim ist verliehen worden,

Dann gleichwie quoad

I. durch die Recursschrift §. 5. & seq. dargethan worden, daß in einem weit höhern Alter und bereits im Jahr 1368. Grav Johann zu Sponheim das Lehn quæst. einem Vogt zu Hunolstein gleichen Nahmens zu rechtem Mannlehn aufgetragen habe, so gestehet auch der jenseitige Herr Verfasser in der Einleitung, daß Züsch nebst mehrern Gütern nicht von der Elisabeth von Hagen, sondern von deren Eheherrn Johann Vogt zu Hunolstein herkomme, und deswegen nicht als ein mütterliches, sondern als ein väterliches Guth, noch bei der Elisabeth Leben im Jahr 1588. in die Theilung der väterlichen Verlassenschaft gefallen seye.

*) Dem Vernehmen nach liegen die Vögte zu Hunolstein mit denen von Dürkheim der Eberswaldischen und Söterischen Güter halber annoch in unentschiedenem Proceß.

§. 7.

wogegen das Eberswaldische Lehn, von einem andern Lehnhof abhanget, und erst im Jahr 1606. als ein mütterliches Beibringen an das Hunolsteinische Haus gekommen ist, auch mit dem Sponheimis. Lehn ganz und gar nicht in Verbindung stehet.

Es bleibet also unbegreiflich, wie das sogenannte Eberswaldische- nicht von Sponheim, sondern von dem Grävlichen Hause Dhaun relevirende Lehn hieher gezogen, und von einer Abfindung mit dem Lehnhofe Erwehnung geschehen mögen. Man nehme an, daß das jenseitige Vorgeben, gegen die Hunolsteinische Agnaten, gänzlich gegründet wäre; *) würde wohl etwas anders daraus, als dieses, sich schließen laßen, daß die Gegenseite geflissentlich den Leser induciren wollen, das Sponheimische Züsch mit Sötern, und den Sponheimischen Lehnhof mit dem Wild- und Rheingrävlichen Lehnhof zu verwechseln?

§. 8.

Es kan deswegen bei dem Stritt mit Sponheim nicht darauf ankommen, ob und wie die Söterische Linie zu dem Eberswaldischen Lehn gekommen seye.

Ob und wie die nun erloschene Hunolstein-Söterische Linie von denen beiden Merxheim- und Dürrcastellischen Linien deren zwey Drittheile des Eberswaldischen Lehns, in dem Jahre 1603. mit oder ohne Abfindung des Wild- und Rheingrävlichen Lehnhofes, an sich gebracht habe? Darauf kann es bey dem Sponheimischen Mannlehn Züsch ganz und gar nicht ankommen. Es ist demnach alles, was jenseits, richtig oder unrichtig, hievon behauptet werden wollen, überflüßig und nicht hieher gehörig.

§. 9.

Nur das Sponheimische Mannlehn nebst der Landeshoheit von demselben ist dermalen das objectum litis. In Betreff des erstern kommt es nicht darauf an, welche Hunolsteinische Linie, oder wer den Genuß von dem Lehn gehabt.

Nur alleine das Sponheimische Mannlehn Züsch nebst der Landeshoheit über den Züscher Bezirk ist der Gegenstand des Stritts, wobei es abermalen nicht darauf ankommet, gegen welche Vortheile von der Hunolstein-Merxheimischen Linie, über das durch die brüderliche Theilung empfangene nutznießliche Eigenthum, angeblich in denen Jahren 1648. 1659. und 1662. der Hunolstein-Söterischen Linie eine Cession mag geschehen seyn. **) Dem Lehnhof konnte ganz gleichgültig seyn, von welcher Linie derer Vögte von Hunolstein das Dominium utile des Züscher

*) Zufolge der Gegnerischen Beilage unter der Ziffer 1. behauptet die Lehnkammer des Wild- und Rheingrävlichen Hauses Dhaun und Grumbach, daß das Söterische Lehn ein Mannlehn seye.

**) Was disfalls wegen angeblicher gänzlichen Ausweisung der Merxheimischen Linie vorgebildet werden wollen, das hat man von Seiten des Lehnhofes beantwortet. S. Recursschrift §. 23. not. (c.)

Züscher Lehns verwaltet werde, weilen der jeweilige senior familiæ jedesmalen vor sich und die übrige Agnaten die Investitur erlangten, wodurch jedem coinuestito das Lehn æquali jure, nehmlich das Dominium utile cum perceptione & administratione verliehen wurde. Wenn ein Hunolstein dieses Lehn, der andere aber jenes oder einen Theil davon, cum priuativo & exclusiuo caeterorum dominii utilis exertitio, würklich genossen, das war von dem freyen Willen der Mitbelehnten abhängig, die es ohne Benachtheiligung des Lehnhofes also unter sich ausmachen konnten.

§. 10.

Beweiß und Erläuterung des Hunolsteinischen Seniorats, und wie es mit der Lehnsträgerey ist gehalten worden.

Es war kein beschränktes Seniorat vor die ältere Merxheimische Linie, sondern ein Seniorat von allen drey Linien eingeführet. Der jeweilige älteste von allen drey Linien empfienge die Belehnung, obwolen er das Lehn nicht in Genuß hatte; Er bliebe der Träger so lange er lebte. Daher kame es, daß im Jahre 1628. nicht die Besitzere, sondern Johann Adam der Stifter der Söterischen Linie, weilen er der älteste des Hunolsteinischen Geschlechts gewesen, das Lehn empfienge. *) In dem Jahre 1641. trafe das Seniorat den Johann Wilhelm von der Dürrcastellischen Linie, die niemalen im Genuß des Züscher Lehns sich befande **) Nach dessen Ableben im Jahr 1664. erschien Otto Philipp der ohneinsleztere von der Söterischen Linie, als Träger, und ohngeachtet er durch die Merxheimische Linie zu dem Genuß des Lehns gelanget ware, so requirirte er doch das Züscher Lehen nicht blos allein vor sich, sondern in dem Nahmen gesammter Vögte zu Hunolstein. ***) Im Jahr 1684. erschien Hanns Georg von der Merxheimischen Linie, als senior, mit seiner verspäteten Requisition. ****)

§. 11.

Der Dürckheimische Erblasser wird als unverwerflicher Beweiß-Zeuge angeführet.

Eben wegen desselben Verzögerung, stunde Ernst Wilhelm Vogt zu Hunolstein Söterischer Linie, der angebliche Erblasser derer Freiherren von Dürckheim, in Gefahr das Züscher Lehn zu verlieren, wollte sich in einer an weil. Herrn Herzog Christian den III. erlassenen unterthänigsten Vorstellung d. d. [illegible] April 1684.

*) S. Recursschrift §. 19.

**) c. l. §. 22.

***) c. l. 23.

****) c. l. §. 33.

1684. durch gedachten seniorem, als älteren Stamms-Agnaten, entschuldigen, weilen diesem die Lehnsrequisition incumbirte, er auch solche betrachtet zu haben vermeinte. *) Nachdeme aber jener senior familiæ Hanns Georg Vogt zu Hunolstein, Merxheimischer Linie, im Jahre 1700. gestorben und das Seniorat auf den kaum erwehnten letzteren Lehnsbesitzer Ernst Ludwig gefallen ware, so erkannte er seine Schuldigkeit, durch geschehene förmliche Requisition des Lehns, im Nahmen seiner (des angeblichen Dürckheimischen Erblassers) Hunolsteinischen Agnaten. **) Er wiederholte die Lehnsmutung, als bey dem Lehnhofe eine Veränderung vorgegangen ware, im Jahre 1709. im Nahmen sämtlicher Vögte zu Hunolstein. ***)

§. 12.

Weitere Nachricht von dem Hunolsteinischen Seniorate.

Die Pflichten eines jeweiligen ältesten des Hunolsteinischen Hauses, die Trägerstelle zu besorgen, erstreckten sich auf sämtliche Hunolsteinische Lehne. Diese in dem Hunolsteinischen Hause eingeführte Ordnung, ware durch einen zu Steincallenfels im Jahr 1631. geschlossenen Vertrag mit dem Anhang festgesetzet, daß der senior die gemeine Stamms-Lehnbriefe in seine Verwahrung nehmen und, so oft es von nöthen, die Lehn empfangen solle. Es geschahe aber, als das Seniorat bey der Dürrcasteller Linie stunde, daß, weilen der Lehnträger meistens in Kriegsdiensten ausser Land gewesen, die Vögte zu Hunolstein in die Gefahr eines Lehn-Verlusts liefen, weswegen Otto Philipp von Hunolstein-Sötern, nachdeme er den Natural-Besitz des Züscher Lehns an sich gebracht hatte, im Jahr 1663. einen neuen Vertrag zu Dürrcastell veranlaßte, wodurch das Geschäft eines Lehnträgers erleichtert, auch, gegen die so sich versäumen, der Regreß ausbedungen werden wollen. ****) Als der letztere der Hunolstein-Söterischen Linie Ernst Ludwig Vogt zu Hunolstein, welcher der senior domus gewesen, am dritten September 1716. das Zeitliche verlassen hatte, somit die Lehne wieder gemuthet werden sollten, aber der senior domus Otto Ludwig Vogt zu Hunolstein aus der Dürrcasteller Linie verhindert wurde, in Person das erforderliche zu prästiren, so bevollmächtigte er hiezu dessen Vettern Franz Leopold Vogt zu Hunolstein sub d. d. Luneville

*) S. Anlage unter Nr. 82.

**) c. l. §. 39.

***) c. l. §. 41.

****) S. Anlage unter Nr. 83.

ville den 9. Jun. 1717. *) Hierauf haben ihn verschiedene Lehnhöfe, als Träger anerkannt, wie er dann z. E. bey dem Herzoglich Zweibrückischen Hofe zur Regierungszeit Carls des XII. Königs zu Schweden, den 17. Aug. 1717. vor sich und seine Agnaten beider Linien von Dürrkastell und Merxheim das dortige Lehn erhoben. Auch den 6ten Aug. 1721. von der Mainzischen Domprobstey vor sich und seinen Vettern Otto Ludwig wie auch vor die Merxheimische Agnaten Georg Ernst, Johann Friderich und Philipp Friderich, die drey Söhne des Johann Georgs Vogten zu Hunolstein, **) ferner den 3. Aug. 1729. von Saarbrücken vor sich und im Nahmen der Agnaten Merxheimischer Linie und den 16. Jan. 1744. abermalen von Zweibrücken, vor sich und als Träger seiner Vettern Johann Friedrich und weil. Philipps Friederich nachgelassene Söhne Friederich und Philipsen Vögte zu Hunolstein, ***) investiret worden ist.

§. 13.

Franz Leopold Vogt zu Hunolstein handelt gegen die Seniorats-Ordnung und verwickelt über die zweierley Züscher Lehne die Höfe von Kur-Trier und Sponheim in nachbarliche Gränzstrittigkeit.

Hingegen negligirte dieser Senior des Hunolsteinischen Hauses nicht nur die zeitliche Requisition des alten Sponheimischen Züscher Lehns, sondern begieng die weitere Untreue gegen den Lehnhof, daß er anstatt die gegen die Sponheimische sententiam priuatoriam erhobene Appellation, ****) vor seiner Behörde zu verfolgen, wann er sich graviret befunden hätte, sich an den Kur-Trierischen Hof wendete, eine Extension des Söterischen Arrests bis auf das Sponheimische Lehn auswürkte und das Dorf Züsch von Kur-Trier zu Lehn recognoscirte, auch darüber im Jahr 1742. einen Lehnbrief annahme *****) Hiedurch, und nicht durch den zwischen denen Freiherren von Dürckheim und Kur-Trier über Ebersvaldische Güter ꝛc. geführten Mandatsproceß, wurde die Execution des Sponheimischen Urtels bis zur Zeit des Kur-Trierischen Abstands von dem prätendirten Umfang des Züscher Burglehns verzögert.

Merkwürdiger Umstand zur Beurtheilung der Sponheimischen wahren Lehns-Sache.

*) S. Anlage unter Nro. 84.

**) S. Anlage unter Nro. 85.

***) S. Anlage unter Nro. 86.

****) S. Recursschrift Urkunde 55.

*****) S. Anlage unter Nro. 87.

§. 14.

Diesen Umstand wollten die von Dürckheim sich zu Nutze machen und allen vorvorhin anerkannten Sponheimischen Lehns-Nexum mißkennen, um ein Erbrecht vorzubilden.

Kaum hatten die Freiherren von Dürckheim von der Kur-Trierischen Nachgiebigkeit in dem August Monat 1750. einigen Wind gefangen, so trachteten sie, in aller Eile heimlich den Natural-Besitz von dem Dorfe Züsch und dessen Zubehörde zu erlangen, wovon sie 16. Jahre lang ausgeschlossen gewesen und dessen Genuß ihnen 11. Jahre vorher von dem Lehnhofe, præuia sententia declaratoria contra Vasallos, verweigert ware. Den Titulum, unter welchem sie den Besitz des Sponheimisch-Züscher-Lehns erzwingen wollten, entlehnen dieselbe nunmehr aus dem unter Ziser 1. ihrer Proceß-Geschichte beygefügten Testament Ernst Ludwig des letzteren Vogts zu Hunolstein, von der durch ihn erloschenen Söterischen Linie. Dieses ist das zweite irrige Factum, welches sich selbst aus dem angeblichen Testament widerleget.

§. 15.

Allein ihr eigenes Geständniß wiederleget sie.

Es gestehet nehmlich quoad

II. der Herr Gegentheil in §. 4. ganz ohnumwunden, daß sein Erblasser Ernst Ludwig Vogt zu Hunolstein diejenige Mannsstamms-Lehen darüber er nicht disponiren konnte, ausgenommen habe.

§. 16.

Weiterer Beweiß.

Selbst aus dem unter Ziser 1. endlich an das Licht gebrachtem Testament ergiebt sich weiter nichts, als daß Ernst Ludwig Vogt zu Hunolstein, über das von seiner Urgroß-Mutter Elisabeth von Hagen herrührende Eberswaldische oder Söterische Erblehn, zu Gunsten seiner Schwester-Sohn Wolf Philipp Heinrich Eckbrecht von Dürckheim am 4ten Jenner 1712. disponiret und nach dessen Ableben, am 8. Julius 1716. kurz vor sein testatoris Tod, solche über das, ratione qualitatis feudalis, mit dem Wild- und Rheingrävlichen Hause strittige Eberswaldische oder sogenante Söterische Lehn, cum constituto possessorio geschehene Erbeinsetzung, auf seiner Schwester drey Enkel Christian Friederich, Ernst Ludwig und Philipp Ludwig Eckbrechte von Dürckheim, die nachmalige Kläger in der Masse erstrecket habe, daß er sie

„ in gleichen Partibus, vor seine Universalerben, aller
„ nach seinem Tod verlassender Haab und Nahrung,
„ nichts

„ nichts als diejenige Mannsstammes-Lehen, dar-
„ über er nicht disponiren könne, ausgenommen,
„ dergestalt denominiret, declariret und confirmiret ha-
„ ben (wolle) daß dieselbe, so viel die Erblehen und
„ andere eigenthümliche liegende Güther, Dorfschaf-
„ ten, Gülten, Zinns, Zehende, Rhende und Gefälle,
„ samt allen darzu gehörigen Oberherrlichkeiten und Nutz-
„ barkeiten betreffen thut, in völlige Possesion und Ge-
„ wehr gesetzt seyn, und darinnen zu allen manuteniret
„ werden sollen, wie er Herr Ernst Ludwig Freiherr Vogt
„ zu Hunolstein, der Requirent, dann alles dasjenige,
„ so wider diese Erbsdeclaration und gegebene Possesion
„ jemals gemacht worden, oder wider vermuthen annoch
„ künftighin in Vorschein kommen könnte oder mögte,
„ hiermit revociret, annulliret und caßiret, dieselbe auch
„ hiermit nochmalen zum kräftigsten erkennet und einge-
„ setzet haben wollte, jedoch mit dieser Bescheidenheit und
„ ausdrücklichen Vorbehalt, daß Er Herr Ernst Lud-
„ wig Freiherr Vogt zu Hunolstein die Zeit seines Le-
„ bens das *Dominium* und alle Nutzbarkeit seiner vor-
„ gemeldten Herrschaften, Renten und Gefällen un-
„ gekränkt und ohnabgekürzt behalten wolle ꝛc.

§. 17.

Der Inhalt des Testaments vom 4ten Jenner 1714. lässet keinen Zweifel übrig, daß nur das Eberswaldische Lehn, und zwar die Besorgnis wegen des Grävl. Wild- und Rheingrävlichen Lehnhofes, der dasselbe vor ein wahres Lehn gehalten, vielleicht auch die Ansprache der andern beiden Hunolsteinischen Linien, der einzige Bewegungsgrund zur Disposition und der alleinige Gegenstand gewesen ist. Dann über die Mannlehn konnte und wollte der Erblasser nicht disponiren, wie die dürre Worte des angeblichen constituti possessorii lauten. Verfolg.

§. 18.

Es lieget also nunmehr durch das eigene Geständniß, noch mehr aber durch das endlich zum Vorschein gekommene angebliche Testament, als den einzigen Grund des gerühmten Rechts derer Freiherren von Dürckheim auf das Sponheimische Züsch, sonnenklar am Tage, daß dieselbe nicht einmal durch den guten Willen ihres Erblassers einiges Recht, und eben so wenig ein constitutum possessorium, darauf erlanget haben, noch erwerben Weiterer Verfolg.

können, mithin alles was sie bey dem Kaiserl. und Reichskammergerichte vorgewendet, um ein Mandatum de non violando territorium zu erschleichen, leere Erdichtungen gewesen seind.

§. 19.

Schlußfolge, daß das Mandat de non violando territorium erschlichen seye.

Wann demnach kein Territorial- ja gar kein Recht derer Freiherren von Dürckheim auf das Sponheimische Lehn-Ort Züsch zu finden, so sie von ihrem Erblasser dem Ernst Ludwig Vogten zu Hunolstein wollen erlanget haben; So ist bereits hieraus deutlich abzunehmen, daß sich die auf das Mandatum de non violando territorium gebaute Kammergerichtliche Erkänntnisse nicht rechtfertigen lassen.

Zweyte Abtheilung.

Untersuchung der Geschichte von der Zeit des Ablebens Ernst Ludwig Vogts zu Hunolstein bis zur Zeit des gegen die Freiherren von Dürckheim erfolgten abschlägigen Decrets des Sponheimischen Lehnhofes.

§. 20.

Die gerühmte Besitzergreifung von dem Jahr 1716. wird beantwortet,

In der jenseitigen sogenannten actenmässigen Proceß-Geschichte wird erzählet, wie nach dem Ableben des letzteren der Hunolstein-Söterischen Linie, in Conformität des durch dessen Testament erlangten constituti possessorii, die Dürckheimische Vormundschaft den 4ten, 5ten und 12. September 1716. unter Hochfürstl. Pfalz-Birkenfeldischer Protection, ohne jemands Widerrede, Nahmens derer Herren Gebrüder von Dürckheim der Besitz von dem Sponheimischen Lehn Züsch seye ergriffen worden. Sie wollten nach ihrem bey dem Kammergerichte geschehenem Vorbringen, den Besitz, nicht nur von dem Hunolsteinischen Allodial-Hause in dem Dorf Züsch, sondern auch die Possession von Land und Leuten nebst der Landeshoheit in dem Sponheimischen Lehn ergriffen haben; Zu dessen Bescheinigung dieselbe verdächtige Zeugen-Verhör und angebliche Notariats-Instrumenten abschriftlich übergaben, worinnen jedoch von der Landeshoheit nicht ein Wort zu finden ist.

§. 21.

§. 21.

Es haben aber auch die Beklagte vormalige Sponheimische Regenten in ihrer im Jahr 1753. dem Druck übergebenen und remissiue widerlegt.

Specie facti & processus

samt

rechtsbegründeter Ausführung daß die Hochfürstl. Sponheimische Gemeins-Herrschaften das Dorf Züsch rechtsbefugt occupiret, keineswegs aber darunter die von Dürckheim turbiret oder spolliret haben, mithin nunmehr das erschlichene *Mandatum de non violando territorium, neque amplius turbando in possessione vel quasi loci Züsch S. C.* nach Erkennung der rechtbeständig eingewandten *Restitutionis in integrum* cassiret werden müsse,

in Sachen

derer Gebrüder Eckbrechten von Dürckheim

wider

die Hochfürstl. Sponheimische gemeinschaftliche Regierung zu Trarbach

Mit Anlagen von *Nr.* 1. bis 13.

den Ungrund jenen Vorgebens an den Tag geleget. „ Es ist (heisset es darinn §. 8.) a) „ dargethan, daß die Lehens-Herr-„ schaft dem letzteren von Hunolstein, Ernst Ludwig zu Sötern, „ ungeachtet seines oftmaligen Gesuchs um Belehnung über „ Züsch, solches des Rechtshängigen Caducitaets-Processes we-„ gen, abgeschlagen habe; (vid. Lit. L. m. ad Exceptiones) „ diese Herrschaftliche Wissenschaft der Hunolsteinischen Lehens-„ Verwürkung, macht also schon vor sich b) die vernünftigste „ und stärkste Vermuthung, daß der Lehen-Herr nach Abster-„ ben dieses leztern Herrn Vasallen, Söternschen Linie, sich ge-„ wiß in der Besitznehmung des Lehens keinen andern, geschwei-„ ge dann einen dazu schlechterdings unqualificirten Allodial-„ Erben, werde haben vorgreifen, vielweniger zu dem Ende „ seine eigene Räthe und Bediente mißbrauchen laßen: zumal „ da der Condominus, so die Lehenshand, und, mit Anlegung „ des Arrestes, den Caducitaets-Process vorhin angehoben hat-„ te, eben zu der Zeit in eigener hoher Person zu Birkenfeld „ gegenwärtig war. Diese Sponheimische Besitznehmung beja-„ hen auch c) nicht allein die per Notarium zu Birkenfeld abge-„ hörte Leute, worunter besonders der Hütten Factor de Temple, „ als ein unpartheyischer vollgültiger Zeug ad artic. 6. 7. 8. „ aussagt:

„ Er hätte mit angesehen, daß der Burgvogt Hey, nebst
„ einigen Zeugen nach des lezten Hunolsteins Tod zu Züsch,
„ Namens der Herrschaft förmlich den Besitz ergriffen, wie er
„ sich dann desfalls auf die Wißenschaft aller zu Züsch damals
„ wohnhafter Eingeseßenen beruft; Sondern es geben auch die
„ beyde Aelteste, Michel Arend und Theobald Weber von
„ Züsch, derer von Dürckheim stärkste Anhänger, sothaner
„ Außag durch ihre Versicherung ad art. 16. 17. das stärkste
„ Gewicht, nemlich: die von Dürckheim hätten sich einige Jahre
„ nach der erstern Sponheimischen Besitz-Ergreifung auch in
„ possession gesetzt.

„ (vid. etiam Deposit. Test. I. ad interrogat. 23. num. II.
„ zur Restitutionsschrift.)

„ Zudem so haben die Sponheimische Herrschaften d) damals
„ den Zehenden zu Bosen unter der Dürckheimischen Vormund-
„ schaft eigenen Anerkennung, Beylag num. 6.) als ein wahres
„ Lehens-Pertinenz, in Besitz genommen, und seither dem bis-
„ her beständig ingehabt, wie die von Dürckheim auf die dießei-
„ tige Exceptiones sub & obreptionis in causa mandati de non tur-
„ bando in jure decimandi &c. nunmehro selbst stillschweigend nach-
„ geben. Wie sollten sie nun das geringere Pertinenz Sich zwar
„ zugeeignet, das wichtigste davon aber haben fahren lassen? Ja
„ die Sponheimische Besitznehmung von Züsch wird e) durch
„ die damalige eigene Conduite der Dürckheimischen Vormund-
„ schaft bestärket. Dann dieselbe werde schwerlich bey den Herr-
„ schaften um die Belehnung mit Züsch, vielweniger um deßen
„ Collation ex nova gratia, nachgesucht haben, oder nachzusu-
„ chen sich unterstehen dürfen, im Fall sie selbst, nicht aber die
„ Herrschaften, die Possession ergriffen gehabt hätten.

„ §. 9. Eben diese Gründe, wodurch die Sponheimische
„ unverzüglich nach Absterben des leztern von Hunolstein ergrif-
„ fene Possession nunmehro klärlich erwiesen da lieget, wider-
„ legen zugleich die angebliche adversantische Possessions-Nehmung
„ im Jahr 1716. Es ist ohnedem nimmermehr glaublich, daß
„ die Dürckheimische Vormundschaft, die damalige vornehmste
„ Pfalz-Birkenfeldische Diener, bey ihrer unwidersprechlichen
„ Ueberzeugung der Züscher Lehens-Qualitaet, gleichwohl im
„ Gesicht des Lehen-Herrn, das Dorf Züsch in Besitz zu neh-
„ men sich unterstanden, und doch zugleich um deßen neue Con-
„ ferirung angesucht haben sollte. Es ist auch nicht möglich,
„ geschweige nur wahrscheinlich, daß unter denen in num. 11.

„ zur

„ zur Restitutionsschrift, eydlich abgehörten 10. Zeugen, die „ doch von der Dürckheimischen Besitznehmung der Herrschaft „ Sötern im Jahr 1716. die umständliche Nachricht geben, „ und theils selbst zu deren Vertheidigung mißbraucht worden, „ kein einziger von einer zu gleicher Zeit erfolgten Dürckheimi- „ schen Besitznehmung in Züsch, ein Wort sollte zu erzehlen „ wissen, wann es mit solchem Angeben richtig wäre. Diese „ Umstände arguiren also schon die Gegnerische vermeinte instru- „ strumenta apprehensæ possessionis de anno 1716 einer gewißen „ Falschheit. Die untrüglichste notæ falsitatis entdecken sich aber „ weiters aus sothanen Papieren selbst, wann es a) im instru- „ ment vom 4. Sept. 1716. sub E heißet: Der Pfalz-Birken- „ feldische Secretarius Azenheim wäre damals durch die Dürck- „ heimische Vormünder zur Besitz-Ergreiffung zu Züsch bevoll- „ mächtiget gewesen, und hätte in Krafft dieser Vollmacht den „ Burgvogt Hey darzu substituirt; da doch die auf gedachten „ Secretarium lautende Vollmacht allererst am 21. Dec. und also „ beynahe vier Monath später, datirt ist: Wie hat demnach ge- „ dachter Secretarius doch nur immer den Burgvogt Hey den „ 4. Sept. 1716. zu demjenigen substituiren können, wozu er erst „ den 21. Dec. 1716. *) die Vollmacht selbst erhalten haben soll? „ Sodann ist b) falsch, daß der Burgvogt Hey damals, als „ Substitut des Secretarii Azenheim, Nahmens der Dürckheimi- „ schen Vormundschaft den Besitz ergriffen haben sollte, indeme „ alle Zeugen, ja selbst die Dürckheimische Anhänger, desfalls „ die eben angeführte solchem instrumentiren gerad widerspre- „ chende Auskunft geben. Es ist c) falsch, was das Instrument „ sagt, daß die angebliche Besitz-Ergreifung unter Pfalz-Bir- „ kenfeldischer hoher Assistenz sollte geschehen seyn: Vielmehr be- „ währet (laut num. 11 & 12. zur Restitutionsschrift) die Be- „ strafung derer zur Schloßwacht in Sötern mißbrauchten Bir- „ kenfeldischen Amts-Unterthanen das klare Wiederspiel.

„ Zudem ist d) der Notarius Külz, der die vermeinte In- „ strumenta apprehensæ possessionis de 1716. verfertiget haben „ soll, zu eben der Zeit, besag eydlicher Zeugen-Außag sub num. „ 11. ingleichem num. 22. zur Restitutionsschrift, Dürckheimi- „ scher Secretarius und Amtmann zu Sötern, mithin ein „ Dürckheimischer Domestique und Brödling gewesen, und in „ damaligen Absichten gebraucht worden, der auch eben durch „ seine boßhafte Suggestionen das Ansehen der Vormundschaft „ mißbrauchet hat. §. 22.

*) In dem jetzigen Gegnerischen Impresso ist die Jahrzahl 1715. substituiret worden.

§. 22.

Der Gegentheil vermenget die Besitznehmung der Eberswaldischen Güter mit dem Züscher Mannlehn.

Der Gegentheil aber fande für gut die Besitzergreifung des Eberswaldischen mit Züsch übrigens in keiner Verbindung stehenden angeblichen Erblehns mit dem von einem ganz andern nehmlich dem Sponheimischen Lehnhof abhangenden Züscher Mannlehn, eben so zu vermengen, wie dieses von demselben in dem mit der Dürrcastellischen Hunolsteiner Linie, vor dem Kur-Trierischen Lehnhofe geführten Proceß geschehen ist.

§. 23.

Allenfalls kommt es in gegenwärtigem Proceß auf jenen angeblichen Natural-Besitz ganz und gar nicht an.

So wenig übrigens die Herren von Dürckheim erwiesen haben, daß sie oder vielmehr ihre Vormundschaft, in dem Jahr 1716. nach Ableben des Ernst Ludwig Vogts zu Hunolstein, unter Hochfürstl. Pfalz-Birkenfeldischer Protection, das Züscher Lehn, als ein Allodium, offentlich in Besitz genommen, und so gewiß disseits durch der gedachten Vormundschaft eigenes Geständniß ist dargethan worden, daß dieselbe das Sponheimische Obereigenthum, auch in denen folgenden Jahren qualitatem feudi masculini anerkannt haben: *) So wenig konnte es bey dem im Jahr 1750. angefangenen Mandats-Proceß darauf ankommen, ob und wie lange die Freiherren von Dürckheim durch Zulassung der Vasallen von Hunolstein vor Publication respectiue der sententiæ priuatoriæ und des Lehnhofes abschlägigen extraiudicial decreti, das Lehn genossen hatten. Dann so lange bis das Urtel erfolgte, konnten die Vasallen den Genuß lassen, weme sie wollten. Es ist jedoch abermalen nicht an deme, was die Herren Gegnere §. 9. von dem bis in das Jahr 1734. angeblich gehabten ruhigen Besitz melden lassen, indeme ihr Proceß mit denen Vögten von Hunolstein gleich zu Anfang des Jahrs 1717. angefangen, und obwolen sie in dem Jahre 1720. mit der Hunolstein-Merxheimischen Vormundschaft einen Vergleich getroffen, so continuirte doch ihr Proceß mit dem seniore domus Herrn Graven Franz Leopold Vogt zu Hunolstein von der Dürrcastellischen Linie immerfort, wovon der Kur-Trierische Sequester eine Folge gewesen ist.

§. 24.

Weiterer Verfolg.

Es ist ferner nicht andeme, daß die Freiherren von Dürckheim nach der im Jahr 1734. durch den Sponheimischen Vasallen Franz Leopold Graven und Vogt zu Hunolstein (den damaligen seniorem domus Hunolsteinensis) erlangten Possession jemalen wieder in den Genuß von dem Dorf Züsch und seinen Zugehörungen gekommen seyen.

§. 25.

*) s. Recursschrift §§. 46, 49. 59. bis 65.

§. 25.

Weiterer Verfolg.

Man hat hingegen disseits erwiesen, daß die Herren Gegnere den Sponheimischen Lehnhof vor diejenige Stelle erkläret haben, welche über den Besitz und Genuß von dem Dorf Züsch und seiner Zubehörde disponiren könne. Dann von diesem Lehnhofe suchten sie die Possession und zwar zum Mannlehn zu erlangen; Es waren die Herren von Dürckheim, welche diese Sache als eine Lehns-Sache anerkannten, welche den Felonie-Proceß gegen die Sponheimische Vasallen zu Rastatt betrieben und die data an die Hand gaben, eine Final-Resolution von dem Sponheimischen Lehnhofe forderten, und die im Jahr 1739. eröfnete sententiam priuatoriam gegen die Vasallen, eben so wie die abschlägige Final-Resolution gegen Sie abwarteten. *)

§. 26.

Beantwortung des aus dem Mandatsproceß zwischen Dürckheim u. Kur-Trier entlehnten vermeintlichen Rechts.

In der Zeit da die Herrn von Dürckheim gegen die Vögte zu Hunolstein, den Felonie-Proceß vor dem Sponheimischen Lehnhofe betrieben, und um den Uebertrag des Züscher Mannlehns supplicirten, ist von deren Proceß gegen Kur-Trier bei demselben nichts vorgekommen. Die gemeinschaftliche Regierung zu Trarbach war von dem Kaiserl. und Reichskammergerichte weder vorgeladen, noch gehöret, wurde auch nicht condemniret. Ja weder gegen Kur-Trier, noch gegen den Herrn Graven von Hunolstein ist die Kammergerichtliche Sentenz exequirit, wohl aber das Urtel des Sponheimischen Lehnhofes vollzogen worden.

§. 27.

Erläuterung.

Zur näheren Berichtigung dieser Geschichte dienet folgende Anmerkung. Das Hauß der Vögte zu Hunolstein hatte wirklich einige Stück und darunter die Burg Züsch von dem Kur-Trierischen Hofe zu Lehn, welche der jeweilige Senior, nach denen vorgekommenen Fällen requiriren mußte. Dieses geschahe von dem Lehnsträger Graven Franz Leopold Vogt zu Hunolstein nach dem Ableben des letzteren der Söterischen Linie, und zwar bate er namentlich um die Belehnung mit der Burg Züsch und denen Höfen Lohnscheid und Loncamp *cum apperti-*

*) S. Recursschrift §§. 58—67.

Gefährde und mala fides der Dürckheimischen Vormundschaft.

pertinentiis. *) Diese Kur-Trierische Lehnstücke sprachen die Dürckheimische Vormündere an, vor ihre Pupillen die Freiherren von Dürckheim, als angebliche Testaments-Erben des Bruders ihrer Großmutter Ernst Ludwig Vogts zu Hunolstein. Die Dürckheimische Vormundschaft suchte ebenfalls die Belehnung und setzte ihre Pupillen in den Besitz, wogegen Hunolstein um die Sequestrirung derer Kur-Trierischen Lehne bate. Zur selbigen Zeit waren die Hunolsteine der Merxheimischen Linie noch minderjährig, die ausser dem Reich etablirte Hunolstein-Dürrcasteller Linie aber war fremd, auch das dem jeweiligen Seniori als Lehnträger gehörige Hunolsteinische Archiv, welches der lezt verstorbene Senior in Sötern verwahrte, entwendet und ausser dem Teutschen Reich in das Elsaß practiciret. Unter diesen Umständen verlangte die Dürckheimische Vormundschaft, daß die von Hunolstein die Mannlehne ausfündig machen müßten, die Hunolsteinische Lehnbriefe und Acten hingegen, so sie einem Licentiat Sahler zu Straßburg eingehändiget, wollte sie nicht heraus geben. Nun suchte mehrernanter Franz Leopold Vogt zu Hunolstein bey Kur-Trierischen Räthen verständiget zu werden, worinnen das Erzstiftische Lehn bestünde? Dieser Zweifel veranlaßte, daß das dem Sponheimischen Lehnhofe nicht nachtheilig gewesene Kur-Trierische Sequestrationsurtel dd. Ehrenbreitstein den 30. Junius 1734. tenoris: „In Chur-

Das Kurtrierische Sequestrationsurtel gehet nicht auf das Sponheimische Züsch.

„fürstl. gnädigster Commissions-Sache Franz Leopold Vogten
„von Hunolstein Klägern an Ein- entgegen und wider des
„Eckbrechten von Dürckheim Vormündere Beklagte am an-
„dern Theil, die von Ernst Ludwigen Vogten von Hunol-
„stein als leztern Lehenträgern besessen- und hinterlassene
„Chur-Trierische Lehen zu Züsch mit denen Höffen zu Lon-
„scheid und zu Loncamp *cum appertinentiis* betreffend, wird
„auf denen Beklagten Vormündern bezeigt- und von Klägern
„angeklagten Ungehorsam nunmehro statt der *immission* die ge-
„bettene *Sequestration* ersagter Lehnstücken biß zur Sachen
„weitern Austrag hiemit erkannt und und dessen Bewürkung
„dem Amts-Verwaltern zu Grimburg committirt, Beklagte
„zugleich in die aufgegangene Gerichtskösten moderamine saluo
„fällig ertheilend. **)

Aus

*) Daß die Burg Züsch Trierisch Lehn seye, hat man in der Recursschrift §. 10. Not. (a) bemerket. Die andere Lehne Lohnscheid und Loncamp stehen mit dem Sponheimischen Züsch ebenfalls in keiner Verbindung.

**) s. Recursschrift Anlage unter Nro. 46.

aus Mißverstand, und Betrieb des Hunolsteinischen Lehns-requirenten, nicht nur bis auf das Dorf Züsch und dessen Pertinenzien auch auf andere Söterische Güter, von dem Trierischen Amt zu Grimburg erstrecket, sondern auch nachher unter dem 25. Octobr. 1734. durch folgenden Kurfürstl. Trierischen Regierungsbefehl bestättiget worden ist: „von wegen Ihrer Churfürstl. Gnaden zu Trier unseres gnädigsten Herren wird dero „Amtsverwalteren zu Grimburg hiermit gnädigst und alles Ernstes anbefohlen, gestalten den in Sachen Franz Leopold Vogten von- und zu Hunolstein contra den Freiherren von Türckheim von der gnädigst- angeordneter *Commission* erlassene „*Sequestrations*-Befehl nöthigenfalls manu forti nicht allein zu „handhaben, sondern auch ermeldten von Türckheim in denen „zum quästionirten Zischer Lehen gehörigen Oerteren mit „Jagd und Fischerey in so lang aufzuhalten, bis dahin auf „die gegen ihn von Türckheim wegen obgemelten Churtrierischen Lehens bey Lehenhof dahier, als foro competente „eingeführte *actio litem contestiret* haben werde; Dann wird „ihme Amtsverwalteren auch ferner anbefohlen, wegen des violirten *Sequestri* sowohl die schuldige Restitution und Satisfaction als wohl des Niclassen Pfeiffer zu Züsch mit gewaltthätiger Abrechnung dessen Baraquen zugefügten Schadens, indemnisation sub termino octidui zu begehren, bey Entstehung dessen aber die Türckheimische Grund-Rhenten zu Nonnweiler in so lang mit Arrest zu belegen, bis je ein so anderen völlige Genugthuung erfolget seye. *)

Wird aber auf Betrieb des Vasallen Franz Leopold Vogts zu Hunolstein dahin erstrecket

§. 28.

Aus dieser Verfügung erhellet deutlich, daß nur das Kur-Trierische Züscher Lehn der eigentliche Gegenstand des nachher an das Kaiserl. und Reichskammergericht gelangten Stritts gewesen ist, und daß der Kur-Trierische Lehnhof in der Meinung gestanden, die Eberswaldische und Söterische Güter und Lehne, seyen nebst dem Dorf Züsch appertinenzstücke von der ehmaligen Burg Züsch gewesen. Der Sponheimische Lehnhof aber, welcher kein Recht auf die Trierische Lehne und andere Orte und Güter prätendirte, hatte wegen seiner Enfernung von dem was in seinem Lehn durch die Veranlassung und Schuld seiner Vasallen der Vögte von Hunolstein vorgegangen war, bereits oben erwehntermassen keine Nachricht.

Nähere Aufklärung des Irrthums.

*) S. Anlage unter Nro. 88.

Dritte Abtheilung.

Weiterer Verlauf der Geschichte von der Zeit der Erkanntnis des Sponneimischen Lehnhofes, bis zur Zeit des von denen Freiherren von Dürckheim erschlichenen Mandati de non violando territorio.

§. 29.

Gegen die Sponheimische sententiam priuatoriam wird die Appellation weder von denen Vasallen

Gegen die unter dem 23. Decembr. 1739. wider die Vögte zu Hunolstein zu Rastatt eröfnete Sententiam Privatoriam, wurde nur alleine vor den Graven Franz Leopold Vogt zu Hunolstein, appelliret *) aber nicht die Berufung verfolget.

§. 30.

noch gegen die, denen von Dürckheim gegebene Lehnhofs-Finalresolution, die Berufung verfolget.

Ebenfalls am 23. December 1739. gabe der Lehnhof dem Dürckheimischen Bevollmächtigten Licentiat Funk eine abschlägige Final Resolution mit der Nachricht, daß zwar die sententia priuatoria gegen die Vögte zu Hunolstein publiciret worden wäre, der damalen regierende Herr Marggrav zu Baden-Baden aber dero nun heimgefallene Helfte des Züscher Lehns, dem Oberhof-Marschallen von Brambach aufgetragen habe. **) Hievon appellirte zwar der Dürckheimische Mandatarius intre decendium coram Notario & testibus, die Freiherren von Dürckheim aber, welche sich in dem Besitze des Lehns nicht mehr befanden, begnügten sich mit solcher abschlägigen Resolution.

§. 31.

Kurtrier widersetzet sich der sententiæ priuatoriæ.

Die sententia priuatoria gegen die Vasallen gelangte zu Kurfürstlichen Trierischen Regierung, wie aus folgendem extractu protocolli dd. Ehrenbreitstein den 4. Februar 1740. zu entnehmen:

„ Land-

*) s. Recursschrift Anhang unter Nr. 55.

**) s. c. l. Urkunde 56.

„ Land-Renthmeister gibt anhero eine zu Rastatt über
„ das Erzstiftische ohngezweifelte Lehen Züsch und
„ zugehörige Appertinentien erlassene sententiam pri-
„ uatoriam, Innhalts welcher dieses Lehen- anmaßlich ca-
„ duciret werden wolle. Rs. includatur deme Amts-
„ verwaltern zu Grimburg, gestalten den neuen Investi-
„ tum von Brambach zu keiner Possession, weniger aber
„ einer Huldigung, und- sonst gewöhnlich Vasallischen
„ Actu zuzulassen, sondern alle diese Stück, wie bis
„ anhero geschehen, in sequestro beständig zu halten. Id
„ quod detur Land-Rennthmeistern ad Notitiam.

Sponheim hatte es nun nicht mit denen längst depossedirten und von dem Sponheimischen Lehnhofe abgewiesenen von Dürckheim, sondern mit Kurtrier zu thun.

Hieraus fliesset der Beweiß, daß nicht ein Dürckheimischer Besitzstand, sondern das durch den Sponheimischen Vasallen von Hunolstein zwischen zwey Reichsständischen Lehnhöfen veranlaßte Mißverständnis der Vollstreckung der sententiæ priuatoriæ einen Aufschub gabe, ohne deswegen der Rechtskraft des Urtels etwas zu benehmen. (§. 13.)

§. 32.

Der Vasall von Hunolstein nimmt in Züsch unter Trierischen Schutz die Huldigung ein.

Es geschahe ferner, daß Franz Leopold Vogt zu Hunolstein nicht nur die Sponheimisch Züscher Waldung zu durchjagen sich unterstanden, sondern auch der dißeitigen Protestation ohngeachtet, unter Kur-Trierischen Schutz am 15. Julius 1742 von denen Sponheimischen Züscher Lehns Unterthanen die Huldigung einnehmen lassen. *) Nunmehr hatte der Grav von Hunolstein nicht nur das Trierische Burglehn Züsch, sondern auch das Pfälzisch- und Badische Sponheimische Lehn Züsch, in natural-Besitz.

§. 33.

Sponheim tritt mit Trier in nachbarliche Correspondenz.

Der Sponheimische Lehnhof der in dieser offenbaren Lehns-Sache, die Hülfe eines Reichsgerichts nicht nöthig zu haben glaubte, sein Recht aber so schlechterdings sich nicht entziehen lassen können, hoste den zwischen beiden Lehnhöfen, durch Schuld der Vasallen entstandenen Mißverstand, in dem Weeg der Güte heben zu können, wozu das Kurfürstliche Ministerial-Schreiben dd. Ehrenbreitstein den 21. Jul. 1742. alle Hoffnung gegeben. **) Man verfehlte auch nicht den Endzweck.

*) Das Protestations-Instrument bey der Recursschrift unter Nr. 58.

**) s. Recursschrift Beylage Nr. 57.

§. 34.

Sponheim hörte des Vasallen Entschuldigung,

Fördersamst geschahe an den Seniorem Franz Leopold Grafen von Hunolstein (der wegen der Vorder-Sponheimischen Lehn noch Lehnsträger gewesen) von seiten Baden-Baden eine Benachrichtigung, wegen der Züscher helftigen Lehns-Begebung an Ihren Geheimen Rath und Oberhofmarschallen von Brambach mit einem dehortatorio und Berichtserforderung, was es mit der de facto vorgenommenen Huldigung vor eine Beschaffenheit habe? *) Die Berichtserstattung geschahe den 12. Nov. 1742. **) mit einer unhinlänglichen Entschuldigung.

§. 35.

hob in Güte den Mißverstand bey Kurtrier,

Nunmehr beschwehrte sich Baden bey Kur-Trier, über die geschehene Thathandlung und beurkundete zugleich den Unterschied zwischen dem Kurtrierischen und Sponheimischen Züscher Lehn. ***) Dieses geschahe den 11. Jenner 1743. beide Höfe correspondirten hierüber freundschaftlich, und nach einer erfolgten gemeinschaftlichen Local-Untersuchung durch beiderseits abgeordnete Räthe,

und vollstreckte die längstens rechtskräftige sententiam priuatoriam.

vollstreckte der Sponheimische Lehenhof, welcher sich vorhin schon, während des Sequesters, in der Landeshoheit erhalten hatte, ****) sein Urtel.

§. 36.

Ohne von denen vor 11. Jahren abgewiesenen Lehens-Candidaten sich Gesetze vorschreiben zu lassen,

Bey dieser Lage der Sache, bey der jenseitigen Anerkenntniß des Obereigenthums und der wahren Mannlehns-Beschaffenheit mit dem Sponheimischen Züsch; des Lehnherrlichen Rechts den Felonie-Proceß denen Vögten zu Hunolstein zu machen, und das Geständnis der Dürckheimischen Vormundschaft (von deren Handlung man jenseits alles vermeintliche Recht herleitet,) und endlich bey geschehener Beruhigung auf das schon im Jahre 1739. mit der sententia priuatoria contra Vasallos, gegen die Freiherren von Dürckheim bestbefugt ergangenen Abweißungs-Decrets, konnten diese kein Recht, ja nicht den Schein eines Rechts haben, in das Sponheimische territorium de facto einzutretten und actus possessorios vorzunehmen, am allerwenigsten verbindet in solchen Fällen die Reichsverfassung einen Reichsstand, dergleichen eigenmäch-

*) S. Anlage unter Nro. 89. und 90.

**) S. Anlage Nro. 91.

***) S. Anlage unter Nro. 92.

****) S. Recursschrift §§ 70. — 76.

mächtigen Zudringlichkeiten sich nicht entgegen zu setzen. Es haben also die vormalige Sponheimische Regenten nicht gefehlet, wann sie die Dürckheimische Inuasores in ihrem Sponheimischen eigenen territorio in den Besitz und Genuß des Lehns nicht haben gelangen lassen, vielmehr erforderte ihre Pflicht gegen die Sponheimische ex jure majorum succeßionsfähige Agnaten und deren Nachkommen, dahin zu sorgen, daß keine prædones sich eindringen, die unter dem Schutz eines Reichsgerichts, die beneficio majorum succedirende, mit der Natural- wie mit der, keine Beraubung gestattenden, civil- Poßeßion, in das, bey der bekannten Beschaffenheit der Teutschen Reichs - Justizverfassung, leider! ewige Petitorium verschleppen möchten.

Zweyter Abschnitt.

Nähere Beleuchtung des Kammergerichtlichen Verfahrens, gegen die vorige Sponheimische Regenten.

Erste Abtheilung.

Die vorstehende Sache ist eine Lehnssache gewesen, und sie konnte, durch die Nichtgestattung der Dürckheimischen Invasion, so wenig in eine Spolien- als in eine Criminal-Sache verwandelt werden.

§. 37.

Die Dürckheimische Absicht gehet dahin, dem rechtlichen Benehmen des Lehnhofes die Gestalt eines spolii anzuheften.

Der Herr Gegentheil wendet alle Mühe an, den Leser bey dem Gesichtspuncten eines Spolii qualificati und des regulariter damit verknüpften: jedoch in denen Kammergerichtlichen Erkenntnissen nicht zu findenden processus possessorii summariissimi, mit der Prätension feste zu halten, daß er weder zur Rechten noch zur Linken weichen und weder weiters sehen noch hören solle. Eben so ist das Verfahren des damaligen Kammergerichtlichen Senats beschaffen gewesen, der einen blinden Gehorsam forderte, ohne denen erheblichen exceptionibus sub- & obreptionis Gehör geben zu wollen.

§. 38.

Zu welchem Ende nicht passende Gesetze u. Rechtsstellen so übel als häufig angeführet werden.

Man sammlet in der sogenannten rechtlichen Ausführung eine Menge von generalen Lehrsätzen und Auszügen aus Schriftstellern, die auf den gegenwärtigen Fall keine Anwendung finden. Es wird darinn aus dem, von so vielen A. C. Doctoribus juris utriusque, oft mißbrauchten und öffters mißkannten jure ca-

canonico, *) angezeiget, wie dasselbe die doctrinam de restitutione spolii um vieles erweitert habe. **) Das was erweitert worden, das ist nicht in fauorem der Layen, sondern zum Vortheil der Kirche und der Geistlichen geschehen.

> Ipse enim textus, regulam, quod spoliatus *ante omnia* restituendus sit, pro fauore ecclesiæ & personarum ecclesiasticarum præprimis adhibebat, non contra illam, & simiter laicus justam conquerendi causam haberet, respuebant, ita ipse textus can. redintegranda caus. 3. quæst. 1. expresse loquitur, & satis cum impetu, de exspoliatis & ejectis episcopis, si vero cum hac dispositione conciliare velimus cap. 1. X. de restitutione spoliator. Opera abutimur, ut enim de contrarietate constet, totum textum inserere sufficiet, qui ita se habet: „Conquestus est nobis Philasius „ cœcus, ejus campum ab Ecclesiæ hominibus irrationaliter occupatum. Quod si ita est, quanquam ante „ omnem contentionem possessio ei debuerat violenter ab„ lata restitui: tamen quia Diaconus ipsius Ecclesiæ, con„ sentiente illo, constituit se legitime probaturum, dictum „ campum ejusdem Ecclesiæ juris esse, veritatem inqui„ re: & si hoc probatum fuerit, huic dicendum est, ut a „ sua intentione discedat. Alioquin res ei ablata red„ datur.
>
> Gasser de genuino colore possessorii ex solo jure in re.

§. X.

Die zur Rechtfertigung der Kammergerichtlichen Erkenntnis pag. 33. angeführte Stelle, quod etiam prædo, secundum rigo-

F 2

*) Sie verwerfen principia juris canonici, nehmen dagegen die principiata an, und denken übrigens nicht leicht an das c. 7. X. de divort. welches nach deme was die Canonisten diesfalls lehren, und besonders secundum doctrinam Gabrielis lib. V. conclus. 1. n. 206. denen Freiherren von Dürckheim in Rom nicht zum Vorstande dienen dörfte, wann sie dorten würklich spoliirt würden.

**) Plura singularia ex c. redintegranda 3. C. 3. „ q. 1. annotari „ solent, magis tamen interpretum errore, quam rei veritate, „ cum in eo textu itidem tandum principia interdicti unde vi „ applicentur ad casum violentæ dejectionis ibi occurrentem, ceu „ infra declarandum erit. Man wird auch disorts unten den Irrthum durch Ausdehnung der Verurtheilung, auf einen tertium non spoliatorem nec spoliatoris heredem uniuersalem sed beneficio majorum ac proprio jure succedentem & b. f. possidentem bemerklich machen

rigorem juris sit restituendus, *) ist eine eben so gemeine als unglückliche Anwendung. Wann die Höchste Reichsgerichte denen Inuasoribus in Reichs-Ständische Lande, nach jenem Grundsaze zu Hülfe kommen wollten, dann sollte mann sich wohl die Zeiten des alten Faustrechts herbey wünschen! Dann hätte man die durch verglichene Reichsgesetze befestigte remedia juris, welche das gegen das Faustrecht entstandene Kaiserl. und Reichs-Kammergericht, Reichsständen in dieser Sache entziehen will, freilich nicht mehr nöthig. Dann würde es aber betrübt mit der Reichsverfassung aussehen. Beide Uebel wolle Gott, der das heil. Teutsche Reich bisher so wunderbar erhalten hat, gnädiglich verhüten.

§. 39.

Es ist aber ein spolium nicht vorhanden.

Am geschwindesten und so kurz als hinlänglich erhält die jenseitige Ausführung ihre Abfertigung, wann man die darinn vorgetragene Lehrsätze von Lehns- und Spolien-Sachen auf ihrem Werth oder Unwerth beruhen lässet und nur, wie geschehen ist, dem vorgetragenen irrigen facto widerspricht und darleget, daß kein Spolium, abseiten des Sponheimischen Lehnhofes durch dessen gemeinschaftliche Regierung zu Trarbach, seye verübet worden.

§. 40.

Was zu einem spolio erfordert werde.

Der Verfasser der Ausführung erfordert pag. 34. lin. 3.

1) daß ein spoliatus in ruhigem Besitz müsse gewesen seyn, und

2)

*) Secundum rigorem juris, wird ein Prædo, der in Reichsständischen Landen sein Handwerk treibet, seines Raubs entraubet, und nach Beschaffenheit derer Umständen, als ein Züchtling behandelt, oder wohl gehangen oder geköpfet oder auch gerädert, ohne daß ihme eine Appellation an eins der Höchsten Reichsgerichte oder C. 5. in fin. X. de rest. spol. oder das römische Reiches zustatten kommen. In andern Landen wird ein Prædo nicht besser restituiret. Si vero in casu, ubi actio personalis in petitorio competit, remedium possessorium daretur, pessime sibi consuluerunt tot fures & latrones suspendio rotaue puniti, quod tanti sceleris loco vacuam potius, quod aiunt, possessionem morientibus ingentium prædiorum possessoribus non apprehenderint, ficto quodam contractu, cujus qualitate ad petitorium rejecta, haberent per triginta & ultra annos quot vellent, idque loco argumenti ab absurdo præmonuisse juuabit.

S. P. Gasser de genuino colore possessorii §. 1.

a) lehret derselbe durch die §. 61. gegebene Definition, daß zur Begründung der Spolien-Klage, eine iniqua *dejectio* possessionis müsse dargethan werden. Beyde requisita ermanglen in unserem Falle. Die Gegnere hatten keinen wohlhergebrachten, keinen ruhigen, ja gar keinen Besitz, mithin laßt sich keine dejectio gedenken.

Die Requisita ermanglen.

§. 41.

Gesetzt aber das Heldenreichische Advocaten-Protocoll unter Ziser 6. der gegnerischen Beilagen, vermöge einen Besitz vom 1. August 1750. zu erweißen, so betrachte man nur den Gegenstand des Stritts, und beurtheile alsdann ob die angebliche dejectio iniqua seyn können?

Allenfalls wäre die angebliche dejectio nicht iniqua gewesen.

§. 42.

Daß das Objectum litis, nemlich das Dorf Züsch mit seiner Zubehörde, ein Uraltes Sponheimisches-Lehn gewesen, welches denen Vögten zu Hunolstein, seit dem Jahre 1368. zu wahrem Mann-Lehn verliehen worden, das ist

Beweiß daß 1) das Objectum litis seit 1368. ein Hunolsteinisches Mannlehn ist

1) durch unverwerfliche Urkunden dargethan worden. *)

§. 43.

Das Dürckheimische Vorgeben ist nicht erwiesen, als ob Otto Philipp Vogt zu Hunolstein von der Söterischen Linie, das Mannlehn Züsch unter Abfindung des Lehnhofes von denen drey Gebrüdern der Hunolstein-Merxheimischen Linie Georg Wilhelm, Hanns Georg Niclaus und Otto Christoph von Hunolstein, als ein Eigenthum in denen Jahren 1648. 1659. und 1662. erworben habe, **) vielmehr hat man dißeits, durch Lehnbriefe,

2) unumstößlich das Gegentheil und so viel dargethan, daß der nemliche Otto Philipp Vogt zu Hunolstein, eben dieses Dorf Züsch nebst Appertinenzien in seiner alten Lehnsqualität, und zwar

2) daß der Vater des jenseitigen Erblassers, das von der Merxheimischen Linie im nutznießlichen Besitz erlangte Dorf Züsch nebst Zugehörden, nicht als ein Eigenthum sondern als ein mit denen andern Hunolstein

*) S. Recursschrift §. 5. und das folgende zweite Capitel.

**) Man führet in dieser Beantwortung unterschiedene Beilagen aus denen Hunolsteinischen Privatscripturen an, blos in der Absicht der Hunolsteinischen Geschichte ein mehreres Licht zu geben. Zu gleichem Endzweck dienen die sub Nr. 93 & 94. anliegende Extractus der von dem Professor Neller zu Trier gestellten rechtlichen Gutachten de Senioratu & Systemate prænobilis familiæ ab Hunolstein, ohne daß man dißseits dessen Principiis durchaus beipflichte.

nischen Linien gemeinhabendes wahre Lehn, lebenslänglich besessen, auch

zwar nicht nur alleine vor sich, sondern als Lehnsträger vor die übrige Agnaten, von der Merxheimer und Dürrcasteller Linie, anerkannt, erbetten und empfangen habe, den 18. August 1665. den 25. April 1668. den 4. October 1670. den 3. Jenner 1671. und kurz vor seinem Lebensende den 28. May 1679. *) Auch beweiset die Anlage unter Nr. 92. b. daß der angebliche Käufer die Belehnungskosten, seinen Merxheimer Agnaten pro rata aufgerechnet und abgenommen habe.

§. 44.

3) daß selbst der Gegnerische Erblasser dasselbe nicht als ein seiner Linie und ihme als lezteren des Sötern'schen Hauses privativ gehöriges Erblehn, sondern qua Senior des ganzen Hunolsteinischen Hauses u. als Träger im Namen seiner Agnaten der andern Linie, vor ein gemeinschaftliches wahres Lehn recognosciret u. besessen habe.

3) ist das weitere fälschliche Vorgeben, als ob der Sohn jenen Otto Philipp nahmens Ernst Ludwig Vogt zu Hunolstein, das Dorf Züsch 2c. als ein Eigenthum besessen habe, ebenfalls nicht nur nicht erwiesen, sondern mit unverwerflichen Urkunden disseits bewähret worden, wie eben dieser Ernst Ludwig von Hunolstein, durch verschiedene bey dem Lehnhof übergebene Bittschriften und Entschuldigungen, Lehnsmuthungen und Rechtfertigungen, vom 3. Merz und 5ten April 1684 vom 24. Merz 1700 und 1. April 1707. das Dorf Züsch nebst Appertinenzien, nicht als ein Eigenthum, sondern als ein denen gesammten Vögten zu Hunolstein gemeinschaftlich verliehenes Sponheimisches wahres Lehn besessen und diese Lehns-Qualität vor sich und als Träger im Nahmen seiner Agnaten derer anderen beiden Linien, öffentlich anerkannt habe.

§. 45.

4) Daß Ernst Ludwig v. Hunolstein, Södtern denen Herren von Dürckheim, das Dorf Züsch nebst Zubehörde durch die unter Ziffer 1. neuerlich in das Publicum getrettene Disposition weder verschaffen können, noch per constitutum possessorium übergeben habe,

Bey einer derartigen Lehns- actenmäßigen Bekanntnis, wird wohl von dem Ernst Ludwig Vogt zu Hunolstein niemand glauben, daß er, nach dem jenseitigen zu Erschleichung des Kammergerichtlichen Mandati de NB. non violando territorium in Züsch, geschehenem erdichtetem Vorbringen, eine so nichtige als unredliche und Lehnspflichtwidrige- sowohlen gegen dessen Agnaten als den Lehnhof untreue dispositionem mortis causa cum constituto possessorio über das Mannlehn Züsch, zu Gunsten derer Kläger errichtet haben sollte. Es ist aber nunmehr

4) dieses zu Colorirung des erdichteten Besitzstandes ausgesonnene Vorgeben, a) durch der Gegner offentliches Geständniß: ihr Erblasser habe über diejenige Mannsstamms-Lehne, darüber er nicht disponiren könne, nicht disponiret, (§. 15.) und b)

*) s. Recursschrift §§. 23 — 30.

b) durch das von dem Gegentheil seiner sogenannten actenmäßigen Proceß-Geschichte unter Zifer 1. beigelegte angebliche Testament, an das Licht gebracht worden, daß dieser Senior domus Hunolsteinensis, kein Wort von Züsch erwehnet, wohl aber dasselbe, weilen es ein Mannlehn ist, und mit dem Eberswaldischen Lehn nicht in der geringsten Verbindung stehet, durch obige General-Ausnahme, ausgeschlossen habe. Desselben Allodial-Güter waren noch den 19. Novemb. 1693. dergestalten gering, daß er bey dem Rheingrävlichen Lehnhofe schriftlich bekannte, seinen Agnaten dem Johann Georg Vogten zu Hunolstein-Merxheim, die ihme nach geschehener richtiger Berechnung schuldig gebliebene zwanzig tausend Thaler ohne den Versatz und Anweisung derer Rheingrävlichen Lehne, nicht befriedigen zu können *) Er konnte auch in seinem Leben diese Schuld nicht tilgen, und scheinet, zufolge eines unter denen Hunolsteinischen Schriften sich vorgefundenen Extractus, daß er mit Versicherung der Erbschaft des sämmtlichen hinterlassenden Vermögens seinen Vetter vertröstet habe. **)

Ein Umstand der die Gegnerische in formalibus ohnehin nicht bestehende Urkunde verdächtig machet

§. 46.

Das Dorf Züsch ist also ein von dem angeblichen Erblasser anerkanntes Mannlehn, worüber er nicht disponiren können noch wollen, wovon das Dominium directum nebst der Possessione civili bey und nach seinem Tode, eben so wohlen der Sponheimischen Lehnsherrschaft unverrückt geblieben ist, wie durch den Tod desselben Voreltern und der Agnatischen Lehnträgern, dasselbe niemalen eine Veränderung erlitten hatte. Es war deswegen kein nothwendiges Geschäft des Birckenfeldischen Burgvogts Hey, wann er bey Gelegenheit der von denen Eberswaldischen und Söterischen Güter, vor die Freiherren von Dürckheim genommenen Poßeßion, den Besitzstand von Züsch vor die Sponheimische Gemeinsherrschaft erkläret hat (s. Recursschrift §. 43.) indeme sich dieses von selbst verstanden.

Nothwendige Folge aus jenen vier Gründen.

Die Possessio des Dominii directi bliebe unwandelbar bey Sponheim,

§. 47.

Das dominium utile hingegen, ist zu denen Hunolsteinischen Agnaten gefallen, die ebenfalls in so weit possessionem civilem vorhin hatten. So lange die sententia priuatoria de An. 1739. von dem Lehenhof nicht gefället ware, so lange stunde denen Vasallen frey, den Genuß des Lehns zu erheben oder zu

so wie die Vasallen vor dem Lehnhof ihrerseits bis das dominium utile und dessen Possession vel natu-

*) S. Anlage unter Nr. 95.

**) S. Anlage unter Nr. 96.

raliter vel ciuiliter ante sententiam priuatoriam in anno 1739. latam, behalten haben

lassen wenne sie wollten. Dadurch daß die Gegnere den aus einem mit der Merxheimischen Vormundschaft ohne Vorwissen und Genehmigung des Lehnhofs eingegangenen Vertrag im Jahr 1720. erlangten Natural-Besitz, im Jahr 1734. durch den Kur-Trierischen zu Gunsten des Vasallen von Hunolstein-Dürrcastell angelegten Sequester verlohren hatten, dadurch konnten die Gegnere kein näheres Recht gewinnen, der Lehnhof aber auch gegen die vormalige Dürckheimische Usurpatores so wenig seinen Besitz als die von Hunolstein ihre possessionem civilem quoad dominium utile verliehren.

§. 48.

Beweiß daß diese Sache eine Lehnssache gewesen,

Das aber was der sententiæ priuatoriæ vorher gegangen und nachfolgte, nehmlich der Felonie-Proceß und die Vollstrekkung des Urtels, das war allerdings eine Lehns-Sache eben sowohlen wie das Urtel selbsten. Ein höchstes Reichsgericht, das kein Recht hat, einem durch kein remedium juris vor dasselbe gebrachten Reichsständischem Urtel sich zu widersetzen, das hat noch weniger das Recht, durch Gebotsbriefe der Vollstreckung eines rechtskräftigen Reichsständischen Lehnhof-Urtels ohne Vernehmung des Lehnhofes und seiner Regierung, sich entgegen zu stellen, oder ein Mandatum S. C. dagegen zu erkennen.

§. 49.

und geblieben ist.

Eine Lehnssache verliehret durch ein sub- & obreptitie erschlichenes Kammergerichtliches Mandat die Eigenschaft einer Lehnssache so wenig, als eine wahre Ehesache, durch ein Reichsgerichtliches Mandat, in eine Civil-Sache kann verwandelt werden. Vielleicht aber hat der Gegentheil vor dem Urtel nicht anerkannt, daß das Dorf Züsch ein Hunolsteinisches Mannlehn seye? Alleine auch dieses ist nicht.

§. 50.

Nähere Untersuchung des Dürckheimischen angeblichen älteren Besitzes.

Man hat disseits entdecket, wie zwar die Dürckheimische Vormundschaft mala fide gegen die minderjährige Lehns-Agnaten, die Vögte von Hunolstein Merxheimischer Linie, gehandelt, indeme sie von der ihren Vormünderen ermangelten Information, von der Züscher Lehns-Eigenschaft, arglistig profitirten, auch das in Sötern vorgefundene Hunolsteinische sogenannte Archiv, ausser dem Reich in das Elsaß heimlich ihrem Consulenten zuschickten, damit jene Vormündere keinen besseren Unterricht erlanlangen, auch sie die Dürckheimische Vormundschaft in diesem Nebel, ohne wissen des Lehnhofes, den Genuß des Züscher Lehns nicht nur erschleichen, sondern auch die Hunolsteinische Vormündere zu der Felonie verleiten können, damit sie, die Lehnsrequisition verabsäumen, die Folge war, daß sie auch, ohne Vorwissen des Lehnhofes, zu Straßburg, mit dem Dürckheimischen Consulenten Friederich Theobald Sahler, (der das Hunolsteinische Archiv in Verwahrung hatte) am 3. May 1720. einen Vergleich getroffen, und diesen bis auf einen Abstand der Ansprache auf das Hauß Züsch *) erstrecket haben, wodurch die Dürckheimische Vormundschaft Gelegenheit erlangte, sich in dem Genuß des Dorfs Züsch und seine Zubehörde gänzlichen zu setzen, und gegen die Vasallen der Hunolstein-Dürrcastellischen Linie, so lange sich darinn zu erhalten, bis mit Kur-Trierischer Hülfe, auf die oben erwehnte Art, bey Gelegenheit eines über andere Gegenstände der Söterischen Verlassenschaft, auf Betrieb Franz Leopold Vogt zu Hunolstein, aus dem ihnen nicht gehörigen Züsch Sie entsetzet worden seind.

§. 51.

Beweiß gegen denselben, durch das eigene Dürckheimische Geständniß.

1) erkennet die Dürckheimische Vormundschaft im Jahr 1717. in denen 10. Monaten nach dem Tode ihres angeblichen Erblassers vor dem Sponheimischen Lehnhofe, dessen dominium directum.

Allein bey allen diesen von der Gegenseite geschehenen Schritten und Versuchen, das Dorf Züsch zu erwerben, haben sie gleichwohlen bey Zeiten

1) in dem ersteren Jahr, nach dem Ableben des Vasallen Ernst Ludwig Vogt zu Hunolstein, die Lehnschaft- somit das Sponheimische Obereigenthum anerkannt. Alle Lehn, so die Vögte zu Hunolstein sowohlen von der Vordern- als Hintern-Gravschaft Sponheim, trugen waren Mannlehn. Alle diese Lehn requirirte die Dürckheimische Vormundschaft den 5ten Julius 1717. folgendermassen:

„Demnach auf höchstseeliges Ableiben des Durchleuchtigsten Fürsten und Herrn, Herrn Christian des Zweyten dieses „Namens, Pfalzgraven bey Rhein, Herzogen in Bayeren, „Graven zu Veldenz, Sponheim und Rappoltstein, Herrn zu „Hohenack 2c. unsers im Leben gewesenen gnädigsten Fürsten „und Herrn, Glorwürdigsten Andenkens, das Lehen-*Directorium* in der Gravschaft Sponheim, an Euer Hochfürstl. „Durchleucht als *condominum ætate seniorem* erwachsen, auch

*) Doch ist noch zweifelhaft, ob hierunter das Züscher Mannlehen, oder nur das Hauß in Züsch abseiten der Vormundschaft verstanden war.

s. Anlage unter Nr. 49. der Recursschrift.

„ uns, zu end unterschriebenen Vormündern der Dürckheimi-
„ schen Pupillen vermög bekannter Lehnrechte und aus schul-
„ digster gegen gnädigste Lehensherrschaft tragender unter-
„ thänigster *Devotion* obliegen und gebühren will, die von
„ dem Freiherren von Hunolstein zu Sötern auf sie von Dürck-
„ heim als dessen bekanntlich einige Erblehns-Erben deuoluir-
„ te von der Gravschaft Sponheim herrührende Lehen, bin-
„ nen der in den Rechten gesetzten Frist von Euer Hochfürstl.
„ Durchleucht unterthänigst zu *requiri*ren und zu empfahen:

„ Als gelanget an gemeinschäftliche gnädigste Lehen-
„ Herrschaft und *in specie* Euer Hochfürstl. Durchl. als Ho-
„ hen Directoren unser gehorsamstes Bitten, Sie geruhen
„ gnädigst, uns nicht nur allein dieser unserer tutorio nomi-
„ ne in gebührender Zeit beschehender Lehens-Muthung
„ schriftlichen Schein ertheilen zu lassen, sondern auch hier-
„ nechst nach dero gnädigstem Belieben dem ältesten unse-
„ rer Pupillen Christian Friederich von Dürckheim, als Le-
„ hen-Trägern in seinem und seiner Brüder Ernst Ludwig und
„ Philipp Ludwig Nahmen und Tag und Mahlstatt zu würkli-
„ cher Belehnung und *Inueſtitur* gnädigst zu ernennen, hin-
„ gegen die Herrn von Hunolstein, welche die Lehen quæstio-
„ nis wie wir äusserlich vernommen, vermeintlich zu requiriren
„ gesinnet sein sollen, ohngeachtet sie daran die geringste recht-
„ mäßige Ansprach nicht haben, gänzlich abzuweißen; Wo-
„ bey Wir zu Prästirung der schuldigen Lehen-Pflicht und
„ alles dessen, was gegen gnädigste Lehen-Herrschaft im
„ Nahmen getreuer Vasallen und Lehen Leute von Lehens-
„ wegen zu leisten sich gebühret, und in dergleichen Fällen
„ löblichen Herkommens ist, uns unterthänigst verbindlich
„ und pflichtig machen, sonsten auch solche Hochfürstliche Gna-
„ de mit unterthänigsten Diensten zu verschulden, uns äussersten
„ Fleisses bearbeiten werden rc. *) Einen stärkeren Beweiß, daß diese Sache eine Lehnssache seye, auch selbst von dem Gegentheil davor erkläret worden ist, kann man wohl nicht verlangen.

§. 52.

Die Vögte zu Hunolstein hatten dazumalen noch Zeit das Lehn zu muthen, auch hätte zuforderst eine sententia privatoria gegen dieselbe ergehen müssen. Es erfolgte jedoch was der Gegen-

*) s. Recursschrift Beylage Nr. 40.

gentheil hoffete, nemlich daß die Vögte zu Hunolstein sich an der Zeit versäumen würden.

§. 53.

Dann nachdeme der Vorenthalt des Hunolsteinischen Archivs von der Würkung gewesen, daß die Merxheimische Vormundschaft, in dem Vergleich vom 31. May 1720. (wozu sie sich durch die beständig in mala fide gebliebene Dürckheimische Vormundschaft verleiten lassen) den Sponheimischen Lehns-Nexum mißkennte, *) dadurch aber die Dürckheimische Vormündere, gegen jene Linie derer Vögte zu Hunolstein, in Betreff des Lehnsgenusses sicher zu seyn glaubte, Sie jedoch wohl wußten und erkannten, daß das Dorf Züsch nebst seiner Zubehörde ein Sponheimisches Mannlehn seye, so erschiene

2) bekannte die Dürkheimische Vormundschaft im Jahr 1724. vor dem Sponheimischen Lehnhofe, a) daß das Dorf Züsch und dessen Zugehörde, ein Sponheimisches Mannlehn seye welches im Jahr 1368. denen Vögten zu Hunolstein conferiret worden; und

2) der Dürckheimische Vormund Christian Carl Philipp Waldner von Freundstein am 24. Julius 1724. abermalen vor dem Lehnhofe mit folgender Geständniß und Supplication:

„Es hat weyl. der Hochgeborne Graff vnd Herr, Herr „Johann Graff zu Sponheim *Anno* 1368. Johannen „Vogten zu Hunolstein nebst andern Stückhen auch „das Dorff Züsch, vnd den Zehenden zu Lockweiller rc. „zu Mannlehen gnädigst conferiret auch deßen *respective* „Gräffl. vnd Hochfürstl. hohe Herren Erbfolgere sothane „gnädig und gnädigste Investituren, alß von der hindern „Graffschafft Sponheim wegen, jeweilen bey denen eräug„neten Fällen zu wiederhohlen Sich gnäd. vnd gnädigst „gefallen lassen, wie das hierüber geführte Lehn-Protocoll „mehreres außagen wird. Gemelt lehnbares Dorff Züsch „nun Durchlauchtigste Fürstin! ist in dem bekannten ehemali„gen Teutschen Krieg völlig zergangen, vnd nachwerts nicht „wieder sondern lange Jahre hernach, an einem ganz andern „Orth auf demjenigen Grund und Boden, welchen das Hauß „Hunolstein Soetern von dem Hauß zu Hunolstein Merxheim „in dem Jahr 1668. vnd vorhero eigenthümblich Kauffweiß an „Sich gebracht **) einige Häußer vnd Baraquen aufgerichtet;

*) s. Recursschrift Beilage Nro. 94.

**) Der Grund und Boden, worauf das Dorf Züsch stehet, ist nichts anders, als ein Theil des durch die brüderliche Abtheilung auf die Merxheimische Linie gekommenen, jedoch in Ansehung des Succeßionsrechts derer andern beiden Linien, in einem gemeinschaftlichen Lehns-Nexu gebliebenen, durch das vorige ganze Seculum und noch in diesem Jahr hundert, von der Hunolstein Söterlischen Linie, dem Großvatter Johann Adam, dem Vatter Otto Philipp und dem

„ gedachter Platz aber öde gelassen auch ernannter Zehnden mit „ erlangtem gnädigstem Consens gnädigsten Dominii directi alie„ niret, hingegen ein Aequivalent, nemlich so viel wißend der Ze„ henden zu Boßen gegeben *) und von dem letzt verstorbenen „ Herrn Ernst Ludwig Vogt zu Hunolstein-Soettern, biß an „ Seinen Tod besessen worden.

„ Wann aber gnädigste Fürstin und Frau äußerlich verlau„ tet, ob hätte gegen Ihro Hochfürstl. Durchl. des Herrn Her„ zogs zu Birckenfeld hochseel. Andenckens gedachter Herr von „ Hunolstein Sich dieses Lehenswegen also versehen, daß „ dieselbe solche einzuziehen zwar entschlossen waren, dan„ noch aber demselben Sie lebtägig genießen zu lassen, wie „ auch geschehen, gnädigst beliebet haben, und man nun wohl „ vorsehen kan, daß Ew. Hochfürstl. Durchl. selbige dero „ Cammer-Gefällen zu inseriren gnädigst resolviren mög„ ten, hingegen meinen Pupillen denen Eckbrechten von Dürck„ heim, als welche an bemelten Orthen **) vieles Eigenthum „ besitzen, eine zwar unverdient jedoch unvergleichlich hohe Gna„ de beschehe, so Ewre Hochfürstl. Durchl. ermelte Stücke de„ nenselben in ehemaliger Qualität gnädigst wieder zu con„ feriren geruhen wollten.

b) daß die Freiherren von Dürckheim kein Recht darauf haben.

„ Alß ergehet ahn Ewer Hochfürstl. Durchl. Mein gedach„ ter Pupillen constituirten Mittvormundes unterthänigst„ gehorsambstes Bitten, dieselbe gnädigst geruhen wollten, „ ermelt meinen Pupillen gedachte Stückhe in solcher Qua„ lität gnädigst wieder zu conferiren. Welche Hochfürstl. „ hohe

dem Sohn Ernst Ludwig Vögten zu Hunolstein, durch ihre Reverse und darauf empfangene Lehnbriefe, des angeblichen eigenthümlichen Kaufs ohngeachtet, ans erkannten Sponheimischen Mannslehn Züsch. In der Jahrzahl 1668. ist jenseits ein Irrthum vorgegangen, und das Dorf Züsch stunde da, wo es jezo noch stehet, ehe es der Söterischen Linie cediret worden ist.

*) Der Kirchensatz nebst dem darmit verknüpften Zehenden zu Bosen wurde in dem Jahr 1641. gegen den veräußerten Kirchensatz zu Lockweiler, zu Lehn aufgetragen. S. Anlage unter Nr. 97. und 98. ingleichen des Otto Philipp (des Vatters von derer Gegner vermeinten Erblasser) am 9. Jenner 1679 dem Lehnshof gegebenen Bericht über die Beschaffenheit der Lehnsstücker dd. 9. Jan. 1679. unter Nr. 99.

**) Die von denen Pupillen ererbte Söterische Güter liegen dem Züscher Lehn ziemlich nahe, wie aus dem vorstehenden Abdruck der dortigen Gegend zu entnehmen.

„ hohe Gnade sowohl Ich und meine Mitvormündere in unterthä-
„ nigstem Danck gebührend jederzeit erkennen, sondern auch Un-
„ sere Pupillen ohnabläßig dahin erinnern werden, in aller unter-
„ thänigster Treue und tieffester Veneration auch eyffrigem Ge-
„ beth gegen Gott vor dero Hochfürstl. hohe Wohlseyn sich der-
„ selben so viel möglich würdig zu machen ꝛc. *)

§. 54.

Dieses ist das zweytere öffentliche Geständnis, und zwar vom Jahr 1724, daß Züsch ein von Sötern zu unterscheidendes Lehn seye, und daß die Freiherren von Dürckheim ohne die Gnade des Lehnhofes, an den sie sich gewendet, zu dem Lehn nicht gelangen könnten.

§. 55.

Demnach wird die Kammergerichtliche Unterstellung, als ob die von Dürckheim alschon seit dem Jahre 1716. das Züscher territorium mit der Landeshoheit besessen haben, als handgreiflich irrig jedermann einleuchten. (§. 51—54.)

§. 56.

Wer merket übrigens nicht aus jener Dürckheimischer Bittschrift, die Einleitung zu einem Felonie-Proceße gegen die Vögte zu Hunolstein? Die Vormundschaft derer Freiherren von Dürckheim, sahe nunmehr klüglich voraus, daß der Lehnhof wegen dem Versehen derer Vasallen von Hunolstein, das Züscher Lehn einziehen dörfte; Sie sahen auch gar wohl ein, daß eine Untersuchung der sententiæ priuatoriæ und diese Verurtheilung derer Vasallen, der einzig von der Gnade des Lehnhofes abhangenden neuen Belehnung derer minderjährigen Freiherren von Dürckheim voraus gehen müsse.

§. 57.

Es geschahe auch die bey einem Felonie-Proceße erforderliche Untersuchung wegen derer veräusserten Lehns-Appertinenzien, sodann ein genügliches Gehör wegen verabsäumten Lehnsmuthung. Zur Beförderung des Lehnsprocesses schickten die während dessen Laufe majorenn gewordene Freiherren von Dürckheim

3) wiederholte der Gegentheil die Anerkenntnis des Eponheimischen dominii directi im Jahr 1737.

 3tens zu der zeit als er

*) S. Recursschrift Beilage Nro. 41.

schon drey Jahre lang, des Genusses und angeblichen Besitzes entsetzet gewesen, durch einen zu dem Lehnhof Bevollmächtigten.

3tens einen eigenen Abgeordneten nahmens Funck, (welcher sich verschiedener Ständen Rath nennete) an den Lehnhof nach Rastatt, *) der sich nachher ad acta des Lehnhofes, durch eine Vollmacht cum libera dd. Straßburg den 11. May 1737. legitimirte, welcher die weitere Clausul einverleibet ist:

„ Falls auch zu ein und anderem ein mehrerer oder Special-„ Gewalt, dann hierinn begriffen, erfordert würde, Wir sol-„ chen als ob derselbe hierinn außdrücklich begriffen und einver-„ leibet, extendiret und zugleicher Zeit gegeben wäre, angesehen und „ hiermit gegeben, extendiret und einverleibet haben wollen. Wel-„ ches sämtliche alsdann, so ernannter unßer Herr *Mandatarius* „ bey dieser Ihm- in Unß betreffenden dißmahligen Ge-„ schäften und Handlungen aufgetrageuen *Commission*, thun „ und laßen, vornehmen und handlen wird, Wir eben so, „ alß ob Wir selbsten zugegen gewesen, samtliches gethan, ge-„ laßen, vorgenommen und gehandelt hätten, anzusehen, „ auch solches stet, vest und genehm zu halten, bey Un-„ sern wahren Adelichen Treuen, Worten und Glauben, „ mit Renuncirung aller darwieder dienender Freiheitten und „ Ausflüchten, versprechen, wie Wir dann solches hiemit „ thun, bekräfftigen und gutheißen. **)

§. 58.

4) Leitete selbst der Dürckheimische Bevollmächtigte den Felonie-Proceß, gegen die Vasallen von Hunolstein ein und betriebe denselben.

Wer vor einem Reichsständischen Lehnhof, mit dem Gesuch um die Ueberlassung eines Mannlehns, durch einen Bevollmächtigten, erscheinet, der erkennet, daß seine Bitte eine Lehns-Sache betreffe, und wer die Willfahr seines Gesuches, von dem Felonie-Proceße gegen die vorige Vasallen, so das Lehn besessen, selbst abhängig machet und des Lehnhofes sententiam privatoriam gegen die Vasallen ingleichen die Final-Resolution über seine Bitte, bey dem Lehnhofe, betreibet und abwartet, der erkläret selbsten die Sache vor das was sie ist, nemlich vor eine Lehnssache.

§. 59.

Hier erscheinet demnach der

4tens Beweiß, daß diese Sache eine Lehnssache gewesen und geblieben seye, indeme die Freiherren Dürckheim durch ihren Bevollmächtigten verschiedene von denen Vasallen von Hunolstein began-

*) S. Nr. 48. bey der Recursschrift.

**) S. c. l. Nr. 50.

begangene Felonien anzeigen und erheben, auch

5tens auf eine sententiam priuatoriam gegen sie angetragen, und daß eine solche sententia declaratoria ohne Anstand gegen die Merxheimische auch ganze Dürrcastellische Linien, propter omissas renouationes und indiuidualiter wegen in Ansehung einer jeden derselben vorgetragenen special- auch, abseiten derer Hochfürstl. Gemeins-Herrschaftlichen Lehncurien, mehrerer habenden Motiven wohl verfüget werden möge, behaupten lassen. *) Die von dem Dürckheimischen Gewalthaber betriebene sententia priuatoria erfolgte im Jahr 1739. Nun erschiene der Fall, wovon die Gegnere ex noua gratia die Mannlehnsverleihung erwarteten. Dieses geschahe aber nicht, sondern es erfolgte eine abschlägige Resolution, wobey es die Freiherren von Dürckheim bewenden liessen, jedoch, wie aus der Folge wahrzunehmen, sich de facto das Lehn quæst. zuzueignen und alsdann unter dem Vorwande eines Erbrechts, dasselbe als ein allodium in petitorio, in der vortheilhaften Lage des Beklagten und besitzenden Theils, zu behaupten.

Hielte auch 5) eine sententiam priuatoriam, die er betrieben, vor nothwendig.

Diese erfolgte; denen Gegnern aber wurde die neue Belehnung abgeschlagen.

Dürckheimischer über den Leist des Faustrechts geschlagener Plan.

§. 60.

Glaubten die Herren Gegnere als Erben, von dem Ernst Ludwig Vogt zu Hunolstein einiges Recht auf Züsch zu haben, so wäre ihnen obgelegen, auf die Sponheimische abschlägige Resolution, die Gemeins-Herrschaft in via juris zu belangen, oder auch die erhobene Appellation fortzusetzen. Da sie aber die Berufung fallen lassen **) und jenes nicht gethan haben, so konnten sie dadurch sich nicht berechtigen, dem rechtskräftig gewordenem Urtel und der erhaltenen Final-Resolution zuwider, sich selbsten de facto, das ihme verweigerte Guth, zuzueignen, wie Sie nach einem Zeitverlauf von eilf Jahren sich unterstehen wollen.

Nur der Weg Rechtens war ihnen erlaubet, sie wollten ihn aber nicht wandlen und verfolgten die erhobene Berufung nicht.

§. 61.

Aus gleicher Ursache konnte der Proceß den die von Dürckheim gegen Kur-Trier führten ***) und die Kammergerichtliche Er-

Der Dürckheimische Proceß gegen Kurtrier gehet Sponheim nichts an.

*) S. Recursschrift § 62. Wer siehet hier nicht pessimam fidem auf der Gegenseite? neque enim ad possessionem pro possessore tantum restringitur vox prædonis, sed & ad hereditatem extenditur & generaliter prædo est, qui scit ad se hereditatem non pertinere. l. 25. §. 3. ff. de hered. petit.

**) S. c. l. §. 67. und 68.

***) Man hat in der Recursschrift und deren Beilage Nr. 46. dargethan, daß das Kur-Trierische Sequestrationsurtel dd. Ehrenbreitstein den 30. Jun. 1734. und

Erkenntnis, welche nicht gegen Sponheim, sondern gegen Kur-Trier ergangen waren, wobey Sponheim weder vorgeladen noch gehöret worden, dem Gegentheil keinesweges, die Befugnis geben, nach dem Kur-Trierischen Abstande von dem Dorfe Bosen und von dem Sponheimischen Züsch, der von Ihnen bey dem Kammergerichte verschwiegenen Sponheimischen Sententiæ priuatoriæ zuwider, und der vor eilf Jahren von dem Lehnhof Ihnen publicirten abschlägigen Final-Resolution zum Trotze, die Sponheimische Züscher Waldungen zu durchjagen und, wie sie sich rühmen gethan zu haben, denen Züscher Innwohnern in dem Augustmonat 1750. eine Huldigung abzunehmen.

§. 62.

Weitere Erläuterung, wie es hätte gehen müssen, wann das Kammergerichtliche Urtel gegen Kur-Trier hätte exequirt werden wollen.

Wäre es zur ordnungsmäßigen Execution des Kammergerichtlichen Mandati gekommen, so hätte die Kaiserliche Executions-Commißion die von Dürckheim nur in das Dorf Bosen und in das was nicht Sponheimisch ist, einsetzen dörfen, bey dem Sponheimischen Züsch aber, (das Kur-Trier nicht mehr in Besitz hatte,) würde derselben obgelegen seyn stille zu stehen, sobald sie von der Beschaffenheit der Sache Information erlanget hätten, welche gewißlich nicht unterblieben wäre. Allenfalls würden Pfalz und Baden-Baden nicht zugegeben haben, daß Ihnen ganz ungehört, ein so beträchtliches consolidirtes Lehn von Ihrem Gemeinschaftlichen Reichsständischem Land so schlechterdings ungehört abgerissen werde.

§. 63.

und das dagegen von dem Kaiserl. und Reichs-Kammergericht erfolgte Mandat nicht das Sponheimische, sondern das Kur-Trierische Lehn Züsch nebst denen Trierischen Höfen Lehnscheid und Loncamp, auch nachher das Dorf Bosen, welches Kur-Trier aus einer Urkunde vom 5. Julius 1341. Ansprache (Anlage unter Nr. 100. zum Gegenstand hatte, und nach der Hand aus einem blosen Irrthum, von dem Trierischen Amt Grimburg, das Sponheimisch Züsch mit dazu gezogen worden seye. Uebrigens wird niemand die Wahrheit bestreiten, daß Kur-Trier und Sponheim zweierley von einander ganz unterschiedene Reichsstände seind, die zweierley von einander unterschiedenes interesse haben. So lange dieser Unterschied dauert, so lange wird sich Kur-Trier, sein Recht und Besitz ungehört nicht weg exequiren lassen, wann Sponheim verurtheilet worden. Eben so verhält es sich in dem umgewendeten gegenwärtigen Falle. So wenig dem Kur-Trierischen Hofe, das was hier gegen die Freyherren von Dürckheim vorkommt, an seinen Rechten oder Besitzstande präjudicirt, so wenig vermag das was zwischen denen von Dürckheim und Kur-Trier geschrieben und geurtheilt worden, der Sponheimischen Herrschaft zu präjudiciren.

§. 63.

Es kam aber nicht dazu, sondern nur die v. Dürckheim wollten ihr gegen Trier erhaltenes Urtel, eigenmächtig gegen Sponheim exequiren,

Wäre aber die Sponheimische Gemeinsherrschaft nicht schuldig, sich ungehört, wegen einem gegen einen dritten ergangenen Kammergerichtlichen Urtel, exequiren zu lassen, so waren Sie noch vielweniger verbunden priuatis, die Selbsthülfe zu gestatten, welche das Sponheimische Recht auf Züsch wohl wußten, welche sich vor eilf Jahren mit ihrem Gesuch, um das dominium utile von Züsch Ihnen aus Gnaden zu verleihen, abweissen lassen, welche sich dabey beruhigten, indeme sie sich bey dem Lehnhofe weiters nicht gemeldet, die angekündete Berufung nicht fortgesetzet noch in behöriger Art ein angebliches Recht auf Züsch gegen die hohe Gemeinsherrschaft eingeklaget haben. Der Gegentheil spricht in seiner sogenannten rechtlichen Ausführung pag. 44. „Freilich „wäre es den Freiherrn von Dürckheim erlaubt gewesen, damals „Gewalt mit Gewalt zu vertreiben und sich in continenti selbst „Recht zu verschaffen, allein ihre Kräfte waren nicht hinreichend ꝛc.

wurden aber nach ihren eigenen Grundsätzen abgewiesen

Wann aber priuati sich dieses Recht der Selbsthülfe *) zuschreiben, wie viel weniger mag Reichsständen imputiret werden, daß sie die öffentliche Sicherheit lädirten, das jus publicum violirten, wann Sie nicht zugeben, daß priuati um Land und Leute Sie berauben, wann sie dergleiche Inuasores und Spoliatores, die sich nicht gutwillig wollen abweissen lassen, mit der erforderlichen Gewalt vertreiben?

§. 64.

Wann etwan durch die Sponheimische Defension ein Exceß vorgegangen seyn sollte, so haben die Dürckheimische Turbatores sich es selbsten beyzumessen.

Wäre auch von denen vormaligen Gemeinsherrn, und deren gemeinschaftlichen Regierung bey Vollstreckung des von dem Sponheimischen Lehnhof gefällten und Rechtskräftigen Urtels (wie man disseits weder weiß noch glaubet) ein Exceß geschehen, so hätten die Dürckheimische Diener und ihre gedungene unruhige Köpfe, es sich selbsten beyzumessen, indeme sie es nicht bey dem ersteren heimlichen Einfall haben bewenden lassen, sondern nachdeme die Sponheimische Sicherheits- und die zur perception dienliche Anstalten den 18. und 19. August 1750. vorgekehret waren, immer neue Versuche wagten, Sponheim aus seinem Natural-

K Be-

*) Welches Recht jedoch in gegenwärtigem Falle denen Freiherren von Dürckheim nicht gebührte, quia defensio contra legitime eripientem iniusta est.

G. A. Struv. de vindicta priuata cap. VI. aphor. IV. §. 1.

Besitz zu verdrängen. Sie bedienten sich dazu eines falsarii nahmens Heidenreich, der sich vor einen Kaiserlichen Notarius ausgabe, und unter verschiedenen gestalten, bald als Dürckheimischer Fiscal, bald als Zeuge, Notarius, Commissarius, Denunciant und Advocat, in der Comödie, welche die Herren von Dürckheim in dem Sponheimischen Amt Birkenfeld spielen lassen, aufgetretten ist, den aber gedachte Herren von Dürckheim, endlich fortgejaget haben und der sich nachher von denen Herren von Hunolstein gegen seine vorige Herren hat gebrauchen lassen. Der Wetzlarische Procurator brauchte zur Erschleichung eines Mandati S. C. Zeugnisse, um Thathandlungen zu bescheinigen. Um diese zu fabriciren, wagte der Dürckheimische Bediente, mit nicht besseren Leuten, von Zeit zu Zeit neue Eingriffe, in der sichern Hoffnung, daß das Amt Birkenfeld dieselbe nicht gestatten würde. Darüber entstunden während dem Sponheimischen Natural-Besitzstande, die dem jenseitigen impresso angehängte viele unrichtige Zeugen-Verhöre und darauf wurde das Mandatum S. C. erkannt. *)

Zweyte Abtheilung.

Abgenöthigte weitere Beleuchtung des Kammergerichtlichen Verfahrens.

§. 65.

Uebergang zu dem Kammergerichtlichen Verfahren. Unterschied des erkannten Mandats.

Das ergangene Mandatum S. C. ist ein gedoppelter Gebotsbrief,

1) de non violando territorinm, neque amplius turbando in possessione vel quasi loci Züsch, cum pertinentiis, &

2) restituendo ablata sclopeta, ac fruges ad locum unde, resarciendo damnum datum ac expensas, & relaxando captiuos.

Der erstere Theil des Mandati gründet sich auf das Interdictum retinendæ possessionis, der andere aber auf das Possessorium recuperandæ.

§. 66.

*) Die bey dem Kammergerichte eingereichte unrichtige Dürckheimische Bittschriften pro Mandato liegen unter Nr. 101. bis 105. hier an.

§. 66.

Durch den andern Theil des Mandats wurde befohlen, die gefänglich eingezogene Dürckheimische Unterthanen, ohne den geringsten Anstand loß zu lassen, und die abgenommene Flinten, Früchten sofort wieder an Ort und Stelle zu liefern, auch alle verursachte Schaden und Unkosten zu erstatten. Die dermalige Hinter-Sponheimische Regenten aber, haben bey Antritt ihrer Regierung weder gefangene Dürckheimische Unterthanen, noch abgenommene Flinten noch Früchten vorgefunden, es hat sich auch niemand bey Ihnen dißfalls gemeldet; denen Sponheimisch-Züscher Unterthanen fehlet keine Flinte, und sie vermissen keine Früchte, fordern auch keinen Schaden oder Kostenersatz. Ueberhaupt gehet dieser zweitere Theil des Mandats die dermalige Hinter-Sponheimische Regenten auf die weder titulo uniuersali noch singulari von denen eingeklagten Flinten oder Früchten etwas gekommen ist, ganz nnd gar nichts an; Man findet deswegen vor überflüßig bey diesem gehobenen Gegenstande sich aufzuhalten.

Der zweite Theil des Mandats hat Gefangene, angeblich hinweggenommene Flinten u. Früchten und insoweit das possessorium recuperandæ zum Gegenstand.

Ursache warum derselbe die dermalige Sponheimische Gemeinsherrschaft nichts angehet.

§. 67.

Darüber aber haben die vorige Sponheimische Regenten von rechtswegen bittere Klagen geführet, daß nach dem erstern und Haupttheil des Mandati (v. §. 65.) die Lehns-Unterthanen von denen Pflichten womit sie zu allen Zeiten Sponheim zugethan gewesen, abwendig gemachet, die Landes- und Lehnsherrschaft vor Auswärtige simpliciter erkläret, und das consolidirte Hunolsteinische, in dem Sponheimischen Amt Birkenfeld liegende Mannlehn Züsch, vor ein Territorium der Herrn von Dürckheim mit dem Befehl declariret werden wollen, daß Sponheim das (gleichwohl eigene) Territorium *) nicht violiren solle.

Nur der erstere Theil des Mandats der sich auf das Interdictum retinendæ gründet, nemlich das Mandat de non violando territorium neque amplius turbando, kommt bey diesem ausserordentlichen Proceß in Betrachtung.

§. 68.

*) Wann das Kammergericht den Ausdruck: territorium vor die Herrn von Dürkheim in dem eigentlichen Verstand genommen, so kommt es nicht mit deme überein, was dessen ehemaliger Beisitzer von Ludolf in Comment. Syst. de jure cammerali Sect. 1. §. 2. not. (a) bey Gelegenheit der Materie de jure territorii pagorum immediatorum anführet. Schwerlich ist in dem Dürckheimischen Proceß mit Kur-Trier über das Trierische Züscher-Lehn, der Ausdruck, von einem Dürckheimischen *Territorio*, vorgekommen.

§. 68.

so durch falsa narrata ist erschlichen worden,

Alles dieses geschahe, auf ein unbescheinigtes erdichtetes Vorgeben, als ob die Herrn von Dürckheim in einem wohlhergebrachten Besitz des Dorfs Züsch nebst Zugehörungen sich befänden, Pfalz und Baden aber weder in possessorio noch in petitorio die geringste Ansprache an das territorium quæst. hätten. *) Hierauf erlangten dieselbe das Mandat:

„ Hierum gebieten Wir Euch —— bey Pön zehen Mark
„ löthigen Goldes daß Ihr demnächsten nach Insinuation die-
„ ses, das *Territorium* derer klagenden von Dürckheim,
„ nicht weiter violiren, vielweniger dieselbe in dem wohl-
„ hergebrachten Besitz des Dorfs Züsch —— beeinträchtigen x.
„ —— gebieten darbeneben, denen Unterthanen zu Züsch, und
„ dabey wohnenden Baraquen-Leuten —— daß dieselbe samt und
„ jeder insbesonders sich an Auswertige und insonderheit an
„ die, von der gemeinschaftlichen Sponheimischen Regierung
„ oder dem Amtmann Fabert zu Birkenfeld, etwa zu erlassende
„ nichtige Befehl, keineswegs kehren, sondern ihrer denen von
„ Dürckheim geleisteten Pflicht wie getreue Unterthanen gebühret
„ in allem schuldigst nachkommen und ermelten von Dürckheim
„ in Ge- und Verbott, willigen Gehorsam leisten sollet.

§. 69.

welche der Senat nicht hinlänglich erwogen hat,

Wohl schwerlich hat der Kammergerichtliche Senat, bey Verwilligung solchen Mandati de non violando territorium, den §. 79. R. I. N. recht erwogen, welcher vorschreibet:

„ Alle Supplicanten sollen ihre *Narrata* zugleich etlicher
„ massen bescheinen, damit der Referent in Erkennung der Pro-
„ cessen nicht malitiose hintergangen und vervortheilet werden möch-
„ te, wie dann auch die *Mandata sine clausula* allein in den
„ vier Fällen, *causis pignorationis*, *de relaxandis captivis*, und
„ andern in der Cammergerichts-Ordnung und Reichsver-
„ faßungen enthaltenen Fällen erkennet, und außer densel-
„ ben nicht zu gelaßen, sondern dabei jedesmahls die dazu
„ erforderte Umstände und requisita fleißig beobachtet werden.

Wo

*) s. Recursschrift Beilage 66. pag. 161. und die weitere Anlagen von Nr. 101. bis 104.

Wo hat aber der Impetrantische Theil einen wohlhergebrachten Besitz bescheiniget? Wie kann doch das Kaiserl. und Reichskammergericht berechtiget seyn, priuatis auf ihr leeres Vorgeben, ein Territorial-Recht über einen Theil Reichsständischer Lande, per Mandatum S. C. zuzuerkennen, den Reichsstand selbsten in betref solchen Theils seiner Landen, vor einen Auswertigen zu erklären, dessen Unterthanen zum Ungehorsam aufzubieten? und die Sponheimischer seits, zu Hebung des Irrthums, erklärte Umstände, als solche merita causæ zu verwerfen, welche in das Petitorium gehöreten?

§. 70.

Hätte der Gegentheil vorgut befunden auf die Constitution super litigiosa possessione zu klagen:

Wann von dem Besitzstande in possessorio summariissimo die Rede gewesen wäre, so kommt zu betrachten, daß zur Zeit des erbettenen und am 2. Octobris 1750. erkannten Mandati de non violando territorium, neque amplius turbando in possessione vel quasi loci Züsch &c. (welches den 12. d. m. & a. insinuiret worden ist,) *) die Freiherren von Dürckheim nicht in der Possession sich befunden haben. Dieses konnte der Kammergerichtliche Senat aus denen Beilagen des Dürckheimischen Mandatsgesuches finden, wornach der Sponheimische Lehnhof schon den 18. August 1750. quoad perceptionem fructuum und andern Landesherrlichen Anstalten denen Dürckheimischen heimlichen Poßeßionsunternehmungen begegnet ist, die auch deßwegen nicht zu einiger perception gelangen können, ohngeachtet sie verschiedene fruchtlose Versuche wagten und sogar mit Bedrohungen auch mit Thätlichkeiten fürzufahren sich unterstunden; dann sie wurden wie aus ihren übertriebenen Heidenreichischen Erzählungen wahrzunehmen, jedesmalen nach Verdienst abgefertiget.

§. 71.

So würde er mit seinem Gesuche sogleich durchgefallen seyn.

Wäre metus armorum und groses Unglück zu besorgen gewesen, so wäre nach der Verordnung super ligitiosa possessione dem Kaiserl. und Reichskammergerichte obgelegen, in summariissimo processu, secundum normam in O. C. p. 2. tit. 21. §. ult. præscriptam, fürzufahren, „als bald darauf summarie zu erkennen, „ welchem Theil die Poßeßion oder quasi einzugeben oder zu inhibiren sey, sich derselben, bis zu endlichen Austrag des Rechtens *in possessorio* oder petitorio zu enthalten „ sofort, nach der

 in

*) S. Recursschrift Beilage Nro. 66.

in dem übrigen, bey dem Dürckheimischen Proceß, befolgten Lehre des Kammergerichtlichen Senats-Beisitzers Baron von Crammer:

„ Finis processus per sequestrationem & inhibitionem, alius „ esse nequit, quam ut interea temporis cognoscatur, quis „ tempore motæ litis in nouissima detentione fuerit, quo „ ei per modum fiduciæ possessio relinquatur, *donec alter* „ *antiquiorem vel titulatam in possessorio probauerit*, *)

Er wollte aber lieber ein Mandatum de non violando territorium suchen.

die Sponheimische Gemeinsherrschaft in der Possession zu schützen. **) Allein es glaubte der Gegentheil weiters zu kommen, wann er auf die nicht vorhandene vier Fälle ein Mandatum de non violando territorium &c. erlange. ***)

§. 72.

Was hiezu erfordert wird.

Wer aber in einem territorio will geschützet werden, auch die Kunst besitzet, ein Mandatum *de non violando* territorium neque amplius turbando in possessione vel quasi loci Zülch cum pertinentiis, an dem Kaiserl. und Reichskammergericht zu extrahiren, der muß das territorium, das Territorialrecht und das worinn er geschützet werden will, würklich besitzen; findet sich, daß er es nicht hatte, so muß das erschlichene Mandat caßiret werden. ****)

§. 73.

Das territorium quæst. ist ein uraltes Sponheimisches Eigenthum.

Betrachtet man die Sache näher, so findet sich, daß der Gegenstand des Stritts, in der Hintern-Grafschaft Sponheim lieget, einen Theil des Sponheimischen territorii ausmachet, und ein

*) J. U. de Cramer System. proc. Imp. §. 945.

**) c. l. § 445. lehret Cramer: „ In summariissimo hodie non quæritur de „ possessionis qualitate: an nimirum possessio jure fundata, nec ne, „ seu vitiosa sit. Hinc Mandatum S. C. non datur contra possesso- „ rem, etsi ejus possessio violenta, clandestina, aut legibus contra- „ ria sit. „ Gleichwohlen hat das Kammergericht contra possessorem & dominum territorii ein Mandatum S. C. erkannt.

***) Der seel. Baron Cramer gibt c. l. § 952. die Anleitung: advocati suis partibus potius per Mandata de non turbando, auf die vier Fälle, quam processibus ex hac constitutione (super litigiosa possessione) consulere solent.

****) Diese Wahrheit bedarf keines Beweises. conf. not. ad §. 67.

ein Uraltes Sponheimisches Eigenthum ist, worauf die Herren von Dürckheim niemalen vel in possessorio vel in petitorio eine Ansprache gemachet haben. *) Nicht ohne Wiederwillen siehet man sich zu unangenehmen Wiederholungen genöthiget, um den statum controversiæ nebst dem Beweiß des Gegnerischen Unrechts, deutlich vorzulegen.

§. 74.

Indeme der Sponheimische Lehnhof durch unverwerfliche Urkunden erwiesen hat, Beweiß,

1tens wie das Dorf Züsch nebst Zubehörde bereits in dem Jahr 1368. von Johann Vogt zu Hunolstein, dem Stammvatter derer drey Hunolsteinischen Linien (dessen Vorfahrer schon vor fünfhundert Jahren unter den fidelibus castrensibus & viris homagialibus ad *dominium de Sponheim ab antiquo* **) pertinentibus & *ab eo* infeodatis sich befanden) zu rechtem Mannlehn vor sich und seine Lehnserben ***) von Sponheim ist recognosciret worden; ****) durch unverwerfliche Urkunden,

2tens Daß alle drey Linien derer Vögte zu Hunolstein bey allen Fällen und Zeiten, auch noch nach Erlöschung der Söterischen Linie, und nach erfolgter sententia privatoria die übrige Vögte zu Hunolstein, jene Züscher Lehnseigenschaft und das Sponheimische Territorial-Recht anerkannt, niemalen aber bestritten haben; *****) durch die Hunolsteinische Vasallen,

3tens Daß alle Vögte der Hunolstein-Söterischen Linie, von welcher die Gegnere ihre vermeinte Rechte herleiten, nemlich der Söterische Stamm-Vatter Johann Adam, als senior von allen drey Linien, im Jahr 1628. zwar vor sich, aber auch zugleich im Namen der Agnaten der anderen beiden Linien, das Dorf Züsch zu rechtem Lehn empfangen, ******) dessen Sohn Otto Philipp eben- durch das Geständniß der ganzen Söterischen Linie,

*) Dieses Ausdrucks bedienten sich die Herren von Dürckheim in ihrer Bittschrift pro mandato gegen Sponheim.

**) Der Ausdruck *ab antiquo* stehet, nebst denen übrigen Worten in der alten Urkunde vom Jahr 1286. s. Recursschrift in dem Anhang sub Nr. 2.

***) Wer die Lehnserben seyen, verstehet sich von selbsten, allenfalls hat nur alleine der Lehnhof darüber zu erkennen.

****) S. Anhang der Recursschrift unter Nr. 3.

*****) S. die Recursschrift und deren Anlagen.

******) S. disseitige Urkunde unter Nr. 15.

ebenfalls, und zwar nachdeme er von der Merxheimischen Linie den Genuß des Lehns cediret erhalten hatte, nicht eben blos vor sich und seine männliche Nachkommen, sondern qua senior totius domus Hunolsteinensis, und folglichen als Träger vor seine Vetter derer andern beiden Merxheim und Dürrcastellischen Linien, das nemliche Lehn recognosciret *) nicht weniger auch dessen Sohn und vermeinter Erblasser derer Freiherrn von Dürckheim, der Ernst Ludwig Vogt zu Hunolstein, die Züscher Lehnseigenschaft quæst. abermalen nicht alleine vor sich, sondern als Lehnträger des ganzen Hunolsteinischen Stamms anerkannt, und bis an sein im Jahre 1716. erfolgtes Ableben jene Lehnseigenschaft und die rechte des Sponheimischen Lehnhofes nicht bestritten, vielmehr die unterbliebene zeitliche Lehnsrequisition nachgeholet, und wegen vernachläßigter Lehns-Muthung, um gnädigste Nachsicht inständigst gebetten habe: **) So ist zugleich

des Gegnerischen Erblassers Bekanntnis,

4tens der ununterbrochene, und durch viele Jahrhundert bis in die neueste Zeit, von keinem einzigen älteren oder jüngeren Vasallen angefochtene und also ganz unbezweifelte Sponheimische Besitzstande des Territorial-Rechts, des dominii directi, oder auf Teutsch, der Landeshoheit der Lehnsherrschaft, Lehnsherrlichkeit und Lehnsherrlichen Rechte hinlänglich dargethan worden. Ferner folget aus denen Lehnsrequisitionen des Gegnerischen angeblichen Erblassers und dessen Vatters der richtige Schluß, daß die Freiherren von Dürckheim das Dorf Züsch und dessen Pertinenzien als ein Allodium nicht erben können, weilen sämtliche Vögte von Hunolstein-Sötern, mithin auch der Erblasser, dasselbe nicht anders als in der Qualität eines Sponheimischen Mannlehns besessen und genossen haben. Nunmehr kommt

durch dessen angebliches Testament, und

5tens der neue Umstand hinzu, daß der vorgeschützte titulus, womit die mit Unwahrheit gerühmte 20. 30. 40. und mehrjährige Possesion coloriret werden wollen, durch endliche copeiliche Production des sowohlen quoad formalia defecten, als, wegen der unterschriebenen verdächtigen Personen, äusserst suspecten Testaments dd. 8. Julius 1716, aller Schein einer Ansprache verfallet, weilen ausdrücklich die Mannsstammlehne von der Erbschaft darinnen ausgenommen werden, mit dem Beisatz, daß er

*) S. Urkunden Nr. 19. 21. 22. 23. 24. 25. 26, 27, 28, 29.

**) S. Urkunde sub Nr. 37. 38 & 82.

er Ernst Ludwig Vogt zu Hunolstein darüber nicht disponiren könne. * Und endlich

6tens haben die Gegnere das Sponheimische dominium directum bey und nach ihrem angeblichen Besitzstande, gegen den Sponheimischen Lehnhof anerkannt, (v. §§. 51-59.) und

durch das Gegnerische Anerkanntnis.

7tens niemalen ihres Anspruches halber die Sponheimische Gemeinsherrschaft in ordine juris belanget. (§. 60.)

§. 75.

Der Einwand, daß dieses petitorische Gründe seyen, worauf die höchste Reichsgerichte in Possessorio nicht achten dörften, cum, secundum doctrinam Crameri, *Mandata S. C. sua natura* petitorium abhorreant, **) ist so ungerecht als unbillig, und ungegründet. Gesetzt daß der vorgetragene Beweiß exceptiones juris enthalte, so müßten sie doch als exceptiones sub- & obreptionis zugelassen werden. Nach des Kaiser Mathias Reichshofraths-Ordnung dd. Prag den 3. Jul. 1617. Tit. 11. §. Wir befehlen ꝛc. soll sonderlich darauf gesehen werden, damit nicht auf solche Fundamente, welche de jure ihre genugsame exceptiones haben könnten, Mandata S. C. erkannt werden. Auch mußte der Baron Cramer in seinem System. processus Imp. §. 406. gestehen:

Beantwortung des Einwands, daß dieses petitorische Gründe seyen.

„ si aliquo in casu præuidere licet exceptiones juris, quas
„ Impetratus opponere posset, Mandatum S. C. decernen-
„ dum non est.

Es ist das nemliche, was dieser Kammergerichts-Beisitzer, in dem folgenden §. 407. lehret:

„ Exceptiones juris supponunt *jus generale*, pro varieta-
„ te circumstantiarum facti, variis limitationibus ob-
„ noxium. Quoniam itaque easdem *Mandatum S. C.* ex-
„ cludit, Mandatum vero C. C. admittit, *illud locum*
„ *habet, quando jus in quo pars implorans intentionem*
„ *suam fundat ita certum est, ut circumstantiæ concipi ne-*

M *queant*

*) Zur geschwinden Einsicht jenen angeblichen Testaments, worauf die Gegnere ihr Recht und den gerühmten Besitzstand gründen, lieget dasselbe so wie es jenseits in den Druck gegeben worden ist, unter Nr. 106. hier bey.

**) v. de Cramer. Institut. Iur. Cam. §. 570.

„ *queant sub quibus cessat*, quando è contrario jus non se-
„ cundum omnes circumstautias certum est, ita ut quæ-
„ dam concipi queant, sub quibus cessat, quæ vero inter
„ adductas ab Implorante non continentur, Mandatum
„ C. C. decernendum est. *)

Wann aber in dem Falle, wo exceptiones juris wahrzunehmen, kein Mandatum S. C. erkannt werden soll, so muß das Kaiserl. und Reichskammergericht eben so wolen verpflichtet und gegen die höchst und hohe Reichsstände **) schuldig seyn, die gegen Sie erkannte Mandata, wann solche exceptiones juris, welche die Mandata S. C. verbieten, Ihme vorgeleget werden, wieder aufzuheben und zu caßiren.

§. 76.

Sie müssen als exceptiones facti angenommen werden.

Es konnte auch das Kammergericht die vorliegende exceptiones juris nicht nur voraus sehen, sondern dasselbe mußte aus dem, obwohlen ohne Antheil und Wissen des Lehnhofes, zwischen der Hunolsteinisch-Merxheimischen Linie und denen von Dürckheim zu Wetzlar geführten Proceß, den Lehns-Nexum des Dorfs Züsch wohl wissen; ja es wußte ihn gar wohl, weil es durch das Urtel vom 8. Octobr. 1751. das Dorf Züsch vor Lehnbar erklärte. Will man jedoch nur alleine die wahre Umstände oder, nach der Sprache der Cameralisten, die exceptiones facti ***) bey diesem processu possessorio vel Mandati in Erwegung ziehen, so wird ein jeder unpartheilsche Leser mit Händen greifen, daß das erkannte Mandatum de non violando territorium S. C. hätte caßiret werden sollen, und daß, weilen solches nicht geschehen, nicht nur ein besonderes, sondern ein wahres allgemeines Gravamen, vorhanden seye.

Erstes Gravamen, weilen solches nicht geschehen ist.

§. 77.

Weitere Ausführung derer exceptionum facti.

Nach der dem erkannten Mandat beygelegten Dürckheimischen ersteren Bittschrift, ist unleugbar, daß die Supplicanten die grobe Unwahrheit vorgegeben, als ob Sponheim weder in possessorio noch petitorio einiges Recht oder Ansprache, auf das

*) S. C. O. C. p. II. T. XXV. §. 2.

**) Welche dasselbe zur unpartheilschen Handhabung der Gerechtigkeit erhalten, nicht aber um von dessen Willkühr und Ueberellung, ein Opfer, in favorem priuatorum zu werden.

***) Cramer in Syst. jur. Cam. §. 402.

das Objectum litis hätten, *) daß aber diese fälschliche Vorstellung eine gefehrdevolle Obreptio gewesen, das folget aus der beurkundeten diſſeitigen Erzehlung. (§. 74.) Die wahre Umstände von der bey dem Sponheimischen Lehnhof gegnerischer seits selbst anerkannten Züscher Lehnseigenschaft, haben die Freiherren von Dürckheim wohlbedächtlich verschwiegen, mithin die Wahrheit unterdrücket, somit eine Subreption begangen. Sie haben dagegen, wie das Mandatum de non violando territorium lautet, sich eines wohlergebrachten Besitzes des Dorfes Züsch nebst dessen Zugehörungen und des Territorial-Rechts daselbst berühmet, dadurch aber eine weitere Obreption gewaget.

§. 78.

Fernere Beantwortung des von dem Kurtrierischen Proceß entlehnten Vorwandes.

Bey dem Dürckheimischen Vorgeben, daß das Kaiserl. und Reichskammergericht, die beyde Dörfer Züsch und Bosen, Kur-Trier aberkennet und denen Freiherren von Dürckheim zugesprochen hätte, wodurch ihre Possession (deren sie sich rühmen) continuiret worden wäre, ist ebenfalls die wahre Beschaffenheit verschwiegen geblieben. Einmal bedarf es keines Beweisses, daß in der Macht des Kammergerichts nicht stehe, einem nicht Beklagtem, nicht vorgeladenen, nicht gehörtem und nicht verurtheiltem Reichsstande, oder auch nur einem priuato das seinige zu entziehen, und ein nicht gegen ihn gesprochenes Urtheil wider ihn exequiren zu lassen. (v. §. 6-63.) Jenes gegen Kur-Trier Dürckheimischer Seits erschlichene Mandat und die in consequentiam erhaltene Urtheile, musten der Pfalz- und Badischen-Gemeinsherrschaft und deren Lehnhofe, eben so unpräjudicirlich bleiben, als wann in einem ähnlichen Falle und aus einem gleichen Irrthum die ganze Gravschaft Sponheim, gegen Kur-Trier, denen von Dürckheim zugesprochen worden wäre. Welcher höchst- und hoher Reichsstand möchte wohl ein solches Kammergerichtliche Verfahren gegen Sich, der Justitzpflege und der Reichsverfassung gemäs finden? ein ganz unleidentliches grauamen commune lieget hier an hellem Lichte.

§. 79.

Fortsetzung.

Vor das andere hat man in der Recursschrift auch oben (§. 27. 28.) bereits nachgewiesen, daß zwischen Hunolstein-Dürrcastell und Dürckheim vor dem Kur-Trierischen Lehnhofe, auch nach-

*) S. Anlage unter Nro. 101.

nachher vor dem Kammergerichte, eigentlich nicht das Sponheimische sondern das Kur-Trierische Züscher Lehn, und andere Eberswaldische oder Göterische Güter, besonders aber das Dorf Bosen *) der Gegenstand des Streits gewesen, und nur aus einem dem Sponheimischen unprädjudicirlichen Irrthum des Trierischen Lehnhofes, das Dorf Züsch mit eingeflossen ist, wie aus nachstehendem Extractu Kur-Trierischen Regierungs-Protocolli dd. 20. Dec. 1746. zu entnehmen:

„ Freyherr von Elz-Uttingen nahmens seines Schwagers des
„ Grafen von Hunolstein in Litteris de 10ma currentis, fraget
„ an: was auf die, in Sachen Philipp Ludwigen von Dürck-
„ heim wider den Erzstifft und Grafen von Hunolstein, & vi-
„ cissim von Hunolstein contra die von Dürckheim bey dem Kai-
„ serl. Cammer-Gericht jüngst publicirte Urtheil man diesseiths
„ vor Messures zu nehmen gemeinet seye, um vor Verfliessung
„ des ad parendum sententiæ angesetzten monathlichen Termini
„ sich darnach richten zu können.

Resolutum.

Kurtrier leistet Parition nur in so weit die Objecta litis nicht lehnbar seind.

„ Hierauf deme Freiherrn von Elz zu seiner Direction per Ex-
„ tractum protocolli ohnzuverhalten, daß, so viel beide Dorfschaf-
„ ten Züsch und Boosen cum appertinentiis, als diesseiths be-
„ haubtende Erzstifftliche Lehen betrifft, der gegen die von
„ Dürckheim in contumaciam angelangte Sequester, biß selbige
„ der Lehenherrlicher Jurisdiction sich gefüget haben werden, in fir-
„ mo verbleibe, die in sententia gemeldete nicht Lehnbare Zehen-
„ den aber anlangend, deme Sequestrations-Commissario Amts-
„ verwaltern Aldringen, solche denen von Dürckheim einzurau-
„ men, von hieraus bereits aufgegeben worden seye, als wes-
„ halben deme Grafen von Hunolstein sein Recht gehörigen Orths
„ zu suchen ohnbenommen bleibet. **)

Kur-Trier, wollte demnach die Lehnherrliche Gerechtsame nicht beschränken lassen, leistete aber in Betreff des Sequesters auf die übrige eingeklagte Gegenstände Parition.

§. 80.

*) Mehrmals angeführtermassen, gehörte von Bosen nur der Zehende als ein surrogatum zu dem Sponheimisch Züscher Lehn, welches die Dürckheimische Vormundschaft nicht nur wohl wußte, sondern auch ohne Bedenken geschehen lassen, daß derselbe nach Birkenfeld abgetragen wurde (S. Anlage unter Nr. 107.) und weder die Herren von Dürckheim noch Kur-Trier ware in dessen Besitz, sondern Birkenfeld erhobe denselben von denen Jahren 1718. bis 1750. (S. die Rechnungsauszüge unter denen Nris. 108. 109. 110. 111.)

**) S. Anlage unter Nro. 112.

§. 80.

Alleine die Frage: Ob das Dorf Züsch, Kur-Trierisch oder Sponheimisch-Lehn seye? hat weder Kur-Trier noch Sponheim zur Kammergerichtlichen Cognition gebracht. Es war und bliebe ein Geschäfte zwischen beiden Lehnhöfen, das durch nachbarliche Correspondenz, woran die Freiherren von Dürckheim keinen Antheil hatten, ist behandelt worden und noch ferner, wann ein Anstand sich ereignen sollte, ohne das Kammergericht kann beseitiget werden.

Was zwischen Kurtrier und Sponheim streitig, darüber kann das Kammergericht nicht eher erkennen, als bis es imploriret wird.

§. 81.

Der gänzlichen Vollstreckung der Sponheimischen sententiæ priuatoriæ vom 23. Dec. 1739. gabe zwar der durch den Herrn Graven von Hunolstein veranlaßte Mißverstand, einen Aufschub; gleichwie aber Sponheim gegen die Kur-Trierischer Seits, den 15. Julius 1742. vor den Herrn von Hunolstein denen Züscher Unterthanen abgenommene Huldigungspflichten und weitere Besitznehmung, an dem nemlichen Tage, durch einen Kaiserlichen Notarius protestiren lassen: *) So continuirte auch Sponheim sein Recht der Landeshoheit und der Jagdgerechtigkeit in dessen consollidirtem Lehn Züsch eben so während dem resp. Kur-Trierischen Sequester, als der Hunolstein-Dürrcastellischen Possession. **)

Sponheim, erhält gegen Kur-Trier seinen Besitz u. Recht durch eine im Jahr 1742. eingelegte Protestation.

§. 82.

In diesem alten Besitzstande hat sich Sponheim erhalten, als die Freiherren von Dürckheim, ungefehr eilf Jahre nach dem ihnen von seiten des Lehnhofes publicirten Abweisungsdecret, sich unterstanden, heimlich, ohne Vorwissen der Landesherrschaft, denen Züscher Inwohnern und in denen Waldungen wohnenden Hintersassen (genannt Baraquen-Leuten) angeblich die Huldigungspflichten, schnell und kühn, in dem Monat August 1750. einzunehmen, in denen Sponheimisch-Züscher Waldungen zu jagen und unter dem fälschlichen Vorgeben, als ob sie das ehemalige Sponheimische Züscher Lehn als ein allodium von dem letzteren Söterischen Besitzer geerbet hätten, nach dem Besitz der Einkünften zu trachten. ***)

erequiret das Urtel des Lehnhofes.

N §. 83

*) s. Recursschrift Beylage Nr. 58.

**) s. c. l. Beilagen sub Nr. 59. 60. 61 und 62.

***) Der vorstehende Abriß zeiget die abgelegene und rauhe Gegend an, wodurch keine Landstrasse gehet. Züsch ist das äusserste Ende des Oberamtes Birkenfeld gegen

§. 83.

und lasset sich durch die Invasion der Herren von Dürckheim daran nicht hindern.

Kaum hatte der Sponheimische Lehnhof von dieser Zudringlichkeit und heimlichen Invasion, Nachricht erhalten, so ergriffe Er sogleich die erforderliche Maasregeln, sich in seinen Rechten zu schützen, die Inuasores, welche die Unterthanen von ihren Pflichten sträflicher Weise abwendig zu machen trachteten, an der gesuchten Natural-Perception zu behindern, und sich, in conformität der rechtskräftigen sententiæ priuatoriæ, in dem gänzlichen Natural-Besitz sicher zu setzen.

Dieses geschahe, zufolge der Gegnerischen übrigens unrichtigen Beilage unter Ziser 7. den 18 und 19. August 1750.

§. 84.

Clam & vi suchten die Gegnere sich des Besitzes, ohne Recht, zu bemeistern, wurden aber jedesmalen abgewiesen, Sie brauchten Gewalt u. griffen zu denen Waffen, aber fruchtlos.

Alles was jenseits von Sponheimischen Gewaltthaten vorgebildet werden wollen, das kan man disseits, da die Lehnsacten das Gegentheil bezeugen, vor Erdichtungen halten. Die jenseits geschehene Vorbildungen gründen sich, auf die verwerfliche Zeugnisse des liederlichen Dürckheimischen Domestiquen Heidenreichs. Ein dem Kaiserl. und Reichskammergerichte vorgelegtes Notariats Instrument und eidliche Außagen ehrlicher Männer *) bewähren das Gegentheil und so viel, daß gedachter Heidenreich unter dem Nahmen eines Dürckheimischen Fiscals durch benachbarte Söterische und Bosener Bauern den Besitz von Züsch ergreiffen wollen, denen Züscher Wirthen den Wein in Bütten hinweg genommen, und das herbeygeführte Gesindel damit berauschet habe, um ihme einen tollen Muth beyzubringen, dem er unter Versprechung 10. Rthlr. die Ordre gegeben den Birkenfeldischen Amtmann Fabert tod zuschiesen, wie dann dieses Völcklein von nichts als Todschlagen gesprochen, **) auch Birkenfeldische Unterthanen theils aufgefangen und theils mörderisch mishandelt, der zu Zeiten in der Nacht sich eingeschlichene Heidenreich aber denen armen Baraquen-Leuten mit Brand gedrohet

gegen Lothringen und Kur-Trier. Die rauhe Einsamkeit bestättiget der Aufenthalt derer Auerhanen, in dem dortigen Gebürge. Es war deswegen Inuasoribus wohl möglich Eingriffe in Sponheimische Jagdgerechtigkeit und dergleichen Possessions-Anmaßungen ohne Vorwissen der Landesherrschaft, auch der gemeinschaftlichen Regierung zu Trarbach, in dem Monat August 1750. zu wagen.

*) Dieses angeführte Instrument über den Sponheimischen Besitzstand und über die in Güte geschehene Abfertigung der Dürckheimischen Invasionen lieget hier bey unter Nr. 113.

**) S. Nr. 113. ad artic. 10. 11. 13.

het hat. *) Uebrigens beweissen diese Zeugen, daß die Birkenfeldische Amtsunterthanen, den Besitzstand ihrer Landesherrschaft mit aller möglichen Mäßigkeit behauptet haben, und dasjenige was der zum schreiben untüchtige angebliche Notarius Hermann mit dem Heidenreich von verübten Gewaltthaten, zu Erschleichung eines Mandats, zu Papier gebracht haben soll, die gröbste Unwahrheiten enthalte. **)

Sponheim bleibt in denen Schranken der Mäßigung und erhält sich in seinem Besitz.

§. 85.

Die Freiherren von Dürckheim waren also zur Zeit des gebettenen und zur Zeit des erschlichenen Mandati de non violando territorium, ganz und gar nicht in dem mindesten Besitz des Züscher Lehns. Es ist erwiesen, daß sie niemalen an das territorium eine Ansprache gemachet haben. Soll nun das kein Gravamen seyn, daß das Kaiserl. und Reichskammergericht priuatis ein Mandatum de non violando territorium ertheilet, welche ein Reichsständisches territorium unter dem vermeinten Recht der Selbsthülfe, sich zuzueignen wagen, welche erwiesener massen weder Recht noch Besitz hatten? Es ist ein gravamen commune, wann das Kammergericht sich dergleichen Freiheit heraus nimmt.

Die Herren v. Dürkheim waren also zur Zeit des gebettenen und zur Zeit des erhaltenen Mandati de non violando territorium in keiner Possession. Gravamen commune, u. erstere besondere Beschwehrde.

§. 86.

Ein Mandatum de non amplius turbando in possessione vel quasi loci Züsch, ohne hinlängliche Erwägung priuatis, die sich nicht in Besitz befinden, ohne Schreiben um Bericht, contra dominium directum & Statum imperii zu erkennen, ist ein nicht geringes gravamen: noch größer aber wird es, wann das Gericht, denen exceptionibus sub- & obreptionis kein Gehör geben, sondern auf seinem Irrthum beharrren, und sogar die Reichsconstitutionsmäßige Rechtsmittel abschneiden will. Alsdann ist freilich ein Kammergerichtliches Realgebrechen und ein gravamen tam speciale, quam commune vorhanden, auch nichts anders als der Recursus an Kaiserliche Majestät und das gesamte Reich übrig.

Welches den Recursum ad comitia berechtiget.

§. 87.

Vorstehendes möchte zur Bestättigung des in der Recursschrift vorgelegten Beweisses des vorliegenden gravaminis communis

Beweiß.

*) S. c. l. ad artic. 18.

**) S. c. l. ad artic. 19. 20. 21.

nis überflüßig hinlänglich seyn. Dann wie könnte wohl ein Reichsstand bey seinen Landesherrlichen und bey seinen Lehnherrlichen Gerechtsamen sicher bleiben, wann sich Reichsgerichte eine Macht herausnehmen, die Gränzen der vorgeschriebenen vier Fällen zu überschreiten, in Sachen wo ein factum juri contrarium nicht vorhanden, die aber gleichwohlen Land- und Leute, ja die Landeshoheit selbst betreffen, Mandata S. C. zu erkennen, und nach entdeckter sub- & obreption, darauf zu beharren.

§. 88.

Entdeckung daß der Kameralreferens hintergangen worden ist.

Beweiß, daß das von demselben unterstellte factum unmöglich wahr seyn kan.

Es ist kein Geheimnis des Gerichts, sondern aus des Kammergerichts-Assessoris von Cramer Observationen *) entdecket worden, daß der Referent dem Senat ein ganz unrichtiges factum vorgetragen, als ob nemlich die Herren von Dürckheim über 20. 30. 40. und mehrere Jahre eine ruhige Possession gehabt hätten, da sie doch, a) die 16. vorhergegangene Jahre, auf Betrieb des Graven von Hunolstein, von allem Genuß entsetzet gewesen, und b) 33. Jahre vor dem Mandat ihr angeblicher Erblasser noch lebte, der das Züsch nicht anders als in der qualität eines Züscher Mannlehns besessen und benutzet hatte, sodann c) in denen ersteren 17. Jahren, nach dem Tod ihres Erblassers die sententia privatoria gegen die Vasallen noch nicht ergangen war, auch d) in dieser kurzen Zeit die Freiherrn von Dürckheim das Sponheimische dominium directum anerkannt und um die Aufnahme ad Vasallagium suppliciret, ja sogar noch e) als sie des Genusses im Jahr 1734. entsetzet und mit denen Vögten von Hunolstein in Proceß verwickelt gewesen, vor dem Sponheimischen Lehnhof erschienen seind, und den selbsten nöthig befundenen Felonie-Proceß gegen die Vasallen betrieben, somit das Sponheimische Eigenthum abermalen anerkannt, sofort f) nach deme sie im Jahr 1739. mit ihrem Gesuch um die Ueberlassung des Züscher Lehns abgewiesen waren, ohne über solche Verweigerung des Besitzes und künftigen Genusses, eine Beschwehrde zu Wetzlar einzuführen, oder ohne die Sponheimische Gemeinsherrschaft coram competente vel in possessorio vel in petitorio zu belangen, eilf ganze Jahre gegen Sponheim ruhig gesessen seind.

§. 89.

*) Tom. I. obs. 144. p. 400.

§. 89.

In dieser Zeit hatte also der Sponheimische Lehnhof nicht die Freiherren von Dürckheim zu Gegner, sondern lediglich nur mit dem Gränznachbarn, mit Kur-Trier es zu thun, und nach gehobenem Mißverstande zwischen dem Kur-Trierischen Burglehn und dem Sponheimisch Züscher-Lehn, exequirte der Sponheimische Lehnhof sein Urtheil.

Nicht Sponheim, sondern die Dürckheim haben ein factum nullo jure justificabile begangen, oder vielmehr gewaget.

Wann es nun schon an deme wäre, daß, wie doch nicht erwiesen ist, *) der Dürckheimische Beamte Caspari mit dem Advocat Heidenreich, am 1. Aug. 1750. so geschwind als möglich, **) eine Art von Huldigung hat vornehmen und andere Eingriffe, bey dieser Invasion, in die Sponheimische jura wagen lassen, in in der Absicht, durch eine Selbsthülfe, dasjenige als ein Eigenthum zu erwerben, was Sponheim vor eilf Jahren nicht zu Lehn verwilligen wollen: So wäre dieses eben so, wie die nachmalige Versuche, ein factum nullo jure justificabile, welches kein Landesherr zu leiden schuldig ist. Da sich nun Sponheim allen Dürckheimischer Seits geschehenen Turbationen widersetzte, und die mit ihrem Gesuch um die Belehnung längstens abgewiesene Gegnere nicht zu dem Natural-Besitz und Genuß kommen lassen; so kann die Sponheimische Vertheidigung gegen die Dürckheimische Invasores, mit dem verhaßten nahmen eines Spolii sich nicht belegen lassen, quin adeo contra vim injustam licita est rerum defensio, ut etiam judici illegitime procedenti, ejusque officialibus, juste resistatur. ***)

§. 90.

Wer sieht nicht daß in gegenwärtigem Proceß keiner der vier Fällen vorhanden, wo ein Mandatum S. C. verfüget werden dörfe, weilen die geschehene Landes- und respective Lehnherrliche Vertheidigung gegen die Dürckheimische Invasores, 1) keine an sich selbst

Es ist kein Fall vorhanden, der das Mandatum S. C. rechtfertiget.

*) Die jenseitige Bescheinigung bestehet in einem sogenannten Protocoll, welches der Dürckheimische Bediente Heidenreich unter der Authorität eines Advocaten am 1. August 1750. will geführet haben. S. jenseitige Beilage unter Ziffer 6.

**) So lauten die Worte des Heidenreichischen Protocolls.

***) l. 5. C. de jur. fisc. l. 5. C. de execut. l. ult. vers. sed & si fecerit &c. C. de discussor.

selbst von rechts- oder allgemeiner Gewohnheit wegen verbotene, strafwürdige oder unrechtmäßige Handlung ist, noch 2) dadurch dem anrufenden Theile eine solche Beschwerde auferleget und zugefüget worden, die nach begangener That nicht wieder zu bringen, noch 3) dieselbe wieder den gemeinen Nutzen geloffen, auch 4) kein periculum in mora gewesen ist, *) um die Inuasores mit einem dergleichen Gebotsbriefe zu unterstützen. **)

§. 91.

Das Dürckheimische Vorgeben, eines wohlhergebrachten Besitzstandes wurde nicht bescheiniget, und der gerühmte jüngere Besitz bestunde in Turbationen

Der seel. Baron Cramer sagt ganz wohl: aliam requiri probationem in ordine ad decernendum mandatum, aliam ad ferendam paritoriam plenam, ***) die Gegnere aber brachten so wenig nach wie vorher, ihres gerühmten Besitzes (der zugleich ex jure in re hätte coloriret werden müssen, ****) eine bessere Bescheinigung bey, sondern eben so, wie ihr Besitz von 1750. in denen ihrer seits fruchtlos abgeloffenen Turbationen, und (wann ihre verdächtige Zeugnisse wahr wären) in geholten angeblichen Schlägen bestunde: So hatte ihr kluger Procurator (Dr. Ruland) die Vorsicht, auf die exceptiones sub & obreptionis nichts zu antworten, sondern per recessum oralem denenselben nur generaliter zu widersprechen, und in puncto mandati de manutenendo pure ad sententiam zu submittiren.

§. 92.

Sponheim hat den neuesten, älteren u. ältesten Besitz in puncto territorii vor sich.

Wann es auf den älteren Besitz bey dem processu summariissimo ankommen sollte, *****) so hätte Sponheim eben so antiquissimam wie nouissimam possessionem vor sich. Zur Zeit des er-

*) C. O. C. p. 2. T. 25. in pr.

**) In C. O. C. c. l. §. 2. stehet zwar, daß nicht möglich alle Fälle darauf Mandata S. C. erkannt werden mögen, unterschiedlich zu erzehlen; es verordnet aber der J. R. A. §. 79. mit deutlichen Worten, daß die Mandata S. C. allein in denen vier Fällen erkennet, und ausser denenselben nicht zugelassen seyn sollen.

***) v. Syst. proc. Imp. in not. ad §. 452.

****) v. S. P. Gasser de genuino colore possessorii ex solo jure in re §. 12.

*****) Ad possessionem antiquiorem in summariissimo non respicitur, sed solius possessionis præsentaneæ Implorati habenda est ratio; a parte Implorantis cessant duo extrema, nempe possessio, consequenter etiam turbatio, sicque petito pro mandato S. C. locus esse nequit. L. B. à Cramer c. l. §. 473.

erkannten Mandati de non violando territorium &c. war der Sponheimische Besitz des Obereigenthums oder dominii directi, über fünf, wenigstens über vierthalb hundert Jahre alt; Das Sponheimische Territorialrecht ist älter als der erstere Lehnbriefe und die superioritas territorialis ist bekanntlich nicht vor Reichsständische Vasallen und Unterthanen, sondern vor die Reichsstände, durch den Westphälischen Frieden und durch die Kaiserliche Wahlcapitulationen, festgesetzet worden. In jener großen Reihe von Jahren bis zur- auch nach der sententia priuatoria, haben die Vasallen niemalen das Sponheimische dominium directum und Landeshoheit bestritten, auch hat kein fremder oder tertius dieselbe zu bezweiflen sich einfallen lassen. Selbst die anmaßliche Gegnerische Allodialerben, haben das Sponheimische Recht und die Mannlehnseigenschaft anerkannt. Wer könnte doch in der Welt einen stärkeren Beweiß von Reichsständen erwarten, welche ohnehin die Vermuthung vor sich haben?

§. 93.

Das Dominium utile derer Vögte zu Hunolstein, dauerte, nach denen Lehnrechten so lange, bis von dem Sponheimischen Lehnhof die sententia priuatoria publiciret- rechtskräftig und exequiret worden ist. So wenig vorher dem Lehnhof präjudicirte, welcher von denen Vögten zu Hunolstein, das Lehn in Naturalgenuß hatte, so wenig konnte demselben nachtheilig seyn, wann die Freiherren von Dürckheim, nach dem Tod des letztern Vasallen Ernst Ludwig resp. durch Nachläßigkeit und Lehnsverbrechen der Vasallen, ante sententiam priuatoriam, vom Jahr 1717. bis 1734. das Lehn genossen haben, welche gleichwohlen bey diesem, nicht wie der Kameral-Referent meinte, 20. 30. 40. und mehrjährigen, sondern nur selbst angeblich 17. jährigen Genuß, erwiesener massen, das dominium directum des Sponheimischen Lehnhofes, gegen denselben mit dem Anhang anerkennet haben, daß ihnen eine zwar unverdiente jedoch unvergleichlich hohe Gnade, durch Conferirung des Mannlehns von dem Dorf Züsch rc. beschehe. Wo bleibet nun das Freiherrlich-Dürckheimische territorium von dem Dorf Züsch und dessen Zugehörde? Oder wo findet man Reliquien von deren angeblich im Jahr 1716. ererbten Eigenthum, und von dessen wohlhergebrachten Besitzstande? In diesem sogenannten nun dreißigjährigen summariissimo worüber allbereits drey Sponheimische Regenten, (ohne Männliche Descendenten zu hinterlassen, und ohne den Ausgang zu erleben, jedoch ohne anderst als durch den Tod depossediret zu werden) in die Ewigkeit gegangen seind, haben die Freiherren von

Sponheim besasse civiliter durch die Vasallen das dominium utile nicht nur bis in das Jahr 1716 als der Zeit des Ablebens Ernst Ludwig Vogts zu Hunolstein, sondern bis zur Zeit des geendigten Felonie-processe, u. bis zur Execution des rechtskräftigen Urtels.

 Dürck-

Dürckheim den nutznießlichen Besitz, *) welchen sie ohne Grund und Recht possessionem ciuilem nennen, nur in Gedanken behalten, den dieselbe seit 45. Jahren nicht haben und der ihnen bereits vor 40. Jahren, und eilf Jahr vor dem Anfang des processus summariissimi, auf ihr gebührendes Anmelden, auf immerhin von dem Lehnhofe ist, in gewöhnlicher Form, abgeschlagen worden, und worüber sie sich weder an seiner Behörde beklaget, noch sonsten, vor ihrem allzuspäten Mandatsgesuch, Sponheim belanget haben.

§. 94.

Das worauf der Richter bey Entscheidung einer Rechtssache zu sehen hat, ist in dieser Sache nicht beobachtet worden.

Die paritoria plena enthaltet einen Widerspruch.

In der gegenseitigen sogenannten actenmäßigen Proceßgeschichte, wird §. 72. erwiesen, daß das Vorzüglichste, worauf der Kammergerichtliche Herr Referent, nach Vorschrift der Gesetze, bey Entscheidung einer rechtssache zu sehen hat, in der Erforschung des Klaggrundes bestehe. Welche Action angestellet worden? ob selbige bewiesen? oder durch die gegentheilige Ausflüchte elidiret seye? Wie wenig dieses in gegenwärtiger Sache ist beobachtet worden, das hat man bereits oben §. 69. bemerket, auch beweiset es die paritoria plena vom 8. Octobr. 1751. welche einen offenbaren Widerspruch enthaltet.

§. 95.

Beweis.

In Betreff des Guts Züsch samt dazu gehörigen Renten und Gefällen, haben die Freiherren von Dürckheim auf kein Spolium geklaget, (§. 65.) noch hat die Sponheimische Herrschaft darauf excipiret. Das Mandatum de non violando territorium neque amplius turbando in possessione vel quasi loci Züsch, gründete sich auf das interdictum uti possidetis, dahin gehet auch die paritoria plena:

„ ist Dr. Ruland sein des Mandati arctioris & *de manutenendo* halber beschehenes Begehren noch zur Zeit abgeschlagen, sondern Lt. Ziegler und Lt. Brand declinatorisch- und unerheblichen Einwendens ungehindert, glaubliche Anzeige zu thun, daß dem Mandato so viel den Lehenbaren Ort Züsch samt dazu gehörigen Renthen und Gefällen betrift —— Zeit 1. Monat —— von Amtswegen angesetzet ꝛc.

Gleich-

*) Den Besitz des Territorialrechtes konnten die Gegnere, wegen dem immer fortgedauerten Sponheimischen Besitz, niemalen haben.

Gleichwohlen wurde durch die Einschaltung derer widersprechenden Worten: „vermittelst Wiederabtrett- und Einräumung „ desselben (Lehnbaren Orts Züsch rc.) in possessorio recuperandæ gesprochen, indeme in possessorio retinendæ die Parition gefordert wird.

§. 96.

Selbst in der gegnerischen actenmäßigen Geschichte, wird pag. 54. gerne eingestanden, daß die Spolienklage, nur auf die hinweg genommene Gewehre und Zehendfrüchte gegangen, und nur in soweit das Interdictum recuperandæ possessionis zum Grunde geleget seye. Zwar will Gegnerischer seits §. 74. vorgebildet werden, daß durante processu der status causæ gänzlich sich geändert habe und deswegen die vorige Klage ex interdicto retinendæ in eine Klage ex interdicto recuperandæ possessionis seye verwandelt worden. Allein wann auch dieses Vorgeben wahr wäre, so bliebe dennoch der Widerspruch in der paritoria plena. Gleichwie aber die Gegnere weder zur Zeit des gebettenen, noch zur Zeit des erschlichenen Mandati de non violando territorium &c. in dem Besitz des consolidirt gewesenen Lehns Züsch sich befunden hatten, so ist es

a) eine völlige Unwahrheit, daß der status causæ durante processu sich geändert. es ist auch

b) nicht an deme, daß die Gegnere mit einer neuen Klage ex interdicto recuperandæ possessionis eingekommen seind, vielmehr erneuerte der Gegnerische Procurator (der weder zu repliciren noch sonsten zur Begründung des gerühmten Besitzes etwas weiters, als was dem Mandato de non violando territorium &c. beilieget, schriftlich zu übergeben vor gut befande,) seine Bitte um ein Mandatum de manutenendo in possessione, und demnach dorfte der Kammergerichtliche Senat, auf seine contradictorische paritoriam plenam keine Parition fordern, quia ultra id, quod in judicium deductum est, excedere potestas judicis non potest. *)

*) Sententia naturæ petitionis & libelli aptanda est. Si igitur libellus & sententia discrepent, sententia nulla est, arg. l. fin. C. de fideicomm. libert. conf. l. 18. ff. commun. divid. Wie vielmehr müssen in solchen Fällen remedia juris gegen solche Urtel gestattet werden? Das Kammergericht aber verweigert alle Rechtsmittel.

§. 97.

Ungrund des Vorgebens, daß durch Edirung eines instrumenti declarationis titulus possessionis wäre decirt worden.

Es ist ferner

c) eine Unwahrheit die in dem jenseitigen §. 73. vorgebildet wird, daß die Freiherren von Dürckheim, per instrumentum declarationis & possessionis über eine Hunolsteinische Disposition, titulum possessionis ediret hätten. Bey denen vor der paritoria plena verhandelten Kammergerichtlichen judicial-Acten, befindet sich dieses oben (§. 2. 15. & seq.) in sein Licht gestelltes angebliches Testament nicht, auch nicht bey denen folgenden Acten. Mit dessen Existenz mag es sich wie mit der gerühmten Production verhalten. Auf den Fall aber wann es existiret, ist bereits oben nachgewiesen worden, daß es nicht gegen sondern vor Sponheim seye.

§. 98.

Die drey Urkunden, womit der alte Besitz wollte erwiesen werden, waren vor dem Urtel nicht bey denen Acten, sondern seind erst einige Täge nach Publication der paritoriæ plenæ producirt worden.

Man will den, sogar nach dem Gegnerischen Eingeständnis offenbaren Irrthum des ehemaligen seiner Mishandlungen und Ungerechtigkeiten wegen caßirten nun entschlafenen Kameral-Referenten, der ohne allen Anlaß eine jenseitige 20. 30. 40. und mehrjährige ruhige Possession unterstellte, weiters nicht wiederholen; das kann man aber nicht mit stillschweigen übergehen,

d) daß diejenige sogenannte drey Haupturkunden, womit die Gegnere ihren alten Besitz zur Erschleichung des Mandati und der paritoriæ plenæ erweissen wollen, vor deren Publication noch gar nicht bey denen Acten gewesen seind. Was kann nun doch von dem in jenseitigen §. 72. so hochgerühmten ordnungsmäßigen Verfahren des Kaiserlichen und Reichskammergerichts gehalten werden? Die paritoria plena ist vom 8. Octobr. 1751. und erst den 13. desselben Monats und Jahrs seind jene drey Urkunden jenseits ad acta übergeben worden. *)

§. 99.

Antwort auf den in paritoria plena vorbehaltenen Felonieproceß.

Es ist nichts anders zu glauben, als daß der Kammergerichtliche Referent seinen Vortrag, wann man die unrichtige Heidenreichische Attestaten und Berichte ausnehmet, einzig aus der in seinem Hause gebräuchlichen heimlichen Sollicitatur geschöpfet habe. Die Lehnbarkeit des Dorfs Züsch ist zwar ganz wohl judi-

*) Der Receß, womit sie der jenseitige Procurator producirte, findet sich sub Nr. 114.

judicialiter in der paritoria plena anerkannt worden; daß aber die Freiherren von Dürckheim eine Felonie an dem Lehn Züsch begangen haben sollten, davon stehet kein Wort in denen Acten, vielmehr behaupte Sponheim, daß die von Dürckheim keine Vasallen seyen und ihnen nicht das mindeste Recht auf das Lehn quæst. zustehe. Mit denen wahren Vasallen aber, denen Vögten zu Hunolstein, hatte Sponheim keinen Proceß vor dem Kaiserlichen Reichskammergerichte; es war weder Kläger noch Beklagter erschienen, folglich lasset sich in soweit kein Richteramt zwischen Herren und Vasallen gedenken; denen wahren Vasallen war der Felonieproceß schon gemachet und die sententia priuatoria hatte längstens die Rechtskraft beschritten; gegen das Urtel des Lehnhofes ist kein libellus grauaminum von irgend einem Vasallen vor dieses höchste Reichsgericht gebracht worden. Wer will, wer 2te besondere kann nun doch den, der sententiæ paritoriæ eingeschobenen, Vor- auch behalt rechtfertigen?

„ Es bleibt jedoch denen Herren Beklagten ihre habende Ge„ rechtsame an dem Lehen Züsch, NB. wegen einer begangen „ seyn sollenden Felonie gehörigen Orts ein- und auszuführen „ ohnbenommen, sondern vorbehalten. „ Wann ein höchstes gemeine Be- Reichsgericht einen Lehns-Nexum weis und judicialiter anerken- schwehrde, net, *) jedoch gegen den Dominum directum und die Vasallen, einem dritten der ausser dem Besitze und Genusse sich befindet, das Lehn in possessorio retinendæ, auf ein erschlichenes Mandatum de non violando territorium, zuerkennet, und gleichwohlen gegen die entsetzte und per sententiam priuatoriam von einem Reichsständischen Lehnhofe des Lehns verlustigte Vasallen, den (bereits entschiedenen und beendigten) Felonieproceß, ein- und auszuführen vorbehalten darf, wie hier geschehen ist: So ist es um die Reichsständische Lehnsjurisdiction geschehen, ja sie fallet in das lächerliche. Stehen aber nicht eben sowohlen mehrere besonders nicht mächtigere höchst und hohe Reichsstände in Gefahr, daß nach solchem einreissenden willkührlichen Verfahren, die Reichsgesetze nicht mehr hinreichend seyen, sie in ihren Lehnrechtlichen Befugsamen zu schützen, wann auch noch das letztere Mittel, der Recursus an Se. Kaiserliche Majestät und das gesammte Reich erschwehret oder verweigert werden sollte?

*) S. Nro. 68. bey der Recursschrift.

§. 100.

Welche aus dem Mißbrauche des Mandatsprocesses entstehet.

Man ist diſſeits weit entfernet, das bis hieher vorgetragene Verfahren des Kammergerichtlichen Senats, aus einem besondern Haß gegen die Pfalz-Zweybrückische und Baden-Badische Höfe herzuleiten. * Der Grund lieget in einem, durch allzulange Unterbleibung der Kammergerichtlichen Visitationen, eingerissenen Realgebrechen, das sich unter dem Generalausdruck: Willkühr, am besten begreiffen lässet. Ein Unding, das der stracken und unpartheiischen Justizpflege als ein extremum entgegen stehet. Ueber die Willkühr bey dem Mandatsproceße ist von mehrern Reichsständen längstens geklaget, der Mißbrauch aber nicht gehoben worden. In denen neuern Zeiten wurde dieselbe durch einen philosophisch denkenden Kopf, zum beqnemen Gebrauch der Richter und Sachwalter, in ein System gesetzet, welches nunmehr pro und contra von jedem Theil vor sich angeführet wird, wovon gegenwärtiger Handel zeuget. Bey letzterer abgebrochener Visitation ist man leider! nicht zur Verbesserung des C. O. C. gekommen. Und nur Gott weis es, wann eine Visitation mit besserem Erfolg sichtbar werde. Welche betrübte Aussicht vor das Teutsche Justizwesen! das auf künstliche Schlüsse gebaute neueste System, z. E. von Lehnssachen hat eine willkührliche Auslegung derer Reichsgesetzen zum Grunde, & hinc illæ lacrymæ! die Gesetze wären an sich nicht zweifelhaft; allein die Proceßkunst und die Amtsneigung pro amplianda jurisdictione camerali, machet sie zweifelhaft, und dann interpretiret das System dieselbe dem Sinn gerade zu wider. Diese allbekannte Umstände machen eine bestimmtere Vorschrift, und in soweit eine interpretationem authenticam zur Nothwendigkeit, und so ist dann das grauamen statuum commune, zufolge dessen was in gegnerischer actenmäßigen Proceßgeschichte §. 85. erwiesen worden, gegründet.

§. 101.

3te besondere Beschwehrde, die Landeshoheit und dersel.

Die immerhin unangefochten gebliebene und keinem Zweifel noch Bedenklichkeit unterworfene, der Recursschrift angelegte viele Sponheimische Lehnbriefe und Hunolsteinische Reverse enthalten

*) Dann quoad mandatum de non violando territorium und in Betreff der aus eigener Bewegung des gedachten Senats eingemischten Landeshoheit, seind alle Agnatische nicht gehörte Höfe interessiret.

halten nichts davon, daß die Regalien in dem Züscher Lehn denen Vasallen seyen übertragen worden. Alle Lehnsrequisitionen der Vasallen, die darauf erfolgte Erneuerungen der ersteren Investitur und sämtliche Lehnsreverse, seind unumstößliche Beweiße, daß die Vasallen zu allen Zeiten das Sponheimische dominium, die Landesherrliche Hoheit über das Züscher Theil derer Reichsunmittelbaren Sponheimischen Landen, anerkannt haben. Niemalen liesen sich dieselbe einfallen, die superioritatem territorialem gegen ihre Lehnsherrschaft zu behaupten, und daß die Sponheimische Gemeinsherrschaft jemalen der Landesherrlichen Hoheit und derselben anklebenden Rechte sich begeben habe, davon ist nicht der mindeste Scheingrund vorgekommen. Nicht einmal die Freiherren von Dürckheim haben in deren Mandatsgesuche sich eines solchen Besitzes gerühmet, noch um sie darin zu schützen gebeten. Es entstehet also aus der paritoria plena die dritte Beschwehrde, daß der Kammergerichtliche Senat, durch dieselbe, Landeshoheit über das objectum litis willkührlich dem possessorio summariissimo mit einflechten wollen. Diese Beschwehrde wird um so größer, weilen der Senat disfalls Sponheim als Klägern einführet,

den anklebende Rechte betreffend.

„ Was aber die von denen Herren Beklagten in *exceptio-*
„ *nibus* prätendirte Landesherrliche Hoheit und derselben an-
„ klebenden Rechten —— anbelanget, ist Dr. Ruland, was sich
„ desfalls in specie zu handlen gebühret, Zeit 2. Monat ange-
„ setzt.

Nach dem Urtel sollte man glauben, daß Sponheim per modum reconuentionis die Landeshoheit über sein Lehn hätte vindiciren wollen, da doch vielmehr aus der in exceptionibus erwiesenen Landeshoheit nur gewisse Folgen gezogen wurden. Eine noch weitere Beschwehrde veranlaßte der Kammergerichtliche Senat, nach geschehener Verwerfung des eingelegten remedii restitutionis, durch das Urtel vom 3. Martii 1753, weilen dadurch der status possessionis in Betreff der Landesherrlichen Hoheit ꝛc. auf die Jahre von 1716. bis 1734. pro norma angenommen, und von Sponheim über solchen Zeitverlauf die Einlassung gefordert werden wollen. Dann so lauten die Worte des Urtels:

„ Dann ist ermelten Procuratoren sich auf die durch Dr. Ru-
„ land | 48. | 49. | 50. | eingebrachte Handlung, soweit es statum
„ possessionis von An. 1716. bis zur Kur-Trierischen Seque-
„ stration betrift, sich vernehmen zu lassen, Zeit 1. Monats pro
„ termino & prorogatione von Amtswegen und sub præjudicio
„ angesetzt.

Q §. 102.

§. 102.

Gravamen commun.

Sollte nicht auch die hierüber verursachte besondere Beschwehrde, ad grauaman commune sich qualificiren, wann das Reichsgericht die von priuatis gegen Reichsstände in Anspruch nehmende superioritatem territorialem, dieses Reichsständische Kleinod, (zu dessen Ausübung derer ihme anklebenden Rechte nicht alle Tage und alle Wochen Gelegenheit erscheinet,) als einen Gegenstand des processus summariissimi behandelt? Der Senat gehet noch weiter, und erwehlet in der Folge, durch kaum bemerktes Urtel, eine seiner Mandatszeit, (vom 12. Octobr. 1750. in hoc summariissimo um 16. Jahr vorhergegangene ältere 18. jährige Zeit (von 1716. bis 1734.) um den jüngsten Besitzstand zu bestimmen. Wer wird nicht hier eine unerlaubte Willkühr beobachten?

§. 103.

„Wie es mit dem Freiherrlich von Dürckheimischen Besitz„stande während des Processes mit Kur-Trier, nemlich vom „Jahr 1734. bis 1750. beschaffen gewesen, darüber darf sich das „Kaiserliche Reichskammergericht nicht belehren lassen; Es ist „aus denen mit Kur-Trier verhandelten Acten offenbar ꝛc. So lautet die Gegnerische Rechtfertigung. *) Es muß sich aber das Kaiserliche und Reichskammergericht, in Betreff der Geschichte oder des facti allerdings belehren lassen, auch muß dasselbe wissen, daß Sponheim in dem Proceß der von Dürckheim gegen Kur-Trier nicht ist gehöret und nicht verurtheilet worden; Daß Sponheim sich ganz und gar nichts darum zu bekümmern hatte, was in jenem Proceß geschrieben oder gedacht und geurtheilet werden wollen, was darinnen wirklich geschehen oder würklich nicht geschehen ist.

§. 104.

Rechtfertigung

Auch glaubet man disseits nimmermehr, daß in jener, ursprünglich über Kur-Trierische und Eberswaldische Lehn- oder Erblehne, vor dem Kaiserl. und Reichskammergericht verhandelten Mandatssache, von einer Landeshoheit etwas vorgekommen oder irgend etwas davon, Kur-Trierischer Seits, denen Freiherren von Dürckheim eingestanden oder eingeraumet worden ist. Hingegen hat man die gegen Kur-Trier gehandhabte Sponheimi-

*) S. actenmäßige Proceßgeschichte §. 92.

heimische Landeshoheit und deren Besitz in der Recursschrift beurkundet, *) deren liquiden Besitz die vorige Sponheimische Regenten billig fortsetzten. „Qui enim possessionem continuat, superiorem judicem non contemnit. Ergo non attentat qui continuat, adeo ut eam propria autoritate, tollendo impedimentum continuare, imo etiam armis tueri liceat &c." Nach der Lehre des Cramerischen Systems. **)

§. 105.

Den Sponheimischen älteren Besitz hat man bereits oben bemerket. Es kann also nicht darauf ankommen, ob die Freiherren von Dürckheim ante sententiam priuatoriam de Ao. 1739. oder nach der Kammergerichtlichen Meinung von dem Jahre 1716 bis 1734. actus der Landeshoheit ausgeübet haben oder nicht. Öffentlich aber ist nichts geschehen, und von heimlichen Unternehmungen reden die Acten nichts. Das meiste Befremden gegen die Kammergerichtliche ausserordentliche Prätension der Vernehmlassung, auf die erst post paritoriam plenam jenseits eingebrachte | 48. | 49 | 50. | muß einem jeden Leser die Einsicht dieser so verdächtigen als ungeschickten Urkunden erwecken, indeme sie nicht das mindeste von Dürckheimischen Besitz der Landeshoheit enthalten. Fortsetzung.

§. 106.

Der | 48. | ***) soll ein Verhör desjenigen Dürckheimischen Gesindes seyn, welches zu denen Invasionen in das Sponheimische Züsch auch zu strafbaren Pfandungen sich haben gebrauchen lassen; durch diese verwerfliche Zeugen, welche zur Zeit des Ablebens weil. Ernst Ludwig Vogts zu Hunolstein Sötern, grössesten Theils noch Kinder gewesen, wollte eigentlich der ältere Dürckheimische angeblich mit dem Jahr 1716. anfangende Besitzstand, zur Begründung des gesuchten Mandats, besser als es vor erschlichener paritoria plena geschehen war, bescheiniget Weitere Fortsetzung.

werden.

*) S. Nr. 59. 60. 61. 62. 65.

**) Sect. 3. Tit. 1. §. 1319. juxta paroem. „Wer nicht kann fechten, (sich „bey seiner Possession vel quasi manuteniren) der gewinnet nichts im Rechten."

***) Unter Nr. 4. hat pars adversa diesen | 48. | seinem impresso beidrucken lassen.

werden. Der unbekannte examinator *) aber gehet mit seinem sogenannten Instrument noch weiter. Er ergänzet den Abmangel einer schriftlichen Requisition, durch eine Nachricht, welche ein Dürckheimischer Amtmann Caspari, im Nahmen des einen Mitklägers Christian Friederich Eckbrecht Freiherrn von Dürckheim, ihme gegeben, wornach derselbe a tempore immemoriali die Posseßion des eigentümlichen Dorfs Züsch *cum pertinentiis* wohlhergebracht haben solle. In dem Schluß der angeblichen mündlichen Requisition, nimmt der Notarius einen jene Praleren des unvordenklichen Besitzes, weit übertreffenden Schwung:

„ Dieweil nun wie gedacht hochernahmster Freiher von „ Dürckheim in geruhiger Posseßion der vollständiger Ge„ niesung erklärten eigenthümlichen Ort Züsch à Sæculis „ usque ruhiglich verblieben, **) mithin nöthig seye, zu „ Zernichtigung des Hochfürstlich Sponheimischer Seits an„ gemasten Beweisses, die Freiherrlich Dürckheimische Ge„ richte, Förstere und Amtsbotten aydlich abhören zu „ lassen 2c. ***)

§. 107.

*) Man kennet ihn nur aus seiner Unterschrift: „ In præmissorum & tum „ subscriptionum cum subsignationum respectivarum indubitatam „ fidem.

„ W. Lohr Imperiali nec non apostolica authoritate Notarius
„ publ. ac juratus ad hæc specialiter requisitus

zu Ergänzung der ermangelnden Notariats-Zeugen, wurde fides instrumenti durch folgenden Beisatz eines weitern unbekannten gesuchet:

„ In similem præmissorum fidem

„ J. F. Lallement Imperiali auth. Not. publ. & juratus ad hunc
„ vidimationis actum specialiter requis. deficiente Notariatus
„ sigillo ejus loco ordinarium hic apposui.

**) Das muß doch wohl ein anderes Dorf als das Sponheimische Züsch seyn, in dessen ruhigen Besitz und vollständigen Genuß der Freiherr Christian Friederich Eckbrecht von Dürckheim, mehrere hundert Jahre lang, vor seiner in diesem Seculo geschehenen Geburt, nach der Meinung der in [48] vorkommenden Leute, sich zu erhalten wußte.

***) S. Gegnerisches Impressum unter denen Beilagen Nr. 4. pag. 14.

§. 107.

Von gleichem Unwerth seind die zu Begründung des Kammergerichtlichen Urtels, nachgebrachte [49 | 50.] *) welche nicht die Landeshoheit, sondern den, auf das Ableben des angeblichen Erblassers, im September 1716. durch die Dürckheimische Vormundschaft ergriffenen Besitz der Söterischen Güter, ingleichen die Possession von dem Genuß des Züscher Lehns erweisen sollen. Es seind aber keine Copeien von dem vielleicht nicht existirenden Notariats-Instrument, sondern es sollen Auszüge aus der Dürckheimischen Privat-Inventur seyn, wie durch die Vidimation der vorhin (§. 106.) gedachten unbekannten beyden Notariats-Männer versichert wird. **) Verfolg.

§. 108.

Geschehene umständliche und gänzliche Befolgung der auferlegten Vernehmlassung auf die Kammergerichtlichen Acten [48. 49. 50.]

Auf jene vor sich hinfällige, auch von der Landeshoheit nichts enthaltende erst post paritoriam plenam zum ersterenmal angezogene und abschriftlich producirte Scripturen, hatten die vorige Sponheimische Regenten, noch ehe das remedium restitutionis verworfen wurde, umständlich antworten, dieselbe gänzlich abfertigen, und überdem specialiter gegen die [48 | 49. | 50.] excipiren, deren Inhalt wiederlegen, wie die Gegnere in der Zeit vom Tode ihres Erblassers bis zur Zeit des Kur-Trierischen Sequesters das Sponheimische Obereigenthum und den Hunolsteinischen Mannlehns-Nexum anerkannt haben, bescheinigen, auch bemerklich machen lassen, daß nicht einmal in dem Proceß der Gegnere gegen Kur-Trier die Landeshoheit seye bestritten worden. Daß dieses geschehen seye, beweißet der unter Nr. 115. in dem Anhang befindliche extractus supplicationis pro restitutione, nebst seinen adjunctis unter Nr. 116. 117. 118. 119. und 120. worauf man sich kürze halber beziehet, als wodurch nicht nur die gerühmte offentliche Besitzergreiffung des Züscher Guts, sondern auch die prätendirte Possession der Landeshoheit gründlich wiederleget worden ist.

*) Beide [49. | 50.] liegen bey dem jenseitigen impresso unter Nr. 2. und 3. mit abgeänderter Jahrzahl, der, Zufolge hieher communicirten Abschriften, spätern Vollmachern.

**) Der Beweiß dieser Wahrheit, ist zu lesen in dem Anhang der Dürckheimischen sogenannten actenmäßigen Proceßgeschichte pag. 12. & 13.

§. 109.

Der Gegentheil repliciret nicht.

Jene Vernehmlassung geschahe den 4. Sept. 1752. *) Der Gegentheil hingegen fande nicht vor gut, besonders darauf zu repliciren; Er widersprache nur generaliter mit dem Zusatze, daß die Implorationsschrift, worinn die umständliche Vernehmlassung geschahe, eckelhafte Recocta enthalte. Dagegen bate derselbe, die Implorationsschrift nebst ihren Beilagen (welche den Ungrund seiner vorgespiegelten Possession bestättigen) ab Actis zu verwerfen. Es ist eine so ausserordentlich harte als ordnungswidrige Zumuthung, den Besitz der Sponheimischen Landeshoheit, (wogegen in denen Mandatsgesuchen nichts gebeten worden, und welchen ererst die paritoria plena in diesem Ao. 1750. angefangenen Mandatsproceß, der nach dem System summariissime geführet werden sollte, mit einflechtet) auf eine ältere willkührlich von vermeinten richterlichen Amtswegen, bestimmte Zeit, von dem Jahr 1716. bis 1734. durch weitere Verhandlungen über die Scartequen | 48. | 49. | 50. | auf die Spitze zu stellen. Wann aber das Kaiserliche und Reichskammergericht, die bereits geschehene Vernehmlassung auf die | 48. | 49. | 50. | eben so fordert, als wann sie noch nicht geschehen wäre: So folget daraus, daß der Referens die Acten nicht gelesen habe. Nach dem geschehenen Ansinnen, hätten die vorige Sponheimische Regenten über ihre Exceptiones sub Nr. 115. müssen dupliciren lassen, ohngeachtet gegen dieselbe von dem Gegentheil nichts repliciret worden ist. Welche Zumuthung! Welche ordnungswidrige Willkühr! Und gleichwolen hat das Kammergericht noch bis auf den heutigen Tag die Einlassung auf die | 48. | 49. | 50. | erwartet. In gegenseitiger sogenannten actenmäßigen Proceßgeschichte pag. 75. findet der Herr Verfasser vor gut, diese Kammergerichtliche Erwartung, vor kein beschwehrliches, sondern vielmehr sehr gerechtes und gesetzmässiges Verfahren anzupreissen. Man hat hingegen diesem Lob bereits die würklich geschehene, gebührende Abfertigung, derer so oft in denen Urteln wiederholten | 48. | 49 | 50. | entgegen gesetzet, und füget nun noch aus denen | 5.-93. | worinnen die Vernehmlassung stehet, die geschehene weitere Rechtfertigung der Sponheimischen Landeshoheit und deren ununterbrochenen Besitzes, durch einen Extract sub Nr. 122. hierbey.

Der Kameral-Referent hat die Acten nicht gelesen.

§. 110.

*) S. Anlage unter Nr. 121. womit die rechtliche Ausführung, wovon unter Nr. 115 der Extractus befindlich, ist übergeben worden.

§. 110.

Wann aber das Kammergericht, die gegen seine Einflechtung der vorhin nicht strittig gewesenen Reichsständischen Landeshoheit, geschehene Vernehmlassung und Abfertigung zu mißkennen, die vorgebrachte zur Erläuterung des facti dienende nova nicht anzuhören, sondern mit dem interponirten remedio restitutionis willkührlich zu verfahren, auch den Schriftsteller und die Procuratoren, weilen sie sich zu dem Restitutionseid erbotten haben, mit einer Mark Silber willkührlich zu bestrafen, sich erlaubet, wie in casu substrato am 3. Merz. 1753. geschehen ist. *) So kann man doch wohl sicher behaupten, daß belobtes Gericht hiedurch nicht nur der höchsten Sponheimischen Gemeinsherrschaft eine besondere, sondern auch in beliebiger Hinsicht, auf die natürliche Folge in ähnlichen, andere höchst- und hohe Reichsstände, möglicher Weise zustossenden Fällen, eine allgemeine Beschwehrde zugefüget habe.

Die besondere auch allgemeine Beschwehrde, weilen das remedium restitutionis als unzuläßig verworfen worden, ohngeachtet nova in facto beurkundet vorliegen.

§. 111.

Hätte der Kameral-Referent die durch den Restitutionslibell vorgetragene Nova gelesen und erwogen, so würde er sie nicht als unerhebliche, noch als bereits verworfene, auch nicht als petitorische Ursachen, folglich nicht die gesuchte Restitution, als denen Reichs- und gemeinen Abschieden zuwiederlauffend, befunden haben. Der seel. Baron Cramer verräthet in seinen Observationen (Tom. I. obs. 238. p. 549.) das eigenthümliche Geheimnis des Gerichts, wornach die Restituto in integrum in causa spolii niemahlen statt haben solle. Die daher entstandene besondere Beschwehrde bedarf keiner Ausführung. Deren Existenz ist durch den

Es ist nicht wahrscheinlich, daß der Kameral-Referent den Restitutions-Libell extrahiret oder gelesen habe.

N 2

*) S. Nr. 72. der Recursschrift. Kein Wunder, wann sich weder Advocat noch Procuratoren in die Strenge des Kameral-Referenten finden können, da doch würkliche Nova seind vorgetragen worden, auch nicht um einen Abderitischen Schatten, sondern um ein Reichsständisches Stück Land und Leute, ja selbst um die Landeshoheit aus angeblich älteren Besitz gestritten werden solle, übrigens auch in dem Cramerischen System §. 1442. zum Troste aller Referenten zu lesen stehet: „Circa factum errare facile, imo istiusmodi errorem euitare in„terdum impossibile. Hinc remedium restitutionis in integrum ho„nori Referentis nil quicquam detrahit. —(nam.) petens restitutionem in integrum fatetur, judicem juste pronunciasse, & se propria culpa inique sententiam expertum esse; Suum proprium errorem potius, quam judicis allegat.

den Restitutions-Libell beurkundet und deutlich an das Licht gestellet, ergiebt sich auch überzeugend aus denen unter Nr. 115. und 122. anliegenden Auszügen. Nur das gravamen commune, welches in einer gedoppelten Gestalt erscheinet, will man dahier weiters bemerklich machen. Es ist eine Kammergerichtliche willkührliche Ausdeutung der Reichsgesetzen, und gravamen commune, wann das Gericht sich die Macht erlaubet in einer solchen Sache welche auf keine der drey Constitutionen, nemlich litigiosæ possessionis, pignorationis & arresti sich gründet, das remedium suspensivum der Restitution, denen Beklagten zu entziehen; *) Aber eine noch grössere Gemeine Beschwehrde ist es, wann das Kammergericht sich anmasset, Sachen, welche sich nicht ad causas spolii qualificiren, welche, erwiesener massen, nach des Klägers eigenem Geständnis ein wahres Reichsständisches Lehn, ein, nach des Klägers eigenem Rath und Mitwürkung, per sententiam privatoriam, consolidirtes Lehn, Land und Unterthanen, zum Gegenstand haben, und worein endlich selbst die Landeshoheit per privatoriam plenam eingeflochten werden wollen, sogar der Klage zuwider, als Spoliensachen zu behandeln, und aus dieser willkührlichen Behandlung, das Recht herzuleiten, dem Beklagten possessori, nicht nur den Besitz, sondern auch alle remedia juris, gegen solche willkührliche Erkänntnisse abzusprechen. Ein grösseres Unglück könnte der Reichsjustitz nicht begegnen, als wann denen höchsten Reichsgerichten eine solche Macht zugelassen würde.

Ausführung der gemeine Beschwehrde.

§. 112.

Untersuchung der Entscheidungsgründe.

Das Steckenpferd, worauf die Gegnere mit dem, tempore mandati de non violando territorium, von ihme nicht besessenem Zu-

*) Secundum Systema Crameri (Sect. 2. Tit. 2. §. 444.) Mandatum S. C. quoad possessorium decerni nequit, quam quoad summariissimum. Et secundum ejusdem doctrinam (§. 1463.) restitutio contra sententiam iu Summariissimo locum non habet. Nun will das Kammergericht alles in summariissimo verfüget haben, und aus diesem Grunde die remedia juris, folglich alles bessere rechtliche Gehör, nach dem neuen System, verwerfen. Diese unbestimmte Lehre, ist der daraus gezogen werdenden Folgen halber, der Justitzpflege äusserst gefährlich und ein pressantes Object einer Kammergerichtlichen Visitation. Ludolf, ein älterer Kammergerichts-Assessor, sagt: abusus insignis est in quacunque possessionis quæstione admittere momentaneum, qui admitti non debet, nisi ubi publicæ rei interest, vim & arma privatamque vindictam prohiberi, quietem publicam & viam juris legitimam conservari, in Comment. System. Sect. 1. §. 7. n. 8.

Züscher Theil der Hinter-Sponheimischen Reichslande, ohne ein jus in re, und ohne einigen titulum darauf zu haben, unter Bebung nach einem sicheren Genuß, in das ewige Petitorium galopiren wollen, stehet in dem Frohnstall der Wetzlarischen Nebenstunden Th. 1. pag. 15. wo der seel. Herausgeber in fine §. 11. zwar von dem petitorio, nicht mit Unrecht, verächtlich spricht, daß die Verweissung in dasselbe, eine Verweissung ad calendas græcas seye, gleich hernach aber als eine gemeine Reichslehre unterstellet, quod in Interdictis, quorum casus ad hodierna mandata applicari possint, locum non habeant remedia suspensiva appellationis & similia: quia damnum quod quis forsan per sententiam in processu possessorio latam passus est, in petitorio, sive proprietatis quæstione *facile* iterum reparari possit. Nun folgen systematische Schlüsse: wo keine Appellation statt hat, da wird keiner Restitution Gehör gegeben, wo keine Restitution da keine Revision, und wo das Kammergericht keine Revision erlaubet, da soll der Recurs ad comitia unerlaubt seyn. Kürzlich lasset sich die ganze Lehre dahin zusammen ziehen, daß in causa spolii qualificati dem Beklagten, ohngeachtet er neue Exceptiones facti, zur besseren Belehrung des hintergangenen Richters beurkundet vorgeleget, kein Gehör dörfte gegeben, sondern durch das possessorium summariissimum entsetzet und mit einem Sprung in das petitorium müsse verwiesen werden.

§. 113.

Wir halten vor ganz überflüßig diese Lehre weiters zu prüfen als vorhin geschehen ist, und wollen nur die Geschichte, worauf doch alles ankommt, noch mit wenigem betrachten. Ein spolium qualificatum quoad objectum litis, ist einmal nicht erfindlich. Dann von dem Gewehr und im Jahr 1750. angeblich hinweg genommenen Zehend-Früchten ist längst keine Frage mehr. Man hat dieses schon oben bemerket, und will hier zum Beschluß die factische Gründe, warum das Kammergerichtliche Mandat, mit denen darauf erfolgten Urteln, zu caßiren seye, zusammen ziehen. Widerlegung.

§. 114.

1tens Gestehet der Verfasser der actenmäßigen Proceßgeschichte §. 68. folgendes: „Es ist wahr, die Freiherren von Dürck- aus der Proceßgeschichte.
„ beim agirten anfangs in Betreff des Guts Züsch selbst, ex
„ interdicto uti possidetis und das Kaiserliche Reichskammerge-

„ richt erkannte, da sie probanda probiret hatten. *) ein Man-
„ datum *de non turbando in possessione vel quasi loci Züsch cum*
„ *pertinentiis.* Es war also Freiherrlich von Dürckheimischer seits
„ ex interdicto retinendæ possessionis geklagt und dem petito sup-
„ plicæ gemäs vom Kaiserlichen Reichskammergerichte erkannt
„ worden; **) in Betreff der entwandten Gewehre und Zehend-
„ früchten aber hatte man gleich anfangs Actionem spolii ange-
„ stellt, und das Kammergericht hatte ein Mandatum de resti-
„ tuendo ablata sclopeta & fruges ad locum unde erkannt ɩc. Hier lieget das Geständnis, daß in Betreff des Dorfs Züsch, dessen Zubehörde, und puncto territorii keine Spolienklage erhoben und auf ein disfalsiges Spolium kein Mandat erkannt worden ist.

§. 115.

Verfolg.

Es ist

2tens eine blose Erdichtung daß NB. in puncto territorii & possessionis loci Züsch sammt Zubehörden, nachmals der status causæ sich geändert habe, und die Klage seye abgeändert worden. Das Judicialprotocoll vergewissert, daß keine zweitere Supplication, ja nicht einmal ein schriftlicher Receß in dem ganzen Lauf des Processes, von dem Gegentheil eingekommen ist. Eine Klage auf ein spolium qualificatum in Betreff des territorii und des Dorfs Züsch hat das Kammergericht nicht zu sehen bekommen; Sponheim konnte also auch nicht darüber gehöret werden und das Kaiserl. und Reichskammergericht muß keine Parition erwarten, wann es nicht ad Mandatum, sondern auf eine nicht geschehene Abänderung der Klage, oder, wie würklich geschehen ist, zugleich auf die Klage und zugleich auf eine è diametro entgegen stehende nicht eingekommene und nicht communicirte Klage, contradictorisch erkennet. ***)

§. 116.

Fernerer Verfolg.

3tens beweisset das Mandatsgesuch, daß weder gegen die, noch während dem Trierischen Sequester, immer von Sponheim ausgeübte

*) Das ist nun nicht andeme, daß sie probanda probiret hatten.

**) Sie erbaten und erhielten ein Mandatum de non violando territorium & de non turbando, und hatten nichts in Besitz. Daß sich Sponheim zu selbiger Zeit in Possession befande, konnte der Kameral-Referens aus denen Beilagen derer Mandatsgesuchen ersehen. Er begieng also hier den ersten Fehler.

***) Dieses war der zweite größere Fehler des Kameral-Referenten.

geübte Jagdgerechtigkeit, noch von der zu allen Zeiten unangefochten ausgeübten Sponheimischen Landeshoheit, etwas ist gebetten worden. Sponheim war, wie gedacht, in Besitz. In denen exceptionibus geschahe davon gelegenheitlich Erwehnung, keinesweges aber konnte Sponheim, das sich selbsten in seinem Besitze zu erhalten wußte, der unsinnige Gedanke einfallen, die Landesherrliche Hoheit und derselben anklebende Rechte, wie auch die Jagdgerechtigkeit, ererst durch die exceptiones sub- & obreptionis, quasi per modum reconventionis, zu prätendiren, wie die paritoria plena lautet. *) Wann nun aber das Kammergericht in seinem sogenannten summariissimo, auf eine so willkührliche als unrichtige Unterstellung, per paritoriam plenam eine actoriam erkennet, und dadurch einem Stande des Reichs ein neues gravamen zuziehet: Sollen da die, durch die unterbrochene jüngste Visitation in die behörige Schranken nicht zurück gewiesene Regeln des neuen Systems, von einem Summariissimo, das keine Restitution, keine Revision und keinen Recurs gestatten will, anwendbar seyn? Sollen oder wollen höchst und hohe Reichsstände von dem nur durch ihre Beiträge bestehenden Kaiserl. und Reichskammergerichte, sich auser dem gesetzlichen Weege also beschränken lassen, wornach ihr Kleinod, die Landeshoheit, (welches wann jemand eine Ansprache darauf zu machen gedenket, zuerst vor Austrägen zu suchen ist) nach richterlicher Willkühr in eine nicht existirende Spolienklage per paritoriam semiplenam gewebet, durch nova, vermittelst des remedii restitutionis, keine bessere Information des Richters gestattet, auch, gegen die Verweigerung des beneficii restitutionis, kein weiteres durch die Reichsgesetze befestigtes und zugelassenes Rechtsmittel erlaubet seyn solle? Solle, saget man ein solches Verfahren, ohne alle Hülfe seyn?

Bedenken daß Reflexion verdienet.

§. 117.

Das remedium restitutionis wurde eben sowohl gegen das a) erkannte und b) per paritoriam dd. 8. Octobr. 1751. zugleich bestättigte und verdrehete Mandatum de non violando territorium, neque amplius turbando in possessione loci Züsch cum pertinentiis, als auch c) gegen die dem Urtel, der Jagdgerechtigkeit und Lan-

Das interponirte Remedium restitutionis hat die Landeshoheit zum Gegenstande.

*) Sie ist zu lesen bey disseitiger Recursschrift sub Nr. 68. bey der Dürckheimischen Geschichtserzehlung sub Nr. 38. und beweiset diesen dritten und den durch die actoriam begangenen vierten Fehler des Kameral-Referenten; alle folgende Beschwehrden seind Folgen von jenen und weiteren Fehlern des Kameral Referenten.

Landeshoheit halber, ohne actenmäßigen Anlaß, und ohne erlaubte Ursache, eingeflochtene actoriam eingeleget, und es wurden würkliche Nova, durch den Restitutions-Libell vorgetragen. Nicht aus dem Grunde eines summariissimi, nicht aus der Vorspiegelung eines spolii qualificati, lässet die simple Verwerfung jenen Reichsconstitutionsmäßigen remedii suspensivi, und die Einflechtung des vor die Austräge gehörigen Puncts der Landeshoheit, sich rechtfertigen.

§. 118.

Reflexion die actenmäßige Proceßgeschichte betreffend.

Dieser an und vor sich wichtige Proceß, wurde auf eine ganz sonderbare, doch, wie man zu selbiger Zeit in Wetzlar hat glauben wollen, wegen dem ewig langen Stillstand der Visitationen, nicht ganz ungewöhnliche Art geführet. Der eine Theil nehmlich Sponheim rechtfertigte sein Verfahren schriftlich und mit Zeugenverhör auch andern Urkunden, ja selbst mit Schriften, welche das Dürckheimische Anerkänntnis des Hunolsteinischen Lehns-Nexus, des Sponheimischen Obereigenthums und die Existenz einer rechtskräftigen und zu vollstrecken gewesenen sententiæ priuatoriæ des Lehnhofes, und sogar noch das Daseyn einer abschlägigen Final-Resolution vom Jahr 1739. auf das Dürckheimische Gesuch, um das dominium utile, von dem Züscher Lehn, aus Gnaden zu verwilligen, bewährten: Der andere Theil hingegen hütete sich sorgfältig, in eine schriftliche Widerlegung sich einzulassen. Wann man die erst durch die paritoriam plenam ihme gleichsam abgeforderte, zu Begründung des nicht begründet gewesenen Mandati de non violando territorium &c. dienen sollende, brevi manu in audientia übergebene | 48 | 49 | 50. | ausnehmet, so haben die Freiherren von Dürckheim, mittelst Ersparung der Proceßkosten, die Acten um keinen Bogen vergrößert, und nur durch kurze recessus orales, worinn merita causæ nicht tractiret werden dörfen, ihre Bitte unter Beifügung verwerflicher Zeugnisse ihrer Domestiquen *) pro mandato de manutenendo, und um Beförderung der Urtel wiederholet, hingegen mit großer Würkung durch die zu selbiger Zeit glückliche Sollicitatur des Proc. Ruland und durch den damaligen præsentatum Herrn Graven von Dürckheim, den Proceß

*) Welche immer neue Einfälle wagten, um neue Attestaten über Sponheimische Gewaltthaten schmieden zu können.

Proceß in der geheimen Sollicitatur. mündlich, durch falsa narrata *) führen lassen.

§. 119.

Das Kameralgericht leitet selbsten seinen in das possessorium ordinarium gehörigen Mandatsproceß in diesen Weg.

4tens Beweiset das in restitutorio erfolgte Urtel vom 3. Merz 1753. daß das Kammergericht seinen Mandatsproceß in das ordinarium eingelenket, jedoch zugleich Sponheim ein weiteres neues Gravamen zugefüget habe, indeme dasselbe nunmehr den statum controversiæ, oder wie sich das Urtel ausdrucket, den statum possessionis, nicht mehr auf die, denen Klägern nicht günstig gewesene Zeit, des gesuchten und erschlichenen Mandati de non violando territorium neque turbando &c. (von dem 29. August bis den 12. Octobr. 1750.) sondern auf eine viel ältere Zeit von dem Jahr 1716. bis 1734. (da Kur-Trier vor die ihres Lehns noch nicht priviret gewesene Vasallen von Hunolstein, die Freiherren von Dürckheim aus dem Genuß der Trierischen Lehn und zufälliger Weise des Sponheimischen Lehns entsetzte) mit der Auflage zu bestimmen vor gut befande, daß sich Sponheim auf die durch Dr. Ruland eingebrachte (bereits beantwortete und widerlegte) | 48. | 49. | 50. | vernehmen lassen sollten.

§. 120.

Concentrirte Anzeige des ordnungswidrigen Kaiserl. gerichtlichen Verfahrens u. Bemerklichmachung des

Ein enormeres præjudicium hätte das Kaiserl. und Reichskammergericht Sponheim nicht zufügen können, als durch Verwerfung derer relevanten novorum und des remedii restitutionis; durch Nichtachtung der Documentirten älteren und jüngsten Possession; durch Nichtachtung der rechtskräftigen sententiæ priuatoriæ des Lehnhofes, vom Jahr 1739; durch die geschehene Verweis-

*) Durch dergleichen heimliche Insinuationen nahm der Proceß seinen Fortgang, wie er sein Daseyn erhielte. Sponheim war zu Anfang des Processes in Besitz von Züsch, und continuirte sein Territorialrecht. Der Dominus territorii violiret sein territorium nicht. Wie wäre nun möglich gewesen ein Mandatum de non violando territorium, neque amplius turbando in possessione vel quasi loci Züsch cum pertinentiis zu erschleichen, wann nicht die Unwahrheit bey dem Kameral-Referenten den Eingang gefunden hätte, daß nicht Sponheim, sondern die Freiherren von Dürckheim in dem jüngsten Besitz sich befänden, daß Sponheim weder in possessorio noch petitorio eine Ansprache darauf habe, und daß die Freiherren von Dürckheim seit unverdenklicher Zeit in ruhigem Besitze sich befänden.

hierunter versirenden gemeinen Reichsständischen Interesse.

weissung des Lehnhofes zu einem neuen Felonieproceß; durch Abstrahirung und Anwendung eines unrichtigen, in einem fremden, Sponheim nichts angehenden Proceß *) von denen Klägeren vorgetragenen facti, ohne Sponheim mit seinen Einwendungen dagegen zu hören; Durch Nichtachtung der von dem Lehnhofe im Jahr 1739. denen in keinem Besitze sich befundenen Freiherren von Dürckheim gegebenen abschlägigen Resolution und deren darauf erfolgten Beruhigung, auch von denenselben niemalen weder in petitorio noch possessorio gegen Sponheim geschehenen Ansprache; durch die zu Gunsten des klagenden Theils gegebene actoriam, um auf die von ihme nicht eingeklagte Landeshoheit zu handlen; Durch die gänzliche Ausseracht lassung des dem klagenden Theile ermanglenden tituli possessionis; **) Durch die Zumuthung, auf die ante paritoriam ermangelte und erst nach derselben publication, in denen 48. 49. 50. beygebrachte vermeintliche Bescheinigung, sowohlen des Besitzes des Dorfs Züsch und Zugehörde, als der Landeshoheit und derselben anklebenden Rechte vom Jahr 1716. sich einzulassen, ohngeachtet jene 48. 49. keine Abschriften der vorgeblichen Originalien, sondern nur Extracte aus der Dürckheimischen Privatinventur, seyn sollen; ***) durch die fortgedauerte Zumuthung, daß Sponheim auf die 48. 49. 50. sich vernehmen lassen solle, ohngeachtet nicht nur die Vernehmlassung, sondern die gänzliche Widerlegung und Entkräftung geschehen war, ****) und der Gegentheil replicando ohne Wiederlegung darauf geantwortet und ad mandatum de exequendo submittiret hatte; *****) durch die Uebersehung des Beweisses, aus Gegnerischem schriftlichen Geständnis, von dem Jahr 1717. bis 1739. daß das Dorf Züsch cum pertinentiis ein Sponheimisches wahres Lehn seye; und endlich durch die zu Erkänntniß des Besitzstandes, der von denen Gegnern durch das Mandatsgesuch vom Jahr 1750 nicht

---

*) Es ist der gegen Kur-Trier über die Trierische Lehne, ohne Sponheims Mitwürkung und wissen geführte Mandatsproceß.

**) Das Testament weil. Freiherrn Ernst Ludwig Vogts zu Hunolstein-Södern, woraus nunmehr der Ungrund des gerühmten Rechts ist entdecket worden, sollte den titulum beweissen, und doch ist niemalen eine Copia davon zu denen Acten gekommen.

***) Daß es die Beschaffenheit mit denen gerühmten, schwerlich existirenden, allenfalls die indicia falsitatis in sich tragenden Urkunden habe, das bezeigen die angebliche Notarien durch deren Vidimation in denen bey jenseitiger Proceßgeschichte sub Nr. 2. & 3. zu sehenden Unterschriften.

****) S. Anlage unter Nro. 115. — 122.

*****) S. Anlage unter Nro. 123.

nicht angesprochenen Landeshoheit, willkührlich auserwählte Jahre von 1716. bis 1734.

§. 121.

Näheret Beleuchtung des neuen Systems von der beschränkten Zulassung derer durch Reichsgesetze befestigten Rechtsmitteln.

Nun wird sogar in dem ofterwehntem System anerkannt, quod etiam contra sententiam in summariissimo latam restitutio in integrum locum habeat, si appareat enormissimum præjudicium inferri; *) Et hoc casu, (inquit author, c. l. §. 1464.) etiam in causa

X 2

Beweis der Zulässigkeit des restitutorii in summariissimo.

*) S. L. B. de Cramer System. proc. Imper. §. 1463. einen Beweiß dieser Wahrheit theilt derselbe in seinen observ. juris universi mit Tom. 1. observ. 353. „Daß restitutio in integrum contra sententiam in summariissimo latam nicht statt habe, behaupten verschiedene DD. es ist auch ein solches in genere eben nicht gänzlich zu widersprechen, jedoch daß das arbitrium iudicis dabey freye Hände behalte. Gewiß ist, daß besagte thesis in keinem lege sich ausdrücklich gegründet finde, sondern von den DD. bloß ex argumento ab appellatione hergeleitet werde, welche doch auch in summariissimo nicht gänzlich untersaget — ist. Zudem sind beyderley remedia in viel Stücken gar sehr von einander unterschieden, wie dann die Appellation die Sache an einen andern Richter devolviret, die Restitution hingegen selbige bey dem vorigen lasset, einfolglich ordentlicher Weise weniger Zeit erfordert und daher auch suspensioni executionis um so viel eher statt geben kan. Jenes ist ein remedium ordinarium, welches zumal alsdann nur Platz greiffet, wann jenes nicht mehr zuläßig, oder wann dieses, nach Beschaffenheit der Umstände, pinguius ist, woraus sich das Argument, daß, in welchen Sachen nicht appelliret werden möge, in solchen auch nicht restitutio contra sententiam gesuchet werden könne, offenbarlich widerleget, indem solchergestalt vielmehr in denen Sachen, worinnen appelliret werden kann, ordentlicher Weise das remedium restitutionis nicht statt findet, & vice versa ab appellatione, tanquam remedio ordinario, ad hoc extraordinarium & subsidiarium juris auxilium in sensu negante Argumentum duci nequit. Quando quidem etiam DD. *ex L. ult. Cod. si advers. rem judic. restit. postul.* deducunt, quod etiamsi Lex neget appellandi facultatem, non tamen sit negata in integrum restitutio. Hinc etiam Trenta cinq. statuit, quod restitutio & appellatio a pari non procedant, facilioris enim concessionis esse restitutionem quam appellationem.

„Und hat es hierbey jure Camerali Imperiali um so weniger Zweifel, da vermöge Recess Deputat. de Anno 1600. §. 138. auch contra Interlocutorias, worunter insgemein Sententiæ in summariissimo latæ gleichfalls gerechnet werden, restitutionem in integrum zu bitten, verstattet wird. Und wann man schon sagen wollte, daß dieses blos von Interlocutoriis vim definitivæ habentibus zu verstehen sey, so widersprechen doch solcher Auslegung die folgenden Worte dieses Legis, welche anzeigen, daß von solchen Puncten geredet werde, worinnen schleunig zu procediren,

„ins

causa spolii violenti manifesti, admittenda est restitutio in integrum. Wie viel weniger hätte in casu snbstrato, (worinn die vormalige tempore Mandati in eigenem Besitz gewesene Sponheimische Regenten, weder den gegenseitigen Besitz, noch ein begangenes Spolium

„ insonderheit aber gedenket das Dubium Camer. 121. woraus dieser Lex gemacht, und bey welchem es von der Reichs-Deputation, Kraft der in Corpore juris Cameralis besagten Dubiis sub Lit. A. beygefügten Resolutionen lediglich gelassen worden, ausdrücklich derer schlechten Interlocutoriarum. Wannenhero es auch an præjudiciis Cameralibus nicht ermangeln wird, wo in dergleichen Fällen das Restitutions-Gesuch zugelassen worden, da sonderlich in Mandatsachen, welche gemeiniglich in summariissimo oder Executivis versiren, ein solches öfters sich ereignet. Ja wenn man das Restitutions-Gesuch in dergleichen Fällen vor unzuläßlich geachtet, hätte man selbiges in Sachen von Friessenhausen contra von Budenheim nicht ad judicium weisen müssen, noch in der Urtel de Anno 1726 zu Eröffnung des zu diesem End, als ein Novum beygebrachten original fideicommissi Commission zu erkennen nöthig gehabt. Wodurch demnach diese Frage, ob in tali summariissimo restitutio zuläßig sey, sich bereits würklich decidiret gefunden. Da sonst per tale factum inutile judicis dem von Sturmfeder ein grosses Präjudiz zugezogen worden wäre, indem dadurch die Sache über acht Jahr, gestalten die Implorations-Schrift den 29ten Jan. 1725. von ihm bereits exhibiret, aufgezogen, und er abgehalten worden, das ordinarium zu prosequiren, mittels welcher Zeit die Jesuiten sich nicht nur der Possess zu erfreuen gehabt, sondern auch die fructus lucriret haben würden.

„ Durch welchen letztern Umstand zugleich der Einwurf hinwegfället, als ob decisio summariissimi res minimi præjudicii sey, und also auch deswegen restitutio in integrum dagegen nicht statt habe, sintemahl, wann man gleich, nach Gestalt dieser Sache, davor halten wollte, daß die Jesuiten, als manutenti in summariissimo, die fructus nicht lucrirten, dannoch bey einer so wichtigen Erbschaft allein das Interusurium, (welches Sturmfeder wenigstens so lange bis das ordinarium vor ihm decidiret und exequiret ist, darauf nach Beschaffenheit dieses höchsten Gerichts, gar viel Zeit gehen kan, entbehren müßte) soviel beträget, daß in hac hypothesi das summariissimum keineswegs pro re parvi momenti angesehen werden können. Wie dann dieser Proceß bereits über dreyßig Jahr gewähret, ohne daß man allein *in summariissimo* zur *Execution* gelangen können, wie langsam möchte es demnach nicht mit dem *ordinario* zugehen? Man betrachte anbey, quod restitutio in integrum concedatur ex æquitate, non contra æquitatem, ut aliqui somniant, concedaturque generaliter læsis, quoties id justa de causa judici æquum videbitur *L. 1. ff. ex quib. caus. majores.* Wann dann kein *Lex* aufzuweisen stehet, der *restitutionem in integrum contra sententiam in possessorio summariissimo latam negiret*, noch solches einige *Coucludens ratio* erfordert, warum sollte man dieselbe alsdann nicht erkennen können, wo es auf kein geringes Präjudiz ankommet?

Spolium qualificatum, sondern nur eine befugte Abweisung der Inuasorum eingestanden haben) die Restitution ex capite summariissimi verworfen werden sollen, nachdeme der Kammergerichtliche Senat selbsten durch seine actoriam diese Sache mit der Landesherrlichen Hoheit und denen derselben anklebenden Rechten, in das ordinarium zu verflechten beliebet hat?

§. 122.

Beweiß eines ganz besondern großen præjudicii.

Ein noch besonderes enormissimum præjudicium legten die vormalige Sponheimische Regenten dem Kaiserl. und Reichskammergerichte auf den Fall vor, wann sie Parition leisten müßten, indeme sie bescheinigten, daß die Gegnere mit Schulden gänzlich überladen seyen, auch alles was sie besitzen und nicht besitzen, nemlich das Züscher Lehn, an einen Minister und andere Bediente vor 33000 fl. gegen 6 proCento den 26. Julius 1741. verpfändet haben, auch die zwey jüngere Kläger ihren prätendirten Antheil verkaufen wollen, *) folglichen alle Einkünfte, welche die Gegnere und deren Erben durante petitorio aus dem Lehn erheben, so lange das ewige petitorium dauerte, vor Sponheim verlohren wäre. Si vero de magno tractetur præjudicio, licita est appellatio in possessorio. **)

§. 123.

Zte besondere u. zugleich allgemeine Beschwehrde, wegen Kammergerichtlicher Erkänntniß über materialia revisionis.

Gegen dieses zudringliche und keine nova, keine gravamina achtende willkührliche Kammergerichtliche Verfahren, ergriffen die vormalige Sponheimische Regenten, das obwolen von dem effectu suspensivo entblößte, jedoch hinlängliche Sicherheit de restituendo verschaffende Rechtsmittel der Revision, unter ordentlicher Beobachtung der Formalitäten. Aber auch hierbey überschrit-

*) S. Anlage unter Nr. 124. — 130 und 132.

**) v. Mynsinger observ. Imp. Cameræ Cent. VI. obs. 13. n. 507. wo dieser von dem Gegentheil zu seinem Vorstand angeführte Kammergerichts-Assessor beifüget: eo casu indistincte appellari poterit etiam jure civili ad impediendam executionem — non obstante l. unica C si de moment. poss. quæ solum de momentanea possessione loquitur: ergo ad possessionem longiore tempore duraturam extendi non debet: quod est memoratu dignum, quia hujusmodi casus quotidie contingunt. — Et juxta prædicta memini in Camera Imp. judicatum fuisse &c.

schritte dieses Gericht seine Schranken und verwarf durch ein Urtel vom 31. Aug. 1753. die Revision als nichtig und widerrechtlich.

§. 124.

Kurze Ausführung.

Daß in der Macht des Kaiserl. und Reichskammergerichts nicht stehe, über die materialia revisionis zu urtheilen, das bedarf keines Beweises, ist auch durch die Recursschrift soweit nöthig dargethan worden. Der Schritt des Gerichts war um so ausserordentlicher, als sogar das Urtel, wogegen das remedium revisionis eingeleget worden, a) durch die in offenbaren Irrthum widerholt auferlegte Handlung über die widerlegte | 48. | 49. | 50 | und b) durch die willkührliche Bestimmung des Besitzes der nicht eingeklagten Landeshoheit auf die Jahre 1716. bis 1734. zwey neue gravamina zuziehet, wobey keine systematische Cramerische Philosophie von dem summariissimo, und kein ohnehin nicht zu denkendes spolium qualificatum, mit einigem Schein sich anwenden lässet.

So viele Recurse jemalen ad Comitia seind genommen worden, so wird doch schwerlich eine Sache vorgekommen seyn, worinn so viele gehäufte Beschwerden und eine derartige nicht gebührende Justitzverweigerung, ein solch unordentliches und willkührliches Verfahren, eine so geflissentliche Widersetzung gegen das durch die Reichsgesetze befestigte, keinem privato zu versagende remedium juris der Revision, und ein so beharrlicher Eingriff, in die nur einem Reichsrevisionsgerichte zustehende Macht, über die materialia revisionis zu urtheilen, vorgekommen ist.

§. 125.

Sponheim lässet sich von dem Revisionsweg nicht abwendig machen.

Die vormalige Sponheimische Regenten hingegen achteten die ungebührliche Verwerfung so wenig, daß sie vielmehr ihren libellum revisorium, durch den Revisions-Notarium Feyerlein verschlossen den 20. Sept. 1753. in audientia übergeben lassen, *) und erlangten durch die geschehene richtige Beobachtung der Formalien, die gerechte Hoffnung, daß kein höchst- und hoher Reichsstand die Vollstreckung der Kammergerichtlichen Urtel übernehmen werde, inzwischen eine Reichsvisitations-Deputation und Revisionsgericht zu Stande kommen, und dieses die Beschwehrden und dabey untergeloffene Gebrechen untersuchen und beseitigen dörfte.

auch unterbleibet die Execution.

Es unterbliebe auch die Execution; eine Reichsdeputation,

*) Wie aus dem unter Nr. 131. anliegenden Receß zu entnehmen.

tion, trate zwar ein, kame aber nicht zur Revision, auch nicht zu Hebung des bey dem Mandatsprocesse eingerissenen Mißbrauches; beyde Sponheimische Regenten verliesen darüber das Zeitliche ohne Hinterlassung Fürstlicher Leibesnachkommen, auch ist der leztere Baden-Badische Regierungsnachfolger, der vermittelst einer besonderen Provocation denen von Dürckheim, Recht zugeben und zu nehmen sich anerbotten hatte, noch durante visitatione in die Ewigkeit gegangen und mit demselben die Baden-Badische Linie erloschen. und beide Beklagte Fürsten verlassen das Zeitliche.

§. 126.

Hiemit ist der die dermalige Sponheimische Regenten lediglich nichts angehende sogenannte Spolien-Handel, abgestorben, dagegen aber ein neuer Proceß entstanden, indeme denen Freiherren von Dürckheim, von denen jetzigen Regenten der Weeg eröfnet worden ist, ihre Ansprüche in rechtlicher Ordnung an seiner Behörde vorzutragen. Die Gemeine Beschwehrden aber bleiben, und die aus diesem Proceß sich vorlegende Realgebrechen des Gerichts, verdienen eine Visitationsmäßige Beherzigung. Uebergang zu dem neuen Proceß.

Dritter Abschnitt.

Von

dem Provocations-Proceß

nebst

Rechtfertigung der an das unter seinem allerhöchsten Oberhaupt versammlete Teutsche Reich genommenen Zuflucht.

Erste Abtheilung.

Von

der Geschichte des neuen Provocations-Processes.

§. 127.

Grund, worauf die geschehene Provocation beruhet,

Die Gravschaft Sponheim, folglich das zu derselben mit Pfalz-Zweybrücken gemeinschaftlichen hintern Gravschaft gehörige, an die Vögte zu Hunolstein im Jahr 1368. begeben gewesene, im Jahr 1739. consolidirte und post sententiam privatoriam an einen derer Vögte zu Hunolstein unter gewissen Bedingnüssen von denen vorigen Sponheimischen Regenten wieder überlassene Mannlehn Züsch, ist keine Acquisition der Beklagten Fürsten, sondern ein unveräusserliches mit dem ewigen Fideicommiß Ihrer Anherren behaftetes Stammguth. Des nun regierenden Herrn Marggraven Durchlaucht haben bekanntlich an der Baden-Badischen Allodial-Verlassenschaft keinen Theil, sondern seind in dero eigene Rechte eingetretten, wornach Höchstdieselbe, wie dero Vorfahrer in der ganzen Zeit der bestandenen Theilung, bereits vor dem Rückfall derer Baden-Badischen Landen, possessionem civi-

civilem der Gravschaft Sponheim und deren Zubehörde hatten. Gleiche Rechte gebühren des nun regierenden Herrn Herzogen von Zweybrücken Durchleucht.

§. 128.

welche bey dem gesetzwidrigen Verfahren des Kammergerichts nicht zu tadlen, sondern vielmehr zu beloben gewesen.

Ohngeachtet bey dem so gesetzwidrigen Verfahren des Kaiserl. und Reichskammergerichts, nicht zu befahren gewesen ist, daß desselben Urtheile zum Vollzug gebracht werden möchten, so haben gleichwohlen des nun regierenden Herrn Marggraven von Baden Hochfürstl. Durchleucht, so bald Sie die Kammergerichtliche Erkänntnisse in Erfahrung gebracht, einen Weeg erwählet, der keine Justitz-Flucht, wohl aber die Fürstliche Neigung, in Reichsconstitutionsmäßiger Gebühr, Recht zu geben und zu nehmen, an den Tag leget. Ohne solchen Entschluß hätten Se. Hochfürstliche Durchleucht, den vorausgesehenen Baden-Badischen Anfall gelassen abwarten können.

§. 129.

Verlauf des Provocations-Processes.

Sie disponirten des letzt verstorbenen Herrn Marggraven zu Baaden-Baden Durchleucht, welche die causam dominii vel Possessionis von Ihrem Höchstseeligen Herrn Bruder, weil. Herrn Marggraven Ludwig Georgen als Beklagten, nicht hatten, eine Provocation derer Freiherren von Dürckheim Sich gefallen zu lassen. Dieses geschahe, und des nun regierenden Herrn Marggraven von Baden Durchl. provocirten auch Höchstihro Orts (als ein pacto & providentia majorum in allem was zur Gravschaft Sponheim gehöret, Theilhabender und in compossessione civili befindlicher Agnat,) die von Dürckheim der gerühmten Allodial-Ansprache halber, ex lege diffamari, unter dem 6. Nov. 1770. *) Das Kammergericht verwiese dieselbe ad judicium, wo sie auch am 19. nehmlichen Monath und Jahrs in O. N. übergeben worden ist.

§. 130.

Dürckheimische unrichtige Legitimation und Antwort auf die Provocation.

Nach Verlauf eines viertel Jahrs, am 18. Febr. 1771. producirte der Dürckheimische Procurator einen Kaufbrief der beyden jüngeren Kläger, Herrn Ernst Ludwig und Philipp Ludwig Eckbrechte von Dürckheim vom 1. April 1749. woraus ersehen wer-

X den

*) s. Nr. 75. bey der Recursschrift.

den solte, daß diese Sache den älteren Herrn Bruder Christian Friederich Eckbrechten von Dürckheim alleinig angehe; *) Zu gleicher Zeit übergabe derselbe in O. N. seine Handlung auf die Provocationsschrift, die in folgenden Worten bestunde:

„ Weiß mich auf das jenseitig eben so unaufhörlich, als
„ unstatthafte Gesuch, in keine Weege einzulassen.

§. 131.

Stillstand und Ende des Mandatsprocesses mit dem Tod weil. Herrn Herzogen Christian IV. zu Zweybrücken, nachdeme kurz vorher die Baden-Badische Linie erloschen war.

Fortsetzung der Provocation.

Es lage aber nunmehr der Mandatsproceß in einer tiefen Ruhe. Inzwischen erlosche die Marggrävlich Baden-Badische Linie, durch das am 21. Octobr. 1771. erfolgte Ableben weiland Herrn Marggraven August Georg. Ferner ist bey dem hohen Hause Pfalz-Zweybrücken eine Veränderung vorgegangen, indeme Herr Herzog Christian der IV. am 4. Nov. 1775. das Zeitliche verlassen haben, wodurch die hinter Sponheimische Lehnshand, mit der Obliegenheit, das gemeinschaftliche Lehnsinteresse zu besorgen, an des nun regierenden Herrn Marggraven zu Baden Durchlaucht gefallen ist, welche auch als Director des Lehnhofes auf der geschehenen Provocation bestunden.

§. 132.

Neue Legitimation des Dürckheimischen Procuratoris, welche der vorigen widerspricht.

Vorhin berichtetermassen sollen, zufolge des Procurator Rulands Anzeige dd. 18. Febr. 1771. die beyde jüngere Herren Kläger schon im Jahr 1749. weder Besitz noch Recht zu der im Jahr 1750. gegen die vorige Sponheimische Regenten von ihme Dr. Ruland eingebrachten Klage puncto violationis territorii gehabt haben. (§. 130.) Sechsthalb Jahr nach jener Anzeige, den 30. August 1776. erscheinet auf den Tod des Dr. Rulands ein neuer Procurator, der sich nunmehr im Nahmen des zweiteren angeblichen Hunolsteinischen Erben, Herrn Ernst Ludwig Eckbrechten von Dürckheim, und dessen verstorbenen jüngeren Bruders Philipp Ludwig Eckbrechten von Dürckheim Herrn Sohn, Carl Ludwig Freiherrn von Dürckheim, mit der Anzeige legitimiret, daß diesem von seinem Herrn Vattern dessen dritter Antheil an der Herrschafft

*) S. Anlage unter Nr. 132. durch diesen angeblichen Kauf- und Cessionsbrief, sollen die zwey jüngere Kläger anderthalb Jahr vor ihrer vorgebildeten Depossedirung und vor ihrem Mandatsgesuch alles was sie durch das Testament von Ernst Ludwig Vogten zu Hunolstein ihrer Grosmutter Herrn Bruder geerbet, gegen eine unbenannte Summe Geldes unter Begebung allen Rechts, an ihren älteren Herrn Bruder eigenthümlich und auf ewig cediret haben. Wer siehet nicht hieraus die ewige Verwirrung des jenseitigen Sachwalters?

schafft Sötern und Züsch völlig cediret und überlassen worden wäre; Ferner legitimiret sich derselbe vor drey Herrn Brüder Christian, Franz Christian und Friederich Carl Eckbrechte von Dürckheim und vor den minderjährigen Herrn Graven von Dürckheim.

§. 133.

Den 5ten Febr. 1777. kommt darauf hin ein alles unter einander werfendes Urtel zur publication: „ist die durch Lt. Brandt *) und Dr. von Zwirlein am 19. Nov. 1770. nachgesuchte citatio ex lege diffam. & inhibitio executionis abgeschlagen, darauf mit Verwerfung der durch Lt. Greineisen am 5. Maii 1773. producirten unstatthaften Intervention **) die gebethene transcriptio Mandati de exequendo, so viel die Immißion in den Ort Züsch sammt denen darzu gehörigen Renten und Gefällen auch Erstattung deren daraus gehobenen Früchten nach Inhalt derer vorigen Urteln betrift, auf Herrn Carl Friederich jetzigen Churfürsten zu Mainz erkannt. Was aber die Landeshoheit und derselben anklebende Rechte auch in specie die Jagdgerechtigkeit anbelangt, ist Dr. Gülich und Dr. von Zwierlein sich namens der jetzt regierenden Gemeinherrn der Gravschaft Sponheim, auf die durch Dr. Ruland | 48 | 49. | 50. | eingebrachte Handlung, so weit es statum possessionis vom Jahr 1716. bis zur Chur-Trierischen Sequestration betrift, vernehmen zu lassen, Zeit 1. Monat p. t. & p. V. A. W. und sub iterato præjudicio angesetzt. Dann solle Dr. Gülich copiam signatam seines von jetzt regierenden Herrn Herzogen zu Pfalz-Zweibrücken gemeinhabenden Gewalts in nächster Audienz zu dieser Sache auch legen. Lt. Niederer aber als Substitutus Lti. Greineisen sich auf dessen Absterben nunmehro des von Hunolstein Zeit 1. Monats principaliter ad hanc causam legitimiren.

Beschwehrendes Kammergerichtliche Urtel, welches die vom Lehnhof geschehene Provocation abschlaget, des Vasallen Intervention verwerfet, und das contra alios gefällte Urtel gegen den dritten Provocantischen Theil vollstrecket wissen will.

in Betref der Landeshoheit u. Jagdgerechtigkeit aber, ein präjudicirliches Verfahren auferleget,

§. 134.

Hatte das Kaiserl. und Reichskammergericht, die vorige Sponheimische Regenten (deren Erben die jetzige nicht seind, folglichen auch vor deren Schulden nicht zu haften haben) äusserst beschwehret, (§. 120. 124.) So ist dessen Verfahren gegen die der-

Erste Beschwehrde die Verwerfung der Provocation betreffend,

*) Des Lt. Brandten Vollmacht war längstens mit dem Ableben dessen Durchlauchtigsten Herrn Principalen erloschen.

**) Mit einer Intervention war der Sponheimische Vasall Friederich Christoph Carl Vogt zu Hunolstein-Merxheim eingekommen.

dermalige Regenten um so ungerechter, als diese sich erboten hatten, in Reichsconstitutionsmäßiger Ordnung, Recht zu geben und zu nehmen. (§. 128. und 129.)

§. 135.

wird ausgeführt.

Die erstere Beschwehrde stellet die Verwerfung der von Baden-Durlach bona fide geschehenen Provocation dar. Baden-Durlach provocirte zuerst als nicht belangter und in den Mandatsproceß nicht verflochtener noch nie gehörter Agnat; setzte aber nachgehends als ein, nach dem Senio, den gemeinschaftlich Sponheimischen Lehuhof repräsentirender Reichsstand, solche Provocation fort. Nach der Kammergerichts-Ordnung muß die Provocation ex l. diffamari zugelassen werden, in friedensbrüchigen schmach- und andern dergleichen Sachen in denen gefährlicher betrüglicher Weise, oder in andere Weege, dem Provocanten zum Nachtheil und Beschwerung, von seiten des Provocaten etwas vorgegangen oder gerühmet worden ist. *) An der Sponheimischen Unmittelbarkeit ist nicht zu zweifflen und die Freiherren von Dürckheim wollten keinen anderm Richter als das Kaiserliche Reichskammergericht erkennen. Das weitere Erforderniß ist, daß die Diffamation, durch schriftliche oder andere glaubliche Urkunde und Anzeige dargethan werde. Dieses ist geschehen und bedorfte um so weniger Weitläuftigkeit als der Beweiß in denen Kameralacten lag. Mit der Provocation **) wurde die beschwerliche Diffamation erwiesen, durch des ältern Freiherrn von Dürckheim Erklärung dd. Zweybrücken den 11. Sept 1769 in welcher derselbe die von seinem Erblasser Ernst Ludwig Vogt zu Hunolstein-Sötern, von seinen eigenen Vormünderen und von ihme selbsten anerkannte, und zu keiner Zeit, weder in- noch ausser Gericht vor dem im Jahr 1750. erschlichenen Mandato de non violando territorium angesprochene Oberherrliche Lehn-Rechte mißkennen und secundum tenorem sententiæ cameralis die Immißion in die Herrschaft Züsch gegen Baden-Durlach prätendiren wollen. ***)

§. 136.

*) S. C. O. C. p. 2. T. 27. in pr.

**) S. Nro. 46. bey der gegnerischen sogenannten actenmäßigen Proceß-Geschichte.

***) S. Adjunctum sub Nro. 1. bey dem Nr. 46. der gedachten Proceß-Geschichte.

§. 136.

Die zweyte Beschwehrde bestehet darinnen, daß das Kammergericht an statt der Provocation Gehör zu geben, den Provocantischen Theile so simpliciter a) seines Lehns entsetzen und noch b) die gegen die Beklagte vorige Sponheimische Regenten wegen Erstattung der erhobenen Früchten rc. nicht mehr mögliche Execution, gegen die an jenem Proceß keinen Theilhabende neue Regenten und deren neue Regierung, erkennen mögen; Das hiedurch denenselben zufügende große Unrecht, fället vor sich so stark auf, daß es keiner weiteren Ausführung bedarf. Zweyte Beschwehrde, die verlangte Uebertretung des Orts Züsch auch die Erstattung derer von andern Regenten daraus erhobenen Früchten betreffend.

§. 137.

Man nehme an, daß, wie doch nicht ist, in puncto territorii oder des Dorfs Züsch und dessen Pertinenzien eine Spolienklage gegen die vormalige Regenten, ein- und ausgeführet worden wäre; so kann doch kein contra prætense Spoliatores ergangenes Urtel, gegen einen tertium b. f. possessorem exequiret werden. *) Nicht einmal soll ex can. redintegranda, eine Klage contra tertium b. f. possessorem vor einem unpartheiischen Richter Gehör finden. **) Kurze Ausführung.

§. 138.

Ueber deme allem ist hier der Fall ganz und gar nicht, daß des nun regierenden Herrn Herzogen von Zweybrücken Durchleucht und die nun allein bestehende Baden-Durlachische Linie, erst

*) Was gegen und bey dem verdächtigen c. redintegranda 3. C. 3. q. 1. und dessen Ausdehnung auf tertium b. f. possessorem, zu erinnern, wird Gegnerischer Herr Schriftsteller in des allegirten I. H. Boehmer Jur. Eccles. Lib. 2. T. 13. §. 7. & seq. gefunden haben. §pho 8. sagt der seel. Autor: Textus spurius ipse hanc insulsam doctrinam non habet &c.

**) I. H. Boehmer c. l. §. 10. & 12. leges certe prohibent, ne contra tertium possessorem bonæ fidei remedium recuperandæ possessionis detur. Idem etiam jus pontificium adprobat in *c. 18 X. de restitut. spol.* quod alias æquitati maximopere favere creditur. Quando ergo contra tertium b. f. possessorem indulgetur, aperte contra leges indulgetur. — Judicum est, non leges mutare, corrigere, aut contra eas statuere, sed secundum leges judicare. — Nec communis Dd. opinio, in qua alias plures se fundant, judicem constringere potest, ut, *manifesto errore probato*, eam sequetur, & eam legibus præferat &c.

erst seit dem Jahr 1750. da das Kammergerichtliche Mandat de non violando territorium ist erkannt worden, titulo singulari vel universali von denen Beklagten Fürsten und deren Erben, das territorium quæst. zu Sponheim erlanget haben. Das Kammergericht hatte in seinen Acten unüberwindliche Beweisse, daß derselben Recht und possessio civilis von Züsch eben so alt und so neu ist, als ihr Recht und possessio civilis von der Gravschaft Sponheim immer seyn kann und immer gewesen ist. *)

§. 139.

Die dritte Beschwehrde, die Landeshoheit und Jagdgerechtigkeit betreffend, ist so beschaffen.

Die dritte Beschwehrde fället nicht weniger, aus dem oben (§. 133.) eingerückten Urtel, stark in die Augen, daß nehmlich die keines spolii fähige, ewige Zeit vor diesem unfertigem Mandats-Proceß von Sponheim ruhig besessene, und noch von niemand, ja nicht einmal durch die Dürckheimische Mandatsgesuche, ausdrücklich in Anspruch genommene Landeshoheit und derselben anklebende Rechte, mit Uebergehung der Austrägal-Instanz, wegen einer contra alios ergangenen actoria, in processu ordinario sich dergestalten einlassen sollen, damit über die in Extracten, aus einer Dürckheimischen Privatinventur, bestehende, von denen vorigen Regenten standhaft abgefertigte [48. | 49. | 50.] neue Verhandlung gepflogen und die Entscheidung des Besitzstandes, auf eine von dem Richter willkührlich erwehlte des Durchleuchtigsten Provocanten Sponheimischer Regierung und respective Leben vorhergehende Zeit von 1716. bis 1734. beschränket werden wollen, in welcher entweder keine Gelegenheit sich hervorgethan, die Landeshoheit thätig würken zu lassen, oder die etwan davon handlende Acten, durch untreue Hände abhanden gekommen sind.**)

§. 140.

*) Wäre der bestbefugten Provocation gebührendes Gehör gegeben worden, so würde diese Reichskundige Wahrheit, nöthigenfalls, mit Originalurkunden beleget worden seyn.

**) Der terminus à quo welcher dem Richter beliebte, soll das Jahr 1716. seyn, des regierenden Herrn Herzogen zu Zweybrücken Durchleucht aber seind um 30. Jahre später gebohren, und des provocirenden Herrn Marggraven von Baden Durchleucht erblickten erst nach 12. Jahren das Licht der Welt. Was zu Baden-Badischen Zeiten vorgegangen ware, darüber geschahe vor der Provocation keine Mittheilung der Geschäften und der Lehens-Angelegenheiten, auch war Baden-Durlach zu jenem Proceß niemalen vorgeladen.

§. 140.

Wann eine Reichsständische Regierung in dieser Art sich verfehete, so dörfte man wohl von denen dermaligen Gliedern des Kaiserl. und Reichskammergerichts, so ferne die Sache per modum appellationis in deren Senat kommen sollte, eine per unanimia geschehende Erkennung der Appellationsprocesse hoffen, und möchten wohl noch an einigen Orten, Gedanken von einer Reichsständischen Tyranney aufstossen, und erhebliche Gründe von einer Nullität beobachtet werden. Haben aber die höchst- und hohe Reichsstände derer Reichsconstitutionsmäßigen Rechtsmittel, auf die Fälle, wann Ihnen von einem der höchsten Reichsgerichte, so übel wie hier geschehen, begegnet wird, sich irgendwo begeben? Sowohlen nach Gesetz und Observanz, auch nach der allgemeinen Rechtslehre müssen die remedia juris zugelassen werden.

daß nach Gesez Observanz und gemeiner Lehre alle Rechtsmittel dagegen ebensowohlen als wegen der anderen Beschwehrden zugelassen werden müssen.

§. 141.

Gleichwohlen war voraus zu sehen, daß das Kaiserl. und Reichskammergericht, dem remedio restitutionis unter dem Vorwande, daß die Restitution denen vorigen Regenten bereits abgeschlagen worden, oder daß keine nova vorhanden, oder daß sie petitorische Gründe enthalten, oder daß das (wie wohl nicht vorhandene) summariissimum die Restitution nicht gestatte rc. kein Gehör geben, vielmehr abermalen den Procurator bestrafen werde. Das remedium revisionis hatte dasselbe zwar ebenfalls in dem vorigen Proceß verworfen, allein diese Erkennung über die materialia war nichtig, das Urtel wurde auch deswegen von denen höchsten Reichsständen, auf welche die Commißion erkannt war, nicht exequiret. Und desto grösser ist die neue Beschwehrde, daß das Kammergericht sein wegen Verwerfung der von denen vorigen Regenten eingeführten Revision nebst dem Cautionspuncten, ganz nichtiges Urtel, gegen Drittere proprio jure possidentes nec citatos nec sufficienter auditos nicht nur exequiren lassen, sondern einen in seiner Art noch beschwehrlicheren Puncten, nemlich eine actoriam auf eine höchstpräjudicirlich- beschränkte Vernehmlassung über die nicht eingeklagte, und in erster Instanz vor das Kaiserl. und Reichskammergericht nicht gehörige Sponheimische Landeshoheit anfügen wollen, ohngeachtet der provocirte Gegentheil, durch die erst post paritoriam plenam auf die erstere actoriam, beygebrachte und hinfällige, gänzlich widerlegte, die dermalige Sponheimische Regenten nicht im mindesten treffende
|48. | 49. | 50.| keinen Besitz und so wenig hiedurch als mit-

Weitere Ausführung.

telst des angeblichen Testaments, nur einigen Schein eines tituli beygebracht haben.

§. 142.

Fortsetzung.

Weme könnte nun doch noch einfallen, daß das Kaiserl. und Reichskammergericht in possessorio momentaneo oder summariissimo versire? Daß bey einem der artigen, und in betreff der Landeshoheit vor 30. Jahren niemals strittig gewesenen, seit 30. Jahren niemalen eingeklagten, seit 30. Jahren mit nichts erwiesenen und seit dem Jahre 1750. bis auf diese Stunde durch kein Mandat und durch kein Urtel aberkannten Besitz; daß in dem darüber von dem Kaiserl. und Reichskammergericht aus eigener Bewegung veranlaßtem Proceß gegen nunmehr abgelebte Fürsten; und daß gegen die Verweigerung der Provocation des an jenem Processe keinen Theil nehmenden Reichsstandes, der Fall nicht vorhanden wäre, wo die beneficia appellationis, restitutionis & revisionis statt hätten?

§. 143.

Fernere Fortsetzung.

Will man die actoriam, in Betreff der Landeshoheit, eine interlocutoriam nennen, so müßte ebenfalls eine nicht existirende Klage in in possessorio ordinario supponiret, und die Statthaftigkeit der Appellation, folglich die Zuläßigkeit derer weitern remediorum juris eingestanden werden, & ab omni interlocutoria, etiam jure civili, appellari potest. *) Das ordinarium gestattet ohnehin alle remedia juris.

§. 144.

Das remedium revisionis wird, unter richtiger Beobachtung der

Des regierenden Herrn Marggraven zu Baden Durchlaucht bey denen auf tödlichen Hintritt weiland Herrn Herzogen Christian IV. von Zweybrücken, als älteren Sponheimischen Regenten, die Lehnshand gekommen wäre, **) erwählten das oben erwiese-

*) Mynsinger c. l. Cent. VI. observ. 13. n. 4. Nach dem jenseits zur Rechtfertigung des Kammergerichtlichen Verfahrens allegirten jure canonico hat es ohnehin keinen Zweifel.

**) Indeme also Se. Hochfürstl. Durchl. den Lehnhof zu dirigiren hatten, so lage höchst Ihnen ob, das mit Pfalz-Zweybrücken gemeinschaftliche Interesse zu besorgen. Es ist deswegen ein ganz ungleicher Vorwurf des Verfassers der Dürckheimischen sogenannten actenmäßigen Proceßgeschichte, wann derselbe §. 95. ganz dreiste behaupten wollen, daß des jetzt regierenden Herrn Herzogen zu Pfalz-Zwey-

wiesener massen allerdings zuläßige remedium revisionis, in der so billigen als rechtlichen Hoffnung, daß ohngeachtet dasselbe nur effectum devolutivum dermalen mit sich führet, gleichwohlen der effectus suspensivus gesetzmäßig so lange dauren müsse, bis hinläng liche Caution zur höchstnöthigen Sicherheit gestellet worden ist. *) Es wurde auch das remedium revisionis, unter Beobachtung sämtlicher Formalien, Erbietung zu dem juramento calumniæ und zu allem was weiters erforderlich, ordnungsmäßig eingeführet und zugleich durch den verschlossenen Revisionslibell justificiret.

Formalien an seiner Behörde eingelegt, ordnungsmäßig bey dem Kammergerichte angezeiget und eingeführet.

§. 145.

Dem Kaiserl. und Reichskammergerichte lag nunmehr ob, in schuldigen Gehorsam gegen die Reichsgesetze, so lange mit seinen Executions-Verfügungen stille zu stehen, bis der Cautionspunct nach Vorschrift §. 124. J. R. A. berichtiget worden ist. Diesem gerade entgegen zu handlen, und eben dadurch die vorige Reichsständische Beschwehrde zu erneuern, auch die gravamina zu vermehren, ist es dem belobten Gerichte gefällig gewesen. Dasselbe verwarf durch ein Urtel vom 20. Aug. 1777. die gesuchte **) Revision, als unzuläßig und beschwerte den Lehnhof, mit dem weitern seinen vorigen Urteln widersprechenden Anhang, daß in Betreff der *NB.* verlangten Lehnbarkeit des Orts Züsch, die etwa in *petitorio* zukommen mögende Gerechtsame vorbehalten würden. ***)

Das Kammergericht verwirft gleichwohlen die Revision als unzuläßig, und vermehret nicht nur die besondere Beschwehrde, sondern auch die

Zwei-

Zweybrücken Durchl. so wenig an der Revision als an dem jezigen Recursantheil nehmenden. Das unter Nr. 133. anliegenden Schreiben Sr. Herzoglichen Durchl. an Se. Kurfürstl. Gnaden zu Mainz beschämet jene Vorbildung.

*) S. J. R. A. §. 124 „Setzen, ordnen und wollen auch, daß gleichwohl der „effectus suspensivus bey den gesuchten revisionibus wider die Cammergerichtliche Urtheil ins künftige aufgehoben, und allein devolutivus statt finden soll, jedoch mit der *Condition*, daß die Parthey, vor welche „die *sententia* gesprochen, und von der die *Execution* begehrt wird, „genugsame Caution *de restituendo*, auf den Fall der Verlustigung der „Sachen in dero Revision-Gericht, leisten soll ꝛc.

**) Der Sponheimische Lehnhof hat die Revision bey dem Kammergericht nicht gesuchet, sondern ordnungsmäßig eingeführet, wozu keine Kammergerichtliche Erlaubniß erforderlich ist, vielmehr ist es desselben Schuldigkeit, die Revision keinem zu verweigern. C. O. C. p. 3. T. 63. §. 4. und 6.

***) S. Anlage unter Nr. 134.

Zweite Abtheilung.

Enthaltend

die weitere Rechtfertignng des genommenen Recurses.

§. 146.

Allgemeine Beschwehrde, welche der Gegenstand dieser Abtheilung seind.

Vorher hatte der alte Kammergerichtliche Senat, durch die paritoriam plenam vom 8. Octob. 1751. die Lehnbarkeit des Orts Züsch eingestanden, nur mit dem begangenen Fehler, daß der gegen die Vasallen bereits beendiget gewesene Felonie-Proceß, ohne geschehene Appellation, ohne vorgängige Einsicht der Acten, kurz, ohne genommene Information, implicite caßiret und die Felonie (noch einmal) ein- und auszuführen vorbehalten werden wollen. *) Der neue Senat gehet, ohne bessere Informationsnehmung, um einen starken Schritt weiter in revisorio. Dieser ersättiget sich nicht mit dem Eingriff in die Gerechtsame des von dem Reichsoberhaupt und dem gesammten Reiche zu deputirenden Revisionsgerichts, sondern will ferner vermeinen, daß nun erst die Lehnbarkeit des Orts Züsch, Sponheimischer Seits verlanget werde, und wollte die disfalls NB. etwa zukommen mögende Gerechtsame in das *petitorium* verweisen, betrachtet aber übrigens in puncto der Landeshoheit die | 48. | 49. | 5[illegible] | ebenfalls wie der alte Senat, vor gar erhebliche Urkunden, und die dem Ende des 1750ger Jahrgangs längst vorhergegangene Zeit von 1716 bis 1734. vor so entscheidend, daß der disfalls niemalen belangte, auch bey dem Kaiserl. und Reichskammergerichte nicht verklagte, zu gutem Glück aber in allen Zeiten, in dem ruhigen Besitz sich befundene Sponheimische Lehnhof, nach einem Verlauf von 44. bis 60. Jahren in possessorio, annoch sich darüber vernehmen lassen solle.

§. 147.

und als Folgen der abgebrochenen Visitation u. des ermang-

Was kann dann nun bey einer derartigen Anhäuffung von Beschwehrden, bey der nicht Existenz eines Reichssatzungsmäßigen Revisions-Gerichts, einem Reichsstande übrig bleiben, als die Zu-

*) S. Nr. 68. bey der Recursschrift

Zuflucht, zu dem unter seinem allerhöchsten Oberhaupte versammleten Reiche? Die verweigerte Vorladung auf die Provocation entdecket die vorhergegangene Kammergerichtliche, zum Nachtheil der Landes- und Lehnsherrschaft geschehene Uebereilung, die dabey sich an den Tag legende Realgebrechen des Gerichts und die in der Folge andere höchst- und hohe Reichsstände eben sowohl mit treffende und bereits überflüßig bemerklich gemachte und ausgeführte gemeine Beschwehrden. Die Erkänntnis des neueren Kammergerichtlichen Senats über die materialia revisionis und die unter dem Schein dieses Rechts zugefügte weitere Beschwehrde, ist eine Folge der unterbrochenen Visitation *) und beweiset, daß die alte Realgebrechen, besonders der Mißbrauch von Mandatsproceßen, noch nicht gehoben worden ist. lenden Judicii Revisorii in Betrachtung kommen.

§. 148.

Das Kammergericht hat zu allen Zeiten einen Widerwillen gegen das remedium revisionis geäussert **) die Kammergerichtsordnung von 1555. ertheilte dem remedio revisionis effectum suspensivum ***) dergestalten, daß erst nach geschehener Bestättigung der Kammergerichtlichen Urtel, mit der Execution fürgefahren werden sollen. Hiernach war vis revisionis suspensiva klar und deutlich, doch mußten Friderus Mindanus, Andr. Knichen, Gailus und Petrus Heigius gegen die Kammergerichtsbeysitzer Bender, Thom. Merkelbach und mehrere dieselbe erst noch vertheidigen; endlich wurde gar ein dubium camerale daraus gemacht ****) Der Reichsdeputationsabschied von 1600. bestättigte den effectum suspensivum, das Kammergericht aber trachtete durch ein SCtum. camerale vom Jahr 1619. denselben wieder aufzuheben. *****) Bey der Reichsdeputation vom Jahr 1642. gaben camerales den Rath das remedium revisionis gar abzustellen. Durch den J. R. A. erhielte dieses Rechtsmittel seine beschränkte Kraft (144.) und in solcher Maße ist dasselbe nunmehr jedermann erlaubet, Das Kammergericht hat zu allen Zeiten das remedium revisionis gehasset.

 und

*) So lange diese dauerte, so lange unterbliebe das auf die Provocation erfolgte höchstens Beschwehrende Kammergerichtliche Urtel.

**) S. Hoffmann de odio revisionis cameralis sublato, cap. 2. seq.

***) P. 3. T. 53. §. 5.

****) S. Dub. Cameral. de Ao. 1595. n. 122.

*****) S. Corp. Jur. Cam. p. 765. n. 363.

und das Kammergericht nicht ermächtiget, über dessen Zuläßigkeit zu erkennen. *)

§. 149.

und zum Vortheil der Gegnere nun schon zum zweitenmal gewaget, über die Zuläßigkeit zu erkennen.

Gleichwohlen hatte der Kammergerichtliche Senat, bereits im Jahr 1753. gegen die vorige Sponheimische Regenten ein Erkänntnis über die materialia revisionis sich anzumassen gewaget; und im Jahr 1777. versuchte dasselbe abermalen solchen nichtigen Eingriff in die nur dem Revisionsgericht zustehende Gewalt, unter Entziehung seiner Obligenheit den Cautionspunct zu berichtigen.

§. 150.

Die Kammergerichtliche unerhebliche Bewegungsgründe,

Diese incompetente Verwerfung des remedii revisionis beruhet einzig auf denen vorhin widerlegten irrigen Grundsätzen des alten Senats, der sich vielleicht auf die von denen neuen Regenten geschehene Provocation recolligiret hätte. Sie seind auf Cramerische axiomata gesetzet: Der processus mandati S. C. muß und kann nur in summariissimo geführet werden; von dem summariissimo aber hat keine Appellation, folglich keine Restitution, folglich keine Revision, und folglich kein recursus ad comitia statt. Wann man dieses Liedgen in einen Syllogismum bringen möchte, so dörften bey dessen verkehrten Anwendung auf den casum substratum, alle Vordersätze mit der Schlußfolge verneinet werden. Man will aber nur das Gesetz entgegen stellen, welches jener Willkühr ganz entgegen verordnet:

widersprechen denen beschwohrnen Gesetzen.

„ belangend aber *causas mandatorum de relaxando captivo & decretorum alimentorum*, soll NB. die Revision
„ keinem verweigert seyn ꝛc. **)

Es

*) S. J. R A. §. 123. „Wo aber die revisio frivole gesuchet wird, soll derselben von den NB. Revisoribus keineswegs deferiret werden.„ Die Assessores Senatus seind keine Revisores. Nur letzteren kommt die Erkänntnis zu. Was aber die Beschleunigung der Revisionssachen betrift, davon schreibt Ludolff in dem Schlusse seiner Anmerkungen über das C. O. C. ganz recht, daß deren nöthige Besorgung nicht von dem Kammergerichte, sondern von dem legislatore zu erwarten seye.

**) Von Gefangenen ist seit 29. Jahren so wenig als über hinweggenommene Flinten eine Beschwehrde oder Frage vorgekommen.

Es stehet zwar dabey:

„ aber gleichwohlen pendente revisione die auferlegte pa-
„ rition de relaxando captivo, NB. auf Anerbiethung,
„ und Leistung gebührlicher genugsamer Caution,
„ erfolgen ꝛc.

Allein diesseits hatte man nichts anders, als die Leistung der gesetzlichen und durch den J. R. A. nicht aufgehobenen sondern bestättigten genugsamen Caution erwartet.

§. 151.

Ausführung.

Muß aber das Kammergericht in causis alimentorum & mandatorum de relaxando captivo, welche in summariissimo verhandelt werden, die Revision sich gefallen lassen, wie viel weniger sollte dasselbe in causa mandati de non violando territorium nec turbando in possessione &c. in angefochtenen Lehnssachen, in ordinario, (worinn eine äusserst präjudicirlich beschränkte Verhandlung, über den wichtigen Gegenstand der Landeshoheit und derer selbiger anklebenden Rechten, unter willkührlicher Beseitigung des jüngeren und älteren Besitzstandes auferleget werden wollen,) über die materialia revisionis und deren Zuläßigkeit, mittelst Verwerfung des Cautionspuncten und eigenmächtiger Fortsetzung des possessorii ordinarii, über den nunmehr vor die Revisores gehörigen Punct der niemalen von dem revidirten Theile besessenen und niemalen eingeklagten Landeshoheit, eine Erkänntnis sich anmassen?

§. 152.

Weitere Rechtfertigung des genommenen Recurses,

Man ist diesseits weit entfernet, den Mißbrauch der Recurse zu rechtfertigen, hoffet aber die allgemeine Beistimmung der Wahrheit, quod abusus non tollat usum. Ein Fall, wo man davorhalten könnte, daß der Beschwehrte Theil, sich mit denen ordentlichen Rechtsmitteln begnügen sollte, ist ganz und gar nicht vorhanden, vielmehr bestehet eben darinn die besondere und nunmehr gemeine Beschwehrde, daß dem höchsten Recurrirenden Theil, die ordentliche Rechtsmittel nicht gestattet werden wollen. Wie das Verfahren des Kammergerichts beschaffen ist, das lieget, durch die von beiden Theilen vorgelegte Urtheile und durch die allegirte Cramerische Schriften, unwidersprochen an hellem Tage; disfalls ist in facto kein dubium. Daß aber in puncto territorii & superioritatis territorialis, gegen die vorige Sponheimische Regenten keine Spolienklage ist erhoben worden, das bewähren die abschriftlich beygebrachte Dürckheimische Miß-

durch die offenbahr vorliegende gemeine Beschwehrde.

Ausführung.

 klagen,

klagen, und noch mehr das in der Gegnerischen sogenannten actenmäßigen Proceßgeschichte offentlich abgelegte Geständniß. Daß zur Zeit des erschlichenen Mandats, nicht die Freiherren von Dürckheim, sondern Sponheim in possessione territorii sich befunden habe, das bestättigen die Gegnerische eigene Beilagen der Mandats-Implorationen; Daß Baden-Durlach zu jenem Proceß nie vorgeladen worden und daß die dermalige Sponheimische Regenten, nicht in die Verlassenschaft der jüngsten in der Regierung vorgegangenen Agnaten, als deren Erben getretten, sondern beneficio majorum, in denen Sponheimischen Landen und Lehnen, die vorhin gehabte possessionem civilem mit der possessione naturali, weder vi, noch clam noch precario, sondern best befugt offentlich vereiniget haben, das ist keinem Zweifel unterworffen, und zum Ueberfluß dargethan; und daß gleichwohlen der gegenwärtige Sponheimische Lehnhof, in rechtlicher Ordnung denen Freiherren von Dürckheim, auf ihre Allodialansprache Recht geben wollen, das beweisset die geschehene Provocation.

§. 153.

Worauf es bey der Klarheit des facti dermalen ankomme?

Wann aber alle diese keinem Zweifel unterworfene facta nicht vermögend seyn sollten, den Recurs zu begründen, so kann man es sicher auf die Gegeneinanderhaltung des Kammergerichtlichen Verfahrens, nemlich des Mandati und der nachgefolgten sich widersprechenden, auch die (jedesmalen unter richtig beobachteten auch deswegen ohne Anfechtung gebliebenen Formalien) eingelegte remedia juris, und endlich gar die Provocation, mit einer rechtswidrigen Auflage, verwerfende, von beyden Theilen gleichlautend vorgelegte Kammergerichtliche Urtheile, mit denen Reichsgesetzen und auf das daraus fliesende decisum comitiale ankommen lassen: ob das Kammergerichtliche Verfahren denenselben Conform, und es also dabey zu lassen, oder ob nicht vielmehr das *procedere camerale* als gesetzwiedrig und daher gemeinbeschwerlich zu caßiren seye?

§. 154.

Warum es einer neuen Erörterung des facti nicht bedörfe?

Bey einer neuen Untersuchung des facti würde Sponheim nichts verliehren, sondern vielmehr gewinnen; Sie ist aber nicht nöthig, auch bedarf es keiner Berichtserforderung, wann der Recurrent ein ganz offenbares Recht für sich hat, (es seye nun in bündigen Haußverträgen oder in Reichsgesetzen, auf eine ganz unzweifelhafte Art unmittelbar gegründet; (und wann ein Reichsgericht etwas dagegen begehet, welches offenbar ge-

gerade das Gegentheil davon mit sich bringet; so daß man dieses, ohne sich in eine richterliche Erörterung des facti einzulassen, erkennen kann. *)

§. 155.

Uebergang zur Sache selbsten im Betreff des Besitzstandes u. des Rechts.

1. Der Beinheimer Entscheid vom Jahr 1425. wodurch nicht nur die Erbfolge sondern auch die Unveräusserlichkeit der Sponheimischen Land und Leuthen mit ihren Zugehörungen, von Graven Johann zu Sponheim und dessen Erben dem Marggraven Bernhard zu Baden und Graven Friderichen zu Veldenz, ist bestättiget worden, ingleichem der hinter Sponheimische Burgfrieden zwischen Marggraven Jacob zu Baden und Graven Friederich zu Veldenz als Graven zu Sponheim, wodurch im Jahr 1437. mit Bekräftigung der ewigen Gemeinschaft, jenes Haußgesetz befestiget worden ist. **) Dieses seind die ewige, durch die Sponheimische Regenten von Zeit zu Zeit, noch bis auf den heutigen Tag, beschwohrne, auf eine ganz unzweifelhafte Art gegründete Haußgesetze; welche das ewige Sponheimische Fideicommiß, und allen von Sponheim abstammenden, die ewige Gemeinschaft und Civilbesitz gewähren. Nach diesen Haußgesetzen, und nicht als Erben derer von denen Freiherren von Dürckheim im Jahr 1750. verklagten Sponheimischen Agnaten, succedirten die dermalige Sponheimische Regenten.

§. 156.

nach denen Sponheimischen Haußverträgen.

In jenen bündigen und Reichskundbaren Haußverträgen ist verordnet und zum ewigen Landesgesetz vorgesehen:

„Es sollend auch alle und jegliche Manne, die zu unsern „Graffschaften gehörend und verbunden seynd nach unserem Tode, „ihre Lehen empfahen, von unsern Vettern dem Marggraffen,

 ob

*) Man nehmet unbedenklich diese stark geschraubte Erforderniß hier an, welche ein grosser Eifferer gegen den Recurs, der berühmte Herr Geheime Justiziath Pütter, in dessen patriotischen Abbildung des heutigen Zustandes beider höchsten Reichsgerichte rc. §. 254. zur künftigen Regel in Vorschlag bringet. Wiewohlen die nemliche Gravamina, welche die Einlegung der Revision veranlässet haben, schon vor sich hinlänglich seind, den Recurs zu rechtfertigen.

**) S. Recursschrift §. 7. & seq. und deren Anhang unter Nr. 4. und 5. Conf. Schoepflini Histor. Zaringo Badens. T. VI. Codic. diplom. Nr. 364 & 379.

„ ob er das erlebte, und ob er nit were, von unßerm Vetter
„ dem Graff Fridrichen obgenannt, und nach unßer beyder Vet-
„ tern Tode, je von dem ältisten ihren ehegenanten Erben einem
„ empfahen, haben und tragen, und das also zu ewigen Zei-
„ ten halten seyn und bleiben ꝛc.

woraus die geschehene Provocation sich rechtfertiget.

Auf dieses Sponheimische Landes- und Lehngesetz, gründen sich die Rechte und Pflichten eines jeweiligen Lehns-Directoris als ältesten in der Sponheimischen Regierung. Wann hiernach des regierenden Herrn Marggraven zu Baden-Durlach Hochfürstl. Durchlaucht, auf erhaltene Nachricht von dem sonderbaren Territorialmandats-Proceß, und der neuen Allodialprätensien der Freiherren von Dürckheim, den Weeg der Provocation eingeschlagen: So war es kein Anerkänntnis eines von denen vorigen Regenten vorgeblich begangenen Spolii, wie in jenseitigem impresso pag. 68. unter mehrern falschen und per præmissa widerlegten Unterstellungen, wollte vorgebildet werden. *)

§. 157.

Beweiß.

Mit unverwerflichen Urkunden war dargethan, **) auch hatte es der Gegentheil eingestanden, daß Johann Vogt zu Hunolstein das Sponheimische Züsch vor seine Lehnserben zu rechtem Mannlehn, in dem Jahr 1368. also bereits sieben und funfzig Jahre vor jenem Haußgesetze recognosciret habe. ***) Dieses beweisset, daß die schon seit dem 13ten Jahrhundert als Sponheimische homagiales bekannte Vögte zu Hunolstein, und deren Mann-Lehn Züsch, ein Gegenstand der Hausverträge gewesen seind.

§. 158.

Fortsetzung.

Es ist ferner mit ganz unverwerflichen Lehnsurkunden erwiesen, daß diese Vasallen, von Fall zu Fall, eben so nach denen Sponheimischen Hausverträgen, mit Züsch dem Dorf und seinen Zubehörden seind belehnet worden, wie sie und zwar selbst der Gegnerische angebliche Erblasser, das Sponheimische, nach dem ersteren Lehnbrief zu beurtheilende Recht und Oberlehnseigenthum aner-

*) Man hat vielmehr erwiesen, daß keine Spolienklage vor das Kammergericht gekommen ist, auch kein spolium sich gedenken lasset, wann ein Reichsstand seine Landeshoheit continuiret und das rechtskräftige Urtel seines Lehnhofes exequiret.

**) S. Nr. 3. bey der Recursschrift.

***) S. Nro. 41. bey der Recursschrift.

anerkennet haben. *) Hingegen ist nicht erfindlich, daß von denen vorigen Sponheimischen Regenten eine denen Hausverträgen zuwiderlauffende Veräusserung oder Begebung ihres Territorial- und Lehnrechts geschehen seye.

§. 159.

Es ist ein offenbarer Irrthum des Kaiserl. und Reichskammergerichts, wann es meinet daß die Freiherren von Dürckheim vor dem Jahr 1739. (das heiset ante sententiam privatoriam des Lehnhofes,) das Züscher Lehn gegen Sponheim als ein Eigenthum besessen, und possessionem civilem continuiret hätten. Hingegen ist es kein Irrthum, sondern eine eingestandene Wahrheit, daß die Gegnere auf Betrieb des Vasallen von Hunolstein-Dürrcastellischer Linie, im Jahr 1734. depossediret, im Jahr 1739. von dem Sponheimischen Lehnhof mit ihrem Belehnungsgesuche schriftlich abgewiesen, sofort im Jahr 1750. das Rechtskräftige Urtel immediate nach Aufhebung der von seiten Kur-Trier geschehenen Hindernis, zur gänzlichen Execution gebracht worden ist. **) Verfolg.

§. 160.

*) S. Nr. 3. 6. 7. 8. 10. 11. 12. 13. 14. 15. 16. 17. 18. 19. 21. 22. 23. 24. 25. 26. 27. 28. 29. 31. 37. 38. 40. 41. 43. 44. bey der Recursschrift.

**) S. Nr. 41. bey der Recursschrift. Ob die Gegnere ante sententiam privatoriam das Lehn in Besitz gehabt, darauf kann es nicht ankommen; genug daß sie durch die geschehene Einleitung des im Jahr 1739. beendigten Felonieprocesses gegen die Vasallen Vogte zu Hunolstein die Züscher Mannlehns-Qualitæt unter schriftlichen Bezug auf den Lehnbrief vom Jahr 1368. und das Sponheimische Recht die Vasallen ob commissas felonias des Züscher Lehns zu priviren, anerkannt haben. Genug, daß sie post sententiam privatoriam, mit ihrem Gesuch um die zwar unverdiente jedoch unvergleichlich hohe Gnade das Lehn ihnen zu verleihen abgewiesen waren, und weder in possessorio noch petitorio den oft agnoscirten niemalen aber mißkannten Lehnhof belanget haben, sondern erst im Jahr 1750. den eingestandenermassen post sententiam privatoriam niemalen gehabten und 16. Jahre lang verlohrenen Genuß, ohne vorgängige Klage oder Allegirung eines tituli, sich eigenmächtig verschaffen und den Lehnhof an Exequirung seines Urtels behindern wollen, dadurch aber diesen nöthigten, ihren Unfug abzuweisen. Indeme man diese Wahrheit vorleget so bleibet der jenseitige Vorwurf, als ob man ein spolium qualificatum defendire, ganz untreffend.

§. 160.

Weiterer Verfolg.

Wie demnach die vorige Sponheimische Beklagte Regenten denen von Ihnen eidlich beschwohrnen Hausverträgen zuwider gehandelt haben würden, wann Sie sich das per sententiam declaratoriam consolidirt gewesene Züscher Lehn, ohne Recht durch die Freiherren von Dürckheim, als Fremde, hätten entziehen lassen; So schlaget sich das Vorgeben zu Boden, daß der höchste recurrirende Theil, in einem vitiosen widerrechtlichen, aus und durch ein spolium qualificatum der Herren Beklagten erlangtem Besitze sich befindeten. Aus allem deme folget, daß das Kaiserl. und Reichskammergericht, denen Hausverträgen gerade entgegen gehandelt habe.

§. 161.

Gedoppelter Irrthum des Kammergerichtlichen Senats quoad punctum juris.

Näbere Untersuchung.

Der neue Kammergerichtliche Senat stehet in dem actenwidrigen Irrthum, daß die Freiherren von Dürckheim nicht ex interdicto uti possidetis, sondern ex interdicto recuperandæ possessionis & actione spolii qualificati geklaget hätten und probanda probiret worden seyen. Ein Irrthum der seines gleichens kaum haben kann. Gesetzt aber, daß das eine wie das andere wahr wäre, so würde es doch nicht weniger eine Wahrheit bleiben, daß gegen einen tertium b. f. possessorem, dessen possessio civilis nach denen Hausverträgen unveränderlich geblieben ist, und dessen possessio naturalis auf dieselbe, nicht aber auf die Handlungen der Beklagten Fürsten, sich gründet, die Execution des gegen diese ergangenen (durch die Verwerfung derer dagegen eingelegten remediorum juris nicht einmal rechtskräftig gewordenen) Urtels sich nicht erstrecken lasse. Wir wollen den Verfasser des Systems von dieser Sache reden lassen. Er spricht: „Illud extra omnem aleam „positum est, Interdictum unde vi, restitutionem spoliati seu vi „dejecti, ad solum dejicientem restringere, neque adeo tertium possessorem ex eodem conveniri posse.„ Wann dieses wahr ist, wie viel weniger mögen dann die übereilte Urtel quæst. gegen die ganz ungehörte dermalige, nach denen Hausverträgen bestbefugte, Besitzer exequiret werden?

Wer hat nun ein facinus begangen? Waren es die Verwalter des Sponheimischen Fideicommissi perpetui? oder

oder waren es die niemalen mit Sponheim in einigem Nexu gestandene Königlich Französische Unterthanen von Dürckheim, welche erst gegen Ende des Jahrs 1716. als angebliche Söterische Allodialerben in den Oberrheinischen Kraiß gekommen seind, und als vermeintliche Erben des Sponheimischen Vasallen Ernst Ludwig Vogts zu Hunolstein, das Sponheimische dominium directum über Züsch mit der Versicherung anerkannt haben, daß Ihnen kein Recht darauf zustehe; daß Ihnen durch Verleihung des Züscher Mannlehns, in nemlicher Qualitæt, eine zwar unverdiente jedoch unvergleichlich hohe Gnade geschehe; welche das Sponheimische Recht das Züscher Mannlehn zu consolidiren, bis in das Jahr 1739. anerkannt, auch nachher auf die ihnen als Besitzlosen Supplicanten publicirte abschlägige Resolution, weder in Güte noch in Recht sich gemeldet hatten, sondern ganz eigenmächtig erst im Jahr 1750. sich Recht und Besitz gegen Sponheim anmassen wollten?

§. 162.

Will man nun noch einmal den nicht existirenden und nicht eingeraumten Fall unterstellen, daß die von Dürckheim vom 1. bis 18. August 1750. in Besitz sich befunden hätten, welches doch gegen Sponheim nicht anders als clam hätte seyn können; Gesetzt auch, daß die Freiherren von Dürckheim armata manu depossediret- und von diesen hierwieder kein mandatum de non violando territorium nec turbando in possessione &c. sondern eine Spolienklage bey dem Kammergerichte eingebracht, die Beklagte auch darüber gehöret und sofort mit Recht verurtheilet worden wären: So sollte doch ein tertius nec ad causam citatus nec auditus b. f. possessor dadurch nicht bestrafet, folglich die zufolge des niemalen bestrittenen Hausgesetzes, proprio jure & nemine contradicente in den Naturalbesitz getrettene dermalige Sponheimische Besitzer, nicht als Spoliatores behandelt, verurtheilet und exequiret werden. Dieses wäre eine sowohlen gegen den Sinn des Civilrechts *) als gegen den Verstand des juris canoni- Fortsetzung.

*) Daß keine actio spolii contra tertium b. f. possessorem statt habe, beweisset de Cramer in seinen vorangeführten *Opuscul. Tom. 3. Sched. 3. §. 2.* „ Quoniam itaque Prætor restitutionem spoliati urget, ne cui pro- „ sit

nici **) anstoffende große Unbilligkeit und Unrecht. Letzteres ist zwar nach seinen besonderen Grundsätzen de peccato mortali gegen possessores m. f. um einen starken Schritt weiter gegangen.***)

§. 163.

„ sit facinus suum, ideo quoque suo interdicto spoliato tantum subvenit adversus dejicientem seu spoliatorem. Neque idem adeo, salvis principiis juris, citra legis autoritatem ad Possessorem tertium extendi potest. Quod enim Ulpianus (*l. 1. §. 3. ff. de Interd.*) in genere de Interdictis affirmat, quod, licet videantur in rem concepta, vi tamen ipsa personalia sint, id singulari ratione patet in interdicto nostro. Etenim tranquillitas societatis civilis urget idem adversus dejicientem seu spoliatorem ob facinus non tolerandum; adeoque actio tantum datur adversus eum, qui facinus commisit, consequenter personalis est. Jam vero personalis actio cum re non transit ad alium possessorem per vulgata. Ergo nec hoc interdicto uti licet adversus tertium Possessorem; consequenter spoliatus adversus illum ex eodem restitui nequit. &c.

**) v. de Cramer c. l. §. 3. Et sane adversus solum dejicientem interdicto unde vi usi sunt Pontifices in causis ecclesiasticis. Exemplo nobis est Innocentius III. qui a. 1200. ex eo, quod quis non spoliaverit, nec mandaverit spoliari, nec spoliationem ratam habuerit, decidit, (*c. cum ad sedem 15. §. fin. de restit. spol.*) interdictum unde vi locum nullatenus habere. Atqui tertius Possessor nec ipse spoliavit, nec spoliationem mandavit, nec ratam habuit; (nostro in casu) Ergo nec contra eum interdictum unde vi intentari potest. Illis itaque limitibus arctis interdictum unde vi contineri, intra quos idem coercere visum fuerat Prætori, hoc ipso declaravit Innocentius. Enimvero constat, eum juris civilis fuisse peritissimum, ita ut idem ante acceptum pontificatum Bononiæ publice doceret.

***) Der seel. Baron v. Cramer spricht hievon c. l. „ Vidimus in superioribus Prætorem hoc beneficium spoliato indulsisse adversus spoliatorem ob atrocitatem facinoris. Jam vero Pontifex ex periculo animæ facinora æstimans, non tantummodo ex damno, quod datur reipublicæ, quemadmodum fecerat Prætor, non multum interesse judicavit, utrum quis injuste rem alienam detineat, an invadat, quorum hoc patrat spoliator, illud malæ fidei Possessor, utpote qui rem invasam scienter (h. e. sciens illam ab alio fuisse spoliatam) recepit. Quodsi itaque ob facinus ferendum non est, ut spoliator spoliatum commodo Possessionis privet, nec concedendum ratus Pontifex, ut malæ fidei Possessor spoliatum eodem privet. Nervus argumenti ut clarior appareat, principia Pontificis expendenda veniunt. Constat, inter omnes Innocentium III.

„ stre-

§. 163.

Wann aber die dermalige nicht Beklagte Sponheimische Regenten, an allem was vor und nach dem Mandato de non turbando territorium &c. zwischen denen von Dürckheim und denen Beklagten Fürsten vorgegangen seyn soll, nicht den mindesten Antheil haben, noch daran nehmen, noch ihr Recht und ihren Besitz daraus herleiten; und wann also dieselbe das Züscher Lehn nicht als eine von ihren Fürstlichen Agnaten spoliative erworbene Beute, sondern als ein Uralt Sponheimisches Lehn, worin sie, vor wie nach dem Dürckheimischen Mandatsproceß, zufolge der oben allegirten Hausverträge und Sponheimische Grundgesetze, in Gemeinschaft die possessionem civilem würklich gehabt, folglich nach tödtlichem Hintritt der Beklagten Fürsten *) und respective nach Abgang der Baden-Badischen Linie, das gedachte Lehn nicht als ein von denen Beklagten Fürsten per spolium qualificatum neu erworbenes Guth beybehalten haben, mithin in keine Todsünde und Seelengefahr sich versunken befinden: So können die Gegnere in dem jure canonico nichts tröstliches vor sich finden, vielmehr seind Sie derjenige Theil, welcher keinen titulum und Näherer Beweiß.

„ strenuum fuisse Petri Lombardi defensorem. —— Fuit vero „ Lombardus Theologiæ scholasticæ Autor, atque adeo Innocentio non alia fuere principia, quam eidem consona. Ex ejus itaque principiis peccatum mortale est, quod quis scienter committit, atque ex eodem animæ damnationis æternæ periculum imminet; Nisi enim pœnitentiam agat peccator, vi ejusdem damnationem æternam incurrit. Quoniam igitur malæ fidei Possessor scienter detinet rem alienam invasam; spoliator vero eam scienter invadit; factum utrumque in numerum peccatorum mortalium retulit Pontifex; adeoque idem periculum animæ ex utroque imminere existimavit. Quare cum Pontifex salutis æternæ animarum rationem habeat; idque Innocentius agnoverit & in decretis suis observaverit; minime mirum tibi debet videri, cur restitutionem spoliati ob facinus non tolerandum concessam æque adversus malæ fidei Possessorem, quam spoliatorem dederit &c.

*) Welche die Hausverträge beschwohren hatten, denen hiernach als Verwaltern des Sponheimischen fideicommissi die Mache nicht zustunde, das Züscher Lehn zu veräussern, oder durch Nachläßigkeit dasselbe ab Handen kommen zu lassen.

und kein Recht vor sich hat (v. § 1.—19.) und der offenbahr wider besseres Wissen und Gewissen, mithin mala, ja pessima fide, handelt. *)

§ 164.

*) „ Ipsa enim canonis verba aperte loquuntur, eodem merum Episcoporum privilegium contineri, quod nempe, si fuerint spoliati accusari non possint, nec accusati in Synodo spoliatoribus respondere teneantur, antequam omnia sive mobilia, sive immobilia in eodem loco, vbi ipsis fuerant erepta, redintegrentur sive restituantur. Et sane quoniam canon conditus à Johanne I. Sec VI. post Gratiani Decretum editum circa A. 1150. vim legis accepit; Innocentius III. vero A. 1216. demum, adeoque vltra dimidium seculum post dictam constitutionem in c. sæpe tulit; hæc prorsus superflua fuisset, si c. redintegranda spoliati restitutio adversus quemcunque, adeoque & malæ fidei Possessorem data fuisset. Si vero adversus hunc illo canone data non fuit; multo minus data adversus bonæ fidei Possessorem, consequenter omnino nihil de restitutione spoliati adversus tertium possessorem canon iste disposuit. Neque antiquis temporibus canonem de restitutione spoliati adversus tertium possessorem acceptum fuisse luculentissimo exemplo probo. Anno nimirum 1192. dubitatum fuit, vtrum rescriptum a Cœlestino III. cui Innocentius III. in pontificatu successit, super celeri reformatione vi usurpatæ possessionis impetratum, extendi possit ad tertium Possessorem, propterea quod interdictum vnde vi beneficium restitutionis solummodo concedat adversus dejicientem Jam vero quodsi *c. redintegranda* illam extensionem continere visus fuisset, vi ejus rescriptum citra omnem dubitationem ad tertium possessorem extendi potuisset, extensumque fuisset Quare cum id factum non fuerit, ratione dubitandi ab interdicto vnde vi petita, palam est restitutionem adversus tertium Possessorem isto tempore fuisse rem insolitam, consequenter *c. redintegranda* de eadem non acceptum. Dubium motum fuit in causa Ecclesiastica, quod probe notes velim. Exinde enim solui potest difficultas, quam nectit R. P. Pichler existimans: *c. sæpe* non fuisse superfluum etsi *canon redintegranda de restitutione spoliati* adversus quemcunque possessorem accipiatur. Quod scilicet judices aliqui, quando Laici fuerunt spoliati bonis profanis, non indulserint hoc remedium contra alios, quam ipsos spoliantes, ne quidem contra successores malæ fidei, secuti jus civile. Quoniam enim illo tempore, quo canon vigorem Legis vix acceperat, in ipsa causa Ecclesiastica ratio dubitandi, an restitutio fieri possit adversus tertium possessorem, ex interdicto vnde vi petita, & decisione Pontificis submissa fuit, quis dubitet illo tempore c. redintegranda ultra terminos interdicti vnde vi non fuisse extensum vllo in casu.

„ Atque ex his simul apparet, vera omnino esse illa, quæ de canone isto affirmaui, quod nempe merum Episcoporum privilegium

„ con-

§. 164.

Der einzige Grund der in dieser Sache herschenden Verwirrung lieget einzig in der Bezweiflung des wahren Sinnes, der von Reichsständischen Lehnsgerechtsamen denen Reichsgerichten, durch die Kaiserl. Wahlcapitulation ertheilten Vorschrift, sodann in dem Mißbrauche des Mandatsprocesses, auch verkehrter Anwendung der Reichsgesetzen, demnächst in der willkührlichen Justitzverwaltung vermittelst ungebührlicher Beschränkung derer zugelassenen Rechtsmittel. Diese Gebrechen leuchten besonders bey dem Mandatspunct de non turbando territorium hervor, wovon eine schwehre Kraft auf den nicht Zweifelhaften, sondern wahren Dominum feudi & territorii, *) der geschehenen Provocation halber, mit der Würkung gewälzet werden wollen, daß zufolge der neuen Kammergerichtlichen Interpretation der Provocantische Theil, so wenig nach wie vorher, und so wenig in comitiis, als vor einer Kaiserl. und Reichskammergerichtlichen respective Visitations- und Revisions-Deputation gehöret werden dörfe. Allein eben dieser Eingriff in die Gesetzgebende Gewalt ist so beschaffen, daß er den genommenen Recurs allerdings rechtfertiget. **)

Weitere Rechtfertigung des genommenen Recurses.

§. 165.

Man brachte nur das angemaßte und vorgeschriebene Verfahren, über den nicht eingeklagten und in prima instantia nicht vor das Kammergericht gehörigen Punct der Landeshoheit und derer selbiger anhängigen Rechten. Die gegen den Provocantischen Theil disfalls ergangene actoria, ist, an sich betrachtet, ein von vermeintlichen Amtswegen, veranlaßter Citationsproceß, in welchem der citirte, in conformität der willkührlichen, nicht einmal in dem fingirten processu Mandati S. C. ex Interdicto recuperandæ possessionis gegründeten Besitzbestimmung vom Jahr 1716. bis 1734. weder über den neueren noch älteren rechtlichen Besitzstand gehöret werden solle. Dieses gedoppelt ungerechte Verfahren entziehet die Austrägalinstanz, welches denen offenbahren Reichsgesetzen und Reichsherkommen gerade entgegen lauffet, wornach in Citationsprocessen, gegen einen Reichsfürsten, in Sachen, welche zuerst für

Verfolg sowohlen wegen des Gegenstands der Landeshoheit, als

„ contineat. Etenim rescripta Cœlestini & Innocentii III. aperte „ monstrant, non canonem istum, sed interdictum vnde vi in causis „ controversis pro norma fuisse adhibitum. V. de Cramer c. l. §. 5.

*) Unter dem *Domino territorii* und unter dem Provocantischen Theile, werden die neue niemalen in possessorio vel petitorio belangte Sponheimische Regenten verstanden.

**) S. Herrn Geheimen Justitzraths Pütters Dissert. de jure & officio summorum Imp. tribunalium circa interpret. leg. imperii §. 36. 71. 72. & 73.

für die Austräge gehören, kein Reichsgericht sich unmittelbar in erster Instanz einiges Erkänntniß anmassen darf. *)

§. 166.

Wegen der Verwerfung des remedii revisionis.

Man hoffet den Recurs in dieser mit so vieler Richterlicher Willkühr angehäuften Sache, hinlänglich begründet, und die vorliegende Würklichkeit gemeiner Beschwehrden zum Ueberfluß und soweit dargethan zu haben, daß die Gefahr Reichsständischer Vorrechte, und die Nothwendigkeit, dieselbe in Zeiten gegen richterliche Eingriffe aufrecht zu erhalten, sich gleichsam mit Händen greiffen lasse. Wäre es aber möglich, daß noch einiger Zweifel über die Zuläßigkeit, des gleichwohlen nothgedrungen, an Se. Kaiserliche Majestät und gesammtes Reich genommenen Recurses, irgendwo übrig bleiben könnte; So bittet man nur den einzigen Umstand von Erkennung über die materialia revisionis in Ueberlegung zu nehmen.

§. 167.

Weiterer Verfolg.

Es ist leicht gesagt, daß man sich mit denen ordentlichen Rechtsmitteln zu begnügen habe, und daß endlich ein Ende der Instanzen seyn müsse u. s. w. Wie aber wann ein Reichsstand ohne Anklage, in das (unerwiesene) factum eines dritten verurtheilet wird? Wann dem unschuldig, und ohne Gehörverleihung, verurtheilten Reichsstande keine Instanz und kein Rechtsmittel verwilliget, und endlich gar das seit dem J. R. A. nur bis zur gestellten Caution, einen effectum suspensivum habende, aber destomehr befestigte und der Kammergerichtlichen cognition entzogene remedium revisionis, widerrechtlich verworfen wird? Alles dieses ist in unserm Falle geschehen.

§. 168.

Beweiß.

Die Reichsgesetze erlauben einem jeden der sich graviret zu seyn dünket, das remedium revisionis. Keinem privato und niemanden ist dasselbe verboten. Sogar in Causis mandatorum de relaxando captivo & decretorum alimentorum, soll die Revision keinem verweigert

*) Vor dem summariissimo processu mandati S. C. ist die Landeshoheit ohnehin kein objectum, am wenigsten aber kann sie in dubio: weme dieselbe gehöre? in summariissimo ventiliret werden. Wie viel ordnungswidriger muß nicht das Kammergerichtliche Verfahren allenthalben auffallen, wann dasselbe, ohne daß von denen Freiherren von Dürckheim darauf ist geklaget, ohne daß von ihnen der Schein eines tituli ist angezeiget und ohne daß von denenselben ein Besitz der Landeshoheit im mindesten ist bescheiniget worden, ein so präjudicirliches Verfahren auferleget und unter dem Vorwande, daß in processu summariissimo kein remedium juris erlaubet wäre, die Revision verworfen und die Folgeleistung befohlen werden will.

gert seyn. Und nur wann gebührliche genugsame Caution erfolget, darf das Urtel vollstrecket oder Parition gefordert werden. *) Wie vielweniger mag das Kaiserl. und Reichskammergericht ermächtiget seyn, in der bis hieher vorgelegten wichtigen, Land und Leute, die Landeshoheit und die derselben anklebende Rechte betreffenden, und wegen der offenbahr competirenden Austrägalinstanz, nicht einmal vor dasselbe gehörigen Sache, unter dem nicht erfindlichen auch ganz unhinlänglichen, sammtlichen höchst- und hohen Ständen des Reiches gefährlichen Vorwande, eines 30. jährigen summariissimi, das remedium revisionis, welches richtig unter Beobachtung aller Formalitäten eingeleget ware, als unzulässig zu verwerfen? Lieget nicht hier eine eigenmächtige Widersezung gegen die Reichsgesetze und nahmentlich gegen den J. R. A. der §. 124. ante executionem die Caution de restituendo erfordert, vor Augen?

§. 169.

Betrübte Folgen, wann das Kammergerichtliche Verfahren nicht als Recursmäßig betrachtet wird.

Wo soll aber ein Stand des Reiches Hülfe suchen, wann ihme Altvätterliche Stammgüter, und in Gemäßheit seiner niemals angefochtenen Haußgesetzen besitzende Lehngüter nebst der Landeshoheit und derselben anklebende Rechte, ohne Klage, ohngehöret, ohne ihme remedia juris zu erlauben, ja sogar ohne ihme Sicherheit durch Caution zu verwilligen, entzogen und solchen privatis, welchen sogar der Schein eines tituli ermangelt, und welcher eingestanden, kein Recht darauf zu haben, de facto zugewendet werden wollen.

§. 170.

Bey Ermangelung einer Reichskammergerichtlichen Visitations- u. Revisionsdeputation können die Beschwehrde nirgens als in comitiis angezeiget und vorgetragen werden.

Zwar sprechen die Gesetze:

„Wo auch einiger Churfürst, Fürst oder Stand einigen Mangel oder Beschwehrde hätte, so ihm ungebührlich vom Kammergericht begegnet wäre, soll und mag ein jeglicher seine Beschwehrde den verordneten Commissarien, auf den ersten Tag Martii zu schicken, und zu erkennen geben, die sollen sammt andern Visitatoren derohalb Befehl haben, gebührliches einsehen und Reformation zu thun. **)" Allein die ordinari jährliche Visitationen seind verschwunden; die leztere ausserordentliche Visitation ist unterbrochen, auch nicht an das Revisorium gekommen! Was bleibet nun bey gegenwärtiger Lage des Gerichts, und bey Ermangelung einer Reichsjustitz-Deputation, beschwerten Reichsstän-

Dd

*) S. Dep. A. vom Jahr 1600. §. 146. C. O. C. P. 3. Tit. 63. §. 6.

**) S. O. C. p. 1, T. 50. §. 5. C. O. C. p. 1, T. 64. §. 20.

ständen anders übrig, als in denen mit einem gemeinschaftlichen Interesse umwundenen Fällen seine Zuflucht zu dem unter seinem allerhöchsten und, Gott seye es gedanket! Justitzliebenden Oberhaupte versammlete Reich zu nehmen.

Beschluß. Bey dieser Vorliegenheit der Sache, ist in dem unwandelbaren Vertrauen, auf Seiner allerglorwürdigst regierenden Kaiserlichen Majestät allerhöchste Gerechtigkeit, somit an der dem höchsten recurrirenden Theile erscheinenden Rettung gegen die Zudringlichkeit und gegen das Reichssatzungswidrige Verfahren des Kammergerichts nicht zu zweiflen, wann von denen die Aufrechthaltung des, auf eine unverletzte Bewahrung derer Reichsständischen hohen Gerechtsame, gegründeten Reichssystems, beherzigenden höchst und hohen Reichsmitständen, das geziemend erbettene gedeihliche Reichsgutachten, beliebet wird, und lebet Sponheim in der getrosten Hoffnung, ein solches in beruhigter Zuversicht erwarten zu dörfen.

Beylagen.

Nr. 81.

Sent. 24. Mart. 1779. publ.

In entschiedener Sachen Niederrheinischer Reichs-Ritterschaft, wider gemeinschaftlich Sponheimische Regierung zu Trarbach und Amtmann Fabert zu Birkenfeld, Mandati de non turbando in possessione vel quasi juris collectandi, ut & restituendo spoliative ablata cum omni damno, Interesse & Expensis S. C. nunc interpositæ Revis. Ist Notarius Mahl, auf vorgebrachte Special-Gewälter, zu Ablegung des Revisions-Eids in nächstkünftiger Audienz zugelaßen, darauf die durch Lt. Haas [12] eingelegte Caution als hinlänglich angenommen, sein des Mand. de exequendo halber beschehen Begehren aber noch zur Zeit abgeschlagen, sondern Lt. Helfrich und Dr. Brandt glaubliche Anzeige zu thun, daß dem ausgangen- verkündt- und reproducirten Kayserlichen Mandat und der darauf unterm 5ten Febr. 1777. ergangenen Paritori-Urthel, alles Inhalts gehorsamlich gelebt sey, annoch Zeit 1. Monats pro termino & prorogatione von Amts wegen angesetzt, mit dem Anhang, wo sie dem also nicht nachkommen werden, daß es alsdann puncto poenæ bey gedachter Urthel pure bleiben, und das Mandatum de exeq$^{do.}$ ohne ferneres Anrufen aus der Kanzley verabfolget werden solle.

Nr. 82.

Extractus Entschuldigungs-Schreibens weyl. Herrn Ernst Ludwigen Vogten von Hunolstein-Sötern an weyl. Herrn Herzogen Christian III. zu Zweybrücken. d. d. [illegible] April 1684.

Wann aber, gnädigster Fürst und Herr! durch Ableben meines Herrn Vatern sel. alle die Lehen- und Stamms-Affairen auf meinen Vettern Herrn von Hunolstein zu Merxheim devolviret worden, ihme also, als ältern Stamms-Agnato die sämtliche Lehenrequisition incumbiret, er auch unterschiedliche bereits requiriret, &c.

Nr. 83.

Copia Vertrags und Abrede zwischen Wilhelm, Otto Philipp, und Otto Wilhelm Ernst, Vögten zu Hunolstein d. d. Dürcastell den 26ten May 1663.

Zu wissen seye hiermit, daß die Wohlgebohrne sämtliche Vögte zu Hunolstein eine Nothdurft zu seyn ermessen, wegen gemeiner Stam- und Lehen-Sachen eine persönliche Zusammenkunft und Unterredung zu pflegen, sind demnach die zu End unterschriebene allhier zu Dürcastell zusammen kommen, nachgesetzte Puncten untereinander verhandelt, und heut dato verabschiedet: als erstlichen hat sich nach Durchgehung des jezt zu Stein-Callenfels in anno 1631. den $\frac{6}{16}$. Aug. ufgerichten Vertrags so viel befunden, daß zwar damals beschloßen worden, daß allezeit der eltiste aus den dreyen Stämen, als Soetern, Merrheim und Dürcastell, die gemeine Stams Lehenbrief in seiner Verwahrung haben, und so offt es von nöthen, die Lehen empfangen, und davon übrigen StamsAgnaten notification thun soll.

Dieweilen aber auf Absterben Weyl. Johan Adam Vogten zu Hunolstein solches uf das Hauß Dürcastell und in specie den Herrn General-Feldzeugmeister von Hunolstein als der Zeit eltisten gefallen, selbiger aber, wie bekannt, fast die ganze Zeit außer Lands, und niemandt vorhanden gewesen, der sich der Sachen unterfangen wollen, dahero und damit man nicht theils Lehen verlustigt werden möchte, hat sich Otto Philips Vogt zu Hunolstein wegen des Haußes Soetern selbiger angenommen, auch bis Dato, wie die zu Steincallenfels liegende Lehen-Brief und Acta ausweisen werden, also geführet, nachdeme aber selbiger sich unterschiedlich und sonderlich bey jeziger Anwesenheit hoch beschwert, auch seine Motiven eingewendet, warum ihme nicht wohl müeglich, angeregte gemeine Lehen Empfängnißen länger in Verwaltung zu haben, hingegen ebenmäsig bekandt, daß ich Johann Wilhelm, Freiherr Vogt zu Hunolstein wegen hohen Alters, und dabey sich ereigneten Incommoditæt selbige nicht über mich nemen kan: Als ist sich einhellig dahin verglichen, und beschloßen worden, daß gesammte Stamms Agnaten eine qualificirte Person in dem Land bestellen, gemeiner Hand aus ihren Mitteln erhalten, und darauf alle vorhandene Stamm- und Lehen-Sachen zu verwalten, anvertrauen sollen.

Wann nun einiger Fall in Lehen-Empfängnissen vorgehen wird, soll es von demselben alsbald dem eltisten des Stamms notificiret, und darauf nach verfertigter Gebühr von ihme die Nothdurft beobachtet werden: Dabey ferner ausdrücklich abgeredet worden, daß jeder LehensAgnat zu solchen LehenEmpfängnißen seinen gebührenden Antheil, der ihme nach gemachtem Ueberschlag wird zufallen, alsobalden und ohne uffenthalten selbsten darlegen, und bezahlen soll, damit man deswegen bey dem Lehenherrn ungefärt seye: sollte aber ein oder der andere in Erlegung seiner quotæ säumig seyn, so soll derselbe (vermög angeregten Steincallenfelsischen Vertrags) den daraus entstehenden Schaden nnd Kosten zu kehren schuldig seyn, auch die übrige parirende sich an denselben zu erholen haben.

Worbey

Worbey ferner expresse bedingt, daß dieser Vergleich auf alle Hunolsteinische Lehen, sie seyen unter was Orten Landen und Souverainitæt gelegen, zu verstehen, und also davon keines ausgeschieden.

2do.) Damit dieser Entschluß desto ehender möchte effectuirt werden, haben sich anwesende Vögte zu Hunolstein dahin bered, daß ein jeder unter ihnen selbsten nachfragen, und um ein hierzu dienliches Subjectum sich bewerben, und uf allenfall mit demselben tractiren, alsdann den Hhn. Agnaten solches notificiren solle.

3tio.) Ist von sämtl. Vögten zu Hunolstein auch vor nothwendig erachtet worden, weilen hiebevor dieselbe wegen des Stammhaußes Hunolstein mit Chur-Trier am Kaiß. Cammer-Gericht zu Speier in Proceß gelegen, welcher nun lange Zeit nicht getrieben worden, damit man aber sich deßelben nicht verlustigt machen möchte, so soll der nächstgeseßene von den Stamms-Agnaten erstens zu ermeltem Speier einen Procuratorn bestellen, und durch denselben gedachten Proceß im Nahmen und auf den Kosten gesamter von Hunolstein reassumiren lassen, und hiernächst denselben davon relation erstatten.

Zu Urkund und Vesthaltung vorgeschriebener Puncten seind dieser Abschied viergleichlautende verfertigt, und von den anwesenden sämmtl. Vögten zu Hunolstein unterschrieben und mit ihrem Insiegel bekräfftiget worden: So geschehen zu Dürcastell d. 26ten May 1663.

(L.S.) Wilhelm, Vogt zu Hunolstein.

(L.S.) Otto Philipp, Vogt zu Hunolstein.

(L.S.) Otto Wilhelm Ernst, Vogt zu Hunolstein.

Nr. 84.

Copia Lehens-Vollmacht von Hrn. Otto Ludwig Vogt zu Hunolstein vor Hrn. Franz Leopold Graven und Vogt zu Hunolstein dd. Luneville d. 9ten Junii 1717.

Kunth und zu wissen seye hiermit, daß nachdeme am 3ten Septembris jüngstverwichenen Jahrs Herr Ernst Ludwig Freiherr von Hunolstein zu Soetern als letzterer Manns-Lehen-Träger ohne einige Descendenten dies Zeitliche gesegnet, und also mir als ältestem die Lehen zu empfangen obliegen will, Ich aber wegen Ohnpäßlichkeit und andern Geschäften solches in persona zu prästiren nicht mag, bei so gestalten Sachen gemüsiget worden, dem Hochgebornen Graven und Herrn Franz Leopold von Hunolstein zu Dürrcastel meinem Hochgeehrten Herrn Vettern und Agnaten dahin zu bevollmächtigen, daß er bey allen und jeden Lehenhöfen, wovon unser Familie belehnet worden, sich anmelden, und die Lehen gebührend empfangen könne, gestalten dann zu dem Ende demselben nicht allein mit einer von einem Notario publico zu Luneville in Französischer Sprache verfertigten Vollmacht authorisiret, sondern auch kraft dieses völlige Vollmacht nochmalen ertheile, vndt angelobe, daß alles und jedes, so derselbe dißfalls in meinem Namen prästiren wird, vor genehm, und ob ich selbst persönlich zugegen gewesen, und gethan hette, halten werde. Vrkund dessen ich mich hierunter eigenhändig unterschrieben und mein angebohrnes Pettschaft beygedruket habe. So geschehen Luneville d. 9ten Junii 1717.

Nr. 85.

Lehen-Brief der Maynzischen Domprobstey vor die Vögte zu Hunolstein dd. Mainz d. 6ten Aug. 1721.

Von Gottes Gnaden Wir Johann Phillipp Franz des heyl. Römischen Reichs Fürst, Bischoff zu Würtzburg und Herzog zu Franken, Dhom-Prost zu Maynz, bekennen und thun kund offentlich in kraft dieses Briefs, daß an heut zu end gemeltem Dato Wir auf unterthänigstes Ansuchen des wohlgebohrnen unsers Vasallen und lieben Getreuen Franz Leopold Freyh. Vogten zu Hunolstein, Herr zu Dürrcaßel und Hinders-Dorf rc. des Herzogthums Lothringen Geheimden Raths und Staats-Ministers demselben vor sich und seine Mitlehens-Agnaten benantlich Otto Ludwigen, sodan die unter der Reigersbergischen Curatel stehende Curanden mit Nahmen Georg, Johann Friderich und Philipps Friderich Gebrüdere, sämtliche des Stamms und Namens der Vögten von Hunolstein mit denenjenigen Lehen-Gütern und Nutzungen, so hiebevor ihre Vor- und Eltern mit ihren Vettern der Hilchen von Lorch von undenklichen Jahren her in Lorcher Gemarkung gemeinschaftlich zu rechten Erblehen getragen, gdgst. wiederumb belehnet haben, leihen auch ihme Franz Leopold Vogten von Hunolstein vor sich und genannte seine Mitlehens-Agnaten solche hiemit und in Kraft dieses Briefs zu rechten Erblehen, waß wir ihme von rechts und gewohnheit wegen daran zu leihen haben, jedoch mit ausausdrücklicher Ausnahm unser- unßerer Mann- und eines jeglichen rechten, worauf gedachter Franz Leopold Vogt von Hunolstein uns durch seinen Gevollmächtigten in Kraft demselben gegebener Gewalt, einen leiblichen Eyd zu Gott und seinen Heilligen geschworen hat, unß und unßerer Dhom-Probstey getreu und hold zu seyn, unsern Schaden zu warnen, Frommen und Bestes zu werben, solche Lehen zu empfangen, zu vermannen, zu verdienen, und sonst alles das zu thun, was ein getreuer Vasall seinem Herrn von solchen Lehens wegen den rechten und gewohnheit nach zu thun und zu leisten schuldig ist, ohne Arglist und Gefährde. Dessen zu wahrer Urkund haben wir diesen Brieff eigenhändig unterschrieben und unßer Insiegel daran henken lassen. Der geben ist zu Maynz d. 6ten Aug. 1721.

Nr. 86.

Herzoglich-Zweybrückischer Lehen-Brief vor die Vögte zu Hunolstein dd. 16den Jenner 1744.

Von Gottes Gnaden Wir Christian der vierte, Pfalzgrav bey Rhein, Herzog in Beyern, Grav zu Veldenz, Sponheim und Rappolstein, Herr zu Hohenek ꝛc. Bekennen und thun kund offentlich mit diesem Brief, daß Wir nach tödlichem Hintritt des Durchlauchtigsten Fürsten Herrn Christians des dritten Pfalz-Graven bey Rhein, Herzogen in Bayern ꝛc. unsers gnädig und geliebten Herrn Vatters Hochlöbl. und Christseel. Gedächtnüs als Successor und regierender Fürst dieses Herzogthums Zweybrücken, Unserem lieben Getreuen Franz Leopold Vogten von Hunolstein für sich selbst und als Träger seiner Vettere namentlich Johann Friderich und weyl. Philipps Friderichs nachgelassenen Söhnen Friderich und Philippsen Vogten von Hunolstein diese nachgeschriebene Lehenschaft und LehenGüter in Hoheheimer, Sulser und Udenheimer Gemark gelegen, zu Erblehen geliehen haben, und leihen die ihm auch in Kraft dieses Briefs in aller Maasen, wie weyl. Melchior von Riedesheim Seel. solche hievor von unseren Herren Vorfahren in besagtem unserem Herzogthum Zweybrücken und vor ihme weyl. sein Vetter Hanß von Wachenheim seel. die von unsern Vordern zu Erblehen gehabt und getragen haben, nemlich zu dem ersten in dem Feld nacher Udenheim zu Elf Morgen und zu Hinterbach geforcht Jacoben von Udenheim, Item dritthalb Morgen uf dem Hohenfeld über die Straß geforcht Jacob von Udenheim, Item anderthalb Morgen herabwärts geforcht Gerhard Jetzer. Item fünf Viertel zu Husterborn geforcht Hermann von Udenheim. Item zehen Morgen an der Steinbrük geforcht Gerhard Jetzer. Item fünf Viertel aufwerts geforcht Hermann von Udenheim. Item anderthalb Morgen uf der Weyden geforcht Heinzen Junck, Item Sieben Viertel uf der Weyden geforcht Jacoben von Udenheim, Item anderthalbe Morgen uf der Hohenfelder geforcht Friderich zu der Huben, Item anderthalben Morgen in dem Schoreсheimer Pfadt geforcht Heinz Junck von Maynz, Item ein zwey Theil an dem Schoresheimer Pfadt geforcht Hermann von Udenheim, Item anderthalb Morgen dabei geforcht Jacoben von Udenheim, Item acht Morgen herabwärts geforcht Jacoben von Udenheim. Item in das andere Feld nacher Seltzen zum ersten sechs Morgen in Seltzer Marken ein Angewand in Hohenheimer Marken, Item fünf Morgen die stoßen zu Hohnheim uf die Hecken, Item Sechshalb Morgen zu Hohnheim geforcht Heintzen Junken zu Maynz, Item ein Morgen am Großweeg geforcht Hermann von Udenheim, Item ein zwey Theil abwendig des Kinngernheimer Weegs geforcht Jacoben von Udenheim, Item drey Morgen dargegen über geforcht den Herrn von Erbach, Item anderthalb Morgen in der Mulden geforcht Friderich zu der Huben, Item anderthalb Morgen in Udenheimer Feld geforcht Friderich zu der Huben, Item ein Morgen in Udenheimer Feld geforcht Stumpfen Heyden, Item anderthalb Morgen in Udenheimer Feld, geforcht Friderich zu der Huben, Item zehen Morgen in WolfsGruben, geforcht Friderich zu der Huben. Item der Hof zu Hohnheim da der stock in stehet, Item der Garten der gegen dem stock stehet, und der vorgenannt Franz Leopold von Hunolstein hat jezund auch ehebemeldte Güther vor sich und als Träger in abgesezter gestalt Empfangen, mit Treuen gelobt und einen Eyd zu Gott geschwohren, uns und unserem Herzogthum von wegen Unserer Gravschaft Veldenz getreu und hold zu seyn, unsern Frommen und

Bestes zu werben, für Schaden zu warnen und allezeit getreulich zu thun, was ein getreuer Mann seiner Herrschaft von solcher LehenGüter wegen von Recht oder Gewohnheit zu thun schuldig und verbunden ist, wir haben auch in dieser Leihung ausgenohmen unser Recht unser Mann und eines jeden Recht. Der zu Urkund haben Wir unser LehenSiegel an diesen Brief thun henken, der geben ist zu Zweybrücken uf Donnerstag den Sechzehenden Januarii im Jahr Christi unsers Erlösers Ein Tausend Siebenhundert vier und vierzig.

(L.S.)

App.

Nr. 87.

Chur-Trierischer Lehen-Brief vor die Vögte zu Hunolstein dd. 17ten 1742.

Von Gottes Gnaden Wir Franz Georg Erzbischof zu Trier, des heil. Römischen Reichs durch Gallien und das Königreich Arelaten ErzCanzler und Churfürst, Bischof zu Worms, Gefürsteter Probst und Herr zu Ellwangen, Administrator zu Prünn rc. rc. thun kund und offenbar an diesem Brief: daß Wir auf vor und nach erfolgtem Absterben weyl. unserer vier nach einander gefolgten Herren Vorfahren am Erzstift Churfürsten Carl Caspar, Johann Hugo, Carln und Franz Ludwigen hochseel. Andenkens, sodann Johann Wilhelm, Otto Philippe Christophen, Hanns Georg Niklasen, Otto Christophen und Otto Ernsten samtlicher Vogten zu Hunolstein in leztern LehnBrief vom 17den 7br. 1653. gemelt (nachdeme wegen der diese geraume Zeit hindurch unterbliebener Investitur das behörige von unsern Erzstifel. Lehenhof verhandelt, mithin auf darunter an Uns erstatteten unterthänigsten Bericht und Gutachten zu dermaligen neuen Belehnung fürzuschreiten gnädigst verstattet worden ist) aufs neue gnädigst belehnet haben und belehnen an diesem Brief den Ehrsamen Unsern HofCammerrathen und LandRenth-Meistern lieben Getreuen Johann Georgen Speicher kraft vorgebrachten Gewalts von dem Wohlgebohrnen unserem lieben Getreuen Franz Leopolden Graven von Hunolstein als ältesten LehenTrägern deren Vogten und Freyherren von Hunolstein für sich und seine LehensErben, sodann kraft habender Con- und SubstitutionsGewalt von dem auch wohlgebohrnen Johann Friderichen Vogten und Freyherrn von und zu Hunolstein für sich, dann auch in Vormunds Nahmens weyl. seines Bruders Söhnen Friderichen und Philippen aller Vogten und Freyherren von und zu Hunolstein, sein des jezigen Senioris Domus und Lehenträgern samtlicher Vettern und LehensAgnaten mit der Burg zu Züsch und dem Dorf Zuschel samt Zugehör und denen Höfen zu Lohenschein und Loncamp mit ihrer Zugehörungen, darzu auch mit zweyen Fuder Weins aus Unserer Kellerey zu Pfalzel jährlich scheinende wie obgem. von Hunolstein VorEltern, die von unseren Vorfahren Erzbischofen und unserem Stift von Trier zu Lehen gehabt und hergebracht haben, und nach Laut deren alten Briefen darüber sprechend, doch mit Behaltung unsers Stifts, unserer Mannen und

und eines jeglichen anderen Rechten an diesem Lehen. Und es hat auch vorgem. Johann Georg Speicher in Namen, wie obstehet, solch Schloß Züsche samt Dorf und Zugehör, die Heffe und WeinGült vorgerühret, jezo von Uns leiblich empfangen mit mannhaften Treuen, Hulden, Eyden und Diensten, als solchen Lehens und unseres Stift von Trier Recht und Gewohnheit ist, und dessen zu Urkund haben Wir Unser Insiegel an diesen Brief thun hangen, der geben ist in unserer Residenz Ehrenbreitstein den siebenzehenden Tag Monats May, des tausend siebenhundert und zwey und vierzigsten Jahrs.

Nr. 88.

Churfürstl. Trierischer Regierungs=Befehl an das Amt Grimburg. d.d. Ehrenbreitstein den 25ten 8bris 1734.

Von wegen Ihrer Churfürstl. Gnaden zu Trier unseres gnädigsten Herren wird Dero Amts=Verwalteren zu Grimburg hiermit gnädigst und alles Ernstes anbefohlen, gestalten den in Sachen Franz Leopold Vogten von= und zu Hunolstein contra den Freyherren von Türckheim von der gnädigst-angeordneter Commission erlaßene Sequestrations-Befehl nöthigen falls manu forti nicht allein zu handhaben, sondern auch ermelten von Türckheim in denen zum quæstionirten Züscher Lehen gehörigen Oertheren mit Jagdt und Fischerey in so lange aufzuhalten, bisdahin auf die gegen ihn von Türckheim wegen obgemelten Chur-Trierischen Lehens bey Lehen-Hof dahier, als foro Competente eingeführte Action litem contestiret haben werde. Dann wird ihme Amts-Verwalteren auch ferner anbefohlen, wegen des violirten Sequestri sowohl die schuldige restitution und Satisfaction als wohl dem Niclaßen Pfeiffer zu Züsch mit gewaltthätiger Abbrechung deßen Baraquen zugefügten Schadens indemnisation sub termino octidui zu begehren, bey Entstehung deßen aber die Türckheimische GrundRenthen zu Nonnweiler in so lang mit Arrest zu belegen, bis je ein so anderen völlig Genugthuung erfolget seye. Ehrenbreitstein in Consilio Electorali Aulico den 25te 8bris 1734.

Ex Mandato
Thmsyré mit pph.
pro Copia
I. M. Aldringer Amts-Verw.
pro Copia Copiæ
F. A. Mayer Not. Impl.
requisitus mppr.

Nr. 89.

Baden-Badischer Lehenhofs-Auftrag an den Hunolsteinischen Bevollmächtigten dd. Rastatt den 24. Oct. 1742.

Jnmaßen allhiesig Hfürstl. Marggraf Baad. Lehenhof daran gelegen, daß gegenwärtiger Anschluß dem gemeinschaftl. V. G. Sponheimischen Hrn. Vasallo Frantz Leopold Grafen Vogten von Hunolstein gebührend behändiget werde; undt nun der Dhom Capitularische Hr. Syndicus Becker zu Speyer als Bevollmächtiger die letztere V. G. Sponheim. Hunolsteinische Lehens-Angelegenheit dahier besorget hat, mithin nicht gezweiflet wird, derselbe werde sothane Intimation gern übernehmen, nicht minder über den Erfolg einige Nachricht anher gelangen laßen; So hat man zu solchem Ende Ihm Hr. Syndico erwehnte Beyfug zufertigen laßen wollen. Rastatt den 24. Oct. 1742.

Hfürstl. Marggrl. B. Baad. Lehen-Hofs Canzley

pro Copia originalis Copiæ.

Fr. A. Mayer

Not. Imp^{lis} req^{tus} mppria.

Nr. 90.

Baden-Badische Lehnhofs-Resolutum an Hrn. Franz Leopold Graven und Vogt zu Hunolstein-Dürrcastell. dd. Rastatt d. 24. Oct. 1742.

Aus besonderem gnädigstem Auftrag des Regierenden Herrn Marggravens zu Baaden Baaden allerseits gnädigsten Fürsten und Herrns Hfürstl. Durchl. wird von allhiesig Hfürstl. Lehen-Hof dem gemeinsch. V. G. Sponheim. Hr. Vasallo Frantz Leopold Grafen Vogten von Hunolstein ohnverhalten, gleichwie sich aus beygehendem ofentl. Notariats-Instrument sub Nro. 1. äußert, gestalten zu der am 16. Julij jüngst von Seiten Chur-Trier auf der Burg Züsch veranlaßter Huldigung nicht nur allein die auf disseithig gemeinl. Territorio in der H. G. Sponheim wohnende Baraquen Leuth durch den Baraquen Mayer gezogen, sondern auch in selbiger Gegend von denen Hunolsteinischen Jägern und Deputirten gejaget worden seye, und nun aber nach Ausweiß derer gemeinsch. Sponheimischen Lehen-Brief und darüber ausgefertigten Revers, deren einer sub Nr. 2. hier beygebogen wird, das Dorf Züsch mit Waßer, Wälden, Felden, Leuthen, Gerichten, und allen seinen Rechten und Zugehörde, nichts davon ausgenommen, ohne allein das Schloß, als weit die Gräben geben, ein ohnstrittiges gemeinsch. Sponheim resp. Aigenthumb und Lehen ist, wovon Höchstgedacht Se. Hfürstl. Durchl. Dero durch die vielfältige Verwürkungen deren

deren vorherigen Vasallen heimgefallenen Antheil bereits am 24 Decembr. 1739. Dero Hrn. Geheimden Rath und Oberhof-Marschalln Freyh. von Brambach mittelst feyerlicher Investitur aufgetragen haben, man sodann auch nicht vermuthet, daß anfangs erwehnter gemeinsch. V. G. Sponheimischer Hr. Vasall Sr. Hfürstli chen Durchl. in Dero offenbare Gerechtsame auf einigerley Weis einzugreifen gesinnt seyn werde; Als will man von demselben die aigentl. Nachricht und Auskunfft gewärtigen, was es für eine Beschaffenheit mit vorberührter Huldigung habe, umb hiernächstens befinden Umständen nach die weither nöthige Fürkehrung zu thun.

Rastatt den 24. Oct. 1742.

Hfürstl. Baaden Baden. Lehen-Hofs Canzley

pro Copia Originalis Copiæ

F. A. Mayer Not^a. Impl^is req^tus

mppria.

Nr. 91.

Copia Berichts an den Sponheimischen Lehnhoff von Franz Leopold Vogt zu Hunolstein d. d. Nancy den 12. Nov. 1742.

Euer Hochfürstl. Durchlaucht haben unterm 24ten Jüngst verwichenen Monaths von Dero nachgesetzten Hochfürstl. Lehen-Hoffs-Canzley wegen, an mich gnädigst rescribiren lasen, daß, nachdeme zu der von Chur-Trier auff der Burg zu Züsch unterm 16ten July lauffenden Jahrs zu meinem Faveur vorgenohmen wordenen Huldigung nicht nur die auff dem gemeinschaftlichen Territorio in der Hinderen-Graffschafft Sponheim wohnende Baraquen Leuth durch den Baraquen Mayer mitzugezogen, sondern auch in selbiger Gegend von Meinen Jägern und Deputirten gejaget worden; Nach Außweiß des mit communicirten Gemeindschaftlich-Sponheimischen LehenBrieffs und darüber außgefertigten Reverses aber das Dorff Züsch mit Wasser, Walden, Felden, Leuthen, Gerichten und allen seinen Rechten und Zugehörungen nichts davon außgenohmen, ohne allein das Schloß als welch die Graben gehen, ein ohnstreittig gemeinschafftlich-Sponheimisches respective Eigenthumb und Lehen seye; Wovon Euer Hochfürstl. Durchlaucht Dero durch die vielfältige Lehens-Verwürckhungen derer von Hunolstein heimgefallenen Antheil bereits am 23ten Decembris 1739. Dero Hrn. Geheimbden Rath Rath und Ober-HoffMarschallen Freyhr. von Brambach mittels feyerlichen Investitur auffgetragen hetten, Ewr. Hochfürstl. Durchlaucht gnädigst nicht vermuthen wollten, daß ich als Gemeinschafftlicher Vorderer Graffschafft-Sponheimischer-Vasall Höchstdenenselben in Dero offenbahre Gerechtsame auff einigerley weiß einzugreiffen gesinnet seyn würde, so fort auch Höchst Dieselbe von mir die eigentliche Nachricht und Außkunfft gewärtig seyn wollten, waß es für eine Beschaffenheit mit vorberührter Huldigung habe, umb hiernechst befindenden Umbständen nach die weitere nöthige Fürkehrung darauff thuen zu können.

Allermaßen aber Gnädigster Fürst und Herr! es eine bekannte in Cameral-Acten sonderheitlich documentirte Sach ist, daß nach absterben Meines Vettern und Lehens-Agnaten Weyl. Hrn. Ernst Ludwig Vogten von Hunolstein Söttern als letzteren Possessoren derer Lehnschafften qu. deßen Schwester Kinder die Hrn. von Turckheim unter dem Prætext eines vermeinten von ermelten ihrem Hrn. Oheim zu ihrem Faveur darüber errichteten Testaments und allerhand sonst unstatthafft, in denen Cammeral-Acten weitläuffig contradicirte Erfindungen, die vorhanden gewesene sambtliche Vogt von Hunolsteinische Gemeinschafftliche Lehens-Acten und Documenten theils verbrennet, und theils auff Straßburg transferirt, und bey deme Ritterschafft Ortenauischen Consulenten Lt. Saler daselbsten deponirt, so fort mir alle Gelegenheit, mich über die Lehenschafften quæst. gründlich informiren, und diejenige Schuldigkeiten beobachten zu können, benohmen haben, die mir von Lehens-Rechts-wegen bey denen hohen Lehen-Höffen bey darüber gehabten genugsamben Kundschafft allerdings hätten aufliegen, oder mann von denenselben sonst hette erfordern können, so forth, da nach Ableben gedachten Hrn. Ernst Ludwigen Vogten von Hunolstein alß ältern Lehen-Trägern und Possessoren derer Lehenschafften quæst. die mir qua Seniori et Agnato proximiori dermahlen ex pacto et providentia majorum gebührende Lehen ohne Documenten in obscuro auffsuchen, und contra detentores quoscunq. bey denen Hohen-Lehen-Höffen hin und wieder vindiciren, und zu deme Endt mir die Documenta communia bey denenselben zur Direction außbitten muß, und ab anno 1716. bißhieher solcher gestalt bekannt- und erweyßlicher Dingen würcklich angesprochen und vindiciret habe, mir zu keinem Lehen-fehler gedeutet, weniger gezogen werden kann, wann bey denen von denen Hohen Lehen-Höffen dermahlen, und Successive vorgehenden Belehnungen und mir des Ends communicirt werdenden gemeinschafftlichen Documenten in denen Lehenschafften, so ernannter Vasall qua Senior und LehenTräger deren Vogten von Hunolstein bis an sein Ableben etwann von verschiedenen Lehen-Höffen besessen und ingehabt, irrthumben oder fehler circa Dominium directum vorgehen, begangen worden, oder werden sollten, oder bey ein oder anderem Lehen-Hoff das Dominium directum in Anspruch oder Contradiction seye, gesetzt, oder gezogen würde, so mir und meinen Lehens-Agnaten weder zu untersuchen- noch gegen ein oder andern Hohen LehenHoff zu disputiren, außzuführen, oder davon ein oder anderen theils Notiz zu nehmen, keinesweegs zukommen will, sondern solches denen Hohen Herrn Dominis directis lediglich gegen einander außzumachen, oder außzuführen überlassen muß.

Gestalten nun 2.) nicht allein das Hohe Ertzstifft Trier behauptet, daß das Dorff Züsch ein appertinentz von der verfallenen Burg daselbsten seye, sondern auch Hochdaselbe durch den mir communicirten alten LehenBrieff de anno 1330. in Abschrifft sub No. 1. beyliegen, daß nebst andern in gemelter Anlaag denombrirten Stückh auch das Dorff Züschel unter andern documentiret, und ein uraltes Lehen seye, so die Herrn Graffen von Sponheim von dem Hohen Ertzstifft Trier ehedessen titulo feudi recognosciret, und wie die Anlaage sub Nr. 1. beweise, reversiret hetten, zweiffelsohne auch dies sein Angeben, weiter zu bescheinigen oder außzuführen bedacht, oder gemeynet seyn dörffte, so ich proprio et Agnatorum nomine Hochdemselben, und Ewr. Hochfürstl. Durchlt. gegen einander pro et contra in foro Competente außzuführen Unthgst. gehorsambst anheim gestellt laße; In dessen aber

3.) Ewr.

3.) Ewr. Hochfstl. Dchlt. nachgesetzte Hochlöbliche Lehen-Hoffs-Cantzley vermittels des mir communicirten Lehen-Brieffs und darüber außgestellten reversalis de anno 1671. selbst beweißet, und eingestet, daß die Vogten von Hunolstein Züsch das Dorff mit Wasser, Walden, Felden, Leuthen, Gerichten, und allen seinen Rechten und Gehörden nichts davon außgenehmen, worunter das Dorff Boosen, so kundbahrlich ein appertinentz von Züsch ist, mit zu rechnen, Item den Zehenden zu Lockhweyler, und dem Kirchensatz daselbsten von der Hinderer Graffschafft Sponheim Titulo feudi besessen, und des abgelegten Ernst Ludwigen Vogt von Hunolstein Vatter Otto Philipp Vogt von Hunolstein daßelbe vor sich und in Gemeinschafft seiner, a primo acquirente posterirender Hhrn. Lehens-Agnaten noch von weyland Ewr. Hochfürstl. Durchlt. Herrn Vattern Höchst-Seeligst- und Lobwürdigsten Andenkens als ältesten Graffen von Sponheim empfangen, und Lehenrevers darüber außgestellt habe 2.) auch es bekannt ist, daß deßen Sohn Ernst Ludwig Vogt von Hunolstein das nemliche Orth Züsch und Boosen bis an sein Ableben besessen und ingehabt, 3.) nach deßen Ableben, so im Jahr 1716 erfolget ist, auff Otto Ludwig Vogten von Hunolstein zu Crembsingen, welcher im Jahr 1728. ohne Männliche Descendentz gestorben ist, nach dessen Ableben aber 4.) auff mich alß ältest- und nechsten Lehens-Agnaten nach der Vogt-Hunolsteinischen Lehensfolg und Stamm-Taffel, hetten verfallen sollen, so forth offenbahr ist, daß das Dorff Züsch und Boosen cum appertinentiis-Vogt-Hunolsteinische alte Stamm-Lehen seyn, in deren Possession sich

5.) die Hhrn. von Türckheim nach Ableben Weyl. Herrn Ernst Ludwig Vogten von Hunolstein alß ältesten vnd Lehen-Tragern nullo jure et pessima fide sich gegen alle protestationes eingedrungen, die bey dem ältesten und Lehen-Tragern auffbehaltene Lehen-Brieff und Documenten an und zu sich gezogen, damit alle Notitz der Lehenschafft wegen denen Hhrn. Vasallen vnd Agnaten simul et semel benohmen, sich demnechst ad Cameram Imperialem gewendet, und auff solche Arth, alle Vasallen, die Lehens-schuldigkeit bey denen Lehen-Höffen hin und wieder nach der Gebühr zu præstiren, ausser Stand gesetzt hetten.

In solchen Vmbständen aber nicht allein in gemeinen Rechten außtrücklich verordnet, sondern auch in Curiis feudalibus durchaus recipirt, und der nathürlichen Billigkeit gemäß ist, daß wider einen Vasallen, so durch entzogene Documenten von der Lehens-Qualitæt keine Kundschafft hat, oder haben kann, und derowegen seine Lehen-schuldigkeit nicht beobachtet hat, oder beobachten können, keine Felonie, oder Lehens-Verwürckhung (so sich absolute in dolo et contemptu gründet, wovon aber nach der Gebühr vnd Erfordern justissima Causa den Vasallum entschuldiget) platz habe. 2.) weiter in Rechten bekannt ist, daß wann auch ein Vasall eine Felonie (wie man in der Sententia privatoria sub No. 2. beyliegend von von Seithen Ewr. Hochfürstl. Durchlaucht Lehen-Hoffs Herrn Philipps Friderichen Vogten von Hunolstein Merxheimer Linie circa feudum qu. unterm 23ten Decembris 1739. hat imputiren wollen) contra Dominum directum begangen habe, dessen Agnatis doch darunter nicht præjudicirt, vielweniger das Lehen eo ipso entzogen, und, wie durch die prætextirte Investitur des Herrn Geheimbden Rath und OberMarschallen Freyherrn von Brambach anmaßlich hat geschehen wollen) ein anderer damit belehnet, oder investirt werden könne; sondern denen andern Agnatis ihr jus et actio Revocatoria feudi offen bleibe, mithin mir unterm prætext solch vorgegeben- von Herrn Philipps Friderichen Vogten von Hunolstein beschehen seyn sollender Verwürckhung das qu. Lehen nicht

 entzogen,

entzogen, und einem andern gegeben werden können, ohne zu gedenckhen. 3) Daß die privatio feudi wegen unterlasener Lehens-Muth und Erneuerung (worauff sich die Sententia privatoria vom 23ten Decembris 1739. wider gedachten Hrn. LehensAgnaten gründet) in jure et praxi keinen Plaz finde, und darunter ein Lehen dem Vasallen nicht entzogen werden könne, sondern gemeiniglich eine andere Andung, sonderheitlich, wann Causæ dolum excludentes vorhanden, andictirt zu werden pflege, gleich die Feudisten durchgehens lehren, auch 4.) zu einer dergleichen harten PrivationsStraff, wann dießelbe allenfalß in jure et praxi Stadt und Platz haben soll, ein ordentlicher Procefs mit genugsamber Verthätigung des Vasalli coram Paribus Curiæ inter Dominum directum et Vasallum erfordert wird, wovon aber mir wenigstens nichts bekannt, undt dahero auch so bald mir die Sententia privatoria bekannt gemacht worden ist, davon Coram Notario et testibus also gleich appellirt ad Judicium immediatè superius, die Appellation auch in Cammerâ Imperiali angezeigt, und usque ad Impedimentum Cessans in Camerâ Imperiali wegen Abgang deren zu der Sachen ordentlicher Instruirung erforderlicher Documenten Prorogationem et Extensionem fatalium gesucht habe.

Der dann dafern es bey obgemelter Sentenz sein Verbleiben behalten solte, leediglich inhærire, vndt der Sachen Außführung mir et Coagnatis außdrücklich vorbehalte.

Also habe Ewr. Hochfürstlichen Durchlt. diese der Sachen Bewandnus vnterthänigst gehorsambst vorstellen, und so viel die Quæstion wegen des OberEigenthumbs deren Dörffern Züsch und Boosen ahnbelangt, deren Erörtherung Ewr. Hochfürstl. Durchlt. mit Chur-Trier zu mein und meiner LehensAgnaten künfftiger Direction leediglich heimstellen undt überlassen, so viel aber das Dominium utile et Vasallagium darauff, und deren Appertinentien anbetrifft, Ewr. Hochfürstl. Durchlt. diese meine vndt meiner LehensAgnaten unwidersprechliche Gerechtsambe ex pacto et providentia Majorum zu erkennen geben sollen, nicht weniger daß bewandten Vmständen nach keine Lehens-Verwürckhung, derowegen wider mich undt meine LehensAgnaten Platz haben, die Lehenschafften quæst. darunter entzogen, und anderwerts begeben, und allenfalls solches de facto behauptet werden wollte, mir keineswegs in Vngnaden vermerckhet werden könne, wann der auff den Fall meo et Agnatorum nomine wider die vermeynte Sententiam privatoriam interponirt- und in Camera bereits introducirten Appellation leediglich inhæriren, vnd mir und meinen Lehens Interessenten per viam juris ordinariam dadurch zu helffen mich gedrungen sehen müße, vnd mich zu Hochfürstl. Gnaden gehorsambst empfehlen und in allschuldigstem Respect verharren wollen

Ewr. Hochfürstl. Durchlt.

Meines Gnädigsten Fürsten vnd Herrn

Nancy d. 12. 9br.
1742.

vnthgster gehorsamster Vasall

Franz Leopold von Hunolstein.

Nr. 96.

Nr. 92. a)

Copia Schreibens an Kur-Trier von Baden-Baden dd. Rastatt den 11. Jänner 1743.

Ew. Lbd. belieben sich aus beygehenden Notariats-Instrument sub N. 1. des mehren ziemend vortragen zu laßen, was für ein ohnvermuthete Immission und Huldigung Dero nachgesetzten Churfürstl. Lehen-Hof zum vermeintlichen Vorstand des Grafen Franz Leopold Vogten von Hunolstein am 16. Julij vorigen Jahres zu Züsch de facto veranlaßet habe. Da nun der zugleich mitkommende Lehen-Revers von anno 1671. sub N. 2. klar ausweiset, daß Zusch das Dorf mit Waßer, Wälden, Felden, Leuthen, Gerichten, und allen seinen Rechten und Zugehörden, nichts daran ausgenommen, ohne allein das Schloß als weit die Gräben gehen, noch dazumahlen als ein Gemeinschafftl. Hinter-Grafschaft Sponheimisches Obereigenthum dem Ott Philipps Vogten zu Hunolstein zum Lehen aufgetragen worden seye, wie dan eben dieses Gemeinschafftl. Sponheim. Eigenthum und Vogt Hunolstein. Lehen aus vielen anderen und älteren vorhandenen dergleichen Lehenbrief und Reversen erhärtet wird; wohingegen die auf besagtem Gemeinschafftl. Sponheim. Territorio wohnhafte sogenannte Paraquen Leuthe, samt dem Paraquen-Mayer zu ged. Huldigung angehalten, auch Ta;s zuvor die dießortig-gemeinschafftl. Forst anmaßlichen durchjaget worden; so seynd Wir gemüßiget, Ew. Lbd. hievon die beschwährende Anzeig zu thun, und dieselbe dienstfreundl. zu ersuchen, die alsbaldige würckliche Aufheb- und Abstellung sothaner widerrechtl. Thätlichkeiten und Beeinträchtigungen, soviel solche erwehntes gemeinschaftl. Sponheim. respect. Eigenthum und Lehen berühren, vorerwehnt Dero Churfürstl. Lehen-Hof nach Dero angewohnter landkündigen Justiz-Lieb, gemeßen anzubefehlen, und Uns darüber zu Aufrechthaltung deren Gemeinschafftl. kundbaren Gerechtsamen hochgeneigte Nachricht wiederfahren zu laßen, zumahlen Wir auf vorgegangene Vogt Hunolsteinische Lehens-Verwürckung, und derenthalben gefällte Sentenz, mit Unserer heimgefallenen Helffte mehr besagten Lehens Unseren Geheimen Rath und Oberhofmarschalln Frhrn. von Brambach bereits am 24. Dec. 1739. investiren laßen haben. In Erwartung Ew. Lbd. billigmäßig-gütigster Antwort, zu Erweisung all angenehmer dienstfreundl. Gefälligkeiten stethe willig und ergeben verbleiben.

pro Copia ex actis judicialibus desumpta

F. A. Mayer Not. Impl[lis]

mppria.

Nr. 92. b)

Nr. 92. b)

Extractus

Auß denen von Hrn. Otto Philipp Vogten und Freyherrn von und zu Hunolstein zu Söttern, qua gewesten ältisten und Lehenträgern des Vogt Hunolsteinischen Stamms, geführten, von dem höchstpreißl. Kayserl. und des Reichs CammerGericht dem Hrn. Johann Friederich Vogten und Freyherrn von und zu Hunolstein Niederwiesen, in Sachen von Hunolstein Dürrastel contra von Dürckheim, communicirten LehenKöstenRechnungen theils sub rubro:

> Verzeichnüß, was ich Otto Philipp Vogt zu Hunolstein im Namen gesammter StammsAgnaten der Vögten von Hunolstein wegen unterschiedlichen LehenEmpfängnüssen nach und außgelegt,

theils sub rubro:

> Verzeichnuß, was ich Otto Philipp Vogt zu Hunolstein zu Empfangung des Hunolsteinischen StammsLehen, von denen Hhrn. Agnaten an Geldern empfangen

Krafft welchen sich klärlich erhellert, daß der Merrheimischen Linie nach der den 25ten Febr. 1662. beschehener letzterer Ueberlaßung der dritten Terz des Genußes und Besitzes von Züsch, alle Lehens und andere Unkosten also auch wie vor derselben zur Bezahlung mit angesetzet, solche auch von denen beyden Gebrüdern der sogenannten überlaßeren, nehmlich dem Hrn. Otto Christoph, und Hrn. Hannß Georg Niclaß Vogten von Hunolstein bezahlt worden.

Passus Concernens.

1665. Auf tödl. Abgang des Hrn. General - Feldzeugmeisters seel. bey allen Hunolsteinischen Lehen - Herren den Fall notificiret und um renovation angehalten, habe den 19. Aug. einen Botten mit schreiben an Hrn. Herzogen von Zweibrücken abgefertiget, deme zu Lohn geben 1 rthlr. - 6 alb.

1666. Den 16. Maij alß Ihro Durchl. Hr. MargGraf Wilhelm zu Birckenfeld gewesen, und man bereits auf

NB. nächstkommenden 25. Junij zur LehensEmpfängnüß nacher Baaden beschrieben allein um längern Aufschub würcklichen Belehnung gebetten, auch einen Indult erlangt, deßwegen dem Geheimen Secretario Hrn. Johann Christoph Henderen pro Discretione geben — 4 rthlr. - ——

1671. Ist bey Empfangung der Lehen zu Baaden an Tax und andern Unkosten, laut specification aufgangen —— 47 rthlr. - 25 alb.

NB. N°. Davon gebühret dem Hauß Merrheim —— —— ——

Hierauf habe ich empfangen

Erstlich

NB. Den 13. Januar. hat Hr. Johann Georg Vogt von Hunolstein (dieser ware der gedacht letztere überlasser der 3ten Terz von Züsch) für sich überschickt — — — 6 rthlr. - ——

Den

Den 26. Januar. hat wegen Otto Christoph Vogt zu Hunolstein (NB. dieser ist der zweyte überlaßer der 2ten Terz von Züsch 1659.) Merxheimischer Linie Geld geschoßen — — — — — 12 rthlr. - —

Den 11ten Merz hat Hr. Johann Georg Vogt zu Hunolstein, Hr. Merxheim im Nahmen sein und seines Hrn. Brudern Otto Christopheln wegen Unkosten zur LehenEmpfängnüß geben — — — — 10 rthlr. - —

Nr. 93.

Sentimentum Juris.

Nachdem der Hochgebohrne Grav und Herr Philipp Carl Vogt zu Hunolstein, Herr zu Dürr-Cassell ꝛc. mir die zwischen ihme und seinem Stamm-Vättern dem Freyherrn Vogten zu Hunolstein, Herrn zu Merxheim, bishero am Hochfürstlichen Baadischen Lehn-Directorial-Hof puncto der Succession auf das hinter-Gravschaftliche-Sponheimische Lehnbares Dorf Züsch verhandelte Acta, samt andern, ausserhalb derenselben jüngstbeygeschaften Documentis, des Ends zuschicken lassen; um daraus Hoch- ihme ein rechtliches Gutachten zustellen;

1mo. Ob in dem adelichen Hunolsteinischen Stammen ein Seniorat über alle Linien hergebracht seye?

2do. Was dieses Seniorat eigentlich importire? und

3tio. Weme es vor andern zukomme?

Als habe nach fleißiger Einsicht, und reifer Ueberlegung sothaner Acten sowohl, als neuerlichen Documenten, gefunden, und halte meiner Meynung nach dafür, daß

Ad primam quæstionem

Daran keines weges zu zweifeln seye, daß das uralte Hochadeliche Hunolsteinische Hauß ein Seniorat über alle Linien, welche von Weyland Joanne Vogten zu Hunolstein durch dessen 3. Söhne Johann Schweickharden, Wilhelmen, und Johan Adam entsprossen, wohlhergebracht seye. Dieses bewahrheitet die best-documentirte Series deren Seniorum totius Familiæ Hunolsteinianæ, von der Zeit, als im XVIten Seculo anno 1588. die drey Hauptlinien, Merxheim, Durr-Cassel, und Sötern entstanden, bis auf unsere Täge.

Non est aliquo modo bitandum de existentia senioratus in hac familia.

Der erste Senior ist geweßen Johann Schweickhard der ältere, Fundator der Merxheimischen Linie, welchem als Träger für sich und seine Gebrüder Wilhelm und Johann Adam im Jahr 1589. das hinter Gravschafft Sponheimische Lehn reinvestiendo geliehen würde.

Primus Senior Joannes Schweickardus, Conditor lineæ Merxheimensis.

D 2 Dieser

Dieser LehenBrief ist aus dem impresso Badensi contra den Freyherren von Dürkheim de anno 1753. ad acta gebracht worden.

Derselbige Johann Schweickhard Vogt zu Hunolstein-Merxheim hat eben so als ältester Sohn des Johann von Hunolstein die Lehne der vorderen Gravschafft Sponheim anno 1592 von sein selbst und Seiner Gebrüdere Willhelms und Hans Adam wegen auch in Gemeinschafft anderer, empfangen.

Num. 1. Adjunct. hujus sentimenti sub N. 1.

Eben dieser Johann Schweickard der ältere ist annoch 1618. von dem Herrn Herzog Georg Willhelmen den 24ten April nacher Birkenfeld vertaget worden, die hinter Sponheimische lehen, als ältester des Hunolsteinischen Stammes und Nahmens für sich selbst, für seinen Bruder Johann Adam, und für seines verstorbenen Bruders Willhelmen drey Söhne, Johann Martzolffen, Johann Willhelmen, und Adolph Friederichen zuempfangen; Gabe auch nebst diesen die Vollmacht
starb um das Jahr 1626. zur LehnEmpfängnuß seinem Sohn Johann Schweickarden dem Jüngeren.

N. 2. Adjunct. sub N. 2.

Secundus Joannes Adamus Conditor Lineae Soeterensis. Der zweite Senior totius familiae ist geweßen Johann Adam Vogt zu Hunolstein, Stifter der nunmehro ab anno 1716. verloschenen Söterischen Lienie, welcher den 9ten 9ten Junj 1626. Herzogen Georg Willhelmen als jeztmaliger ältester, und Träger, auf Zeitliches Ableben seines Bruders Johann Schweickharten des ältern, vou wegen deren auf die Vögte von Hunolstein gelangten hinter Sponheimischen Lehn um die Belehnung, oder indult gebetten.

N. 3. Adjunct. sub N. 3.

Dieser Johann Adam hat auch im Jahr 1628. d. 27ten November die Grav-Salmische Lehen durch den dazu Bevollmächtigten Johann Friederichen Vogten zu Hunolstein vor sich und samtliche Lehens-Mit-Agnaten, nahmentlich aus der Merxheimischen Lienie, Johann Schweickharden dem Jüngern, Niclasen, Philipps Willhelm, und des constituirten Johann Friederichen, Carlen, Ottens, und Adams; sodann
starb Anno 1636. aus der Dür-Casselischen vor Johann Martzolff, und Johann Willhelmen empfangen.

N. 4. Adjunct. sub N. 4.

Tertius Joannes Schweickardus ex linea Merxheimensi. starb 1639. Der dritte ist geweßen Johann Schweickard der jüngere, aus der Merxheimischen Lienie.

Adjunct. sub N. 4½.

N. 4½. Quartus Nicolaus ex eadem linea. Der vierte Niclaus aus eben selbiger Lienie, und Bruder des Johann Schweickarden.

Beyde

Beyde Seniores erprobet das Lehnrequisitions - Schreiben erst besagten Niklasen Vogten zu Hunolstein d. d. Steincallenfels 27ten Xbr. 1639. an Herzogen Georg Wilhelm, woselbsten folgende passus zu sehen:

„ Demnach der Weyland Wohledelgebohrne, und gestrenge Jo-
„ hann Schweickard Vogt zu Hunolstein, mein geliebter Bruder
„ nächstverlittenen Junj den tödlichen Hintritt gethan, und dannen-
„ hero das Lehn - tragen von ihme auf mich als nunmehro ältesten Lehn-
„ trägern der gesamten Lehns - Agnaten der Vogten zu Hunolstein de-
„ volviret, und gefallen; als will mir obliegen, und gebühren, um
„ Renovation, und neue Belehnung deren Lehen, so die Vögte zu
„ Hunolstein zu Lehen tragen, anzusuchen. Et infra: „ auch als älte-
„ sten Lehen Trägern, mein, und meiner MitLehens - Agnaten der ge-
„ samten Vögten zu Hunolstein wegen mit dem Lehen de novo zu starb 1641.
„ belehnen.

Adjunct. sub N. 5. N. 5.

Der fünfte ist gewesen Johann Wilhelm aus der Dürr - Cassellischen Lienie, wie solches die aus dessen Plenipotenz von Otto Philippen Vogten zu Hunolstein - Söetern an Churfürsten Georg Wilhelm d. 29ten Julj 1641. beschehene Lehens Requisition bezeuget in verbis: Quintus Joannes Wilhelmus ex linea Dürrcasselana.

„ Nachdem der Weyland Wohedelgebohrne, und strenge Niclas
„ Vogt zu Hunolstein Lehnträger gewesen, um nächstverwichenen
„ Weyhnachten - hin diese Welt gesegnet, daß dannenhero aus habens
„ der plenipotenz des auch wohl Edelgebohrnen und Strengen Herrn
„ Johann Wilhelmen Vogten zu Hunolstein der Römisch Kayserlichen
„ Majestät, und der Catholischen Liga Hochbestellten General - Wacht-
„ meisters nunmehro des ältesten der gesamten Vögten zu Hunolstein,
„ und deswegen derselben Lehenträgers, mir obliegen soll, und will, um
„ Renovation, und neue investitur derjenigen Lehen anzusuchen.

Adjunct. sub N. 6. N. 6.

Eben dieser Johann Wilhelm Kayserliche General - Wachtmeister, hat nach dem 24ten April 1661. durch den Bevollmächtigten Eberharden von der Leyen das Nassau - Saarbrückische Lehen empfangen, für sich selbsten, als den ältesten, und dann wegen der Vettern, aus der Söterischen Lienie Ott Philippen, aus der Merxheimischen Johann Georgen, und Otto Christophlen, aus der Dürr - Cassellischen Cremsinger, vor Otto Wilhelm Ernst. starb 1664.

Adjunct. sub N. 7. N. 7.

Weilen aber Johann Wilhelm fast die ganze Zeit ausser Land, und niemand vorhanden gewesen, der sich der Sachen unterfangen wollen; dahero, und damit man nicht theils der Lehen verlustiget werden mögte, hat sich Otto Philipp aus der Sötterischen Lienie selbiger angenommen, auch bis 1663. geführet: wo er auch einen zu Dürr Cassel

 gehaltenen

gehaltenen Stamm-Tag dem Seniori Joanni Wilhelmo, und seinem Vettern Ottoni Wilhelmo Ernesto erklärte, es seye ihme nicht wohl möglich, angeregte gemeine Lehenempfängnussen länger in Verwaltung zu haben, und weilen sich der Senior ebenfalß beklagte, daß er hohen alters, und Leibes-incommoditæten wegen, die Verwaltung auf sich nicht nehmen könnte, wurde beschlossen, darzu aus gemeinen Mitteln deren gesammten Stamms-Agnaten eine qualificirte Person in dem Land zu bestellen, und ihr alle vorhandene Stamm- und Lehen-Sachen zu verwalten anzuvertrauen, wenn nun einiger Fall in Lehen-Empfängnüssen vergehen vorgehen würde, soll es von demselben alsbald dem ältesten des Stamms notificiret, und darauf nach verfertigter Gebühr von ihme die Nothdurft beobachtet werden.

Extractus Stammen-Conclusi d.d. 26ten May 1663.

N. 8.

Sub N. 8.

Qui est Num. 7. ad Sentiment. Juris de Systemate familiæ de Hunolstein. Sextus Otto Philippus ex linea Soetern † 1681. Septimus Joannes Georgius ex linea Merxhemensi † 1699.

Der sechste ist geweßen Otto Philipp obgedacht aus der Söterschen Lienie.

Der siebende Hanns Georg Vogt zu Hunolstein-Merxheim.
Beydes probiren respect. die Adjuncta sub Num. 9., so eine Lehens-
N. 9.
N. 10. Requisition ist d. d. 18ten Augusti 1665. sub Nro. 10. so ein Schreiben Herzogen Christians an seinen Beambten ist d. d. 6ten Merz 1684.
N. 11. sub Nro. 11. ein EntschuldigungsSchreiben des Hans Georgen qua Senioris ahn höchstgedachten Herrn Herzogen d.d. 23ten Merz 1684. sub
N. 12. Nro. 12. ein Schreiben Ernst Ludwigen Vogten zu Hunolstein Sötern
N. 13. an eben diesen Fürsten d. d. 13ten April 1684. sub Num. 13^tmo wo
Vide inter Adjuncta Sentimenti de felonis num. 34.
Ernst Ludwig abermalen d. 19ten October 1684 remonstriret. Addatur dessen Brief an Hans Georgen von Hunolstein Merxheim d. d. 7ten Febr. 1688. welcher in Actis Hunolstein Dürr-Cassel contra Hunolstein Merxheim puncto des Lehen Züsch ad Exhibit. vom 25ten
N. 13. Febr. 1757. sub N. 4. beygeleget worden, hic extractive sub Nro. 13.

Octavus Ernestus Ludovicus ex linea Soetern † 1716.

Der achte ware Ernst Ludwig, der letzte aus der Söterischen Lienie, wie dieses seine Lehen requisitiones de anno 1700. und 1707. bewähren.

N. 14. 15. 16. 17.

Adjunct. sub N. 14. 15. 16. 17.

Nonus Otto Ludovicus ex linea Durrcasselana † 1728.

Der Neunte Otto Ludwig aus der Dürr-Cassellischen Lienie, und derselben ältern, nunmehro erloschenen branche Cremsingen.

N. 18. Adjunct. sub N. 18. so eine Vollmacht desselben Otto Ludwigen auf Herrn Graven Franz Leopolden zu Dürr-Cassel de anno 1717. ist.

Decimus Franciscus Leopoldus ex eadem linea † 1748.

Der Zehende ist geweßen Grav Franz Leopolds Vogt zu Hunolstein Dürr-Cassellischer jüngern Lienie dem welchen der Otto Ludwig wegen seiner

seiner Unpäßlichkeit die Lehen-Trägerey den 9ten Junj 1717. übertragen: Gleichwie er auch an verschiedenen Lehenhöfen vor den Träger seiner Vettern anerkennet worden; Nahmentlich an dem Herzoglich Zweybrükischen d. 17ten Aug. 1717. wo er in seinem und seiner Vettern Otto Ludwigen und Johann Georgen Nahmen das Lehen erhoben; wiewohlen hier ein versehen[illegible] in die Expedition eingeschlichen, daß der schon 1706 gestorbene Johann Georg, und nicht vielmehr seine Kinder, im Lehen-Brief benennet worden.

Adjunct. sub N. 19.

N. 19.

An dem Maynzischen Dom-probsteylichen d. 6ten Aug. 1721. im Nahmen seiner und seiner Mit-Lehens-Agnaten Otto Ludwigen, sodann der, unter der Reigersber[illegible]schen Curatel stehender Curanden, Georg Ernstes, Johann Friderichen, und Philipps Friederichen, Gebrüderen.

Adjunct. sub N. 20.

N. 20.

An dem Hoch-Fürstlichen Saarbrückischen Hof d. 3ten Aug. 1729. vor sich selbst, und im Nahmen Johann Friederichs, und Philipps Friederichs Gevettern. Videatur in actis Dürr-Cassel contra Merxheim Lit. M. M. Abermal an dem Zweybrückischen d. 16ten Januarius 1744. für sich selbst und als Träger seiner Vettern Johann Friederich, und Weyland Philipps Friederichs nachgelassenen Söhnen Friederich und Philippen.

Adiunct. sub Num. 21.

N. 21.

Wie ihme dann der Freyherr und Vogt zu Hunolstein Niederwiesen, Johann Friederich unterm 12ten November 1741. als Senior Domus in seinem, und seiner Curandorum Nahmen zu Empfangung der Churtrierischen Lehnen die Vollmacht ertheilte: ja sich so gar ad refusionem expensarum reversirte.

Adjunct sub N. 22. Et in causa DurrCassell Merxheim sub Lit. RR. N. 22,

Und solches der Chur-Trierische Lehenbrief folgenden Jahrs 1742. bestätiget.

Adjunct. sub N. 23.

N. 23.

Nach des Franz Leopolden tödlichen Hintritt stunde zwar, ex infra dicendis ad quæstionem 3tiam. das Seniorat bey Herr Johann Friederichen Vogten zu Hunolstein-Niederwießen Merxheimischer Linie; Allein er hat bey seiner beständiger Kränklichkeit solches onus dem Sohn des Franz Leopolden Herren Graven Philipp Carlen von Hunolstein, welcher totius familiæ subsenior ware, auf die Schulderen gegeben, vermög Vollmacht respective den 18ten April, und d. d. 31ten Julj 1753. wo ihn alle, zur Mit-Belehnung fähige Stamms-Agna-

Modernus Philippus Carolus ex eodem linea.

ten, nemlich Johann Friederich, Friederich Christoph Carl, und Emilius Wilhelm Philipp, qua seniorem familiæ ersuchet haben, die Hunolsteinische Stamm-Lehen zu empfangen.

N. 24. 25.

Adjunct. sub N. 24. & 25.

Addatur adjunctum ad Causam Dürr Cassel contra Merxheim sub Lit. OO., woselbsten Johann Friederich, und übrige Agnaten Hochgedachten Herrn Philipp Carlen als ältesten Stammes- und Lehens-Agnaten, item qua Seniori familiæ, und Lehen-Trägern zu Empfangung derer Saarbrückischen Lehen den 31ten Julj 1753. die Vollmacht ertheilet haben.

Welches er auch gethan zufolg Anlagen sub N^ris 26. 27. & 28.

N. 26. 27. & 28.

Adjunct. sub N. 26. 27. & 28.

Aus dieser fast zweyhundertjährigen Serie deren nach einander gefolgten Seniorum Familiæ ist es gewis und sicher, daß in der Hochadelichen Freyherrlichen und respective Grävlichen Famille deren Herren Vogten zu Hunolstein ein Senioratus totius Familiæ bestehe; gleichwie dann solchen weder der Herr von Hunolstein-Merxheim, weder der Herr von Hunolstein-Niederwiesen in actis verneinen, sondern vielmehr selbsten affirmiren.

Ad 2dum Quæstionem.

Dieses Seniorat importiret

Senioratus istius Familiæ nec importat jus primo-genituræ;

a) Keine primogenitur, dergleichen weder in actis, weder in Documentis alliis, so mir communiciret worden, nicht einmal von weitem erfindlich ist: In die beständig beybehaltene gleiche Succession deren Jüngeren Brüdern mit dem ältesten und erstgebohrnen Sohn, tam quoad feuda, quam quoad allodia, lasset niemanden an ein jus primogenituræ bey dem Hunolsteinischen Stammen gedenken. Noch auch

nec jus succedendi præcise ex se;

b) Einiges Erb-Folg-Recht ex Capite solius præcise Senii: Dann wann würklich einer Senior und remotior gradu dem defuncto, de cujus successione agitur, wäre, so müßte er zwar das gemeinschaftlich empfangen, der proximior würde aber allein den Genuß davon haben, ad primam quæstionem enumerirten Senioribus bey Absterben des gewesenen Senioris familiæ die Lehne insgesamt bey allen Lehen-Herren empfangen, und doch succedirten in perceptione feudi andere, als die Seniores, oder Lehen-Träger; daß ich also dem Verfasser der, abseiten Herren Vogten zu Hunolstein-Merxheim ad Exhibitum d. d. 17ten Maij 1756. sub num. 3. übergebenen Schrift sub titulo: Kurzer Erweiß, darinnen Beyfall gebe, wann er §pho 9no. geschrieben, die in diesem Geschlecht hergebrachte Lehen-Trägerey des Senioris familiæ gebe bekanntermaßen die Successions-Rechte im geringsten nicht an; weder auch könne dieses Seniorat auf ein jus primogenituræ hinaus getrieben werden: dans bonam rationem hanc: Dann, wo wo in einem Geschlecht Theilungen, wie in dem Hunolsteinischen, vorgegangen sind, wo nach dieser Theilung ein jeder Agnat, wie in der Hunolsteinischen Familie, seinen durch die Theilungen ihme zugefallenen Antheil für sich frey besitzet, geniesset, und verwaltet, dan kan ohnmöglich einiges primogenitur-Recht statt haben. Das Exempel ist klar in der ersten Theilung zwischen denen drey Brüdern Johann Schweickarden, Willhelmen, und Johann Adam, worunter Johann Schweickard der primogenitus, und Senior totius domus Hunolsteinianæ ware, und doch kein Jus primogenituræ hatte, vermög dessen er ein mehreres in der vätterlichen Theilung hätte prætendiren können, als die andere zwey nachgebohrene Brüder. Dannenhero auch

c) Importiret das Seniorat keine portion des Genuß in denenjenigen Stamm- oder Lehen-Gütern, welche anderen zugetheilet worden, oder durch Succeßion zufließen. Kürzlich zu sagen: es ist hier kein Feudum senioratus, vel majoratus, welches dem Seniori totius Familiæ zukomme, und ihme ein præcipuum in perceptione fructuum vor andern zulegen thäte, sondern es ist ein purus, putus & simplex senioratus familiæ, welcher dem ältesten de familia, tanquam in quo plus mentis, consilii, experientiæ, notitiæ rerum familiæ, & authoritatis sit, ex observantia antiqua vielmehr ein onus, als ein utile bursale, bringet: Darummen haben es verschiedene ex causis von sich auf andere geschoben: wie Johann Willhelm von Dürr-Cassel auf Otto Philippen von Sötern, und Otto Ludwig von Cremsingen auf Franz Leopolden. Das Vorrecht eines Senioris familiæ bestehet in folgenden:

Nec portionem in hic, quæ aliis lineis attributa sunt, vel accedunt.

Nec denique feudum majoratus.

Sed est purum officium & onus.

1mo. Ist er der Universal-Lehen-Träger, oder Pro-vasallus respectu aliorum Agnatorum se Juniorum, dem welchen incumbiret, und oblieget, von Fällen zu Fällen die gesamte Lehne, es geniese sie, wer wolle, zu muthen, und zu empfangen. Wie Möller in primis lineis usus practici distinct. feudal. pag. 379. sagt: Jure antiquo Germanico notum erat jus Senioratus vi cujus major natu totius familiæ nomine, instar provasalli, investituram renovabat. videantur adjuncta sub Num. 3. Num. 4½. Num. 5. Num. 6. Num. 8. Num. 9. Num. 11. Num. 12. Num. 13. Num. 14. Num. 15. Num. 16. Num. 17. Num. 18. welche sothane Obliegenheit klärlich ausdrücken.

Senior est Provasallus omnium agnatorum respectu omnium cyriarum feudalium.

Und dessentwegen hat Herr Friederich Christoph Carl Vogt zu Hunolstein Merxheim, gegen das Vorrecht des Senioratus Familiæ einen nichtigen passum begangen, als er qua Junior totius Familiæ d. 19ten November 1755. sine Commissione familiæ, die dem alleinigen Seniori von alters her gegeben worden, & abaque consultu senioris ac reliquorum agnatorum simultanee coinvestiendorum, ganz eigenmächtig die Lehen-Empfängnus von der hintern Gravschafft Sponheim begehret; da doch so gar der Senior die Vollmachten seiner Brüdern, oder Vettern sich zu verschaffen pflegte. Dergleichen affairen dörfte sich nicht einmahl der Subsenior unterziehen, ohne von dem Seniore die plenipotenz darzu zu haben.

Et ideo D. Baro a Merxheim male se immiscuit negotio renovandi feudi Sponheimensis, defectu Senioratus.

Num. 29. 30. & 31. adde ex adj. Sentiment de Falconis Num. 28. imo.

f Vide-

Videatur in adjuncto sub num. 6to. das Exempel des Otto Philipsen; wie vielweniger dann der Junior omnium?

Senior dirigit negotia totius familiæ communia.

2do. führet der Senior familiæ die Stamms-Affairen der gesamten Hunolsteinischen Lienien; weilen eine so weitschichtige Gemeinschafft ohne Oberhaupt nicht füglich mag versorget werden, und wann ein jeder Stamms-Agnat für sich allein darinnen agiren könnte, manchmalen grose Fehler begangen würden, zufolg jenem: Multos imperitare, malum est. Videatur Num. 11. in verbis: nunmehro die Affairen dieses Stamms mir, als dem ältesten, zugefallen. Item Num. 12. in verbis: wann aber durch Ableben meines Herrn Vattern selbigen alle die Lehen und Stamms-Affairen auf meinen Vettern Herrn von Hunolstein zu Merxheim devolviret worden rc. Dieser Ursach halber dirigirten auch die Lehen-Herrn ihre Lehen-Hofs-rescripta an den Seniorem, deme oblage das Lehen zu ermannen, welcher im Namen aller selbige beantwortete, wie solches mit verschiedenen Documenten zu belegen wäre.

Vide supra Num. 29.

Et ideo rursus male D. Baro prædictus se immiscuit negotio caducitatis feudi Sponheimensis.

Dannenhero vorgedachter Herr Friederich Christoph Carl Vogt zu Hunolstein Merxheim wiederum als Junior omnium, nulliter zu Werk gegangen ist, da er in bemeldter seiner Supplica sich der wichtigen Affaire von wegen der hinter-Sponheimischen Lehen alleinzig unterzogen, investituram vel ex nova gratia, nachgesucht, die Justitiam investituræ nicht genugsam betrieben; sondern sich ex nova gratia, quasi agnoscendo, & confitendo caducitatem feudi, Ja sogar dieselbige ex post in actis contra proprios suos majores, & agnatos omnes positive, & contentiose sustinendo, allein investiren lassen, mit Annehmung einer novæ formæ des Lehen-Briefs gegen die uhralte Formulas investiturarum dergleichen ohnmächtige, voreilige, und eigennützige passus von dem jüngsten Agnaten wird niemand, welchem das Systema familiæ Hunolsteinianæ bekannt ist, gutheissen, oder für gültig achten können.

Indicit conventiones totius familiæ, earundemque Director est.

3^tio. hat der Senior das Recht, in nöthigen fällen, wo grose præjudicia dem gesamten Hunolsteinischen Stammen zuwachsen könnten; oder wo die pacta antiqua samt dem Herkommen, zu erneuren wären, einen gemeinen Stammen-Tag, und Convention zu veranstalten, und auf selbigen das Directorium zu führen. Videatur Num. 8., woselbsten ein dergleichen Stammen-Versammlungen den 26ten May 1663. in loco Dürr-Cassel, wo der damalige Senior, und Stammen-Director Johann Wilhelm sein Domicilium hatte, gehalten wurde, der-welche Actus sich auf eine vorhero den 26ten Augusti 1631. zu Callenfelß beschehene Convention berufet. Und im Jahr 1684., als durch Herzogen Christian der erste Stein zu gegenwärtigen Caducitæts-Misfel wollte geleget werden, sehneten die Zelose Lehens-Agnaten nach nichts mehr, als nach einer Zusammenkunfft des ganzen Stammens deren Vogten zu Hunolstein; Gleichwie Hanns Georg Vogt zu Hunolstein unterm 12ten October 1684. dem Herzogen Christian remonstrando zugeschrieben: Dieselbe ganze Sache beruhe auf einiger anstellender Zusammenkunfft gesammter Hunolsteinischer Stamms-Agnaten.

vide inter adjuncta sentimenti de sola ultis num. 33.

Wann

Wann Herr Friederich Christoph Carl Vogt zu Hunolstein Merxheim den Spiritum dieses seines Vor-Vatters gehabt hätte, würde er sich niemahlen in derley Weege haben einleiten lassen, welche ihme bey der Stammes-posteritæt den ewigen Vorwurff machen können, daß er absque præscitu, & consensu senioris, & reliquorum de familia die Caducitæts-Affaire so geschwind per acceptationem novæ gratiæ dahin geendiget, daß wenn es bey seiner nova gratia das Verbleiben haben würde, im Erlöschungs-Fall seiner Descendenz die Collaterales sammentlich um ein ältest-Vätterlich, ihnen ex pacto & providentia Majorum verordnetes Lehen würden gebracht werden.

Culpandus denuo D. Baro quod absque consultu totius familiæ agnoverit caducitatem hujus feudi.

4to. hat der Senior Familiæ das Recht, alle diejenige Documenten, welche nicht eine Lienie, oder branche allein, sondern honorem, antiquitatem, & jura totius familiæ, angehen, bey sich verwahrlich auf zubehalten; Apud seniorem communia instrumenta deponenda sagt Knippschildt caput 6. Num. 300. ex Tiraquello, und dieses ist sonderlich in dem Hauß Hunolstein ausgemacht; Dann obschon sonsten dergleichen Schriften zu Callenfels verwahret wurden, der Senior möge residiret haben, wo er wolle, so ist doch Anno 1631. beschlossen, und 1663. confirmiret worden, daß allezeit der älteste aus denen dreyen Stämmen, als Sötern, Merxheim, und Dürr-Cassel, die gemeine Stamms-Lehen-Briefe in seiner Verwahrung haben solle. Videatur Num. 8. in exordio. Dieses wurde nicht ehender exequiret, als bis in denen 1680ger Jahren durch die Französische Kriege das Schloß Callenfels der Gefahr einer Demolirung unterworffen geweßen, und der damalige Senior Familiæ Johann Georg Vogt zu Hunolstein Merxheim selbiges Stammen Archiv in das Schloß Sötern geflehet, von wannen er es im Februarius des 1684ger Jahrs nacher Merxheim hat bringen lassen; vid. in sentim. de Fel. N. 26. Von Merxheim soll es nach auffag aller dreyen Lienien-Agnaten, propter Senioratum des Ernst Ludwigen, nacher Sötern gekommen, und bey dessen 1716. erfolgten Ableben durch die Frey-Herrn von Dürckheim spoliative nacher Strasburg transportiret worden seyn, wo es noch würklich propter debita ipsius mit Arrest beschlagen seye.

Senior custodit documenta communia toti familiæ.

5to. hat endlich der Senior Familiæ das Recht, ne officium suum sibi sit damnosum, die refusionem expensarum bey denen Lehen-Empfängnissen, und andern Stammens-Geschäften, pro rata von denen übrigen Stammen-Agnaten zu repetiren. Worüber in Actis Hunolstein-DürrCassel contra Hunolstein Merxheim eine alte Rechnung des Otto Philipp sub Lit. R. 1mo. zu sehen ist. Videatur etiam Lit. R. R. in Actis Dürr-Cassel contra Merxheim.

Debetur ei refusio expensarum pro rata cujuslibet investitur.

Ad Quæstionem 3^tiam.

Setze ich voraus:

a.) Daß der Seniorat weder von dem Vatter auf den Sohn erbe, weder einer gewissen Lienie annectiret seye, weder auch wann er einmahl in

Senioratus non est hereditarius, sed ambulat.

f 2

in eine Lienie gekommen, darinnen verbleibe, bis selbige erlösche; wie das Primogenitur-Recht; dann aus dem ad quæstionem primam angeführten Elencho seniorum zeiget es sich klärlichst, daß es kein jus hæreditarium, aut. certæ lineæ seye, sondern Ambulatorie bald bey dieser, bald bey jener Person ex tribus lineis, sine quavis unius lineæ præ altera prærogativa, bestanden habe: und dießfalß hat der Author des obangeführten Merxheimischen gründlichen Erweißes in Spho 9no. ganz recht. Sondern es ist

Est munus mere personale.

b.) Ein Senium mere personale, quod cum persona moritur, nec in quemquam hæredum ex vi præcisa hæreditatis transmittitur: und wer darinnen succediren will, der muß aus seiner eigenen Person die hierzu erforderliche Qualitæt haben: Senior enim intelligitur proprie, ac naturaliter non vero ficte, & repræsentative. Cævallos practic. quæst. 762. Num. 124. Mich befremdet (wann ich anderst die wahre Meynung desselben Authoris recht assequeriret habe) daß er in allegato Spho 9no. dahin schreiben mögen, Merxheimischer Seits seye ganz und gar unbekannt, daß ein solches Seniorat (vorhin aber setzte er Fragweiß den Hypothesin eines Senii personalis über ein ganzes Geschlecht) in der Hunolsteinischen Familie hergebracht seye. Ein Seniorat dieser Familie kan nicht geläugert werden: die Qualitæt eines personalis Senii ist ebenfalß richtig; weilen das Seniorat de personis ad personas variando gesprungen ist, intuitu dessen daß dieser vor andern der älteste wäre: Quo casu qualitas majoris ætatis utique est personalis, folgsam auch der Senioratus.

Et sic recte vocatur Senioratus personalis.

Competit ei, qui inter Coinvestitos ætate physica major est.

Nun ist zu erörtern, welcher Agnat dieses Seniorat zu prætendiren habe? Wann ich alle Casus und exempla durchgehe, so sehe ich, daß derjenige das Seniorat getragen habe, welcher inter omnes Agnatos simultanee investiendos, oder feuda, & bona avita actualiter percipientes, der älteste in ætate physica, sive naturali gewesen. Also zum Exempel wäre der erste Johann Schweickard der älteste unter seinen mitbelehnten Brüdern Willhelmo und Joanne Adamo, also wäre der zweite Johann Schweickard, und nach ihme sein Bruder Niclas, der älteste quoad nativitatem, sowohl unter seinen Brüdern, als auch Brüders Kindern: und so weiters fort. Es hat sich auch von Anno 1588. bis nach dem Todt des Herrn Graven Franz Leopoldens noch immer also geschicket, daß der natu major zugleich dem Stipiti, oder dem allgemeinen nächsten Vatter aller dreyen Lienien, nemlich Joanni Vogten zu Hunolstein, welcher alle Lehen- und Stammen-Güther beysammen gehabt hat, entweder gradu proximior, oder æque propinquus, gewesen; anjzo aber soll sich der Casus zum erstenmal ergeben haben, daß ein remotior ætate, seu natu major, gegen den proximiorem ætate, seu nativitate minorem, das Seniorat nachsuche; nemlich Freyherr Johann Friederich Vogt zu Hunolstein-Merxheim-Niederwießen, prætendiret Senior Familiæ hujus zu seyn, deme Herr Grav Philipp Carl Vogt zu Hunolstein Dürr-Cassel, welcher dem natürlichen Alter nach jünger ist, seine proximioritatem gradus respectu communis stipitis entgegen setzet.

Ante hac nunquam accidit hic casus, ut ætate physica major esset respectu primi acquirentis gradu remotior.

Sicuti modo ab anno 1748.

Allein

Allein ich bin in diesem Fall, wo die Frage præcise de senioratu, oder majoratu gerendorum, & dirigendorum totius Familiæ communium negotiorum ist, der Meynung, daß die proximioritas gradus in keine Consideration zu ziehen; sondern lediglich darauf zu sehen seye, welcher Agnat unter allen andern, die mitbelehnet werden, und welche die ihrem branche zugetheilte Güther nuznießen, an Geburts-Jahren vorgehe:

Deciditur, deberi Senioratum illi, qui ætate physica major est licet non sit stipiti communi æque propinquus gradu.

Ratio 1ma. weilen es in allen Documentis nur heißt: als ältester des ganzen Stammens, und niemahlen als nächster und ältester, oder: als ältester unter denen im Grad gleichen. Welchenfalß der Senioritæt die Entfernung am Grad nicht einmahl in fideicommissis schadet, wie Knippschild Tractat de fideic. Cap. 6. Num. 313. lehret mit diesen Worten: Seniore autem, vel digniore, de domo vocato, seniorem de familia nulla proximitatis ratione habita, vocari tradit Anchoran consil. 27. Num. 6. Gratian, Discept. for. cap. 645. Num. 7. & 8. Fusar. de fideicommissar. substit. quæst. 383. Num. 13. und Klock Tom. III. consil. 142. Num. 29. 30. & 58., ohnerachtet er daselbsten den Senioratum eines ætate minoris Graven von Stolberg gegen dessen in pari gradu ætate majorem Vettern defendiret, selbsten eingestehet, daß wann es heißt: allerwege der älteste von dem ganzen Stammen und Hauß solle die Lehne empfangen, Lehen-Träger seyn, und die Lehenbriefe verwahren, præcise die majoritas natu physica attendiret werde. Wann man nun die in gegenwärtigen Sentimento angefügte Documenten einsiehet, so werden dergleichen ausdrückungen in terminis formalibus daselbsten angetroffen.

Id quod probatur ex tenore documentorum uniformi.

Ratio 2da. Weilen ex dictis in dem Hauß Hunolstein kein Feudum senioratus, oder ein solcher Seniorat ist, der einiges jus succedendi vorzüglich andern dem Seniori thäte importiren; sondern Senioratu non obstante, succediret ein jeder Agnat zufolg seiner proximioritæt an diejenige Lienie, welcher die Benuzung gewisser Güther zugetheilet ist; Da nun die proximioritas gradus die Richtschnur blößlich quoad successiones in feudis, vel bonis avitis machet, so folget, daß selbige zu der Sache dieses Seniorats, so nur ein bloses directorium totius familiæ ist, nichts thue; folgsam man es in puris terminis, & verbis majorum beruhen lassen müße, die simpliciter gesagt, dem jedesmaligen ältesten des Stammens liegen die Lehen-Empfängnissen, und Familiæ-affairen ob und zwar deswegen, wie die Beylage sub Num. 6) die beträchtliche expression führet, weilen er der älteste nunmehro ist: ita, ut ibi non proximioritas, sed senioritas ætatis ponatur pro causa, & fundamento devoluti juris senioratus. Weßentwegen hier die vox Senior der älteste strictissime zu nehmen ist, de eo, qui senior est ætate, id est, major natu; wie post Baldum sehr viele DD. apud Klock. Tom. I. & consil. cit. Num. 16. lehren, nemlich, wie Knippschild lib. cit. cap. 6. Num. 266. & seq. sagt: aliud est primogenitus, aliud proximior, aliud senior. Den Seniorem definiret er also: senior ille dicitur, qui in tota aliqua familia ætate major est, & alios Nativitate antecedit: zwischen den ältesten und nächsten sezet er diesen Unterschied: quod proximior esse possit

Et quia proximioritas tantum in Successionibus bonorum attenditur.

is, qui tamen non sit senior, & proximior secundum gradum, senior vero secundum ætatem, & nativitatis tempus dijudicetur. Consentit Mascov de Jure feudor. Cap. 10. §. XXVII ubi ait, senioratum proprie sic dictum inde nomen habere, quod ad solam ætatem agnatorum, in quacunque sint linea, & gradu, restringatur. Confer. Stryck. Exam. Jur. feud. cap. 15. Num. 32. Deshalben kan ich dem Dürr-Casselischen Schrifftsteller meinen Beyfall nicht geben, da er in seiner, principio Augusti 1757 übergebener schließlichen Verhandlung behaupten wollen, daß das Seniorat des Hunolsteinischen Stammens jederzeit bey demjenigen bestanden, und noch bestehe, welcher unter allen Agnaten dem Universal-Stammen-Vatter Johann Vogten zu Hunolstein in absteigender Lienie den Gradibus proximiorem abgegeben, so daß dieses Seniorat bey einem in den natürlichen Jahren ältern Nepoten in dem Hunolsteinischen Stamme niemahlen habe bestanden noch bestehen können, als lang ein patruus, obgleichwohlen in denen natürlichen Jahren Jünger, in vivis geweßen; dann nebst-deme, daß sich der gegenwärtige Casus niemahlen in der Familie von Hunolstein erreichet, daß ein ætate Physica junior, gradu tamen proximior, wäre der älteste des ganzen Stammens geweßen, es müßte dann seyn, daß Johann Schweickard der jüngere ehender wäre gebohren werden, als sein Oheim Johann Adam; so ist ein anderes der proximior, ein anderes der senior. Der proximior succediret im Lehen, und der Senior traget oder empfangt das Lehen. Dieses Seniorat bestehet mit æque proximis gradu; warum nicht auch cum proximioribus, ætate tamen inferioribus; da doch der proximior gradu, wenn er jünger ist, als die andere Mitzubelehnende Agnaten, in der Wahrheit eben so wenig, als die pares gradu sagen kan: Ich bin nunmehro der älteste unsers ganzen Stammens?

Contrarius hic Advocatus Durrcassellanus refellitur.

Es würde auch durch eine solche definition das Ziel und End, warum der Seniorat eingeführet worden, vereitelt werden, nemlich, daß die Stammens-Affairen jederzeit von einem gestandenen Mann geriret, und dirigiret werden, der welche Authoritæt, und Erfahrnuß habe, und den die gesamte Familie denen Lehen-Herren vorstellen könne: dann wann die proximioritas gradus ad stipitem (welche doch in feudalibus nicht einmal in materia successionis attendiret wird) diesfalß den Ausschlag geben sollte, so würde auch ein unmündig Kind den Seniorat tragen können; da es doch die Geschäften zu führen nicht fähig wäre. Zwar hat es in diesem Hauß noch vorhin allemal so zugetroffen, daß der Senior ætate zugleich auch proximior gradu, oder wenigstens æqualis cæteris geweßen ist; allein dieser accidentale Zusammenschlag hebt sich, si natura in generationibus faciat moram, si unius agnati præcociores sint nuptiæ, & ex iisdem filii, alterius vero tardiores, & modo in senectute fœcundæ filiis: wann nun die alleinige proximioritæt das Seniorat constituirte; so würde das ungereimte daraus entstehen, daß weilen die Lineæ primogeniti ordinarie die Gradus generationum multiplicieret, hingegen aber die Lineæ secundo- & ultragenitorum eine geringere Anzahl deren Graden zu haben pflegen, mit der Zeit des erstgebohrenen posteritæt natürlicherweiß von dem Seniorat ganz würde ausgeschlossen werden; quod esset contra systema senioratus, de lineæ

Ex fine Senioratus.

ex absurdo juris.

Hoc non obstante, manutenendus est D. Comes Philippus Carolus in quasi possessione sui Senioratus.

nea in lineam ambulare soliti. Deme ungeachtet, muß ich wiederholen, was oben circe finem quæstionis primæ gesagt habe; daß weilen in der Hunolsteinischen Familie herkommlich ist, daß nach dem Exempel deren Seniorum Johann Wilhelmens, und Otto Ludwigen, der Senior de Jure talis respective die Verwaltung des Senioratsund die Lehen-Tragerey, dem Subseniori überlassen könne, und solchem Exempel der Herr Johann Friederich nachgefolget, da er in Anno 1753. verschiedeneu höchsten Lehen-Höfen nicht sich sondern dem Herrn Graven Philipp Carln von Hunolstein Dürr-Cassel pro seniore dargestellet, dieser auch den Senioratum über sich genommen, und pro Seniore, oder Lehen-Trägern - von den höchsten Lehen-Herrn einmal angenommen worden, dieser sich in possessorio des Senioratus ad Dies vitæ suæ manuteniren könne, und dem Cedenti nicht erlaubt seye, besonders in eigener ad acta beschehener Erkänntnus seiner Unvermögenheit wegen miserablen Gemüths- und Leibes-Zuständen, die er so gar per medicorum attestata justificiret, das Exercitium Senioratus, de se propter respectum tot curiarum feudalium onerosissimi, & laboriosissimi wiederum an sich zurück zu ziehen, indeme die Nothdurft derer übrigen Agnaten erfordert, daß, wann er auch in würklicher Administration des Seniorats bishero jemalen gestanden wäre, dannoch bey entstehenden impedimentis physicis die ganze Familie nicht schuldig wäre, ihre gemeinsame Geschäften dadurch versäumen zu lassen, sondern ihme die Ablegung einer Bürde, die er zu tragen unvermögend ist, von rechtswegen anzusinnen. Was der Herr Baron Vogt zu Hunolstein Merrheim wider die Constitutionem des Herrn Graven Philipp Carls zum Seniorem ex capite erroris in actis eingewendet, dünket mich irrelevant zu seyn, gestalten einerseits dem Herrn Baron Johann Friederich wohl wissend ware, daß sein Herr Vetter der Herr Grav Philipp Carl von Hunolstein DürrCassel jünger seye, als er, und andern theils nicht zu muthmaßen, daß er sollte geglaubt haben, der Senioratus Familiæ käme diesem, als Seniori nato, de jure vor ihme zu; besonders da er demselben nicht einmahl die proximioritatem gradus nachgeben will, so fort nichts beybringen kan, quod ipsum in Errorem probabilem induxisset. Ist demnach vielmehr zu glauben, daß der Herr Baron, Vogt zu Hunolstein Merrheim Niederwießen dieses Familien Seniorat, nach dem Hintritt des Herrn Graven Franz Leopolden von Hunolstein Dürr-Cassel, wegen desselben Amts-Beschwehenussen, und grosen Auslagen, niemahlen affectiret habe; wie er dann keinen einzigen actum Senioratus ausgeübet, sofort sich, da unter seinem Seniorat die Menge wichtiger StammsAffairen vorgefallen, um die welche er sich nicht bekümmert, die gröste Verantwortung bey denen Agnaten zu Halß gezogen hätte, wann er jemahlen den Seniorat übernommen, .Seniore autem non acceptante, locus aperitur subseniori. Ita, salvo melius sentientium judicio, avisavi Trevsris 23. Jan. 1758.

Georgius Christophorus Neller J. U. D.
& SS. Can. in alma, & antiquissima
universitate Trevirensi Professor, Emmi Dni Electoris Trevirensis in Ecclesiasticis Consiliarius actualis mppria.

Nr. 94.

Extractus G. Ch. Nelleri Profess. Trevir. Sentimenti juris de Systemate Familiæ ab Hunolstein.

Auf gnädige Gesinnung des Hochgebohrnen Herrn Grafens Philipp Carl Vogten zu Hunolstein, Herrn zu DürrCaßel rc. undt Zuschickung verschiedener Acten über die Frag: worinnen die innerliche Verfaßung des gesammten Stammens deren Herren Vögten zu Hunolstein in Lehnsachen ausführlich bestehe', habe nach fleißiger Durchsuchung deren mir communicirten Acten, und Documenten gefunden, wie folget:

§. I.

Erstlich

Indivisa communio

Haben ab anno 1588. wo die erste Theilung zwischen denen dreyen Brüdern, Johann Schweickard, Wilhelmen, und Johann Adamen, Söhnen des Johannes Vogten zu Hunolstein, und Elisabethen von Hagen, vorgefallen ist, die gesambte Lehensagnaten alle ihre an verschiedenen Orthen zu erhabende Stamm- das ist von erst besagtem Joanne, undt Elisabetha hergekommene feuda, divisionibus domesticis successivis inter se non obstantibus, pro indiviso, in einer unzertheilten Gemeinschaft mit einander behalten undt beseßen; also daß die Abtheilungen nur blößlich die Benutzung derselben afficirten, keines Wegs aber das gesammte Condominium in radice & Funditus zerlöseten.

Diese allezeit verbliebene indivisa Communio äusseret sich

1mo zum deutlichsten aus denen Lehnbriefen selbsten; Dan alle bezeigen, daß niemalen von einem Agnaten dieses, von dem andern ein anderes Lehen-stück in separato oder in einem für alle gegebenen Lehnbrief respective empfangen worden; sondern es wird daselbsten, ohne Unterscheidt ein jeder Agnat auf jede Lehns-stücker investiret, gleichsam als wäre auch sogar die würkliche Nießung deren Früchten, sambt der Administration deren Herrlichkeiten, annoch gemeinschaftlich, undt unzertheilet; wie es dan bey ihnen willkührlich gestanden wäre, auch die Societatem, & communionem fructuum beyzubehalten.

Divisione administrationum, & commoditatum feudalium non obstante

Ob nun zwar diese letzteren denen Hunolsteinischen Lehns-Agnaten nicht gefällig ware, so erscheinet doch aus dem selbstigen tenore deren Lehn-Briefen einige der Frucht-Nießung beliebte Absönderung mit keinem Wort, sondern verhaltet sich als ein gänzliches impertinens ad investituram ipsam, welche an sich in vollkommener Maaß Simultanea gewesen, dergestalten, daß die Domini directi daraus nicht wißen konnten, wie es die Vasallen mit der würcklichen Befruchtigung und Administration ihrer Lehen unter sich hielten; ob sie eine gemeinsame Kellerey, oder ein jeder seine besondere hätten; diese Simultaneitas Investituræ einleuchtet.

a)

a) aus denen Litteris investiturarum deren Hintersponheimischen Lehnen. Die de anno 1589. sagt: uf unterthanig ansuchen unsers lieben Getreuen, Johann Schweickard Vogt zu Hunolstein als Träger für sich und seine Gebrüder Wilhelm, undt Johann Adamen zu Lehen gelauben haben, und leihen in Krafft dieses Brieffs Zürsch das Dorff ꝛc. Item den Zehenden zu Lockweilnr ꝛc. und den Kirchensatz daselbsten, und den Hof zu Berncastell.

Baaden-Baadische Deduction contra Dürckheim de anno 1753. in adjunct. sub Num. 3.

Aus diesen Worten könnte man nicht absehen, daß von denen darinnen denombrirten Lehnstücken, vermög der Hauß- und innerlichen Theilung de anno 1588. der jüngste Bruder Johann Adam nichts, der älteste Johann Schweickard nur Züsch, und Lockweiler, der mittlere Wilhelm aber, nur den Hof zu Bern-Castel genoßen, und administriret habe; sondern sie hatten die gesammte Hand in der Belehnung, nicht anders, alß wann ein jeder Bruder jedes stück würklich dem Genuß-nach-mit participirte. Ein solches bewähren die, zu meinem jüngsthinigen Sentimento juris de Senioratu Familiæ Hunolsteinianæ applicirte Numeri 2. und 3. Es bewähret solches der Lehn-Brief de anno 1671. in actis Dürr-Caßell contra Merxheim sub Lit. P. ad Exhibit. dd. 20. Jun. 1756 Item der letzte Lehnbrief de anno 1679. in verbis: Auf unterthänigstes Ansuchen unsers lieben getreuen Ott Philipps Vogten zu Hunolstein als Trägers vor sich, und seine Vettern, welche von dem ersten Acquirenten her posteriren.

Baaden Baadische Deduction citat. in adjunct. sub Num. 4.

b) Ex Litteris investiturarum deren Vordersponheim. Lehen, wo, ohnerachtet verschiedene Lehnstücker seynd, die welche nicht gesambte Hunolsteinische Agnaten im Genuß hatten, sondern soviel ich ex adjuncto sub Num. 2. infra abnehme, die alleinige Söterische Linie, nebst verschiedenen, nach der Zeit abgekauften Theilhabern von andern Familien, es dannoch anno 1592. heißt:

„ Ich Johann Schweickard Vogt zu Hunolstein ꝛc. von ermelter Vordern „ Graffschafft Sponheim, gehn Creutzenach gehörig, in einer unvertheilten Gemein„ schafft, wie von alters herkommen, und bräuchlich, mir, weyland Johann, „ Vogts zu Hunolstein hinterlaßenen ältesten sohn von mein selbst, und beyder „ meiner Gebrüder Wilhelms, und Hanns Adams wegen, auch in Gemein„ schafft ꝛc.

Num. 1. ad hoc Sentimentum juris.

Item in derselben Lehn-Empfängnuß de anno 1662.

„ Von ermeldter Vordern Graffschafft Sponheim wegen, gehn Creutzenach „ gehörig in einer ohnvertheilter Gemeinschafft, wie von alters herkommen, undt „ bräuchlich, unseren lieber getreuen Johann Wilhelm Vogt zu Hunolstein von „ sein selbst wegen, und in Gemeinschafft mit seinen Geschwistrigen ꝛc.

Item: „ Und der vorgenannt Johann Wilhelm von Hunolstein hat auch „ vor sich, und in Nahmen; als obstehet, vorgeschriebener Maaßen solch Erblehn „ empfangen.

Et denique: „ Aiß auch mehrgedachter Johann Wilhelm, und seine mit-
„ lehns - verwandte obbemelt (nehmlich Adam Vogtß von Hunolstein seel. nach-
„ gelaßene Kinder) und derselben leibs - lehn - Erben pflichtig seyn sollen ꝛc.

Num. 2.

c) Aus dem Zweybrückischen Lehn - Brief de anno 1725.

„ Unserem lieben getreuen Frantz Leopold Vogten zu Hunolstein für sich
„ selbst, und als Trägeren seiner Vettern, nahmentlich Otto Ludwigen, Johann
„ Friderichs, undt Philipp Friederichs Vogten zu Hunolstein.

Et infra: „ Aiß auch darauf der genannte Franz Leopold von Hunolstein
„ für sich selbsten, und alß Träger in fürgeschriebener Maaß solche Zehn Gulden
„ Geldes von uns zu Erblehen empfangen.

Num. 3.

Concordat derselbe Lehn-Brief de anno 1744.

Num. 4.

d) Aus der, von Johann Friederichen, und übrigen Agnaten Merxheimisch.
Lienie dd. Niederwiesen 31. Julij anno 1753. auf Herrn Grafen Philipp
Carl von Hunolstein gestellten Vollmacht zu empfangung der Baden Badi-
schen Lehen.

„ Wir den Hoch- und wohlgebohrnen Herrn Grafen Philipp Carl von Hunolstein
„ zu Dürr-Caßell, unseren freundlich - geliebten Herrn Vettern, auch Stamms-
„ LehnsAgnaten, qua Seniorem Familiæ, gebührend ersuchet, auch Commission,
„ und Vollmacht gegeben haben, daß er diese Lehen entweder in person, oder durch
„ einen genugsam bevollmächtigten, Nahmens seiner, und unserer alß samtlichen
„ Hunolsteinischen Lehns-Agnaten empfangen ꝛc.

Adjunct. sub Lit. E. ad exhibit. dd. 28. Apr. 1756. in causa Dürr-
Cassell contra Merxheim.

e) Aus der Chur-Trierischen Belehnung de anno 1742.

„ Daß Wir auf vor- und nach - erfolgten absterben weylandt unserer vier nach
„ einander gefolgten Herren Vorfaheeren ahm Ertzstifft, Churfürsten Carl Caspa-
„ ren, Johann Hugo, Carln, und Frantz Ludwigen Hochseel. Andenkens, so-
„ dann Johann Wilhelm Otto Philipps Christophorn, Hans Georg Niclasen,
„ Otto Christophorn, und Otto Ernsten, samtlicher Vögten zu Hunolstein, im
„ letzteren Lehn - Brief vom 17. Sept. 1653. gemeltet ꝛc.

Et infra: „ Von dem Wohlgebohrnen, unserem lieben getreuen Frantz
„ Leopolden Grafen von Hunolstein, für sich und seine Lehens-Erben, sodann
„ krafft habender Con- und Substitutions-Gewalt von dem, auch wohlgebohrnen
„ Joann Friederichen Vogten, und Freyherren von- und zu Hunolstein für sich,
„ und dan auch in Vormunds Nahmen weyl. seines Bruders Söhnen Friederichen,
„ und Philippsen, alle Vogten, und Freyherren von- und zu Hunolstein, sein des
„ jetzigen Senioris domus samtlicher Vettern und Lehns-Agnaten ꝛc.

Adjunct. sub Lit. NN. ad Exhibit. principio Augusti 1757. in causa
Dürr-Caßell contra Merxheim. Con-

Conferatur die nachgefolgte Empfängnuß der Chur-Trierischen Lehen de anno 1753. in adjuncto sub Num. 28. ad Sentimentum juris de Senioratu.

f) Aus dem Saarbrückischen Lehenbrief de anno 1729.

„ Unser lieber getreuer Franz Leopold Vogt von Hunolstein vor sich und im „ Nahmen Johann Friederichs, und Philipps Friederichs Gevettern und respe- „ ctive Gebrüderen, allesamt Vogten von Hunolstein gleichfalls um Belehnung „ unterthänigst angehalten, daß wir demnach vorgemelten Frantz Leopolden Vog- „ ten zu Hunolstein im Nahmen erstgedacht ꝛc.

Adjunct. sub Lit. Mm. ad prædict. Exhibit.

g) Aus dem Salmischen Lehnbrief de anno 1628.

„ bekhnen auch hiemit, und in Krafft dieses den Edel, und vesten Johann „ Adamen Vogten zu Hunolstein, Herrn zu Züsch, Merxheim und Callenfelß „ durch seinen dazu sonderlich bevollmächtigten Johanns Friederichen Voaten zu „ Hunolstein vor sich und nachgesetzte mit-lehns-Agnaten nahmens Johanns „ Schweickard, Niclasen Philipps-Wilhelms, jetzt constituirten Johanns „ Friederichen, Carlen Ottens, undt Adams. (Diese waren aus der Merxhei- mischen Lienie.) „ Sodann Johann Marzolphs, und Johann Wilhelms (diese waren aus der Dürr-Caßellischen Linie) „ respective Gevettern, und Brüdern.

Et infra: „ Darauf bevollmächtigter in Namen obgedachten seines Princi- „ palen Johanns Adamen, und vor sambtliche lehns-mit-Agnaten vorgenannt, „ unß huld und aydt gethan hat.

Num. 5.

Undt endlich

h) aus dem Mayntzisch-Dom-Probsteylichen de anno 1721.

„ Auf Unterthänigstes Ansuchen des wohlgebohrnen unsers Vasallen, und lieben ge- „ treuen Frantz Leopold Freyherrn Vogten von Hunolstein, Herrn zu Dürr-Caßell „ und Heyderdorff ꝛc. des Hertzogthum Lothringen geheimden Rathß, und Staatß- „ Ministers, denselben vor sich, und seine mit-Lehns-Agnaten, benanntlich „ Otto Ludwigen, sodan der, unter der Reigersbergischen Curatel stehenden Cu- „ randen mit Nahmen Georg Ernst, Johann Friederich, und Philipps Friede- „ richen Gebrüdern samtl. des Stamms, undt Nahmens der Vögten von Hunol- „ stein ꝛc.

Et infra: „ Leihen auch ihme Frantz Leopold Vogten von Hunolstein, „ vor sich und gesamte seine Mit-lehns Agnaten solche hiemit ꝛc.

Num. 6.

Daß also in allen diesen Hunolsteinischen Lehen die Mit-Belehnung, Sambt Belehnung, oder gesambte Hand aller deren Agnaten, welche in ihrer Linie, und branche die jede erstern seyndt, und selbige per se, vel per tutores, & curatores regieren, somit die Simultanea Investitura juris communis feudalis, sive Longobardici, vorhanden seye; dan obgwar nicht ein jeder Hunolsteinischer Agnat ein jedes deren Stammlehen genießet, sondern einer dieses, der andere jenes, einige branchen auch eines mit einander, wie ehedeßen 3. Merxheimische Agnaten Georg

 Wil-

Wilhelm, Otto Christoph, undt Hans Georg, auf dem einigen Dorff Züsch gewesen seyndt; so ist doch dieses kein effectus einer disparis investituræ, sondern kommet lediglich ex placito domestico deren Agnaten unter sich her, welchen es gefällig ware, unter die Linien die die Nutznießungen sambt der würklichen Administration ihrer Stamm-Lehen zu vertheilen; da doch der Tenor deren Investituren beständig also beschaffen ist, daß sie Mit-belehnte lehns-Agnaten, in vim illarum ein jedes Lehnstück gesambter Hand benutzniesen könnten. Quo casu omnes feudistæ fatentur, adesse Simultaneam investituram juris Longobardici de pluribus super paterno beneficio investitis ad normam Textus I. feud. 14. §. 2. II feud. 12. & 18. per quam investituram omnes in perceptione fructuum feudi posset concurrere. Dan, so wenig in erst angezogenen Texten aus denen Worten: duo fratres simul investiti sunt, kan abgenommen werden, daß ein Bruder das lehn allein genoßen habe; so wenig wird der Leser deren Hunolsteinischen Lehnbriefen daraus unterrichtet werden, wan er es nicht aliunde aus ihren privat Familien-Verträgen wahrnimmt, welcher Herr Vogt zu Hunolstein den würklichen Genuß von jeden Lehen habe, und welche Herren Vögte mit dem Genuß zurückstehen müßen, biß sie der Ordo successionis betreffe. Und weilen vermög deren Belehnungen præcise kein Agnat einen Vorzug in der Nießung bekommet; ja der Träger, welcher sich als principalem unter allen Agnaten dem Lehen-Herren darstellet, gar oft denmindesten Genuß von demjenigen, was von ihme zu Lehen empfangen wordten, nicht hat, wie Johann Wilhelm aus der Dürr-Caßellischen Lienie in Ansehung des Dorffs Züsch im waldt-land; nicht weniger in Erwegung, daß denen vielfältigen Hunolsteinischen Agnaten jedes Lehen simpliciter, & absolute, absque nominatione, vel mentione partium, verliehen wordten; so ist es klar, daß bey dieser adelichen Familie jene prima Species simultaneæ Investituræ Longobardicæ herkommlich seye, qua duo vel plures descendentes æquali jure investiuntur; & pro indiviso possidere passunt, etiam quoad defructuationem, & administrationem, si ita voluerint: Dan, wie schon oben gesagt hab, daß ein Hunolstein dieses Lehn, der andere aber jenes, cum privativo, & exclusivo cæterorum dominii utilis exercitio würklich genieße, dieses muß nicht sowohl der Investitur, alß dem freyen Willen deren Mit-belehnten, die es also unter sich ausgemacht haben, zugeschrieben werden, und gehet die lehn-Herren nichts ahn, welche so viell ahn ihnen ist, einem jedwederen Coinvestito das Lehn pleno jure, das ist, dominium utile cum perceptione, & administratione, verleihen, weßentwegen in diesem geschlecht keines weegß

Est apud Convasallos Investituræ simultanea juris Longobardici.

a) diejenige Species Investituræ ist, welche von denen Feudisten mit Burckardo Gotthelff Struvio in Element. jur. feud. cap. 9. §. 239. expectativaria genennet wird, quæ non purum, sed conditionatum, in casum aperturæ, transfert dominium: indem alle Hunolsteinische Agnaten, einer, wie der andere, durch die Bank nicht nur pure, sondern auch æqualiter, investiret werden. Auf welche Gattung die definitio simultaneæ Investituræ, welche besagter Struv in §. 240. giebt, est actus, quo Dominus directus simultaneum in feudo dominium alicui

Non expectativaria.

cui sub nexu fidelitatis pure, & judicialiter confert, ita tamen, ut investitus possessionem, & jus utilitatem percipiendi in casu demum aperturæ accipiat, sich keines weegß schicket; dan dergleichen modum restrictivum hat kein einziger Hunolsteinischer Lehn-Herr sicheren Mit-belehnten in litteris investiturarum ausgehalten; keiner hat gesagt, dieser Vogt zu Hunolstein soll de præsenti niesender Vasall seyn, die andern sollen in Betreff der würklichen Nießung warten, biß der Anfall auf sie gelange. Zwar ist dem würklichen standt derer Hunolsteinischen Lehn-Agnaten jene description, welche *Estor* dissert. de inauguration. beneficiar. Cap. I. §. 26. von der simultanea investitura giebt, in der That selbsten applicabel: feudi possessor habet dominium utile, hujusque exercitium, simultanee investitus condominus quidem est, ita tamen ut dominii exercitio destituatur; dan es ist wahr, daß e. g. die Hunolstein Dürr-Caßelische Agnaten anitzo in demjenigen was Merxheim, und Niederwiesen besitzen, kein exercitium des utilis dominii haben; allein um dieses pro majori reflexione imprimenda zum drittenmal zu wiederholen, dieses exercitium wirdt nicht durch die investituren selbsten, sondern bloß allein durch die willkührige divisiones & pacta Familiæ, gehemmet. Weder ist hier

b) jene Species simultaneæ investituræ, welche in lib. feud. I. Lit. I. §. 2. beschrieben ist, ubi plures communiter acceperunt primam omnium investituram; dan wir seynd gegenwärtig in einem casu, wo der stipes communis aller Hunolsteinischen Linien, Johann Vogt zu Hunolstein, ex pacto & providentia majorum suorum alle feuda in einer Person beysammen gehabt, und wo keine Frag de Collateralibus in feudo novo simul investitis seyn kan, indeme alle Agnaten descendentes ab isto intermedio unico possidente, Joanne Vogten zu Hunolstein seynd. Weder — Nec simultanea plurium de novo Coinvestitorum.

c) diejenige Species, welche man accumulativam Vasalli ad Vasallum nennen kan, de qua I. feud. 3. wo schon vorhin ein anderer Vasall allein investiret worden, hernächst aber, der Dominus directus mit deßelbigen Bewilligung einem anderen die Coinvestitur, und Compossession ertheilet; weilen alle Hunolsteinische mitlehns-Agnaten æqualiter ihr Recht a primo acquirente, und keines weegs ab investitura, posteriores Vasallos prioribus accumulante, herhohlen. Endlich ist auch — Nec accumulativa.

d) bey diesem Geschlecht die bekanntliche investitura juris Saxonici nicht hergebracht, gleichsam als müsten sie die investituram simultaneam nothwendiger Weiß, tanquam medium sine quo non qualificans ad futuras successiones von Fällen zu Fällen nehmen. Dan weilen ihre Lehen extra Terras juris Saxonici gelegen seynd, so würde eine solche Nothwendigkeit denen Lehnhöfen ordentlich zu erweisen obliegen; maxime cum simultaneæ investituræ Saxonicæ necessitas propter rigorem suum, qui emungit — Nec simultanea Saxonica.

spem habentes sine re, taxetur a cordatis feudistis, signanter à Cothmann & Rauchbar apud Klock Tom. II. cons. 15. num. 68. und ist eine pure conjectura einiger in sie verliebten Sächsischen Authoren, alß solte vor Einführung deren consuetudinum feudalium Longobardicarum in Teutschland, überall die necessitas investituræ simultaneæ, etiam duntaxat propter spem succedendi, üblich gewesen seyn; sondern die Hunolsteinische Agnaten haben die simultaneam investituram deßhalben jederzeit beybehalten, damit sie werkthätig zeigten, daß ihre unter sich puncto der Niesung gemachte Theilungen die Lehne an sich unzertheilt gelaßen haben, wie sie zu Zeiten Joannis, ihres aller nächsten Stipitis communis, unzertheilet waren.

2do. laßet sich die indivisa communio deren Lehnen daraus erweisen, daß sie selbige nicht separatim, oder auch conjunctim, ein jeder vor seinen theill, noch præcise der Nießende Possessor, empfangen haben, sondern allezeit ein general, der gantzen stammen repræsentirender Lehn-Träger über allsambte Lehne gewesen, der welche in seinem und gesambter Agnaten Nahmen die LehnEmpfängnußen gethan. Videatur meum Sentimentum juris de Senioratu. Addatur Durr-Castellischer Beweiß sub Lit. T. ad §. 1. woselbsten die wahre Species dieser Hunolsteinischer investituræ simultaneæ gantz gut expliciret wird. Fragen wir nun nach der wahren idée eines Lehnträgers zu Latein Provasalli, so beschreibet dieser der gewesene Leipziger Professor Mylius in exercit. jurid. de Pro-Vasallo, oder vom Lehenträger Anno 1688. impressa, daß er ein Repræsentant von allen zu belehnenden seye; daß er derjenige nicht seye, qui plurium vicem, tanquam extraneus, gerit, sondern persona, ex pluribus, indivisim feudum possidentibus ad vices eorum gerendas electa, weßentwegen er ihn thesi VI. also definiret: Est itaque Provasallus persona ex pluribus, feudum indivisim possidentibus, electa, Vasallorum vicem obtinens.

Descriptio Pro-Vasalli, & ex ea illatio ad indivisionem feudorum.

Conf. Besold. Thesaur. pract. Tom. I. p. 641. num. 38. ibi: Si Vasallus plures reliquerit hæredes, & feudum maneat indivisum, tunc non omnes investituram accipere, & jurare solent, sed aliquem e suo numero, qui communi omnium nomine investituram accipiat, & juret, eligunt, quem vulgo vocamus den Lehnträger, qui plerumque est maximus natu inter Fratres aut agnatos.

Addatur Reinking de Regim. Sæcular. & Eccles. Lib. I. Class. 4. Cap. 17. num. 40.

Den Ursprung des Provasalli omnium oder Lehnträgers derivirten vorermelte ICti ex II. feud. 26. §. 8. ibi.

Omnes filii ejus, qui feudum acquisierit, fidelitatem facere debent: maxime, si indivisum habeant: Quodsi feudum ex divisione ad unum tantum pervenerit, ille tantum faciet fidelitatem.

Weilen nun nicht der alleinige Nieser deren Hunolsteinischen Lehen nach denen Theilungen dieselbe Lehne empfangen, sondern alle Agnaten insgesambt, und zwar nicht (quod bene notari velim) præcise durch den Lehn

Lehn Nieser, sondern durch den ältesten aus ihnen, alß Lehn-Trägern so ist es ein untrügliches Zeichen, quod agnati illud pro indiviso habuerint hactenus, divisionibus perceptionum, quas mere domestice inter se fecerunt, non obstantibus.

Worüber Petrus Ravennas also commentiret: Habes ergo ex hoc textu (nempe II. feud. 26. §. omnes) quod feudum potest pro indiviso simul teneri, & possideri per filios Vasalli; quo casu omnes debent jurare fidelitatem; quia cum succedant in locum unius Vasalli, reputantur pro una singulari persona. Die drey Gebrüdern und Stammväter aller Hunolsteinischen Linien, Johann Schweickard, Wilhelm, und Johann Adam, seynd anno 1588. succediret in locum unius Vasalli, Johannis Vogten zu Hunolstein, und deßhalben machten sie, und alle ihre Descendenten in æstimatione juris nur eine person aus. Und ist hierinnen eine paritas reciproca, daß, gleichwie, solang mehrere domini directi von dem Vasallo sich angeloben laßen, selbige in einer ungetheilten Gemeinschaft, stehen bleiben, wie ich oben die exempla von der Vordern Grafschaft Sponheim angeführet habe, und solches nicht weniger die Hunolsteinische Lehen-Briefe über die Hintere Grafschaft bewähren; also auch, solang mehrere Vasalli durch einen Mundt des ihrer allen Lehen-Trägers denen Dominis directis die Lehn-Treu angeloben, sie das feudum pro indiviso erheben zu wollen geachtet werden müßen.

Nempe fidelitas, à pluribus licet personis per Pro-Vasallum exhibita, una est, cum rei, non personarum jurantium habeatur ratio, sagt der obangezogene Mylius in Exercit. cit. thesi 15. und beståttiget es durch II. feud. 77. ibi: Cum plures fratres Vasalli paternum habent beneficium, donec illud indivisum possident, una fidelitas, & unum servitium domino fieri debet.

Sothane una fidelitas wird durch die unitatem eines gemeinschaftlichen Lehn-Trägers vorgestellet; und solang die mehrere Vasallen einen solchen haben, kan nicht gesagt werden, quod versentur in casu divisi feudi, sondern es ist vielmehr darfür zu halten, daß blößlich die Nutzbarkeit seye vertheylet worden.

> Licet, si plures adsint unius Vasalli hæredes, singuli pro diviso partem suam possideant; attamen hoc saltem fictione juris, non tam respectu ipsius feudi, quam fructuum, fieri in propatulo est.
>
> Cit. Mylius thesi 15. in fin.
>
> Conferatur omnius Reinking de Regim. Sæcul. & Eccles. Lib. I. class. 4. cap. 17. num. 16. 17. 20. 21. 22. wo er sagt, quod, licet administratio & emolumentorum perceptio dividatur, non tamen propterea ipsum feudum.
>
> Addatur Hoffmann de jur. rer. individ. cap. 3. sect. I. aphoris. 8. num. 54. & seqq.
>
> De Senckenberg in prim. lin. jur. feud. §. 249.

Dan, gleichwie nicht constiret, daß ein einziges Hunolsteinisches Lehen die necessitatem investituræ simultaneæ juris Saxonici propter eventualem spem succedendi, auf sich habe, und anbey gemeinniglich eine Linie gewiße Lehen gewißer Dominorum directorum ganz allein genießet, sofort in casu ist, quo feudum totum, & integrum uni soli hæredum obvenit, und in selbigen der Lehen-Nießer allein, die Renovations-Kösten auf sich nehmen mußte, ohne daß sich die andern Agnaten, welche gar keinen Theil am Lehen mehr haben, im geringsten darum zu bekümmern hätten, zufolg II. feud. 55. §. 2. ibi: Firmiter etiam statuimus, tam in Italia, quam in Alemania; aliud autem feudum, si consortes voluerint, dividatur: ita ut omnes, qui partem feudi habent, jam divisi, vel dividendi, fidelitatem faciant; so würden sich gewißlich die, nichts darab geniesende Vogt Hunolsteinische Agnaten dem Last der Lehen-Trägerey sowohl, als nicht schuldigen investituræ simultaneæ, entzogen haben. Gestalten sie aber dabey stäts verharret seynd, ohnangesehen selbiges gantze Lehn nur von einer Stamm-Linie benutzet wurde, so ist es ein Argumentum evidens, daß sie in communione ipsius feudi indivisa verblieben seynd.

Ja es kan keine Lehn-Trägerey statt finden, nisi Vasalli feudum pro indiviso possideant: nam si pro diviso, facta scilicet divisione per partes corporales, tot fiunt tota, quot sunt partes, & ideo tot sunt feuda, quot personæ, consequenter singuli pro partibus suis non tam Provasallum, quam nudum procuratorem constituendi jus, & potestatem habent.

Mylius loc. cit. thes. 16.

Vœt. Digress. de feud. ad Libr. ff. 38. num. 99.

Es haben aber die Hunolsteinische Stamm-Lehns-Agnaten einen sorgfältigen Unterscheid zwischen einen Mandatarium oder nudum procuratorem, und dem Lehen-Träger bey denen Investituren-Erneuerungen gemacht, dergestalten, daß, wann sie schon per constitutum procuratorem etwa die Lehne empfangen, dannoch den Lehn-Träger, oder ältesten, darinnen primo loco signanter zu nennen nicht unterliessen.

Videatur in Sentimento meo juris de senioratu adjuncta sub Num. 2. 4. 6.

Item der Lehn-Brief von der Hinteren Graffschaffschafft Sponheim de anno 1671.

Addatur der Chur-Trierische de annis 1742. und 1753.

Woraus folget, daß diese Lehns-Agnaten auch in Fällen wo keiner aus ihnen am Lehn-Hoff persönlich erschienen ist, mit einem gemeinschaftlichen simplen Mandatario nicht zufrieden waren, sondern annebst einen Lehn-Träger ad significandam indivisi ad hac feudi sui qualitatem, divisionibus defructuationum licet factis, remanentem, hingestellet haben: da doch, wan sie eine wahrhaftige Abtheilung deren Feudorum selbsten jemahlen vorgenommen würden haben, sie nicht mehr einen gemeinsamen Lehn-Träger aus sich, sondern lediglich einen bevollmächtigten Convasallum, vel extraneum, hätten constituiren; Ja ein jeder sein Lehn, oder Lehns-Antheyl in separato erheben können; welches, daß es bey denen Vögten zu Hunolstein nicht seye per pacta Familiæ erlaubt gewesen, nicht nur das Conclusum der Stamms-Versammlung de anno 1663. bezeiget, da es nebst dem gemeinen Lehn-Träger einen gemeinsamen, unter ihm stehenden Lehn-Sachwalter angeordnet, und die contribution eines jeden mitzubelehnenden zu allen und jeden Lehn-Empfängnußen scharf befohlen, wobey ferner expresse bedinget, daß dieser Vergleich auf alle Hunolsteinische Lehen, sie seyen unter was Orten, Landen, und Souverainitæt gelegen, zu verstehen, und also davon keines ausgeschieden.

Adjunct. sub Num. 7.

Sondern es hat auch der Freyherr Friedrich Christoph Carl Vogt zu Hunolstein-Merxheim in seinem bey denen Actis contra Dürr-Casel liegenden kur-

zen

hen Begrieff eingestanden, daß nach dem gemeiniglichen Herkommen die Lehnträgereyen bey dem ältesten von denen Vasallen hafftе, deme es die übrige Stamm-Verwandte, alß procuratori suo necessario überlaßen müsten; stehe also in denen Jüngeren ihren willkühr nicht, ihre dißfalsige Angelegenheit durch sich selbsten zu versehen, oder durch einen fleißigern, und aufrichtigern procuratorn versehen zu laßen. Ibid. §. 12. circa fin.

Eine dergleichen Nothwendigkeit kan mit partibus ipsius feudi divisis, oder mit der Zutheilung eines gantzen Lehns ahn einen Agnaten allein, nicht bestehen: folgsam da sie in dem Hunolsteinischen Geschlecht ware, ist der unfehlbare Schluß, daß alle feuda in communione indivisa bestanden seyen biß auf den heutigen Tag.

3tio. Aeußert sich diese unzertheilte Belehnung aus deme, daß, so etwa ein Bruder, oder ein Agnat gegen Geld, oder aus sonstiger Ursach, aus der Mit-Niessung eines Lehn-stückes getretten, derjeniger, welcher hernächst die Nutzbarkeiten deßelben allein gezogen, niemalen wegen des acquirirten Nießungs-Theils eine besondere Investitur genommen, sondern die lex investituræ bliebe, wie vorhin, scilicet, ut renovatio duntaxat fieret mutatis dominis, aut Vasallo portatore: welches nicht hätte bestehen können, wann der investirte dadurch einigen Theil bekommen hätte, über welchen er vorhin nicht schon wäre investirt gewesen. Vasallus enim, qui pro parte tantum fuit à Domino recognitus, si acquirat post modum à consorte feudi aliam partem, tenetur pro ea novam siue ulteriorem petere investituram, quia est nova portio, super qua nondum investitus est, ut habet Communis DD. apud Jul. Clar. §. de feud. lib. 4. quæst. 49. num. 12. Consentit Struv. in Syntagm. jur. feud. Cap. 3. aphoris. 3. num. 2. ibi:

> Subdistinguendum videtur, an possideant feudum pro diviso, an pro indiviso, ut loquuntur? Priori casu, cum per divisionem feudi pars in alium translata, & jam eo mortuo rursus Vasallus mutatus sit, videtur esse opus investituræ renovatione. Posteriori vero casu eam non esse necessariam tradunt Schrader, Berlich, Kniechen &c.

Weilen nun zu verschiedenen malen in der Hunolsteinischen Familie die Casus vorgefallen, daß ein oder anderer Lehn-Agnat seinen Theil der Nießung am Lehn dem andern allein überlaßen, wie Johann Schweickard, und Wilhelm ihrem Bruder Johann Adamen Anno 1603. ihre 2. Drittheile am Eberswaldischen Lehen, Georg Wilhelm, Otto Christoph, Hanns Georg Vögte zu Hunolstein-Merxheim respective in annis 1648. 1659. & 1662. ihre Theile ahn der Nießung des Lehn Züsch ihrem Vettern Ott Philippen Vogten zu Hunolstein Sötern; vid. die gedruckte Durckheim. Tabella genealogica.

Undt nichts destoweniger deßentwegen keine weitere Belehnung nachgesuchet, sondern es bey der bekannten Regel, quod, si ex pluribus Vasallis uni consensu Domini injungitur, quem Lehn-Träger vocant, ut vices omnium sustineat, & nomine communi investiatur, tunc non nisi ipso mortuo renovatio necessaria sit. Struv. loc. cit. allegans Rosenthal Mynsingerum, & alios; & consonat adjunctum ad meum Sentimentum Juris de Senioratu sub Num. 9.; so ist daraus nichts anderst zu schließen, alß daß die Agnaten durch die verschiedene Anweisungen deren Lehns-Benutzungen, oder abgesönderte Administrationen ihrer Lehn-Güthern und Herrschaften nicht gemeynt waren, theile im Lehen selbsten zu machen, sondern dieses in einer unzertheilten Communion, und Gemeinschaft pro indiviso, dannoch beyzubehalten.

f 4to.

4ᵗᵒ· Erscheinet diese indivisa communio feudorum der Hunolsteinischen Familie daraus, daß die der Nießung halber abgetheilte, und von einem Feudo gar nicht genießende Convasalli sich dannoch Herren deßelben Orths fortgeschrieben haben: welches Reincking loco supra cit. Num. 17. pro Signo retentæ indivisim communionis haltet, si, qui diviserunt hoc modo, non solum de illis partibus, quas singuli administrant, se nominant, & titulos usurpant, sed de omnibus, ac si nulla divisio secuta esset, ita, ut ipsum corpus non videatur scindi. Dieses bewähret in specie von dem Dorf Züsch

a) das Adjunct. sub lit. GG. ad Exhibit. principio august. de anno 1757. welches ein Extractus der mütterlichen Erbtheilung de anno 1603. ist: ibi:

„ Welcher hinterlassene Söhne, die auch edlen, gestrengen, und vesten
„ Johann Schweickard, Wilhelm und Hans Adam Vogten zu Hunolstein,
„ Herren zu Züsch Gebrüdere: Wiewohlen der alleinige Johann Schwei-
„ ckard, zufolg väterlicher Theilung de anno 1588. der possessor desfru-
„ ctuans von der Herrschaft Züsch ware.

b) Das Adjunctum sub lit. Hh. ad idem exhibitum, woselbsten in einem Vertrag dd. 18. May 1626. die Vögten von Hunolstein-Durr-Caßell, ohnerachtet sie niemalen etwas von Zülch genoßen, dannoch tituliret werden: Wilhelm Vogt zu Hunolstein, Herr zu Zusch und Durr-Caßell, Johann Martzolff Vogt zu Hunolstein, Herr zu Züsch und Durr-Caßell: Johann Wilhelm Vogt zu Hunolstein, auch Herr zu Zusch und Durr-Caßell:

Unter welchen der Johann Martzolff weder von Züsch, weder von Durr-Caßell ein Mitnießer gewesen.

c) Obgemelter Johann Martzolff Vogt zu Hunolstein hat sich ebenfalls anno 1619 bey Constituirung der Pfandschaft Hüttersdorff ahn den von Braubach zu Dillingen Herren zu Züsch genennet. Adjunct. sub N. 8. addatur supra adjunctum sub N. 5. woselbsten Johann Adam Vogt zu Hunolstein Sötern sich Herrn zu Züsch, Merxheim und Callenfels genennet; wiewolen nicht er, sondern seine Vettern Merxheimischer Linie die Nutznießern dieser 3. Orthen gewesen.

Endlich 5ᵗᵒ· erhellet sothane indivisa communio feudorum aus der gemeinsamen obsorg, deren von wegen aller Lehnen halber öffters beschehenen Stamms-Zusammenkünfften, worinnen sie denen cognatis sowohl als denen geistlichen Lehnträgern communi conventione leges vorgeschrieben: item die gemeine Stammen-Kiste, worinnen alle Lehn-Brieffe communi nomine & jure solten aufbehalten werden: dan dergleichen gemeine Ober-Administration supponiret eine bestehende communion; sonsten rebus divisis inter agnatos ein Jeder rei suæ moderatur, und arbiter in separato wäre.

Vid. adjunct. sub. N. 7. supra. Addatur N. 9. nec non in actis Durr-Casell contra Merxheim adjunct. sub N. 8. ad Exhib. 27. April 1737.

Consentit Hunolstein Merxheim. Sothane indivisionem ihrer Lehnen, und insonderheitlich des, zum Hintersponheimischen gehörigen Dorfs Zusch, hat auch die Hunolstein-Merxheimische Linie sustiniret coram Serenissima curia feudali; da da Freyherr Friedrich Christoph Carl Vogt zu Hunolstein sub Rubrica: Kurtzer Begrieff & præsent: 12. Nov. 1755. §. 6. geschrieben, daß durch die, ahn Hunolstein Sötern beschehene Veräußerung, dannoch denen dereinstigen Erbfolgs-Rechten der Merxheimischen Linie nichts abgegangen seye, die gute Ursach geben:

„ Denn gleichwie bekannter Maßen ein Lehn-Mann ein Lehn nicht „ veräußeren, wohl aber mehr coinvestirte Vasallen mit Beybehaltung „ der simultaneæ investituræ die Lehens-Nutzungen einem allein über„ geben, oder unter einander dieselbe willkührlich vertheilen können; „ Also kan ohnmöglich anderst geschloßen werden, alß, daß durch diese „ Ueberlaßung an die Sötterische Linie allein die Lehens-Nutzungen ce„ diret worden, das Lehn an sich aber dem gantzen Hunolsteinischen „ Geschlecht gemein verblieben seye.

Diese verbliebene Gemeinschaft des Lehns Zusch ahn sich selbsten, non obstante cessione utilitatum, erweiset Hunolstein-Merxheim unwiedertreiblich loc. cit. daraus: Et recte probat

„ Daß siebenzehn Jahr nach der Ueberlaßung, nemlich 1679. Otto „ Philipp von Hunolstein-Sötern von weylandt Herrn Pfaltzgrafen „ Christian vor sich, und seine Vettern, welche von dem ersten Acqui„ renten her posteriren, auf das neue belehnet wurde.

Ja es geschahe noch ehender, nemblich anno 1671. folgsam 9. Jahr nach der Cession der Nießung des Dorffs Züsch, und kan durch einige detorsion sothanen klaren Buchstabens diese simultanea investitura pro tota gente Hunolsteiniana omnium trium linearum nicht verfinsteret werden.

Conferatur ex actis Dürr-Caßell contra Merxheim adjunct. sub Lit. R. woselbsten Otto Philipp denen Mitbelehnten Hunolsteinischen Agnaten die Rechnung seiner Auslagen machend, also rubriciret:

„ Verzeichnuß, was ich Otto Philipps Vogt zu Hunolstein im „ Nahmen gesambter stammß Agnaten der Vögte zu Hunolstein wegen „ unterschiedlichen Lehn-Empfängnussen nach und nach ausgelegt.

Auf welcher auswendig in dorso mit einer Hand des vorigen Sæculi stehet:

„ Memoire de ce que M. d'Honelstein de Setern le pere a de„ bourse pour des reprises de fief concernants toute la Maison de „ Hunolstein.

Obigem Systemati inhæriret der Freyherr von Hunolstein Merxheim in seiner dritten d. 25. Febr. 1757. coram Serenissimo feudali Directorio Badensi übergebener Schrifft, sagend, wenn Hr. Kläger sustiniren wollte, quod simultanee investiti stent in Condominio, und daß die Besitzere des Lehns weiters nichts vor denen gesambt belehnten, als den natürlichen Besitz, und Genuß des Lehns voraus haben, so seye man gern einverstanden: man gönne dem Hrn. Kläger, wann er die investituram simultaneam erhalte, und also die Gemeinschafft des Eigenthums, und den Civil-Besitz von Züsch mit habe.

Consentit quoque Hunolstein-Niederwiesen.

Wie Hunolstein-Merxheim geredet, also auch Hunolstein-Niederwiesen, Freyherr Johann Friederich: In seiner d. 14. Oct. 1757. am Kays. Kammergericht zu Wetzlar interveniendo übergebener unterthänigster in jure, & facto beßer gegründeter deduction sagt er fol. 97. daß zwar dem Johann Adamen, Stifteren der Hunolstein-Söterischen Linie, die Eberswaldische Herrschaft Sötern zugetheilet worden; aber

„ doch nur zur bloslichen Nutznießung, das Eigenthum derselben aber „ dem Stamm in unzertheilter Gemeinschaft dergestalten belaßen worden, „ daß jedem deren drey Herren Gebrüderen, und ihren mannlichen „ Descendenten das würkliche Dominium, und æquale Civil- und „ Lehns-possession actualiter verblieben.

Item fol. 41. das Lehen der, einer jeden Linie zu gleichem Recht verstrickt, und versangener Eberswäldter Herrschafft Sötern ꝛc.

Fol. 42. verso: „ Mittelst deme sich wiederholte 3. Herren Brüdere „ alsbalden simultanee investiren laßen.

Fol. 43. „ Mit ihnen in gleicher Communion, Condominio, Lehns-und „ Civil-Possession gestandenen Stamms-Vettern und Lehns-„ Agnaten ꝛc.

Fol. 57. „ Daß dergestalten sothane Agnaten zu gleichen Rechten pure „ beliehen worden seyen, mithin dominium simul acquisitum ha-„ ben, und Possessores civiles seynd; Andurch Anwalds Hr. „ Principal qua Possessor feudi, & Vasallus principalis würkli-„ chen ist, bey dem das jus ex simultanea investitura quæsitum, „ in seiner wohlgegründeter Richtigkeit ruhet; mithin so viele Inve-„ stituren geschehen, und so viele pacta communionem testantia, & „ confirmantia, errichtet worden, so viele actus possessorii finden sich ꝛc.

Fol. 85. Nennet er es eine Belehnung zur gesamten Hand.

Fol. 105. sagt er, er habe das Lehn zu gemeinen Rechten erlangt, fort sowohl die Söterische, wie die Merxheimische Linie, ac parili jure, & modo solches allezeit durch den ältesten zu gleichen Rechten mit gesamter Hand empfangen.

Fol. 131. „ Da der Stamm mit allen Lehen, es mag solche diese oder „ jene Linie besitzen, zu gemeiner Handt belehnet wird.

Bey eben solchen principiis bleibt Freyherr Johann Friederich Vogt zu Hunolstein Niederwiesen in seiner, ahm Durchleuchtigsten Lehn-Directorio der vordern Grafschaft Sponheim zu Endt vorigen 1757ger Jahrs eingegebener Vorstellung, und Bitte; sagendt, mit selbigen Lehnstückeren seye der gantze Stamm allezeit zu gesamter Hand investiret, und belehnt, sohin selbte, durch den jedesmahligen ältisten, als Lehn-

Trä-

Trägern empfangen worden; Es seye, ohnerachtet diese, von der Vordern Grafschaft Sponheim rührende Lehne der Göterischen Linie zugetheilet worden, allezeit darzu Condominus, und würcklicher Lehns-Possessor gewesen.

Die Dürr-Caßelische Linie aber hat diesen Satz der unzertheilten Gemeinschaft aller Lehen- und Stammens-Güther per omnia fere exhibita angerühmet, nichts öffters wiederholet, als daß in der brüderlichen Theilung de anno 1588. zwar der Hunolstein-Merxheimischer Linie unter anderen auch Züsch zugefallen seye, doch nur in Ansehung der bloslichen Nutznießung; dan das Eigenthum davon seye in unzertheilter Gemeinschaft verblieben, also daß eine jede deren 3. Linien das Condominium, und die Civil-Possession darauf gehabt, auch solcher Communion zufolg alle simultanee investirt worden: Et denique Hunolstein Dürr-Cassel.

Videatur Dürr-Caßelisches Exhibitum contra Merxheim dd. 20. Junij 1756.

Item, daß die, gesamter-Hand belehnt wordene Vögte von Hunolstein deren 3. Linien von einem Stammvatter herkommen, der das Dominium utile der gantzen Lehnschaft hatte; daß von diesem solches Eigenthum auf seine sambtliche Söhne vererbfallet worden; daß es also denenselben frey gestanden, das Lehn in unzertrennter Gemeinschaft quoad proprietatem, quam quoad fructus, zu behalten; daß es ihnen aber auch frey gestanden, zu theilen; wan nun gleich Theilungen vorfielen, die theilende aber nichts destoweniger mit dem gantzen belehnet würden, so seye zu schließen, daß nur der Nießbrauch vertheilet, das Eigenthum aber pro indiviso zu achten seye.

Vid. adjunct. sub Lit. T. ad præcedens Exhibit.

Gleichwie nun alle 3. Agnaten, nemblich zwey von der Merxheimischen und einer von der Dürr-Caßelischen Linie, welche es am besten wissen müßen, wie eigentlich der Stand ihres gantzen Stammens beschaffen seye, in diesem Haupt-principio vollkommentlich übereinkommen, daß, non obstante diversa fructuum feudalium assignatione, & divisim fieri solita perceptione, gesamte Hunolsteinische feuda dennoch immerzu in einer unzertrennten, ungetheilten Communione an sich selbsten verblieben, also kommt es hier nur einzig und allein darauf ferner ahn, daß ich diejenige Corallaria anjetzo vor Augen lege, welche dieses vestgesetzte principium fundamentale natürlicher Weiß gebähret; und dieses ist um so mehr nothwendig, als die Herren Advocaten eines und andern Theils hie und dort in actis gantz contraire Conclusiones gegen ihr einmüthiges Fundamental-Principium hatten machen wollen.

§. II.

Zweytens

Es folget also aus der unabänderlich beybehaltenen Communione aller Lehen, und derselben simultanea, indivisa, & sine partium mentione facta investitura Ex retenta communione indivisa sequitur Condominium, & civilis Compossessio.

1mo. Daß alle Mitbelehnte Agnaten nicht nur allein in actuali Condominio, sondern auch in actuali compossessione feudorum verblieben seyen, uno aliquo agnato pro se, & omnibus Stirpibus contra quosvis extraneos possidente.

Nam is possidet, cujus nomine aliquid possidetur. cap. 9. de rest. Spoliat. L. 1. §. 20. l. 2. L. 3. §. 12. l. 9. ff. de a. v. a. Possess.

adeo quidem, ut, si moriatur ille, qui nostro nomine possidebat, intelligamur nos possidere l. 25. §. l. ff. eod.

Gestalten nun derjenige Vogt zu Hunolstein, welcher ein gewisses Lehn alleinig im Nieß-Besitz hat, selbiges ex declaratione unanimi omnium hujus Familiæ principalium personarum nicht als sein privates Lehn besitzet, sondern als sein, und aller Mit-belehnten Agnaten gemeinsames stamm-lehn, so folget, quod non suo duntaxat nomine sed omnium simultanee investitorum possideat; non secus ac unus hæredum hæreditatem adhuc indivisam, nomine suo, & Cohæredum possidere potest, aut, uno sociorum rem totius Societatis nomine possidente, tota Societas possidere intelligitur. Wann also Mascov de jur. feud. Cap. 8. §. l. lehret, quod in simultanea investitura possessio tantum sit unius; und Georg Adam Struv. Cap. 9. aphoris. 16. num. 2. quod feudi possessio non competat simultanee investito; Und der Burcard. Gotthelff Struv. in Element. jur. feudal. p. m. 237. §. 240. simultanea investitura fit 1.) pluribus, qui 2.) omnes condominium feudi utile, idque 3.) purum accipiunt, 4.) jus tamen utilitatem, & fructus feudi percipiendi, sicuti & possessio, uni seu quibusdam saltem, manet, & reliqui condominio contenti, possessionem, & jus utilitatem percipiendi, casu demum aperturæ accipiunt; so reden sie offenbarlich 1.) von jener possessione, welche in jure civili possessio naturalis genennet wird, qua ratione usufructuarius naturaliter possidere videtur. l. 12. prin. & L. 49. in prin. ff. de a. v. a. Poss. quamvis civili ratione domino proprietatis possideat. arg. §. 5. Inst. per quas person. Ein solcher Niesender Vasall ist erstlich condominus, und zweytens hat er das præcipuum der Utilitæt ausschlüßig anderer Convasallen, besitzet also das Feudum auf eine vorzüglichere Weiß, nemblich naturaliter, & civiliter simul; womit doch wohl bestehet, was der Dürr-Caßelische Hr. Advocat behauptete, daß die Civil-Compossessio dem gantzen stammen gemeinschaftlich verbleibe. 2.) reden diese ICti von solchen Effectibus der possession, die einem simultanee investito nicht wohl zuzukommen; indeme sie, wie sich der ältere Struv. l. cit. expliciret, ab actuali rei detentione dependiren E. G. liberatio ab onere satisdationis quam non præstat simultanea investitura, nec tribuit jura domicilii, & incolatus, nec, wie der jüngere Struv sagt, jus utilitatem percipiendi. 3.) reden sie hauptsächlich von solchen simultanee investitis, wo der investiens dominus directus selbsten bey der Belehnung einen Unterscheidt machet, und nur denjenigen principaliter belehnet, welcher der würkliche possessor naturalis, sive corporalis simul & civilis des feudi ist, weilen er das Lehn benutzet; die andern aber

nur

nur concomitanter, welche dermalen nichts, als spem in utilitate aliquando succedendi haben: Aber bey denen Hunolsteinischen Lehen wird von denen Lehen-Herren solcher Unterschied nirgendwo gemacht: diese belehnen den Seniorem, als Pro-Vasallum nomine suo & omnium Coagnatorum, qui in quavis linea, & Stirpe summi sunt; Sie fragen nicht, ob derselbe älteste dieses Lehn auch geniesse, oder nicht, weder auch investiren sie einige nur in casum aperturæ; sondern alle æquali modo, & ratione, also zwar, daß sie alle in vim investituræ auch die Nutzniessung gemeinschaftlich haben; und es ein negotium mere domesticum inter ipsos ist, daß einer dieses, der andere jenes Lehn-Guth privative vor denen übrigen Agnaten Nutzniese; demnach continuiret die simultanea investitura, ja sogar, wie unten wird gesagt werden, die Succesſio, für sich allein, diejenige Possession, welche ehemalen der communis Stipes Johann Vogt zu Hunolstein allein gehabt, von Fällen zu Fällen auf alle von ihnen posterirende descendenten, und giebt, soviel ahn ihr ist, ihnen ohne Unterscheid das Recht der würcklichen Lehn-Niessung, welches gantz eine andere Gattung ist von derjenigen simultanea investitura, die einem principaliter, denen übrigen aber nur in casum aperturæ, gegeben wird. Darumen hab ich oben in §. I. gesagt, daß in dem Hunolsteinischen Geschlecht keine investitura simultanea juris Saxonici seye; sondern investitura simultanea conjunctæ manus, welche, daß sie von der ersten wohl unterscheiden müße werden, schon observiret hat ex Cothmanno Klock. Tom. II. consf. 15. num. 65. 66. & 77.

Und Reincking de Regim. sæcul. & Eccles. Lib. I. Class. 4. cap. 17. num. 22. & 23.

sagt von dergleichen Sambt-Lehen: Quamvis administratio, & emolumenta, ut olim sæpe, ita & hodie, sint inter agnatos divisa, ipsum tamen jus beneficiarium mansit, & jam nunc est indivisum: ideoque tam possessio civilis, quam dominium ipsum ad omnes æqualiter, & pro indiviso pertinet, & divisio facta administrationem, emolumenta, & naturalem possessionem, respuit. Daß dieses letztere die, anno 1588. theilende 3. Gebrüdere, und Vögte von Hunolstein, alleinig intendiret haben, kan man aus ihrer Theilungs-notul

Adjunct. sub Num. 10.

abnehmen, wo nicht die mindeste Meldung von Theilung deren Lehen; wohl aber deren Renten, Gefällen und Einkünften, beschiehet. Non igitur diviserunt feuda, vel solummodo feudorum reditus, proventus & emolumenta.

§. III.

Drittens

Das actuale condominium sambtlicher Hunolsteinischer Mitlehns-Gebrüderen, oder Vetteren auf jedes lehn-stück pro indiviso würket 2do. den Effectum, daß ohne gesambter Handt Bewilligung — Effectus actualis condominii est inalienabilitas extra stemma.

gung kein Mießbesitzer daßelbe stück ausser dem stammen veräußern könne.

Mascov de jur. feud. pag. 143. §. II. ibi: Ejus (simultaneæ investituræ) effectus est, ut etiam jus reale in feudo tribuat, ita, ut Vasallus possidens, nec vendere illud, nec onerare, sine consensu simultanee investiti, possit.

J. A. Struv. Syntag. jur. feud. Cap. 9. aphoris. 16. num 3. ibi: Propter illud jus Simultaneum non valet ulla in præjudicium simultanee investitorum de feudo dispositio.

Und dieses nicht sowohl propter periculum revocationis, welche auch denenjenigen zukombt, die kein würckliches condominium feudi, weder de facto einige Mit-Belehnung, sondern nur das bloses jus succedendi, haben; alß aus jenem principio juris, quod rem pluribus communem unus sine consensu omnium, quorum est communio vendere, vel gravare non possit.

Alß nun bey einem, und anderen aus denen Vögten von Hunolstein im vorigen Sæculo dergleichen alienationes extra Familiam hujus Nominis wolten vorgenommen werdten, haben sich die übrige zum nachdrücklichsten darwieder gesetzet.

Vid. in actis Durr-Caßel contra Merxheim Exhib. dd. 20. Jun. 1756. ibidemque adjuncta sub Lit. K. L. M. N. O. Nec non Duplicæ sub præs. 27. Apr. in adjunct. sub Num. 5.

Unter welchen klar-sagenden documentis, daß die einseithig-vorgenemmene alienationes contra statum, & pacta Familiæ Hunolsteinianæ seynd, sonderbarlich die Verabredung de anno 1648. 5. Junij zwischen Ott Philippen, Hans Georgen, und Georg Wilhelmen Vögten zu Hunolstein zu bemerken ist in Verbis:

„ Wobey in Specie vorbehalten worden, daß keiner von ihnen Vögten zu Hunolstein, ohne starken guten Consens des sämmtlichen Stammens nicht das geringste weder verkaufen, versetzen, noch veräußern solle.

Effectus actualis Compossessionis.

Die actualis Compossessio aber, welche alle primi in sua linea, vel subdivisa linea, auf jedes Lehnstück zugleich haben, würket,

3ᵗⁱᵒ· daß, sobald derjenige, qui nomine suo, & totius Familiæ fructualiter, naturaliter & corporaliter possedit feudum hactenus, verstirbt, die ihn überlebende coinvestiti, und andere in communione, & compossessione stehende Stamm-Vetteren unter sich gleich einen anderen Agnaten darstellen können, welcher in seinem und ihrem Namen die Stelle des abgestorbenen Besitzers ersetze, und dieses zwar ohne richterliche weitere Anweisung und immission. Quia, cum moritur ille, per quem possidemus, nos adhuc intelligimur retinere possessionem l. 25. §. I. ff. de a. v. a. Possess. Das Exempel haben wir in denen geistlichen Ritter- und anderen Orden; woselbsten die Vorstehere, und gemein-

gemeinschaftl. Ordens-Brüder, sobald derjenige Commenthur, Probst, oder Ambtmann, durch welchen sie ihre Gerechtsame bishero besessen und ausgeübt haben, tödtlich hintrettet, ohne weiteren Umgang und höhern Authoritæt, einen anderweiten administratorem, oder defructuantem hinstellen. Und ist in feudis de novo possessore providendis um da mehr unnöthig, vor Ergreifung der Possession, oder beßer zu sagen, vor Ersetzung derselben natural- und corporal-Besitzerns durch einen andern in locum defuncti die Investitur zu haben, als die Vasallen solche nicht schuldig seynd ehender zu begehren, dan intra annum & diem, und zwar nicht anderst, als wann ihr Stamm in feudi possessionem & perceptionem gekommen ist, welche Ursach bey der Familie um so viel mehr Platz greiffet, als bey dieser nicht einmahl toties, quoties mutatur possessor corporalis, seu naturalis alicujus feudi, die Lehn-Renovatur hergebracht ist, sondern nur, quoties mutatur persona senioris, sofort können inzwischen die andern Agnaten, welche einem non seniori succediren, ohne allen Scrupel die possession ihrer Eltern, und Vettern ante investituram sui de feudo ergreiffen; sonsten würde manchmal das Lehen lang ohne Nieß-Besitzer bleiben, und vielen gefährlichen Invasionen deren extraneorum unterwürfig werden.

Ereignete sich nun der Zufall, daß nach dem Tod des ultimi defructuantis possessoris Convasalli ein Tertius, welcher nicht von dem Vogt Hunolsteinischen Stammen und Nahmen ist, folgsam die Qualität eines, der im Namen, und von wegen des gantzen selbigen Geschlechts, wie bishero geschehen, das Lehn besitzen solle, nicht hat, in die possession eingeschlichen, oder eingedrungen wäre (solte es auch der Lehnherr selbsten seyn) so competirte dem stammen das remedium summarissimum recuperandæ ex capite Spolii; weilen sie Stamms- und Nahmens-Agnaten biß dahin in possessione waren, den Abgang des zeitlichen fructuarii possessoris nomine suo, & totius Stirpis possidentis, jedesmahlen aus dem Mittel ihres Hauses wiederum zu ersetzen; der welche Besitz ihnen via facti von niemanden kan intervertiret werden.

Per tradita à Rosenthal de feud. Cap. 12. conclus. 12. num. 36. 37. & 38.

Es hat hierinnen die Sache eine Analogie und Gleichheit 1) mit dem Domino directo, deme der Vasall mediante sua corporali possessione die Civil-possession, und das Recht nach Abgang aller Succession das feudum entweder einzuziehen, oder mit anderweiten Vasallis zu besetzen, erhaltet 2) mit dem usufructuario, welcher nicht nur vor sich, sondern auch zu nutzen des Domini proprietatis im Besitz des fundi ist, also, daß nach geendigtem usufructu der Dominus fundi sogleich entweder die corporal-possession selbst nehmen, oder durch einen anderen usufructuarium wieder besetzen könne, nach welchen zweyen Exempel der gantze Stamm eines Geschlechts, deme ein feudum gesambter Hand verstricket ist, bey Abgang des naturalis, & corporalis possessoris sogleich jemand anderen de familia surrogiren kan, wiewohlen die investitur nicht renoviret wäre worden.

§. IV.

Viertens.

Intrat Agnatus in hanc compossessionem ipsa vi successionis in aliquo de feudis avitis.

Der modus intrandi in hoc feudale Condominium, & compossessionem civilem, aut respective civilem, & naturalem simul, ist die agnatica successio II. feud. II. ibi:

> Per successionem quoque, sicuti per investituram, beneficium ad nos pertinet.

In welchem Text zwey differente modi, per quos feudum ad nos pertinet, enthalten seynd; der erstere ist die investitura, nimirum primi acquirentis; der andere ist die Successio, oder die Descendenten a primo acquirente. Uno autem modo, sicut altero, feudum ad nos pertinet; dummodo succedere volentes sint communis agnationis, id est, habentes unum communem Stipitem, qui talibus feudis fuerit investitus.

Die Worte: ad nos pertinet müßen hier, wie sonsten auch, regulariter interpretiret werden de jure in re, und dieses von wegen der Vergleichung der Succession mit der investitura prima, welche, wenigstens, wan sie nicht abusiva ist, dem investito das jus in re zueignet; weßentwegen, nach einhelliger meinung derer Feudisten die Successio das jus apprehendendi corporalem possessionem & contra turbatores das Remedium possessorium retinendæ, contra invasores aut præoccupantes, das Remedium adipiscendæ zueignet.

Es wird also ein Hunolsteinischer Agnat eo ipso Condominus feudorum avitorum, oder deren stamm-lehen, daß er einem succedire, qui fuit Condominus; zur Succession ist genug der willen;

> Arg. §. 6. Inst. de hæred. qualit.

Und daß ihme von wegen deren darzu erforderten Qualitæt keine Ausstellung könne gemacht werden. Wann er gleich nicht in perceptione hujus vel illius determinati feudi, succediret, so ist es doch genug, daß er in perceptione alicujus de reliquis avitis feudis Stemmaticis succedire, oder schon würklich succediret seye; dann dadurch kommet er eo ipso in die Hunolsteinische communion, und Compossession aller anderen Stammens-lehen; gestalten, gleichwie ein sothaner Succedirender diejenige lehen, welche er als possessor civilis simul, & naturalis Nutz-niesset, nicht anderst, als in communione, & compossessione totius familiæ besitzet, also verstehet es sich auch ipso reciprocationis jure, daß die übrige Agnaten, propter systema domus Hunolsteinianæ derselben neuerlichen Succedentem in die Compossession, und das Condominium deren anderen Lehen, die welche sie Nutz-nießlich besitzen, eingenommen zu haben geachtet werden.

Etiam ante relnvestituoram

Zu diesem Effect zu gelangen, ist die renovatio investituræ keines Weges von nöthen sed sufficit successio: Per ea, quæ tradit Wesenbeck consil. 21. num. 26. & ex eo Rosenthal de feud. cap. 12. conclus. 12. num. 38.

Dan

Dan die Renovatio ist nur ein officium lege feudi impositum: muß geschehen intra annum, & diem, sub pœna amittendi rursus feudi: folgsam ist sie kein modus acquirendi feudum per successionem; sondern lediglich ein medium necessarium conservandi feudum, per successionem legitimam semel acquisitum. Dieses ist bey dem Hunolsteinischen Geschlecht um da sicherer als die Lehnrenovation nicht beschiehet mutata præcise persona illius Vasalli, qui feudum aliquod naturaliter possedit, sondern alleinig mutata persona senioris, & Pro-Vasalli totius Familiæ: Der Senior kan noch lang leben nach dem Tod eines seiner Betteren, und alsdan kan der Successor des Verstorbenen lang das Lehn haben, ohne daß er mit selbigem Simultanee investiret werde.

Der Austritt aus dieser communion, und compossession deren Hunolsteinischen Lehen geschiehet entweder per modos exeundi involuntarios, e. g. mortem, aut legitime factam privationem; oder per modos voluntarios, puta, divisionem ipsius feudi, dan eine solche Theilung hebt de jure alle Gemeinschaft auf, wie auch die renuntiatio, & abdicatio, favore extranei, id est, qui de familia Hunolsteiniana non est, facta, saltem, si effectum suum sortita fuerit; dan, obschon eine dergleichen beschehende renuntiatio denen übrigen unwißenden, oder nicht einwilligenden Agnaten ahn ihrem Rechte nichts schaden kan; so enthaltet sie doch ein deutliches factum, & evidentem animum, ex parte renuntiantis, vel alias alienantis, nicht mehr in selbiger Stammens-Communion länger zu verbleiben, und giltet, in quantum præjudicat renuntianti vel alienanti. Exit ab illa compossessione Agnatus per modos voluntarios, & involuntarios;

Ich sage ausdrücklich: Favore extranei: dan, wan ein Convasall seinem mitbelehnten Agnato das, in der Communion gebliebene, von ihme bishero benutzte Lehn schenket, oder verkaufet; so wird er nicht vor einen solchen gehalten, der sich auch sogar der Mit-belehnung hätte begeben wollen; sondern, cum abdicationes sint stricti juris, nurn lediglich pro eo, qui abdicat possessionem mere naturalem, oder die würkliche Nießung allein: Und wird ein solcher nur unter die Zahl jener Mit-belehnten versetzet, welche am Lehn weiters nichts. als das dominium habituale, und die compossessionem civilem haben; somit verbleibet à potiori einem solchen die spes successionis ex nova causa; dergestalten, daß, wann taliter alienans, extincta linea ejus, qui ab ipso acquisivit, der proximus agnatus ist, er das alienatum, nebst anderen, per lucrum successionis vor denen remotioribus Agnatis wiederum bekomme, eben so, als wan ein Bruder dem andern, seine Güther verkaufte, und der Käufer stürbe hernach ab intestato ohne näheren Erben. Non vero, si alicui Coinvestito cedat gratuito vel onerose possessionem naturalem feudi. Effectus cessionis ejusmodi.

Dieses erweise ich 1mo aus der analogia emtionis, & venditionis mit der divisione, welche um so stärker ist, als juxta l. 1. C. communia utriusque eine divisio vicem emtionis hat; und deßwegen vicina, & similis emtioni ist, wie die permutatio, weßgleichen die divisio ist;

wie sie dan in l. 77. §. 18. de legat. 2. genennet wird permutatio rerum communionem discernens.

Cynus in Cod. l. 1. c. commun. utriusque

woselbsten er die Similitudinem, divisionis & permutationis quoad translationem dominii constituiret.

Gleichwie nun 1) die 3. Gebrüdere, und stammenstifftere Johann Schweickard, Wilhelm, und Johann Adam Vögte zu Hunolstein durch die division de anno 1588. keines Weegs aus der Communion, und compossession deren stammen-lehen gegangen seynd;

Gleichwie auch 2) wann dieser Brüdern einer mit dem anderen seinen Erbtheil vertauscht hätte, dardurch weder die stamm-communio, und das gemeinsame Condominium, weder auch die Successio in geringsten nicht wäre geslöhret, noch abgeändert worden; also auch nicht durch Schenkung, oder Verkauff: die ratio identitatis ist: quia actus agentium non operantur ultra intentionem eorum; die Meynung aber ware niemahlen gewesen, weder durch Theilungen, weder durch freygebige, oder onerose Uebertráge sich der stammens-Gemeinschaft, weniger des juris succedendi, welches auch ohne selbige bey diesen feudis antiquis bestanden wäre, in einige Wege zu begeben.

Und thuet nichts zur Sache, daß die Verkäufere sich deren Worte: eigenthümlich, erblich, ewig, unwiderruflich ꝛc. gebraucht haben; dan diese alle ihre interpretation aus dem Systemate des Hunolsteinischen Hauses bekommen müßen, welches nur die Rhenden, Gefällen, und Einkünften unter die Agnaten zu vertheilen, zu verschenken, und zu verkaufen pflegte, nicht aber die Lehne selbsten; und da in Specie der Hans Georg Vogt zu Hunolstein Merxheim dem Ott Philippen Vogten zu Hunolstein Sötern seine Terz auf Zusch anfänglich sub pacto de retrovendendo, oder als eine Pfandtschaft verkauft hatte, mogte er nachmalen ad tollendum istud pactum reluitionis wohl die Worte: ewig, und unwiderruflich darzusetzen; ohne daß er für sich, und seine Erben auf den regressum ad eadem bona per viam & novam causam successionis verziehen hätte. Wie dan Hr. Vogt Johann Friederich von Hunolstein Niederwiesen dißfalls ganz wohl in seiner interventions-Schrift ad Cameram sub præs. 14. Oct. 1757. also contra den Freyherrn von Durckheim fol. 113. raisonnirt:

„ Und ob es schon nach diesem provisional-Recess heist: Es sollte ein jeder
„ seinen theil besitzen, und genießen, Erblich, und ewiglich, so verstehet sich doch
„ solches auf weiter nichts, als auf die nämliche descendenten einer jeden linie,
„ mithin das Wort: erblich theilen, die Gemeinschafft nicht ausschließet, das
„ Wort ewig will auch nichts anderst sagen.

Solches confirmiret ex Besoldo continuato, art. Ewig p. 460. dicente, quod innuant perseverantiam & continuationem pro subjecta materia, & rei adjunctæ qualitate varia.

Solche particulæ machten aber bey der Lehns-Folge keine Aenderung.

Item

Item fol. 132. verso & seq. sagt er, intermixtis quibusdam non adeo subsistentibus, daß, obgleich das Lehn Züsch von dem Bruder oder einem deßelben Descendenten einem Agnaten einer andern Linie abgetretten seye dannoch sich dieses Successions-Recht nicht verändere, dan das pactum der Veräußerung habe hierinnen nichts neues verordnet ꝛc.

2do. Erweise ich obigen meinen Satz ex facto utriusque lineæ, scilicet Merxheimianæ, & Durr-Casselanæ, welche der nunmehro seither anno 1716. erloschenen Söterischen Linie, in der Person des Johann Adamen Vogten zu Hunolstein, ihre Antheile an dem Eberswald, und zwar, (wie das adjunct. sub N. 10. ad Exhibit. 27. Apr. 1757. in actis Durr-Caßell contra Merxheim sagt) gleichsam kaufweis übertragen haben; ohngeachtet sothanen Uebertrages haben doch beyde Linien nach dem Tod Ernst Ludwigen die Eberswalder Lehn-Succession gesucht, und suchen sie noch de facto vor der Kays. Cammer, welches nicht angienge, wan sie das Principium nicht gehalten hätten, daß non obstante cessione perceptionis ab una linea facta alteri, dannoch die radicalis per pacta majorum eingeführte communio sowohl, als das jus nihilominus succedendi, bey allen diesen Veräußerungen derer Commoditatum beständig seye beybehalten worden. Weßentwegen die Dürr-Caßelische Linie die Merxheimische aus der Communion des Zuscher Lehns præcise darumen nicht ausschließen kan, weil diese respective in annis 1648. 1659. und 1662 daßelbige ahn Sötern cediret hat; dan sie hat nichts mehr dabey gethan, als weyland Herr Vogt Wilhelm aus der Dürr-Caßelischen Linie in betref des Eberwalds-Lehens; sie hat nur dasjenige cediret und übertragen, was ihr vorhin zugetheilet ware. Nach dem principio aller dreyen im Rechtsstreit anitzo verfangener Hhrn. Vögten zu Hunolstein ware ihr nur die Verwaltung und Nutzbarkeit zugetheilet: Ergo hat sie auch nur die Verwaltung und Nutzbarkeiten übertragen, welches Argument an sich selbsten evident und demonstrativ ist.

3^{tio}. Erweiset solche, auch nach Veräußerung des Dorfs Züsch beybehaltene Lehns-Gemeinschaft, und daß dardurch denen lehns-folgs-rechten nichts seye præjudiciret worden, ganz bündig der Freyherr Johannes Friederich Vogt zu Hunolstein Niederwiesen in obangeführter Wetzlarischer interventions-Schrift fol. 134. verso & seq. mit folgenden:

„ Wie dann auch demselben die, nachher in denen gemeinen Belehnungen von
„ deren Jahren 1671. und 1679. wie auch das, von Herren Otto Philippen
„ Vogt von Hunolstein dem Stamm übergebenes Pro-memoria und mitteiß dem
„ daraufhin inter agnatos 1663. anno 1. Jahr nach dem in anno 1662. geschehen seyn
„ sollenden Vertrag, die beste Sicherheit verschaffen.

Dan aus allen diesen documentis erhellet die beybehaltene lehns-gemeinschaft vor alle drey linien deren Vögten zu Hunolstein in allen lehen, sie mögen gelegen seyn, wo sie wollen: und deßentwegen hat

4to. der durchleuchtigste Hintersponheimische lehn-Hof nicht nur in seinem resoluto auf das Dürckheimische Supplicat dd. 3. Jun. 1738. selbsten erkennet, daß die Freyherren von Dürckheim bey dem Mannlehn Zusch, welches sie propria authoritate, quamquam inqualificati cognati, occupiret hatten, sich nicht manuteniren, noch darmit investiret werden könnten, ehe und bevor sie docirten,

„ ob und wie sie sich über mehr angezogenen Vergleich de anno 1720. NB.
„ mit sambtlichen von dem primo acquirente abstammenden von Hunolsteinischen
„ Descendenten abgefunden ;

Adjunct. sub lit. Ee. ad exhib. dd. 22. 7bris 1756. in actis Dürr-Caßel contra Merxheim..

sondern dieser höchste lehn-Hoff hielte auch in seiner, wider die von Dürckheim anno 1751. übergebenen Exceptional-Handlung einstimmig mit denen Vögten zu Hunolstein das Principium:

„ In übrigen jedoch die Vasallen, wellen sie simultaneam investituram ge„habt, den Genuß und Besitz des Lehns, salva tamen ejus qualitate, auch selb„sten absque consensu domini directi unter sich einander cediren, und über oßen,
„ ja bey gehabter Descendenz vor das ansehnliche Lehn eine merkliche Summ Geld-„Abtrags wohl übernemmen können. Gestalten Otto Philipp von Hunolstein zu
„ Sötern bey erst gedachten Vergleichs- und Cessions übertrag de anno 1662. der
„ Acquirens gewesen, und also nothwendig wohl wißen müßen, was er darbey ahn
„ sich bringen wollen.

Daß aber dieser Otto Philipp keine exclusionem der alienirenden Merxheimischen Linie à communione, & successione auf Zusch darbey habe ahn sich bringen wollen, siehet man klar aus dem Stammens-Concluso de anno 1663 welches er selbst mit hat errichten helfen, und aus denen, von ihme für sich, und alle von dem primo acquirente posterirende Agnaten anno 1671. und 1679. empfangenen Reinvestituren.

Es seynd demnach nicht allerdings wohl-überlegt gewesene, diesem vest-stehenden principio è diametro zuwiedere assertiones und Nimietäten eines deren Durr-Caßeler Schriften-Verfaßers gewesen, da er behaupten wolte

a) daß die Merxheimische Linie successive in annis 1648. 1659. und 1662. das Lehen Zusch sogar mit dem Dürr-Caßelischen eigenthümlichen Drittenstheil an die Söterische Linie verkauft habe. Dan, weilen Durr-Caßel keinen Theil an denen emolumenten selbigen Lehns hatte, sondern nur an der proprietæt, und zwar pro indiviso, die Verkäufere aber sowohl, alß der Käufer nicht gedachten, die proprietæt zum object des Kaufes zu machen, sondern selbige in ihrer Weesenheit unberührt ließen, und nur salvo Systemate communionis Hunolsteinianæ indivisæ, eine Aenderung mit dem ledigen Nutz-Besitz getroffen; so ist es unschicklich, darbey einen Verkauf des Durr-Caßelischen dritten theils zu erfinden: es mangelt dieser Bejahung der Zusammenhang mit der, von Durr-Cassel sonst allezeit gepriesener indivisa communione; dan wo diese ist, da seynd keine partes actu, sondern nur potentia, quatenus dividi potuisset hoc feudum; wie dan der Merxheim. Advocatus Causæ diesen Verrupff allerdings wohl wiederleget hat, sagend, ein Condominium müße auf das gantze gehen.

b) Daß darduch die Merxheimische Linie, undt ihre Descendenten aus aller Communion, Condominio, possession, und somit aus dem gantzen Erb- und lehn-folgsrecht der Herrschaft Zusch biß zu ewigen Tagen ipso jure gesetzet, gegen eine grose Summen Gelds abgefertiget worden; und gehöre nun

nun solche ausgekaufte Linie nicht mehr zu dem stamm-Guth; seyen keine Agnaten mehr, sondern als ein todte ausgeloschene branche zu consideriren rc. Dan all dieses ist in dem Systemate hujus Familiæ falsch, und wird durch die actus de anno 1663. 1671. 1679. geschlagen, wo die Durr-Caßelische Linie nicht den mindesten Vorzug vor der Merxheimischen auf das Lehn Zusch erhalten; eo quod nullius lineæ agnatus ibi exprimatur nominatim, sed omnes generatim duntaxat. Alles kurz zu sagen, die Merxheimische Linie hat sich durch besagte cessionen zwar deterioris conditionis gemacht, als die Söterische, nicht aber, als die Dürr-Caßelische: Vielmehr wurde sie mit dieser lezteren ejusdem conditionis, weilen beyde sich nur mit dem Condominio, der Compossessione civili, und der simultanea investitura begnügen, im übrigen aber dem casui devolutionis die Agnaten einer wie der andern Linie abwarten musten, welche nemlich aus ihnen, im fall, da die Söterische ausstürbe, dem defuncto am gradt näher würde seyn. Das adagium, quod idem non possit bis haberi, scilicet semel in natura, & semel in pretio, würde im Fall, daß einer aus der Merxheimischen Linie anno 1716. dem lezten aus der Söterischen Ernest Ludwigen am gradt der nächste gewesen wäre, kein absurdum juris gemacht haben, cum ex nova emergente causa successionis einer ganz wohl zu demjenigen wiederum lucrose per donum bonæ fortunæ gelangen kan, wofür er ehemalen den Geldswerth gezogen hatte, wie ich solches oben ab exemplo fratris bona allodialia fratri suo vendentis, pretium accipientis, & nihilominus eadem bona, si forte solus ab intestato heres fieri contingat, recipientis, erwiesen hab, und gar oft geschiehet, woraus dan zu tag liegt, daß die Merxheimische Agnaten recht gesagt, mehrgedachte Cession habe die naturam successionis nicht alterirет, und der Dürr-Casselische Advocat ihnen dißfalls übel cotradiciret habe.

Weit beßer hat der Durr-Caßelische defensor in seiner ersten d. 30. Merz 1756. contra Merxheim übergebenen Klagschrift gesagt; weilen Dürr-Cassel gradu proximior seye, so könne die Merxheimische Linie vor Erlöschung der Dürr-Casselischen zur Lehnfolg nicht gelangen, also daß die Causa obstandi sich nicht gründe auf diese Alienation, sondern auf den defectum proximioritatis. Dan, wan sich die Merxheimische Agnaten von wegen des Zuscher lehns totaliter, & radicaliter alienos, extraneos, & jure agnationis privatos, gemacht hätten, so würden sie nicht einmal extincta linea Durr-Cassellana succediren können, und das Lehn ad dominos directos, zurückkehren, cujus modi quid sustinere velle esset invidiæ plenum, und wurde aus demjenigen, welches der Dürr-Casselische Schriftsteller selbsten in Exhibit. dd. 30. Oct. 1756. ex Stryk. Dissert. 8. de Succession. ab intest. Cap. 8. §. 19. sagt, daß wan etwa eine Linie nothgedrungen würde, dasjenige, so sie in Nutzniesung hat, zu veräußern, so müste ihr zugetheiltes ahn die Mit-investirte Linien vergeben werden; und dieses darum, damit sich also jedannoch diese so unvermögend befundene Linie dereinstens der Succession und Lehnsfolge in dieses ihr, von denen Ureltern erblichen-rechtlich zustehendes Guth und Lehen zu erfreuen haben. Und dieses geschiehet nicht erst alsdann, wan alle übrige Linien ausgegangen seynd, sondern sobald vor demjenigen die proximioritas gradus stehet. rc. rc.

Nr. 95.

Copia
Supplicationis weyl. Ernst Ludwig, Vogts zu Hunolstein, um die von dem Wild- und Rheingrävlichen Hauße zu Lehen tragende Güter verpfänden zu dörfen dd. Sötern 19. Nov. 1692.

Hochgebohrner Grav,

Gnädiger Herr!

Demnach mich ohnlängst mit meinem Vettern von Merxheim, Johann Georg, Vogten zu Hunolstein über einige hinc inde gehabte Gegenforderungen berechnet, und sich befunden, daß ihme deductis deducendis bey die zwanzig Tausend rthlr. rechtmäßig heraus schuldig verbleibe, bin ich gäntzlich entschlossen, ihme wie billig derentwegen behörige Versicherungen zu geben; wann aber meine Allodial-Güter hierzu bey weitem nicht sufficient: als gelanget an Ewere Gnaden mein unterthäniges Bitten, sie wollen mir Dero Vasall die hohe Gnaden erweisen, und consentiren, daß ich benanntem meinem Vettern diejenige Güter, so von Dero Hochgräflichen Hauß zu Lehen trage und genieße, solchergestalt dörffe hypotheciren und verschreiben, daß er und seine Successoren gleich nach meinem Ableben selbige in possess nehmen, und deren Intraden so lang und viel ziehen mögen, bis Capital und Pension abgelegt und bezahlt worden seyen, solche erweisende hohe Gnade werde in allen Occurentien äußerster Möglichkeit nach unterthänig zu verschulden mir angelegen seyn laßen, der ich sofort nechst göttlichen Gnaden Ergebung mit schuldigen Respect bin

Ew. Gnaden

Sötern d. 19. Nov. 1693.

unterth. gehorsamster Dr. und Vasall
Ernst Ludwig Freyhr. Vogt
zu Hunolstein.

Dem hochgebohrnen Graffen und Herrn Herrn Leopold Philipp Wilhelm Wildgraffen zu Thaun, und Kyrburg, Rheingrafen zu Stein, Graff zu Salm, Herr zu Vinstingen und Püttlingen ꝛc. ꝛc. meinem gnädigen Graffen und Herrn

Grumbach

Daß diese Copie dem Original von Wort zu Wort gleichlautend wird Krafft des hierunter getruckten hiesigen Hochgräfl. Canzley Secrets hiermit attestiret

Grumbach d. 10. Mart. 1696.

L. S.

Gezogen ex adjunct. actorum Wetzlariensium sub Lit. C.

F. A. Mayer Not$^{s.}$ Imp.
req^{tus} mppria.

Nr. 97.

Nr. 96.

Extractus Conventionis, so zwar ohne Tag, Monat und Jahr, jedoch unter Hr. Ernst Ludwig Vogten zu Hunolstein-Sötern und dessen Vettern Herrn Johann Georg Vogt zu Hunolstein-Merxheim errichtet seyn soll.

Kandt und zu wissen seye hiermit Männiglich, daß auff so vielfältiges und langwirriges Ansuchen des wohlgebohrnen Herrn Johann Görgen Freyherrn Vogten zu Hunolstein Herr zu Merxheim an das Hauß Soetern ꝛc.

Wann dann auch beyde so nahe Bluthsfreinde dahin Collimiret, daß alle fernere Mißhelligkeiten auffgehoben, vnd vermieden bleiben, hergegen aber guthe Verstndnus, wie sichs gebühret, und ohne deme in alle weege sein soll, von nun ahn und fürderst hingepflanzet, und unterhalten werden möge, hat sich Herr Ernst Ludwig Freyherr Vogt zu Hunolstein, Herr zu Soetern dahin ferners erklähret, daß falls nach Göttlichem Willen, selbiger über Kurtz oder Lang ohne Eheliche Männliche Leibs-Erben mit zeitlichem Tod abgienge, Er seine ganze Verlassenschafft vielerwehntem seinem Vettern Herrn Johann Görg Freyherrn Vogten zu Hunolstein, Herrn zu Merxheim und deßen Erben und Nachkommen hiermit und in Krofft dieses völlig cediren und überlaßen wollen, doch mit diesem austrücklichen Reservat und Vorbehalt, daß er Hr. Ernst Ludwig Zeit seines Lebens alß rechter Natürlicher Eigenthumbs-Herr in deme seinigen, wie er solches possedirt, von Herrn Johann Görgen noch seinen Erben nicht perturbiret, sondern in beständiger ruhiger Possession gelassen werden solle, umb damit zu schalten vnd zu walten; wie bishero von ihme geschehen, biß nach seinem Herrn Ernst Ludwigen seel. Ableben, da allererst seine Verlassenschafft berührtem seinem Nechsten Agnaten Herrn Johann Görgen vnd dessen Erben und Nachkommen alß vero hæreditario und ältesten Creditoren zukommen solle. Vorbehaltlich der Morgen-Gab und Außsteuer, so Herr Ernst Ludwigs beyden Geschwistern Vermög Ihrer Ehepacten, haben sollen gegeben werden, daß solche Morgen-Gab rechtmäßig deren übergebliebenen Ehelichen Leibs Erben ohne einigen fehl alßdann außgefolget, gegeben und eingeliefert werden, wie nicht weniger auch so soll nach Ableben Hr. Ernst Ludwig dessen Frau Ehegemahlin der Wiedumbsitz ohne einiges widersprechen eingeraumbt vnd das Jährliche Deputat, und waß Hr. Ernst Ludwig Deroselben mit Consens Herrn Johann Görgen irgend weiters mögte verordnen, richtig gegeben werden, alles sonder Arglist vnd Gefährde. In Urkund vnd zu mehrern Bekräfftigung deßen haben

Georg Wilhelm Vogt von Hunolstein
alß Hr. Creditoris Sohns eigene
Handschrifft

Hoc præsens hypographum cum vero incorrupto suo originali, prævia diligenti Collatione, per omnia concordare attestor. Ego

(L.S.) Johannes Adolphus Wallra Cæsareus juratus hac mea subscriptione ac subsigillatione.

pro Copia Copiæ.

Nr. 97.

Nr. 97.

Copia reversalium derer Gebrüder von Hunolstein Merxheim den vor den Lockweiler Kirchensaz substituirten Kirchensaz zu Boßen betreffend. d. d. 7. May 1628.

Durchleuchtiger Hochgebohrner Fürst, Gnediger Herr!

Auf Ew. Frstl. Gnd. uf Unser Underthes Ansuchen umb gnedigen Consens den Sponheiml. Lehenrührigen Zehenden sampt dem Kirchensatz zue Lockweiler zu veralieniren, Gnedig ertheilltes Decret, thun Wir uns Unterthänig ercleren, und erbieten, daß Wir zu erstattung des Abgehenden Kirchensatzes zu Lockweiler, den Kirchensatz zu Bosen, Welcher Mir Niclaußen Vogten zu Hunolstein eygenthumblich zustehet, Ew. Frstl. Gnd. und Dero Grafschafft Sponheim zu lehen uftragen und ansetzen, sodann der übrigen angeregten Puncten halber hiermitt verobligirt und verbunden haben wollen, da sich in einem oder dem andern Ohnrichtigkeit oder Mangel befinden sollte, selbigen hiernechst zu erstatten, und richtig zu machen, bey unsern Adelichen Ehren und Treuwen, auch Verpfändung aller Unser Haab und Güter, Underthänig fleißig bittende, Ew. Frstl. Gnd. Gnedig geruhen, solchen Consens nunmehr in Frstl. Gnaden zu ertheilen.

Ew. Frstl. Gnd.

Underthänige Gehorsamme Pflichtschuldige allhier Anweßendte

Nicolas Vogt zu Hunolstein Philipps Wilhelm Vogt zu Hunolstein.

Johann Schweickhardt Vogt zu Hunolstein.

Nr. 98.

Copia reversalis Otto Philipp von Hunolstein Söttern, den Boßemer Kirchensaz betr. d. d. Söttern 3ten 9brs. 1641.

Ich Otto Philips Vogt zu Hunolstein, bekenne und thue Kundt gegen jedermänniglich in Krafft dießes, demnach meine liebe nun in Gott ruhende VorEltere, und Vetter bey dem Durchleuchtigen und Hochgebohrnen Fürsten und Herrn, Herrn Georg Wilhelm PfalzGraffen bey Rhein, Herzogen in Bayern, Graffen zu Veldenz und Sponheim, selbigen und nach dießer Zeit ältesten Graffen zu Sponheim und Lehensherr, umb alienation ihres von Samptlichen Fürsten und Graffen zu Sponheim zu lehen tragenden Zehendens zu Lockweiler, doch an statt dießes ihrer Frstl.

Frstl. Gnd. ihren Eigenthumbl. Hunolsteinl. Zehendten zu und umb Baumholder sampt dem Kirchensatz zu Bosen zu lehen hiegegen angesetzt, Underdhänig in ao. 1631. angelangt, ihnen auch alß obberührten meinen Vorfahrern von höchl. ehrengedachten Ihr. Fürstl. Gnd. Gnädig und Willig Willfahrt worden, sie auch darauf in alienatione gedachten Zehenden fortgeschritten, wann aber vergangenen 22sten Monaths Aug. lauffenden 1641. Jahrß, ihre Fürstl. Gnd. bey mir auch um meinen Consens, obberührte von meinen VorEltern, höchstehrengedachten Fürsten und Graffen zu Sponheim hingegen gethane eigenthümbliche Hunolsteinische Lehens Ansatzung ferner zu confirmiren mit Ueberschickten von meinen offternannten Vorfahrern herrührenden, Umb Gn. Verwilligung obigens documentis Gn. angesucht, hab ich nach Ablesung derselben befunden, daß mir darin zu consentiren und dieselbe zu confirmiren in alleweg gebühren will, thue demnach auch solches in bester Form rechten quo id iustum & jure quam de statuto fieri possit und zu noch mehrer Urkundt, hab ich nit allein diesen Consens- und Confirmations-Brief eigenhändig unterschrieben, sondern auch mein Insiegel hiefür trucken wollen, und sollen. So geschehen zu Söttern d. 3 Tag Nov. am Tag Martini deß bischoffs im Jahr Ein Tausendt Sechßhundert Viertzig und Eins

(L.S.)

Otto Philips Vogt
zu Hunolstein.

Nr. 99.

Extract Lehen-Berichts und Præstanden von Otto Philipps von Hunolstein zu Söttern de 9ten Janr. 1679.

2c. 2c.

Von dem Zehenden und Kirchensatz zu Lockweiler, nunmehro dargegen den Kirchensatz zu Bosen, und selbigem Zehenden, hat man keine weitere Beschreibung von nöthen, Alß so weit sich selbigen Dorffs Boßen Gemarkung erstrecket, Wollen aber dieselbe den Zehenden zu Baumholder ahn statt deßen zu ged. Booßen einführen, könnte ohne Maß-Gebung selbiger in dem Lehenbrieff benambt werden, so viel die Vögte von Hunolstein an selbigem Theil haben, dann noch andere mehr daran zu fordern, und ist solcher in dem Fürstenthumb Zweybrücken in dem Ambt Lichtenberg gelegen, waß sie aber bey diesen Zeiten ertragen, fällt bey diesem verderblichen Kriegs-Weesen sehr gering 2c. 2c. Wegen des 6ten, 8ten, 9ten, und 11ten Puncten werden Mhgl. Herrn in vorigem Schreiben ersehen, daß ich bey jedem Stuck deßen Bewandtnuß remonstrirt, alß nemblich waß es vor Gerechtsame habe, waß vor Beschwernußen darauf hafften, ob alle Lehen-Stück in Wessentl. Bau, und ob selbige noch alle beysammen, so seyndt deren Gerechtigkeiten nicht groß, geben die Intraden zumahlen wegen dieses Kriegs nicht ein, so ist auch so viel mir bewust, darvon nichts versetzet noch verpfändet, derowegen nicht weiß, was dieselbe verursachet, über so vielfältig beschehenen Bericht, weitter zu inquiriren, und mich zu fernerer Verantworthung anzuhalten 2c. 2c.

Nr. 100.

Copia Litterarum Investituræ Baldewini Aep. Trevirensis Hugelino de Hunolstein die v. Julij MCCCXLI. datarum.

Ego Hugelinus de Hunolstein Armiger tenore præsentium publice recognosco, quod à Reveren. in X^{to.} Patre ac Domino meo Dom. Baldew° Archiepiscopo Treviren. & Ecclesia sua dudum tenui, & teneo in feudum Villam Leynscheid, nec non curtes in Loncamp & in Bose cum earum villa & Curtium Curtibus, pertinentiis universis, quas ego Villam & Curtes prædictas ab eodem Domino meo recepi, recipio, ac me recepisse recognosco in feudum cum onere, fidelitate, juramentis & servitiis in talibus feudis debitis de consuetudine vel de jure, quod etiam hæredes mei legitimi, & quicunque alii partem in bonis hujusmodi in posterum per divisionem, aut alias obtinentes facere tenebuntur, promitto insuper pro me & meis hæredibus supradictis, quod bona eadem aut alia, quæ ab ipso Domino meo, aut Ecclesia sua habebo, ab ipsis non alienabo, alii vel aliis non infeudabo in parte vel in toto, & quod ipsis non rebellabimus nec contraibimus quomodolibet in futurum, præterea renuncio pro me & ipsis meis hæredibus omni actioni seu impetitioni nobis contra præfatum Dominum meum aut Ecclesiam suam competentibus, aut competere volentibus quovis modo usque in diem confectionis præsentium Litterarum in quorum omnium Testimonium atque robur Sigillum meum una cum Sigillo Nobilis viri Dom. Jo. de Rupe militis senioris, quod apponi rogavi, & in his scriptis rogo, præsentibus est appensum. Et ego Jo. de Rupe recognosco meum Sigillum ad preces Hugelini prædicti pro majori præmissorum evidentia his litteris appendisse. Dat. anno Domini MCCCXLI. die v. mensis Julij.

pro Copia Copiæ
F. A. Mayer Not^{s.} Imp.
req^{tus} mppria.

Nr. 101.

Copia Supplicationis pro Mandato de non violando Territorium &c. des Herrn von Dürckheim contra Sponheim dd. 29ten Aug. 1750.

Unterthänigste Supplication und Bitte
pro

Clem^{mi.} decernando mandato, de non violando territorum, neque amplius turbando in possessione vel quasi loci Zusch, cum pertinentiis sed restituendo ablata Sclopeta ac fruges ad locum unde, resarciendo damnum datum & Expensas S. C. Annexa Citatione solita cum literis patentibus ad Subditos.

In

in Sachen
derer Freyherrn von Dürckheim
contra
die gemeinschaftliche Sponheimische Regierung zu Trarbach,
und den Amtmann Fabert zu Birkenfeld.

Cum adj^tis
Sub N. 1. & 2. Dr. Rulandt.

Exhibet 29. Aug. 1750.

Durchleuchtigster Fürst,

Röm. Kaiserl. May. Cammerrichter, Gnädigster Fürst und Herr!

Euer Hochfürstlichen Durchleucht giebt Anwalds derer Freyherrn von Dürckheim, unterthänigst klagend zu vernehmen, was gestalten, obgleich seine Herren Principales die Dörffer Züsch und Boosen, samt allem deme so dazu gehörig, bishero in Besiz gehabt, hiebey auch wieder die Churfürstlich Trierische Beeinträchtigungen, durch Ein von diesem höchsten Gericht Erlassenes Mandatum und verschiedentlich darauf gefolgte Urtheile geschützet, Ingleichem das Mandatum de exequendo erkannt worden; auch diese Sache endlich dahin gediehen daß Ihro ChurFürstliche Gnaden zu Trier die Execution nicht abgewartet, sondern sich von freyen Stücken zu Befolgung derer Urtheilen, in soweit angeschicket, die Gemeinschaftliche Sponheimische Regierung zu Trarbach, ohne daß von Seiten deren hohen Häußern Baaden-Baaden und Sponheim auf ermeldtes Dorf Züsch und dessen Zugehörungen, jemalen vel in possessorio vel in petitorio auch nur die geringste Ansprache gemacht worden, sich gleichwohl de facto ermächtiget, durch den Amtmann Fabert zu Birkenfeld, mit bewafneter Hand in diesseitiges Territorium einzufallen, die denen Herrn von Dürckheim untergebene Baraquen Leute, vor sich zu fordern, denenselben die Besuchung des Züscher Markts zu untersagen, selbige nach Birkenfeld zu Ablegung der Huldigungs-Pflicht zu citiren, die Unterthanen von Ihrer rechtmäßigen Herrschaft abwendig zu machen, denen BaraquenLeuten das Gewehr, weniger nicht von dem Getraide, den Zehenden gewaltthätig wegnehmen, und diesen auf zwey Wägen nach Birkenfeld fahren, Ingleichen mit 3000 Mann diesseitige Waldungen, durch Jagen, vier Füchse schiessen, und hierzu die Baraquen Leute treiben zu lassen, wie solches der von dem Beamten zu Sötern, an Anwalds Herrn Principalen erstattete Original-Bericht sub N. 1. in mehrerem besaget: wobey es nicht verblieben, sondern es hat gedachter Amtmann Fabert, unterm 19ten dieses nach Innhalt des sub N. 2. ferner anliegenden Original-Berichtes, einen abermaligen Einfall in Züsch gewaget, die Dürckheimische Unterthanen nach Birkenfeld citiret, und dieselbe in Nichterscheinungs-Fall mit Gewalt hohlen zu lassen, gedrohet, die Baraquen Weiber vor sich beschieden, und als dieselbe nicht sogleich gekommen, mittelst Schlägen und Stößen herbey hohlen, auch sich solcher Worte verlauten lassen, daß Anwalds Herrn Principalen nicht nur täglich eine weit grösere Gewalt, sondern auch dieses, daß die ohnehin zu Veränderung geneigte Unterthanen von Ihrer Pflicht abgewandt werden, befürchten müßen. Wann aber dieses ausser Zweifel auf Befehl der Gemeinschafelich Sponheimischen Regierung zu Trarbach durch den Amtmann Fabert veranlassete Verfahren, denen gemeinen Rechten, und bekanntesten Reichs-Constitutionen schnurstracks zuwider, und denselben pro avertendo majori malo nach Vorschrift der Cammer-Gerichts-Ordnung P. II. Tit. 23. in via præcepti sofort zu begegnen, hierzu auch dieses höchsten Gerichts erforderliche Jurisdiction ob notoriam Regiminis Trarbacensis Immedietatem, Ingleichen wegen des Amtmanns Fabert, ob continentiam weniger nicht, sonsten ob connexitatem causæ genugsam fundiret ist. So ergehet an Eure Hoch-Fürstliche Durchleucht Anwalts Nomine quo supra unterthänigste Bitte, Höchstdieselbe seinem Herrn Principalen Ein Mandatum de non violando Territorium neque amplius turbando in possessione vel quasi loci Zusch cum pertinentiis sed restituendo ablata Sclopeta, pariter ac fruges, ad locum unde, resarciendo damnum datum & expensas sine clausula, annexa Citatione solita, Kraft dessen der Gemeinschaftlich Sponheimischen Regierung zu Trarbach und dem Amtman Fabert zu Birkenfeld, alles Ernstes anbefohlen wird, das Territorium derer Herren von Dürckheim, nicht weiter zu betretten oder dasselbe zu violiren, vielweniger dieselbe, in dem wohlhergebrachten Besitz, des Dorfs Zusch, nebst Zugehörungen zu beeinträchtigen, sondern die abgenommene Flinten und Früchte sofort wiederum an Ort und Stelle zu liefern, fort alle verursachte Schäden und Unkösten zu erstatten, sodann aber auch an die Unterthanen zu Züsch, und die dabey wohnende Baraquen Leute literas patentes dahin gnädigst zu erkennen, daß dieselbe sich an auswärtige und besonders an die von der gemeinschaftlichen Sponheimischen Regierung, oder von dem Amtmann Faber zu Birkenfeld, etwa zu erlassende nichtige Befehle keines weges kehren, sondern ihre denen Frey-Herren von Dürckheim geleistete Pflicht, wie getreuen Unterthanen gebühret, in allschuldigst nachkommen, und ermelten Freyherren von Dürckheim in Gebott und Verbott willigen Gehorsam leisten sollen. Desuper ꝛc. ꝛc.

Euer Hochfürstlichen Durchleucht

Unterthänigster

Anselm Franz Messer. Kayserl. CamerGerichts Protonotarius.

Ruland Dr. Cavens.

Collt. K. C. Canzley-Hand. J. G. Mollitor Copist.

Nr. 102.

Copia Dürckheimischer wiederhohlter Bitte pro Mandato S. C. dd. 14ten 7br. 1750.

Unterthänigste Supplication
pro
Antea petito Mandato sine clausula cum literis patentibus
nunc Clementissime Decernendis
in Sachen
derer Frey-Herren von Dürckheim
contra
die Gemeinschaftlich Sponheimische Regierung zu Trarbach
und den Amtmann Fabert zu Birkenfeld.

Cum adj.
Sub N. 3.

Dr. Ruland.

Exhib. den 14ten 7br. 1750.

Durch-

Durchleuchtigster Fürst,

Römisch Kayserl. May. Cammerrichter,
Gnädigster Fürst und Herr!

Zu mehrerer Bescheinigung der in ruckwärts bemerkter Sache, von der Sponheimisch gemeinschaftlichen Regierung zu Trarbach, durch den Amtmann Fabert zu Birkenfeld verübten Gewaltthaten, übergiebet unterschriebener Anwald Documentum Notariale sub N. 3. Euer HochFürstlichen Durchleucht unterthänigst bittend, Höchstdieselbe das vorhin nachgesuchte Mandatum sine clausula cum literis patentibus nunmehro zu erkennen, gnädigst geruhen wollen. Desuper &c.

Euer Hochfürstl. Durchleucht

Unterthänigster

Anselm Franz Messer. Käyserl. CamerGerichts Protonotarius. Ruland Dr. Cavens.

Collt. Kayserl. CammerGerichts Canzley-Hand. J. G. Molitor Copist.

Nr. 103.

Copia Dürckheimischer Supplication pro maturando decreto dd°. 23. 7br. 1750.

Unterthänigste Supplication
pro
Clementissime maturando Decreto
in Sachen
derer Freyherrn von Dürckheim
contra
die gemeinschaftliche Sponheimische Regierung zu Trarbach
und den Amtmann Fabert zu Birkenfeld.

Cum Adj. N. 4. Dr. Ruland.

Exhib. d. 23. 7br. 1750.

Durchleuchtigster Fürst,

Römisch Kaiserl. May. Cammer-Richter,
Gnädigster Fürst und Herr!

Welchergestalten auf Befehl der Fürstlichen Sponheimischen Regierung zu Trarbach, der Amtmann Fabert zu Birkenfeld in diesseitiges Territorium armatu manu & coadunatis Hominibus eingefallen, und was vor Reichs-Con-

Constitutions widrige facta de facto derselbe vorgenommen, solches ist vorhin und besonders in Supplica vom 14ten dieses genugsam bescheiniget worden, wann nun ermeldter Amtmann, noch weiter gegangen, und diesseitige Unterthanen den sub N. 4. in original beygehenden Befehl zugeschicket: Mithin bey länger unterbliebener Hochrichterlichen Hülffe, ganz unleidentliche, fort sonstig betrübte Folgerungen zu befürchten sind: So ergehet an Euer Hochfürstlichen Durchleucht Anwalds unterthänigste Bitte, Höchstdieselbe das Decretum zu maturiren gnädigst geruhen wollen. Desuper rc.

Euer Hochfürstl. Durchleucht

Unterthänigster

Anselm Franz Messer. Kayserl. CamerGerichts Protonotarius.

Ruland Dr.

Collt. K. C. Canzley-Hand. J. G. Molitor Copist.

Nr. 104.

Dürckheimische Supplication pro Mandato de non violando territorium &c. dd°. 28ten 7br. 1750.

Unterthänigste Supplication

pro

Nunc Clementissime decernendo Mandato, de non violando Territorium, neque amplius turbando in possessione vel quasi loci Zusch, cum pertinentiis sed restituendo ablata Sclopeta ac fruges ad locum unde, resarciendo Damnum datum ac expensas & relaxando Captivos. S. C. Annexa Citatione solita.

in Sachen

Freiherrn von Dürckheim

contra

die Gemeinschaftlich-Sponheimische Regierung zu Trarbach, und den Amtmann Fabert zu Birkenfeld.

Cum adj. Sub N. 5. 6. & 7.

Dr. Ruland.

Exhib. d. 28ten 7br. 1750.

Durch.

Durchleuchtigster Fürst,

Römisch Kayserl. May. Cammer-Richter, Gnädigster Fürst und Herr!

Euer HochFürstlichen Durchleucht, und diesem höchsten Gericht, hat unterschiedener Anwald, die auf angeblichen Befehl der Gemeinschaftlichen Sponheimischen Regierung zu Trarbach, von dem Amtmann Fabert zu Birkenfeld, in diesseitiges Territorium verübte Gewaltthaten, in vorherigen Supplicis des mehrern unterthänigst klagend vorgestellet, ohne daß darauf die höchstrichterliche Hülfse, bishero erfolget, da inzwischen der Amtmann Fabert auf Befehl vorgedachter Regierung ferner fortgefahren diesseitiges Territorium, und besonders das Dorf Züsch, wovon Anwalds Principalschaft, auf die von Ihro Chur-Fürstlichen Gnaden zu Trier nach der in der Anlage sub N. 5. beschehenen parition vigore adjuncti sub N. 6. nochmahls zum Ueberfluß die Possession ergriffen, mit 800. Mann de facto invadiret, den Zehenden spoliiret, die von Dürckheimischen Unterthanen erbärmlich geschlagen, fünf dererselben gefänglich eingezogen, und nach Birkenfeld geschleppet, Häuser erbrochen, und solchen Unfug begangen: dergleichen wohl schwehrlich erhöret seyn mag, wie solches das sub N. 7. beygehende Documentum Notariale des mehreren ausweißet. Euer HochFürstliche Durchleucht werden von selbst gnädigst ermessen, wie nöthig dermalen die höchstrichterliche Hülffe seye, mithin ergehet an Höchstdieselben, gehorten Anwalds unterthänigste Bitte, das Mandatum de non violando Territorium neque amplius turbando in possessione vel quasi loci Zusch, cum pertinentiis, sed restituendo ablata Sclopeta, ac fruges ad locum unde, resarciendo damnum datum ac expensas & relaxando captivos sine clausula annexa citatione solita cum Literis patentibus ad subditos numehro gnädigst zu erkennen, und darinnen noch weiter zu befehlen, daß die gefänglich eingezogene diesseitige Unterthanen, so fort ohne den geringsten Anstand losgelassen werden sollen. Desuper ꝛc.

Euer Hochfürstlichen Durchleucht

Unterthänigster

Anselm Franz Messer. Kayserl. CamerGerichts Protonotarius.

Ruland Dr. Cavens.

Coll. K. C. Canzley-Hand. J. G. Molitor Copist.

Nr. 105.

Copia Berichts des Dürckheimischen Bedienten Heidenreich ddo. 19ten Aug. 1750.

ReichsFreywohlgebohrner Freyherr, Gnädiger Herr!

In aller Eil berichte folgendes unterthänig, gestern Mittags gegen 12 Uhr ware der Barbirer Haut zu Birkenfeld allhier, in des Rudolph Brennle Behausung, und weil ich ihn kenne, fragte ich denselben: was neues in ersagtem Birkenfeld

feld gebe? worauf er mir replicirte: wie ermeldten gestrigen Tages frühe 4 Uhr, der Birkenfeldische Herr Amtmann Fabert, mit 13. Wägen, und dem Ausschuß sich in den Züscher Wald, Holz zu hohlen, begeben, und würde damit fast wieder in Birkenfeld seyn. Da mir nun Herr Amtmann Caspari bey der Züscher Huldigungs- und Possession Einnahme, eröfnete: wie Birkenfeld die Gunnesbrücher disputirlichen machte, begabe mich also gleich von hier dorthin, um eigentlich zu erfahren, was doch mehr ermeldter Birkenfelder Herr Amtmann allda verübet habe, und damit ich desto geschwinder, in der Gunnesbrücher seyn möchte, nahm ich meinen Weeg durch Eißen. Als ich nun in Euer ReichsFreyherrlichen Gnaden zugehörigen Waldungen, und zu denen allda seyenden Kohlenbrennern kam, fragte ich selbe, ob sie keine Birkenfelder mit Wagens hier herum gesehen, oder ob sie sonsten etwas von diesen Leuten wüßten? worauf selbe antworteten, es wäre Ihnen nichts weiters wissend, als daß der Amtmann zu Birkenfeld denen Baraquenleuten anbefohlen hätte, daß selbe samtlich bey ihme in dem Wald erscheinen sollten. Ich begab mich dieser Nachricht zufolge also weiters nach denen Gunnesbrüchern, und nachdem ich auf den Dollberg kame, hörte ich ein starkes schreyen, rufen und schießen: stieße auch 10 Schritte weit darauf, auf eine Parthie Birkenfeldische Unterthanen mit Gewehr, welche ich fragte: was sie allda machten, indeme diese Waldungen Euer Reichs-Freyherrlichen Gnaden eigenthümlich wären, und wo ihr Herr Amtmann seye? Es droheten mir aber diese Unterthanen, mithin, und da ich alleine ware, verfügte mich auf Züsch, um zu erfahren, was allda passire; Nachdem ich nun allda anlangte, trafe ich keinen einzigen Mann oder Innwohner darinnen an, sondern es waren dieselbe alle auf dem Felde, Haber zu mähen. Ich schickte also gleich des Forster Manus Tochter hinaus, den BurgerMeister Peter Arend zu hohlen, Indessen erzählten mir die Weiber, was dieser Birkenfelder Amtmann unternommen hätte. Als nun ersagter BurgerMeister sich vom Feld im Dorf einfande, fragte ich ihn um den ganzen Vorgang, fort eröfnete mir derselbe folgendes, es seye der dickernannte Birkenfeldische Amtmann mit vielen und über 100. Mann mit Gewehr, gestern Frühe gegen 9. Uhr in Züsch eingefallen, und alle, und von des Michel Arenden Hauß den Weeg an der Kirchen herunter beym Weyer vorbey bis zur Mühlen wohnende Unterthanen gefraget: Wer ihr Herr seye? worauf diese Unterthanen geantwortet, Euer Reichsfreyherrlichen Gnaden, nach welcher er versetzet, Nein, sondern ich bin es, und mir sollt ihr gehorsamen, Seye darauf hin in die Mühlen gegangen, das allda von denen Baraquenleuten hingesetzt geweßene Gewehr pr. 10. Flinten, an welche ich am Sonntag deren Eigenthümmer Nahmen geschrieben, hinweggenommen, und zu dem Michel Arenden gesaget, die Mühle ist nicht mehr Euer mit dem Zusaz: ich werde jezo einen Müller hineinsetzen, und er Arend sollte morgen als heute bey ihme in Birkenfeld erscheinen, und in so fern er nicht komme, wollte er, Herr Amtmann ihn mittelst dem Ausschuß, aus seinem Hause hohlen, und dorthin bringen lassen, wovon derselbe Euer ReichsFreyherrlichen Gnaden, das weitere, da ich erfahren, daß er auf Zweybrücken seye, unterthänigst wird eröfnet haben, von diesem gespielten Beginnen, hat der Amtmann an die Burgermeistere auf der Lahmen Schneiders Hütten, und Wiewings-Baraquen den Befehl gegeben: wie sie eiligst die niedergeschnittene Frucht daselbst, aufbinden sollten, welchem sich auch nach genauer Erkundigung diese Burgermeister willig gefüget, mithin hat derselbe den Zehenden davon genommen, und auf zwey Wagen nacher Birkenfeld fahren lassen, worauf er mit 300. Mann, theils mit Gewehr, theils mit Prügeln in den Waldungen, nemlich dem Dollberg und Gunnes-Brücher gejaget, und vier Füchse geschossen, wobey die Baraquenleute getrieben, gegen 6. Uhr gestern Abends postirte sich der Amtmann mit all diesem Gefolg

bey

bey das erstere Haus der Züscher Hütten, allwo er eine halbe Viertelstunde liegen bliebe, Endlichen zertheilt er sein Commando; theils durch Züsch, theils unten bey Züsch vorbey, und er gienge mit dem Birkenfelder Schloß Jäger und andern auf die Schmeltz über den Bach nach dem Azelborn, und über denselben durch des Michel Arenden Hauß, die Straße bey der Kirchen hinunter nach der Mühlen, bey welcher Gelegenheit dann, nichts anderster zu thun ware, als sich mit protestationen zu verwahren, welches auch, wie mich der BurgerMeister versicherte, der Gerichts-Mann Michel Arendt vorhero ebenmäßig gethan, um nun zu erfahren, was er mit den BaraquenLeuten vorgenommen, habe mich äusserst angewendet, mithin von dem Burgermeister auf der Züscher Hütten, die Nachricht erhalten, daß sie ihme Herrn Amtmann die Hände im Wald hätten geben müßen, und nachdeme ich durch den WaldMeyer vorgestern hatte anbefehlen lassen, daß jeder auf den Morgen hier seyenden Markt, mit Viehe kommen sollte, wie er ihnen verbotten nicht hieher zu gehen, sondern daß sie künftigen Dienstag in Birkenfeld erscheinen, und allda die Huldigung ablegen sollten, hierauf habe ich gestern Abend gegen 8. Uhr dem BurgerMeister auf der Lahmen Schneiders Hütten, deme auf der Wietwings Baraquen schriftlichen im Nahmen Euer ReichsFreyherrlichen Gnaden anbefohlen, denen samtlichen dasigen BaraquenLeuten, bey Strafe ihrer Haabseligkeit und Verlust des gnädigsten Schuzes, mithin bey der Wegjagung zu untersagen, und zu verbiethen, daß sich keiner gelüsten laßen, weder in Birkenfeld zu erscheinen, weder denen daher kommenden Befehlen zu gehorsamen. Hingegen sollte ein jeder morgenden hiesigen Markt ebenfalß bey Strafe besuchen; dieses habe auch dem Wald-Meyer, und dem Hütten Burgermeister zu beobachten mündlich anbefohlen, mithin bin ich diese Nacht um 12. Uhr erstlich wieder in Ötern angelanget. Herr Amtmann Fabert hat, wie mir der Hütten BurgerMeister erzehlte, alle BaraquenLeute auf dem Zettel gehabt, und Mann für Mann abgeleßen. Es scheinet, daß bey alle diesem eine Verrätherey vorgegangen, worauf ich stark nachforschen werde. Ansonsten habe am Sonntag mich in Züsch aller Gebräuche erkundiget, welches auch am Samstag zu Boosen geschehen, wovon mit nächstem unterthänig berichten werde, auf der Züscher Hütten befindet sich ein Nagel-Schmit, nahmens Jean Puteau, welcher einen kleinen Hund im Rade zum Blaßbalg tretten gehen hat, da nun dieser Hund gleichsam sein Puteau Brodt gewinnen muß, bittet derselbe unterthänig, damit er doch solchen behalten dörfte. Nechstdeme habe schon viele, gegen welche als Fiscal agiren könnte, insoferne Herr Amtmann Caspari wieder kommt und ich mit dem gnädigsten Decreto und Instruction begnadiget werde. Dieses habe anheute in aller Eil einstweilen unterthänig einberichten, und über ein so anders, wozu ich gnädigst fähiger erachtet werde, gnädigsten Verhaltungs-Befehl in Abweßenheit des Herrn Amtmanns, erwarten sollen, wie ich dann auch des Birkenfeldischen Vergangshalber bis Samstag eine umständlichere Speciem facti oder Verlauf der Sachen unterthänig einschicken werde, womit mich zu hohen Hulden und Gnaden unterthänig empfehlend in submissem respect ersterbe

Euer Reichsfreyherrlichen Gnaden,

Meines gnädigen Herrns

Unterthänig treu gehorsamster

Franc. Heidenreich.

Ötern d. 19ten Aug. 1758.
früh 5. Uhr.

Nr. 106.

Angebliches Notariats-Instrument, wodurch die Freiherren von Dürckheim, eine von Ernst Ludwig Freihrn. von Hunolstein cum constituto possessorio an die geschehene erbliche Ueberlassung des Züscher Mannlehens beweisen wollen d. d. 8ten Julii 1716.

Im Namen der heiligen Dreyfaltigkeit, Amen!

Zu wissen seye hiemit, und in Kraft dieses offenen Instrumenti, daß nach der seligmachenden Geburt unsers einigen Erlösers und Heylandes Jesu Christi, Ein Tausend Siebenhundert und Sechszehn, auf Mitwochs den achten Julii, in der neunten Römer Zinszahl, zu Latein Indictio genannt, bey Herrsch- und Regierung des allerdurchlauchtigsten Fürsten und Herrn, Herrn Caroli des Sechsten erwählten Römischen Kaysers, allen Zeiten Mehrern des Reichs, in Germanien, zu Hungern, Hispanien, Böheim, Dalmatien, Croatien und Sclavonien rc. rc. Königs, Erzherzogs zu Oesterreich, Herzogs zu Burgund, Steyer, Kärnten, Krayn und Würtemberg, Graven zu Tyrol, Unsers allerseits gnädigsten Herrn rc. rc. Ihro Römisch Kayserlichen und Catholischen Majestät Reichen, nach der Kayserlichen Krönung im fünften, des Hisspannischen im dreyzehenden, des Hungarischen und Böheimischen gleichfals im fünften Jahr, allhier auf dem Schloß zu Sötern, in der obern rechten Eckstuben, vor mir dem Kayserlichen Notario und denen hernach benandten Glaubwürdigen Herrn Gezeugen persöhnlich erschienen, der Reichsfrey hochwohlgebohrner Herr, HErr Ernst Ludwig Freyherr Vogt von Hunolstein, Herr zu Züsch und Sötern rc. rc. mich, nachdeme zuvor von Deroselben derjenigen Diensten, worinnen bis dato gestanden und zu præstiren schuldig war, entlassen worden, als offenbaren geschwohrenen Notarium gewöhnlichen requirirend, alles dasjenige, was er gleich jezo mir wohlbedächtlich declariren wollte, ad protocollum zu nehmen, darüber zu instrumentiren, und ein oder mehrere Expeditiones Ihme, oder wer solches vonnöthen, in forma authentica, gegen die Gebühr zukommen und widerfahren zu lassen; und gleichwie ich mich in Erinnerung meines tragenden Amts der Schuldig- und Willfährigkeit erbotten, also declarirte wohlgedachter Herr Requirent, wie daß er nach reifer Vorbetrachtung dem weyland hochwohlgebohrnen Herrn, Herrn Wolf Philipp Henrich Eckbrechten von Dürckheim, seiner leiblichen Schwester Sohn, nunmehro seeligen, bereits den vierten Januarius Ein Tausend Siebenhundert und Zwölf, durch ein offenes Instrumentum, so er mir dem Notario zugleich in Originali vorlegte; zu seinem künftigen Universalerben ab intestato aller nach seinem Tod verlassender Erblehne und eigenthümlichen Güthern, Dörfern, Renthen und Gefällen, wie die immer Nahmen haben mögen, ernennet und demselben vollkommene Gewalt cum constituto possessorio ertheilet habe, nach seinem seeligen Abscheid die würkliche Possession ohne Widerrede Männiglichen zu ergreifen, und sich des von ihme erhaltenen Successions-Rechts contra quascunque molitiones & prætensionum umbras, via Juris zu bedienen. welches hierüber aufgericht- mir vorgelegt- und hieher zu ingrossiren verlangtes Instrumentum von Wort zu Wort also lautet:

Ich Ernst Ludwig Freyherr Vogt zu Hunolstein, Herr zu Zuisch und Sedern, urkunde und bekenne gegen jedermänniglichen frey offentlich, Kraft dieses Briefs, demnach ich in reife Betrachtung gezogen, welchergestalten S. T. weyland Frauen Elisabethä Voatin zu Hunolstein, gebohrner von Hagin meiner Urgroß Frau Mutter seeligen Andenkens, hinterbliebene und mit ihrem auch in Gott ruhenden Hr. EheGemahl S. T. Herrn Johann Vogten zu Hunolstein, ehelich erzeugte Herren Söhne und Erben, nemlichen Herrn Johann Schweickhardt, Herr Willhelm, und Herr Johann Adam, mein GroßHerr Vatter, alle Vögte zu Hunolstein, in Anno 1603. den 28ten May alten Calenders, zur Separation ihrer erblichen angefallenen mütterlichen Lehn und eigenthümlichen Verlassenschaft geschritten, und vermittelst eines aufgerichteten schriftlichen beständigen Vertrags, sich miteinander wissentlich pro se & suis hæredibus quibuscumque dahin vereinbaret, und per modum pacti wohlbedächtlichen verglichen, daß obgedachtem Herrn Johann Schweikharten die Güter Merxheimb, cum appertinentiis, Herrn Willhelm, die Herrschaft und Zugehörden Durkastell irrevocabiliter abgetretten worden, mein seeliger Herr Großvatter aber, Herr Johann Adam, (nebst andern ihme aus mütterlicher Verlassenschaft assignirten Allodial-Güthern) das ganze Eberswäldische Erblehn, welches erwehnte seine Frau Mutter und dero VorEltern von dem Wild- und Rheingräflichen Dhaunischen Haus vermöge der alten Lehn-Briefen zu einem ungezweifelten Erblehne getragen, empfangen und mit solcher Qualität in das Hunolsteinische Haus gebracht, samt dessen Oberherrlichkeit, Renten und Zugehörungen, nichts ausgenommen, vor sich, alle seine Erben und Nachkommen, ohne einigen Unterschied respective erblich, eigenthümlich und unwiderruflich haben, nuzen, niesen, gebrauchen und besitzen solle, als andere seine eigenthümliche Güther und Gefälle, damit handeln, thun und lassen, wie es Ihme oder seinen Erben gelegen und gefällig seyn wird, maßen auch ein jeder obbenandter dreyer Gebrüdern, die Ihme also zugetheilte Güther, nach dem Tenore besagter Erbvereinigung, bis auf diese Stunde auf seiner Linie behalten und von Erben zu Erben, ohne daß eine Linie an die andere etwas zu prætendiren befugt geweßen wäre, exclusive fortgebracht hat, obwohlen nun nach Besag der alten Lehnbriefen und sothaner brüderlicher beschlossenen Erbvereinigung, die von ermeldtem meinem Herrn Großvatter und dessen Linie herstammende Töchter, zu dem a hæredibus suis ihme abgetrettenen Erblehn und andern eigenthümlichen Güthern, mit denen Söhnen ein gleiches Recht und Zugang erlanget, so haben dennoch die Töchter, alle insgesamt, in favorem ihrer Gebrüder, und zu Erhaltung der Dignitæt dieser Linie, auf vätterliches und mütterliches, viel brüderliches Allodial- und Feudalerb und Erbrecht renunciiret, allein sich darneben den ledigen Anfall, Linea hac mea Masculina extincta, ausdrücklich reserviret; wie denn vornemlich meine leztere in Gott ruhende Frau Schwester, S. T. Frau Magdalena Catharina, gebohrene Vogtin zu Hunolstein, weyland S. T. Herrn Wolf Friederich Ekbrecht von Dürkheimb seligen Frau Ehegemahlinn und leibliche Mutter S. T. Herrn Wolf Philipp Ekbrechten von Dürkheimb, meines vielgeliebten Herrn Vettern bey ihrer am $\frac{1}{18}$. Febr. 1662. aus Schwesterlicher gegen mir, als ihrem einigen Bruder getragenen Affection, gethaner Renunciation auf väterliches und mütterliches Erb und Erbrecht, diese expressam clausulam reservatoriam mit angehängt, daß auf den Fall ich ohne eheliche Leibes-Erben versterben würde, alsdann sie dieser Ver-

E zug

zug weiter nicht mehr binden, sondern sie zu ihrem vätterlichen und mütterlichen Erblehn und Eigenthum, denen Kayserlichen Rechten gemäß, ihren freyen Zutritt wiederum haben, und solche ihre Renunciation niemand anders als mich ihren einigen Bruder allein und meine Descendenten, keineswegs aber die abgetheilte Nebenlinie concerniren, oder auf dieselbige extendiret werden solle. Gleichwie ich nun aus meines seeligen Herrn Großvatters, Herrn Johann Adam von Hunoltstein, separirter Linea, in dem männlichen Geschlecht noch allein übrig bin, und der liebe Gott mich in meiner stehenden Ehe mit keinen Kindern gesegnet, auch bey meinem hohen und blöden Alter keine Hofnung mehr habe, deren in Zeit meines Lebens zu bekommen, als befinde ich mich in meinem Gewissen und den Rechten gemäß verbunden, mich der angezogenen Erbvereinigung und Schwesterlichen Verzug, auch denen darinn enthaltenen Clausulis und reservationibus in favorem obwohlgedachten Herrn Wolf Philipp Henrich Eckbrechten von Dürckheim, ernandter meiner seeligen Frauen Schwester einigen Sohns, allerdings zu conformiren, und die gute Vorsehung zu thun, damit er in seinem künftigen, und von seiner Frau Mutter, meiner herzigen Frauen Schwester seligen, vi pactorum auf ihn devolvirten Succeßions-Rechten, großvätterlichen und mütterlichen Erblehen und eigenthümlichen Guth, mit welchem das meinige verstriket, nicht verkürzet, oder in Schaden und in Nachstand gesezet werden mögte, welche Vorsorge ich um so viel destomehr zu thun Ursache habe, anerwogen ich bey der am 19ten October des jüngstverwichenen 1711. Jahrs vernommenen Examination meiner über das Göterische Erblehn besagender Documenten, mit sonderbarer Bestürzung wahrgenommen, wie daß in verschiedenen in des hohen Wild- und Rheingräflichen Hauses Dhaun und Grumbach LehenCammer von mir, meinem Herrn Vatern und Groß-Herrn Vatern, ausgestellten Lehen-Briefen, das erwehnte Erblehen des Eberswalds, contra antiquos acquisitionis titulos, und zu Kyrn ehediesem per pares curiæ gemachte Abschiede und Verträge zu mein und angeregten meines Herrn Vettern, Herrn Wolf Philipp Henrich Eckbrechten von Dürkheim merklichen Schaden und Nachstand, *ex errore* ein Mannlehen genennet, und dessen Qualitas in præjudicium tertii, nempe Successoris mei prædicti, immutiret werden wollen, durch welche gefährliche Neuerung ich gemüßiget worden, dickbesagten meinen Herrn Vettern, als künftigen Interessenten, am 21. October des nächstabgewichenen 1711ten Jahrs, mit einem Creditivschreiben an den Lehnhof nacher Grumbach in eigener Person zu senden, und den Herrn Lehns-Directorem, vermög angeführter nachdrücklicher Motiven zu bitten, daß der in einigen Lehenbriefen, sowohl ratione qualitatis feudi, quam investiturae, ex errore eingeschlichene Fehler (darwider schon mein Herr Gros-Vatter zu seiner Zeit quam solennissime protestiren lassen) corrigiret, und die iezige Investituren nach dem Innhalt des Instrumenti investiturae, Frauen Elisabeth von Hunoltstein, gebohrne von Hagen, wie ohne dem Rechtens, eingerichtet werden möchte, obwohlen nun der hochgebohrne Graf und Herr, Herr Leopold Philipp Wilhelm, als dermaliger LehensDirector, auf mein durch ermeldten Herrn von Dürckheim Ihme überreichtes Schreiben den 31ten October des 1711. Jahrs, mich antwortlich versichert, daß Er den eingeschlichenen Irthum ermeldter meiner Lehenbriefen corrigiren und abthun wollte, in quem finem ich ihme die alten Lehenbriefe, und die neue denselben zu confirmiren, einschicken sollte, so ist dennoch hernachmalen, ohnerachtet ich alle Parition geleistet, keine

Aende-

Aenderung erfolget, sondern es hat angeregter mein Herr Vetter wiederum unverrichteter Sache sich fort anhero begeben müßen; darneben aber von hochermeldtem Lehenhof die Vertröstung bekommen, daß mir und ihme diesfals geholfen werden solle, dessen ich aber bis daher keinen Effect verspühret, derowegen auch in Sorgen stehe, es möchte unter solchen Tergiversationibus versiren, so mir oder ermeldtem Herrn Vetter an seinem künftigen Successions- und Erblehenrechten schädlich seyn dörfte, darwider ich doch in optima forma protestire, und dieser und anderer angeführter Ursachen halben nun, habe ich aus wohlbedachtem Muth, rechten Wissen und genauer Vorbetrachtung, ganz freywillig und ungezwungen vielbesagten meinem Herrn Vetter, Herrn Wolf Philipp Heinrich Eckbrechten von Dürkheim, meinem künftigen ab intestato Universalerben, zu dankbarer Bezeugung aller von meiner lieben Schwester, seiner leiblichen Mutter seeligen, genossener Gutthaten alle Macht, vollkommene Gewalt und erlangtes Recht, cum constituto possessorio, ertheilet, übertragen und gegeben, daß wenn diese Lehens-Sache bey meinen Lebzeiten ohnerledigt anstehen würde, in Kraft dieses Er befugt seyn solle, nach meinem seeligen Hinscheiden, (welches Gott nach seinem heiligen Rathschluß zu seiner Zeit vätterlich und seelig fügen wolle) die würkliche Possession ohne Widerrede männiglich auf alle rechtliche Weiße, in dem ermeldten Erblehen und andern meinen eigenthümlichen Dörfern, Güthern und Gefällen (unter welchen seiner Frauen Mutter vätterliches und mütterliches Guth zugleich begriffen) zu apprehendiren, würklich zu ergreifen, und sich seines von mir erhaltenen Successions-Rechtens, contra quascunque molitiones & prætensionum umbras, via Juris zu bedienen, doch mit diesem ausdrücklichen Anhang und Beding, daß, im Fall ich nach Gottes Willen vor meiner Frauen Gemahlin dieses Zeitliche gesegnen würde, Er verbunden, schuldig und gehalten seyn soll, Derselben den in denen Ehepacten Ihro verordneten Wittum und Widerlage, auch alles dasjenige, so ich Ihro zu Standesmäßiger Unterhaltung verordnet haben möchte, nebst allen meinen bekantlichen Passiv-Schulden gebührend abzutragen, zu verrichten, und diesem allen, doch nicht ehender, als nach meinem seeligen mir von Gott bestimmten Hinscheiden, wie hierinnen gemeldet und gesezet, sich zu conformiren und darnach zu richten. Zu mehrer Urkund, Bekräftigung und Versicherung aller obbeschriebener und verordneter Dinge, habe ich diese rechtliche und bekanntliche Declaration eigenhändig unterschrieben, und mit meinem angebohrenen hierauf gedruckten Pettschaft corroboriret und verwahret.

So geschehen in meiner Burg und Residenz zu Setern, Montags den 4ten Januarii, im Jahr Christi unsers einigen Erlösers und Seeligmachers Ein Tausend, Sieben Hundert und Zwölfe, und war in dem Originali unterschrieben Ernst Ludwig Freyherr Vogt zu Hunolstein, und dessen Freyherrliches Innsiegel auf einer grün und und weissen Schnur unversehrt im schwarzen Wachs eingedruckt gefunden.

Wie nun seit dem, da solches Instrumentum aufgerichtet worden, durch allweisen Rath Gottes sich gefüget, daß sowohl Herr Wolf Philipp Henrich Ekbrecht von Dürkheim, der Universalerbe, als auch seines Herrn Requirenten Frau Gemahlin durch den zeitlichen Tod zur ewigen seeligen Freude abgefordert worden, und Er nur Hochbenamter Herr Ernst Ludwig, Freyherr Vogt von Hunolstein, der Requirent, gleichwohlen seine einmal bedächtlich gefaßte Resolu-

 tion

tion exequiret, und vollzogen sehen mögte, als wollte wohlseligen ermeldten Herrn Wolf Philipp Henrich Ekbrechten von Dürkheim hinterlassene drey Herren Söhne, nahmentlichen die wohlgebohrne Herren, Herren Christian Friederich, Ernst Ludwig und Philipp Ludwig, alle drey Gebrüdere Ekbrechten von Dürckheim, so gutherzig und wohlmeynend, als die natürliche Billigkeit ein solches ohnedem mit sich bringet und erheischet, nunmehro in gleichen Partibus, vor seine Universalerben, aller nach seinem Tod verlassender eigenthümlichen erblehenbaren Haab und Nahrung, nichts als diejenige Mannsstammens-Lehen, darüber er nicht disponiren könne, ausgenommen, dergestalt denominiret, declariret und confirmiret haben, daß dieselben, so viel die Erblehen und andere eigenthümliche liegende Güther, an Dorfschaften, Gülten, Zins, Zehende, Rhende und Gefälle, samt allen dazu gehörigen Oberherrlichkeiten und Nuzbarkeiten betreffen thut, hiermit in völlige Possession und Gewehr gesezet seyn, und darinnen zu allem manuteniret werden sollen, wie Er Herr Ernst Ludwig Freyherr Vogt zu Hunolstein, der Requirent, dann alles dasjenige, so wider diese Erbs-Declaration und gegebene Possession jemals gemachet worden, oder wider Vermuthen annoch künftighin in Vorschein kommen könnte oder möchte, hiermit revociret, annulliret und cassiret, dieselbe auch hiermit nochmalen zum kräftigsten erkennet und eingesezt haben wollte, jedoch mit dieser Bescheidenheit und ausdrücklichem Vorbehalt, daß Er Herr Ernst Ludwig Freyherr Vogt zu Hunolstein, die Zeit seines Lebens das Dominium und alle Nuzbarkeit seiner vorgemeldten Herrschafeen, Renten und Gefällen ungekränkt und unabgekürzt behalten wolle, und seine Universalerben, die Freyherren Gebrüdere von Dürkheim, alle nach seinem Tod verlassende kundliche Schulden aus seinen paratesten Mitteln, so er verlassen werde, zu bezahlen schuldig seyn sollen, und gleichwie viel hochermeldter Herr Requirent seine einmal gefaßte und anjezo angegebene Resolution zu keiner Zeit zu ändern gedächte, vielmehr anderweiten Verordnungen willigst renunciiret, als wollte derselbe auch seinen jezt declarirten und durch dieses in würkliche Possession gesezten Universalerben, denen Herren von Dürkheim, seinen liebwerthesten Herren Vettern und selben geordneten Herren Vormündern zu eigener Besorgung überlassen haben, diese coram Notario & Testibus gethane Declaration und gegebene würkliche Possession, gehöriger Orten enregistriren, genealogiren und benöthigten falls manuteniren zu lassen, ohngehindert Männiglichs getreulich und ohne Gefährde, mich den Notarium nochmalen requirirend, alles fleißig ad notam zu nehmen, darüber zu Instrumentiren und seinen in würkliche Possession gesezten Universalerben von Dürkheim, oder denen Herren Vormündern davon eine förmliche Expedition unverweilet zuzustellen, welches alles zugegangen und geschehen in dem Schloß zu Sötern &c. &c. auf Jahr, Tag, Ort und Ende, wie im Eingang gemeldt, in beständiger Gegenwart der Hoch- und Wohledlen, Vest- Hoch- und Wohlgelahrten Herrn, Herrn Heinrich Ludwig Azenheim, Hoch-Fürstlich Pfalz Birkenfeldischen Rath, und Herrn Ernst Franz Lauth, J. U. Cand. als beyder hierzu insonderheit erbettenen Herren Gezeugen, welche sich auch neben oft Hochermeldtem Herrn Requirenten und mir dem Notario, in der darüber aufgerichteten Minute eigenhändig unterschrieben und Dero Freyherrlich angebohrne auch gewöhnliche Pettschaften aufgedrückt.

(L. S.) Ernst Ludwig Freyherr Vogt zu Hunolstein.

(L. S.) Henrich Ludwig Azenheim.

(L. S.) Ernst Franz Lauth, J. U. L.

Dieweilen

Dieweilen dann ich Johann Philipp Külz, aus der Pfalz von Bacharach gebürtig, Sac. Cæsar. Majest. authoritate offenbar geschwohrener Notarius, zu diesem Actu meiner übrigen dem Freyreichs Hochwohlgebohrnen Herrn, Herrn Ernst Ludwigen Freyherrn Vogten zu Hunolstein, als Requirenten, zu leisten schuldiger Diensten dimittieret, zu diesem allem, samt denen wohlermeldten Herren Gezeugen gebührend requiriret und erbetten, bey allen vorbeschriebenen Handlungen und Verrichtungen an obberührten Orten selbst Persönlich und zugegen gewesen, alles selbsten auch abgehandelt, verrichtet gesehen und gehöret; Als habe ich dieses Instrumentum declarationis & possessionis deswegen begehrtermaßen darüber aufgerichtet, verfasset und begriffen; und weilen wegen andern Geschäften ein solches nicht eigenhändig schreiben können, jedoch fleißig collationiret und richtig befunden, dieses mit meinem Tauf und Zunamen unterschrieben, mit meinem gewöhnlichen Notariat-Innsiegel corroboriret, hierzu insonderheit requiriret und erbetten.

Johann Philipp Külz.
Sac. Cæs. Majest. authoritate Not. publ. juratus & requisitus mppria.

pro Copia originali suo unitoma attestor.

L. S.

Johann Philipp Külz.
Sac. Cæs. authorit. Notarius publicus & juratus mppria.

Nr. 107.

Extractus Schreibens des Dürckheimischen Consulenten Sahlers an den Dürckheimischen Amtmann Atzenheim dd. Strasburg d. 22ten Junii 1718.

rc.

Es will auch eine hochansehnliche Vormundschaft, daß derselbe den Zehenden zu Boosen nacher Birkenfeld wolle abfolgen lassen, das übrige wird dessen Hr. Bruder, wie auch was es wegen der Löffele rc.

Nr. 108.

Extractus Freiherrlich Dürckheim-Söterischer Kellerei-Rechnung de Ao. 1719.

pag 80.

Einnahm Zehend Korn
zu Boosen
Nichts.

Indeme Ihro Hochfrstl. Durchlt. von Birkenfeld solchen versteigen und einziehen lassen, diesen Zehenden haben die Hhrn. von Hunolstein von der Hintern Grafschaft Sponheim zum Mannlehen getragen, wie solches in voriger Rechnung angeführet worden.

Daß vorstehender Rechnungs-Extract dem mir vorgelegten Original quoad passum concernentem in allem gleichlautend seie, wird hiemit attestiret. Trarbach d. 5ten Jan. 1752.

a me

(L.S.) Joh. Carol Knode mpria imperiali authoritate pub. & juratus ad hoc requisitus.

Nr. 109.

Extract Pfalz-Zweybrückischer Particular-Rechnungen vom Amt Birkenfeld de 1718. bis 1723.

de Ao. 1719.

Einnahm Korn

Nr. 6. Bosener Zehend Korn - - 11. M. 7. F. 3. Sr.

Einnahm Haber.

Nr. 4. Bosener Zehenden - - 11. = 7. = 3. =

1719.

Einnahm Korn.

Nr. 4. Bosener Zehenden - - 19. = 3. = 2. =

Einnahm Haber.

Nr. 4. Bosener Zehenden - - - 16. = 6. = 2. =

Einnahm Geld.

Vor den Bosener kleinen Zehenden - - - 4. fl. alb. 8.

1720.

1720.

Einnahm Korn.

Nr. 3. Bosener Zehenden - - - - - 30. M. 7. F. — Gr.

Einnahm Haber.

Nr. 3. Bosener Zehenden - - - - - 5. , 6. , 1. ,

1720.

Einnahm Geld.

Vom kleinen Zehenden zu Boßen - - - - 4. fl. — , — , —

1721.

Einnahm Geld.

Vom kleinen Zehenden zu Boßen - - - - 4 fl. — , — , —

1722.

Einnahm Korn.

Nr. 3. Bosener Zehenden - - - - 4. M. 4. F. — Gr.

Einnahm Haber.

Nr. 3. Bosener Zehenden - - - - 5. , 1. , — —

Einnahm Geld.

Nr. 2. vom Bosener kleinen Zehenden - - - 6. fl. 3. alb. — , —

1723.

Einnahm Korn.

Nr. 3. Boßener Zehenden - - - - 5. M. 4. F. 3. Gr.

Einnahm Haber.

Nr. 3. Boßener Zehenden - - - - 5. , 4. , 3. ,

Nr. 110.

Extract Pfalz-Birkenfeldischer Particular-Rechnungen von der Kellerei Birkenfeld, die Einnahme des Boosener Zehenden betreffend vom Jahr 1724. bis 1746.

de Ao. 1724.

pag. 70.

Einnahm Geld vom kleinen Zehenden zu Bosen.

Nr. 81. Laut Schein ist dieses Jahr allda eingegangen, auf 3. Jahr, wovon dieses das erste - - 11 fl. 6. alb. —

pag. 92.

— Einnahm Korn von denen Zehenden.

Nr. 131. vom Bosener Zehenden ist laut Schein eingegangen, 5. Mr. 6. ß 3 Gr.

pag. 101.

Einnahm Haber vom Zehenden

vid. Nr. 131. Boosener Zehenden laut Schein - - - 5. Mr. 6. fß. 3 Sr.

Ferner de Ao. 1725.

de pag. 70.

Einnahm Geld vom kleinen Zehenden zu Boosen.

vid. vorige Rechn. Laut Schein ist davon eingegangen - - 11. fl. 6. alb. —
und ist das 2te Jahr.

pag. 90.

Einnahm Korn Zehenden

Nr. 129. vom Boosener Zehenden laut Schein - - 6. Mr. 5. fß. 2. Sr.

pag. 100.

Einnahm Haber Zehenden

vid. Nr. 129. vom Boosener Zehenden laut Schein eingegangen 6. Mr. 5. fß. 2. Sr.

Weiter de Anno 1726.

pag. 64.

Einnahm Geld vom kleinen Zehenden zu Boosen.

Laut Schein ist davon eingegangen - - - - 11. fl. 6. alb. —
vid. vorige Rechnungen und ist diß das lezte Jahr.

pag. 82.

Einnahm Korn Zehenden

Nr. 147. von dem Boosener Zehenden laut Schein - 1. Mr. 6. fß. —

pag. 92.

Einnahm Haber Zehenden

vid. Nr. 147. vom Boosener Zehenden laut Schein - - 8. Mr. 1. fß. 3. Sr.

Mehr de Anno 1727.

pag. 66.

Einnahm Geld vom kleinen Zehenden zu Boosen.

Nr. 89. Laut SteigZettel ist dieses Jahr davon eingegangen. 18. fl. 3. alb. —
auf 3. Jahr versteiget, dieses ist das erste Jahr.

Einnahm Korn Zehenden

pag. 89.

Nr. 152. vom Boosener Zehenden laut SteigZettel - 8. Mr. 1. fß. 3. Sr.

pag. 99.

Einnahm Haber Zehenden

vid. Nr. 152. vom Boosener Zehenden laut Schein - - 8. Mr. 1. fß. 3. Sr.

1728.

pag. 70.

Einnahm Geld vom kleinen Zehenden zu Boosen.

Ist dieses Jahr allda eingegangen - - - - 18. fl. 3. alb. —
vid. vorige Rechnung das 2te Jahr.

pag.

pag. 90.

Einnahm Korn vom Zehenden

Nr. 196. vom Boosener Zehenden laut SteigZettel - 7. Mr. 2. fß. 0. Sr.

1728.

pag. 103.

vid. Nr. 196. Einnahm Haber Zehenden

sub pag. 90. vom Boosener Zehenden laut Schein - - 7. Mr. 2. fß. 0. Sr.

de Anno 1729.

pag. 68.

Einnahm Geld vom kleinen Zehenden zu Boosen. Ist dieses Jahr allda eingegangen eines 3. jährigen Bestandes letzten Jahrs - - - 18. fl. 3. alb. —

pag. 85.

Einnahm Korn vom Zehenden

Nr. 135. Boosener Zehenden, laut Attestat - 11. Mr. 4. fß. 2. Sr.

pag. 97.

Einnahm Haber vom Zehenden.

vid. Nr. 135. Zu Boosen laut Attestat - - - 11. Mr. 4. fß. 2. Sr.

de Anno 1730.

pag. 63.

Einnahm Geld vom kleinen Zehenden zu Boosen laut attestirter Versteigung auf 3. Jahr jedes Jahr 6. Rthlr. 21. alb. und ist dieses das erste

Nro. 83. Jahr, thut - - - - - - - 14. fl. 9. alb. —

Ferner de Anno 1730.

pag. 88.

Nr. 179. vom Boosener - - - - - 10. Mr. 6. fß. —

pag. 97.

Einnahm Haber Zehenden

vom Boosener Zehenden - - 10. Mr. 6. fß. —

de Anno 1731.

pag. 64.

Einnahm Geld vom kleinen Zehenden zu Boosen. Laut Steigung in vorjähriger Rechnung sub Nr. 83. pag. 63. beigelegt - - - - - 14 fl. 9. alb. —

pag. 87.

Einnahm Korn vom Zehenden

Nr. 162. vom Boosener Zehenden - - - 1. Mr. 4. fß. —

pag. 92.

vid. Nr. 162. Einnahm Haber vom Zehenden.

pag. 87. vom Boosener Zehenden - - - 19. Mr. 1. fß. 2. Sr.

de

de Anno 1732.

pag. 69.

Einnahm Geld vom kleinen Zehenden.

Vom kleinen Zehenden zu Boosen laut 1730ger Jahrs-Rechnung sub Nr. 83. pag. 63. beigelegter Steigung, jährlich - - - - - 14. fl. 9. alb. —
und ist dieses das letzte Jahr.

pag. 94.

Einnahm Korn vom Zehenden.

Nr. 165. Vom Boosener Zehenden laut attestirter Steigung 9. Mr. 6. ſß. 2. Gr.

pag. 104.

Einnahm Haber vom Zehenden

vid. Nr. 165. pag. 94. vom Boosener Zehenden ist eingegangen - - 9. Mr. 6. ſß. 2. Gr.

de Anno 1733.

pag. 66.

Einnahm Geld vom kleinen Zehenden.

Nr. 62. Vom kleinen Zehenden zu Boosen, als von Flachs, Hanf, Zickel, Ferkel, und Lämmern ist vermög Versteigung vom 8ten May auf 3. Jahr versteiget worden, vor 9. Rthlr. und 18. Peterm. und ist dieses das erste Jahr, so thut - 21. fl. — — —

Weiter de Anno 1733.

pag. 97.

Einnahm Korn vom Zehenden.

Nr. 154. Vom Boosener Zehenden laut attestirter Versteigung - - - - - - - 8. Mr. 5. ſß. 2. Gr.

pag. 105.

Einnahm Haber vom Zehenden.

Vom Zehenden zu Boosen laut Versteigung sub Nr. 154. pag. 97. beigelegt - - - - 8. Mr. 5. ſß. 2. Gr.

de Anno 1734.

pag. 66.

Einnahm Geld vom kleinen Zehenden.

Vom kleinen Zehenden zu Boosen, als von Hanf, Flachs, Zickel., Ferkel und Lämmer ist vermög Versteigung vom 8ten May 1733. in vorjähriger Rechnung pag. 66. sub Nr. 62. beigelegt, eingegangen 9. Rthlr. 18 alb., welcher auf 3. Jahr versteiget worden, und ist dieses das 2te Jahr, thut 21. fl. — — —

pag. 96.

Einnahm Korn vom Zehenden

Nr. 149. vom Boosener Zehenden laut attestirter Versteigung 6. Mr. 5. Faß Bosener Maas - - - 6. Mr. 5. ſß. —

Ferner

Ferner de Anno 1734.

Einnahm Haber vom Zehenden

pag. 105.

vom Boosener Zehenden laut Versteigung - 8. Mr. 5. fß. —

vid. Nr. 149.

de Anno 1735.

pag. 72.

Einnahm Geld vom kleinen Zehenden.

Vom kleinen Zehenden zu Boosen, als von Hanf, Flachs, Zickel, Ferkel und Lammern ist vermög Versteigung vom 8ten May 1733. in der 1733ter Rechnung pag. 66. sub Nr. 62. beigelegt, eingegangen 9. Rthlr. 18. alb. welcher auf 3. Jahre versteiget worden, und ist dieses das 3te oder letzte Jahr - - - - - - - - 21 fl. — , —

pag. 98.

Einnahm Korn vom Zehenden.

Der Zehenden zu Boosen laut attestirter Versteigung - - - - - 6. Mr. 7. fß. 3. Gr.

pag. 107.

Einnahm Haber vom Zehenden.

Zehenden zu Boosen, laut attestirter Versteigung pag. 98. beigelegt - - - 12. Mr. 3. fß. 3. Gr.

de Anno 1736.

pag. 77.

Einnahm Geld vom kleinen Zehenden.

Vom kleinen Zehenden zu Boosen soll vom Hanf, Flachs, Zickel, Ferkel und Lämmern, laut attestirter Versteigung vom 30ten Julii 1736. auf
Nr. 64. 3. Jahr eingehen 10 Rthlr. 27. alb. vom Steiger Johannes Füllmann zu Boosen und ist dieses das erste Jahr - - - - - - 23. fl. 15. alb. —

pag. 106.

Einnahm Korn vom Zehenden.

Nr. 145. Zehenden zu Bosen, laut attestirter Versteigung 18. Mr. 4. fß. —

pag. 120.

Einnahm Haber Zehenden.

Zehenden zu Boosen laut attestirter Versteigung sub Nr. 145. pag. 106. beigelegt - - 22. Mr. 4. fß. —

de Anno 1737.

pag. 15.

Einnahm Geld vom kleinen Zehenden.

Nr. 26. Copeilichen SteigZettel 1736. pag. 77. Nr. 64. beigelegt, hat der verstorbene Ammann Azenheim den Boosener kleinen Zehenden versteigt auf 3. Jahr als 1736. 37. 38. jährlich vor $10\frac{1}{2}$. Rthlr. davon eingetrieben p. 1737. - - 23. fl. 15. alb. —

I 2 pag.

Mehr de Anno 1739.

pag. 29.

Einnahm Korn Zehenden.

Nr. 65. Boosener Zehenden vor 7. Mr. 2. ß. Korn und 9. Mr. 7. ß. Haber versteigt, wellen aber Chur-Trier das Korn mit Gewalt weggenommen; So habe davon mehr nicht, als 48. Garben Korn und dahingegen mit Aufgebott hiesigen Amts 416. Garben Haber und 73. Garben Gerst be-
Nr. 66. kommen und haben erstere ertragen - - 2. Mr. — $3\frac{1}{2}$. Sr.

pag. 36.

Einnahm Haber Zehenden.

Laut Nr. 65. pag. 29. hat der Zehenden zu Boosen in Steigung ertragen sollen 9. Mr. 7. ß., nachdeme sich aber die Trierische an dem Korn bemeistert, so hat man solches auch an der Haber gethan und vor 416. Garben ut Nr. 66. antec. pag. zu ersehen, bekommen - - - 27. Mr. 2. ß. 1. Sr.

de Anno 1738.

pag. 5.

Einnahm Geld vom kleinen Zehenden.

Der Boosener kleine Zehenden, welcher von dem verstorbenen Hr. Amtmann Atzenheim auf 3. Jahr, wovon dieses das lezte ist, versteigt worden, erträgt vermög sub Nr. 64. pag. 77. 1736. beigelegten SteigZettel jährl. $10\frac{1}{2}$. Rthlr. thun 23. fl. 15. alb. —

pag. 16.

Einnahm Korn Zehenden.

Nr. 33. Boosener Zehenden - - - - - 11. Mr. — , —

pag. 22.

ibid. Einnahm Haber Zehenden
Nr. 33. Boosener Zehenden - - - - - 13. Mr. — , —

de Anno 1739.

pag. 4.

Einnahm Geld vom kleinen Zehenden.

Vermög Nr. 6. ist der kleine Zehenden zu Boosen, Lämmer, Zickel, Ferkel, Flachs und Hanf auf 1739. 40. & 41. versteiget worden, vor 22. Rthlr. 24. alb. jährlich, thun - - - 50. fl. 12. alb. —

pag. 16.

Einnahm Korn Zehenden

Laut Nr. 42. SteigZettels Boosener Zehenden 12. Mr. — , —

pag. 22.

Einnahm Haber Zehenden.

pag. 16. Nr. 42. zu Boosen - - - 12. Mr. — , —

de Anno 1740.

pag. 3.

Einnahm Geld vom kleinen Zehenden.

Laut Beilage sub Nr. 6. pag. 4. vorig jähriger Rechnung beigelegt, als der kleine Zehenden zu Boosen, Lämmer, Zickel, Ferkel, Flachs und Hanf auf 3. Jahr, wovon dieses das zweyte ist, an Theobald Arend zu Söetern vor 22. Rthlr. 24. alb. Rheinl. jährlich versteigt worden, thut - - - - 50. fl. 12. alb. —

pag. 15.

Einnahm Korn Zehenden

Nr. 39. Boosener Zehenden - - - - - 10. Mr. 3. ffl. 2. Sr.

pag. 21.

Nr. 39. Einnahm Haber Zehenden

pag. 15. Zehenden zu Boosen - - - - - 10. Mr. 3. ffl. 2. Sr.

de Ao. 1741.

pag. 6.

Einnahm Geld vom kleinen Zehenden zu Boosen.

Theobald Arend zu Söetern galt nach der Anlage Nr. 6. pag. 4. 1739ger Rechnung in dreijähriger Steigung, wovon dieses das lezte ist 22. Rthlr. 24. alb. oder - - - - - - - - 50. fl. 12. alb. —

pag. 16.

Einnahm Korn Zehenden

Nr. 29. Boosener Zehenden - - - - - - - 1. Mr. — , —

pag. 22.

Einnahm Haber Zehenden

laut Nr. 29. pag. dict. vom Boosener - - 26. Mr. 7. ffl. —

de Anno 1742.

pag. 6. & 7.

Einnahm Geld vom kleinen Zehenden zu Boosen.

Obschon, nachdeme mit vorigjährigem Martini Theobald Arend von Söetern 3. jährige Versteigung expiriret, der kleine Zehenden zu Boosen, als Lämmer, Zickel, Ferkel, Flachs und Hanf auf abermalige 3. Jahre an Theobald Rhein von Boosen, nemlichen von Martini 1741. bis dahin 1744. laut Nr. 3. vor 19. Rthlr. 42. alb. jährlichen versteigt worden, so ist dennoch davon der Ursachen, weilen der Hunolsteinische Amtmann Crulard zu Calmersweiler gleich unterm 18ten und 27ten Julii und sonderlich den 20ten Xbr. zum Hochfürstlichen Cabinet unterthänigst einberichtet, denselben vermögt, diesen SteigungsCanonem an den Hunolsteinischen Beständer Theobald Arend zu Söetern abzuführen laut Nr. 3½. nichts eingangen - - ——— , ———

wie die copeyliche Inhibitorialia und des Meyers zu Boosen Nachricht, so ad Ser^mum in Originali unterthänigst eingeschickt worden, mit Nr. 4. & 5. besagend.

Ferner de Ao. 1742.

pag. 23.

Einnahm Korn Zehenden

Laut Nr. 38. Boosener Zehenden - - - 14. Mr. 3. ff. —

pag. 29.

Einnahm Haber Zehenden

Laut Nr. 38. pag. dicta Boosener Zehenden - - 14. Mr. 3. ff. —

de Ao. 1743.

Einnahm Geld vom kleinen Zehenden.

o.

Dann obschon solcher in Ao. præt. laut sub Nr. 3. pag. 6. voriger Rechnung beigelegten SteigZettels an Theobald Rhein von Boosen auf 3. Jahr jährlich pro 19. Rthlr. 42. alb. versteigt worden; So ist dennoch aus ingemelter Rechnung pag. dict. angeführter Ursache nichs eingegangen, laut Nr. 4. restirt demnach daran von vorig und diesem Jahr 39. Rthlr. 30. alb.

pag. 17.

Einnahm Korn Zehenden

Laut Nr. 26. Boosener Zehenden - - 7. Mr. 7. ff. 2. Sr.
vid. pag. 20., wo dieser Boosener Zehenden, weil solcher von dem Chur-Trierischen AmtsVerwalter Aldringer zu Grümburg gewaltthätiger weiße weggenommen worden, wiederum verausgabet wird.

pag. 23.

Einnahm Haber Zehenden

Laut sub Nr. 26. pag. 17. beigelegten SteigRegisters, Bosener Zehenden - - - - - 8. Mr. 7. ff. 2. Sr.
welche aber pag. 26. wiederum zur Ausgabe gebracht wird ex ratione ut supra.

de Ao. 1744.

pag. 6.

Einnahm Geld vom kleinen Zehenden zu Boosen.

o.

Laut Nr. 5. dann der Steiger Theobald Rhein von Boosen gleich vorige 2. Jahre vermöget worden, den Steigungs-Canonem an den Hunolsteinischen Beständer Theobald Arendt zu Gödern abzuführen und restiren de Anno 1741. usque 1744. jährlich 19. Rthlr. 42. alb. - - - - - - 59 fl. 18. alb. —

pag. 17.

Einnahm Korn Zehenden.

Laut Nr. 25. Boosener Zehenden - - - - - 11. Mr. — . —
Komt pag. 20. wiederum zur Ausgabe ex ead. ratione, wie voriges Jahr gemeldt.

Mehr

Mehr de Ao. 1744.
Einnahm Haber Zehenden.

Laut Nr. 25. pag. dict. Boosener Zehenden - - - 11. Mr. — . —
vid. pag. 26. wo dieser Zehenden wiederum in Ausgabe gebracht wird, ead. de Caa. ut supra.

de Ao. 1745.
pag. 6.
Einnahm Geld vom kleinen Zehenden zu Boosen.
—:· 0.

Dann obschon solcher laut Nr. 4. SteigZettels abermahl auf fernere 3. Jahr, als p. Ais. 1744. 45. & 46. jährlich vor 27. Rthlr. 18. alb. an Friderich Schneider von Edelhaußen versteigt worden, so hat selbiger dennoch aus in vorhergehenden Rechnungen gemeldter Ursache nicht empfangen und zalt werden können laut Nr. 5. und restiren von vorigen 3. Jahren - - 59. Rthlr. 18. alb. —
Und diesem Jahr - - - - - 27. Rthlr. 18. alb. —
Summa —:· 86. Rthlr. 36. alb. —

Gleiche Beschaffenheit hats mit der Frucht p. hoc & Ao. 1746. auch mit Geld und Frucht, so weggenommen.

Daß vorstehende Rechnungs-Extractus denen mir vorgelegten Original-Rechnungen quoad passus concernentes, habita Collatione debita in allem gleichlautend seyen, wird hiemit attestiret. Trarbach d. 17ten December 1751.

a me

(L.S.) Johanne Carolo Knode, imperiali Anthoritate Notarius pub. & juratus ad hoc specialiter requisitus.

Nr. III.

Extract aus denen Steigerungs-Protocollen über den Zehenden zu Boosen von denen Jahren 1747. bis 1750.

de Anno 1747.

Ist den 31ten Julii der kleine Zehenden auf 3. Jahr versteiget worden und Hanns Adam Tittel von Gundesweiler geblieben vor —:· 27. Rthlr. 18. alb.
Eod. der FruchtZehenden versteigt und verblieben ged. Adam Tittel vor

Korn - - - - - 14. Mr. 2. ff. —
Haber - - - - - 16. Mr. 2. ff. —

de Anno 1748.

Ist den 20ten Julii der FruchtZehenden zu Boosen versteigt worden und verblieben Johannes Christ, vor

Korn - - - - - 4. Mr. 7. ff. —
Haber - - - - - 4. Mr. 7. ff. —

de Anno 1749.

Ist den 25ten Julii der FruchtZehenden zu Boosen versteigt worden, und verblieben Johannes Christ von Edelshaußen, vor

Korn	- - - -	15. Mr. 7. fß. 2. Sr.
Haber	- - - -	17. Mr. 7. fß. 2. Sr.

de Anno 1750.

Ist den 25ten Julii der kleine Zehenden zu Boosen auf 3. Jahr versteiget worden und verblieben Hanns Adam Balthes vor - - 26. fl. — , —

Eodem Anno ist den 28ten Julii der FruchtZehenden zu Boosen versteiget worden und verblieben Hanns Adam Schanck von Boosen vor

Korn	- - - - - - - -	12. Mr. 3. fß. —
Haber	- - - - - - - -	12. Mr. 3. fß. —

Daß vorstehende Rechnungs-Extracte denen mir vorgelegten Original-Rechnungen quoad passus concernentes in allem gleichlautend befunden worden, solches wird kraft meiner eigenhändigen Unterschrift und des vorgedruckten mir conferirten Notariats-Signets hiemit attestiret,

Trarbach d. 8ten Januarii 1752.

von mir

Joh. Carl Knode,

Kaiserlichen geschwornen und hierzu besonders ersuchten Notarium.

Nr. 112.

Extractus Protocolli Consilii Elector. Trev. aulici dd. Ehrenbreitstein d. 20. Dec. 1746.

Freyherr von Elz Uttingen Nahmens seines Schwagern des Grafen von Hunolstein in litteris de 10me currentis, fraget an: was auf die, in Sachen Philipp Ludwigen von Dürckheim wider den Ertzstifft und Grafen von Hunolstein, & vicissim von Hunolstein contra die von Dürckheim bey dem Kayserl. Cammergericht jüngst publicirte Urtheil man disseits vor Mesures zu nehmen gemeinet seyn, um vor Verfließung des ad parendum sententiæ angesetzten Monatlichen Termini sich darnach richten zu können.

R^m. Hierauf deme Frhrn. von Elz zu seiner Direction per Extractum Protocolli ohnzuverhalten, daß, so viel beyde Dorffschaften Züsch und Booßen cum appertinentiis alß disseiths behaubtende Ertzstifftl. Lehen betrift, der gegen die v. Durckheim in contumaciam angelegte Sequester, biß selbige der lehen-herrlicher Jurisdiction sich gefüget haben werden, in firmo verbleiben, die in sententia gemeldete nicht Lehenbare Zehenden aber anlangend, deme Sequestrations-Commissario AmbtsVerwaltern Aldringen, solche denen von Durck-

Durckheim einzuraumen, von hieraus bereits aufgegeben worden seyn, als weßhalben dem Grafen v. Hunolstein sein Recht gehörigen Orts zu suchen ohnbenommen bleibet.

(L.S.)

Pro Extractu
Churfürstl. Trierische Canzley.

Pro Copia originali vero consona
F. A. Mayer
Not. Imp. req^tus mpprla.

Nr. 113.

Notariats-Instrument über die von denen Freyherren von Dürckheim im Augustmonat 1750. versuchte Invasion in das Sponheimische Territorium und wie derselben begegnet worden ist.

Im Nahmen der Hochheiligen Dreyfaltigkeit amen!

Kund und offenbahr seye hiemit und in Kraft gegenwärtigen offenen Instrumenti, daß im Jahr unsers Heyls Ein Tausend Sieben Hundert und Fünffzig in der XIVten Römer Zinß Zahl, bey Herrsch- und Regierung des allerdurchleuchtigst-Großmächtigst- und unüberwindlichsten Fürsten und Herrn, Herrn FRANCISCI I^mi. erwehlten Römischen Kaysers zu allen Zeiten Mehreren des Reichs, in Germanien und zu Jerusalem Königs, Herzogen in Lotharingen, und Baar, Groß-Herzogen zu Toscana, Marchis, Herzogen zu Calabrien, Geldern, Mont-Ferat, in Schleßien zu Tetschen, Fürsten zu Charleville, Marggraffen zu Pont a Mousson und Nomeny, Graffen zu Provence, Vaudemont, Blanckenberg, Zütphen, Saarwerden, Salm, Falckenstein, unsers allergnädigsten Kaysers, Königs und Herrens, Ihrer Kayserl. May. Regierung und Reichen des Römischen im Sechsten Jahr, der Hochfürstlich Sponheimische gemeinschaftliche Amtmann des Ambts Birkenfeld Herr Fabert, mich Endes unterschriebenen Kayserlichen Notarium in Zustand derer hierzu besonders erforderten Gezeugen Wilhelm Schneiders von Hoppstätten, und Jacob Königs von dar, requiriret, über die von Seiten des Freiherrn von Dürckheim in der Sponheimischen Züscher Lehenssache an dem hochpreißl. Kayserl. und des Reichs-Cammergericht kurzhin formirte Contestation, und das hierunter angeführte, verschiedene Zeugen eydlich zu vernehmen, wie solches das mir behändigte nachgesezte requisitions-Schreiben, und beygefügte Directorium in mehrerem besaget.

Wohl Edler vielgeehrter Herr!

Da man von Freiherrl. Dürckheimischer Seiten eine außerordentliche und wieder alle vorheriges in actis nur zuruckerinnerliche Ja noch Jüngere herbringen formirende Contestation, über die Hochfürstl. Sponheimische Gerechtsame des so ohnstrittigen, und sonnenheiteren hiesigen lehenseigenthum allenfalß

falß auch Hochgericht zu Züsch, an das Hochpreißl. Kayserliche und des Reichs Cammergericht in abgewichenen Septemb. entgegen die ged. meine Gemeins-Herrschafften und Fürsten, Graffen zu Sponheim an, und solche gantz ohnvermuthete dingen, unter der bekannten nur zu Ir- und Verwicklungen allzusehr geneigten auch seinen umbständen nach, gantz unbekümmerten Feder zu Colorirung des darzu dienlichen Facti aufgebracht, deren man sich nimmer versehen hette; dahero zu entdeckung solcher nichtigen Vorwürffen und darüber angestellte recht Summarische verhören, oder viel mehr denen Zeugen selbst in den Mund gelegten deposition auch einiger Maßen nöthig seyn will, über beygehende wenige articuln, nach der subnectirten ordnung einige Zeugen dieserseits in Kürze, maßen es sonderlich attendirt zu werden nicht verdienet, vernehmen zu laßen; Als ersuche den Hrn. Notarium mit darzu requirirenden Zeugen, unter dermahliger Amtl. erlaßung Ihrer und aller anderen zu verhörenden Zeugen, gegen gnädigste hiesige gemeinsherrschafften tragenden Eid- und Pflichten quoad hunc actum nach vorheriger Neuer verpflichtung und sattsamer derselben Verständigung das gesonnene Verhör eheſt vorzunehmen und davon zu Amt die nöthige Documenta gegen die Gebühr mitzutheilen, und bin

des Hrn. Notarij

bereitwilligter

Birkenfeld,
d. 8. Nov. 1750.

Hochfürstl. Sponheiml. gemeinschaftl.
Amtmann daselbst.

Fabert.

Welches samtlich dann auch ermeldten 8. Novemb. im Amthauß zu Birkenfeldt von wohl ersagtem Hr. Amtmann Fabert selbsten mir zugestellet worden.

Folget das vorangezogene Directorium

1.)

Wer, woher, und wie alt Zeug seye?

2.)

Was den 18. Aug. jüngsthien zu Züsch von denen Sponheimischen unternommen worden seye, und ob der Hr. Amtmann zu Birkenfeld selbigen Tag, und wann, auch warum ins Dorf Züsch, und zu welchem Hauß am ersten gekommen seye?

3.)

Ob ermelter Hr. Amtmann, wie Dürckheimischer Seiten vorgebracht wird, von Hauß zu Hauß, und zwar von Michel Arendes Hauß an, biß zur Mühl selbst herum gezogen, und Man vor Man gefragt hatte, wer Ihr Herr, und ob nicht vielmehr dieses Vorgeben sowohl, als auch falsch seye, daß er den dortigen Müller ausgebotten, und einen andern Innen zu sezen, nurn gedacht hette?

4.)

Ob nicht ermelten Hr. Amtmanns Intention und local-Beaugenscheinigung einzig dadurch veranlaßet worden, die von Hr. von Dürckheim geschehene eingriffe und

und unternommene Attentata, auf die unvermuthete angeige, bloß zu redressiren, die von selbigen, denen Baraquenleuten incompetenter abgenommene und vorhien bereits in der Mühlen hinterstellete Flinten auffheben zu laßen, und die unterthanen in dem von Sponheim ehemalen lehenrührigen Bezirk zur gebühr gegen die durchleuchtigste Sponheimische gnädigste gemeinsherrschaffien nach Ihrem eigenthumsrecht anzuweisen?

5.)

Ob nicht die diesmahl gehaltene Jagd vorhien mehrmalen exerciret, ja gar mit offentlichen, und solennen TreibJagen ehehin schon gehalten worden seye?

6.)

Ob dann zu dieser d. 18. Aug. gehaltenen Jagd viele leute und auf waß arth gebraucht worden?

7.)

Ob bey dem ganzen den 18ten Aug. vorgegangenen Sponheimischen actu, Einer so Erbärmlich alß Dürckheimischer Seiten vorgegeben wird, und mit stößen übel tractirt, auch Barbarisch und gewaltthätig zur angelobung denen von Dürckheimischen Zutringlichkeiten nemlich kein parition zu leisten und ihrer rechtmäßigen Sponheimischen hohen Landesherrschaft und Obrigkeit treu und holdt zu seyn, mit einigen Flinten und Rippenstößen beygeschleppet, und welchem seine Hand zu ablegung sothaner gelöbnuß abgenöthiget worden seye?

8.)

Ob nicht bey diesen und allen andern nachherigen AmtsAbordnungen Einiger Amtsunterthanen und Mannschafft alle und jedesmahl auf das nachtrucksamste und schärffeste sich vor Handgemeng sorgfältigst zu hüten, und alle Thätlichkeiten zu vermeiden befohlen, und nicht im gegentheil ihe mit sich gebrachte gewehr bey dem Amthauß zu Birkenfeld abgenommen worden?

9.)

Ob nicht im gegentheil der gesamte Freiherrl. Dürckheimische Hauffen unterthanen, so oft sie sich wiedersetzet, oder erschienen, mit aller sinnl. gefähr, und tödl. Wehrschafften, alß geladenen Flinten, Aexten, Heugabeln, auf langen stangen vestgemachte groß Sensen, und dergleichen ohne außnahm recht tumultuarisch und unter so wohl außgestoßenen injurien, alß Verbitterungen erschienen und auffgezogen?

10.)

Ob nicht zu ausübung solchen angehofften dienstbaren muthwill und Blutvergießen die ermelte Dürckheimische unterthanen jederzeit von dortigen sogenannten Fiscali Heidenreich recht vorsetzlich præpariret, des Endes von Wein und Brandenwein besoffen, und solcher mit Bütten unter Ihnen außgetheilet worden?

11.)

Ob nicht selbsten der Dürckheimische anführer Heidenreich nach seiner taglichen gewohnheit bey jedem Vorfall also Betrunken und toll auffgeführet, daß Er wegen denen Sponheimischen obrigkeiten geschonet, und gar andere respectus loßen schimpfreden

reden zu geschweigen eine Belohnung von 10 Rchsthlr. darauf gesetzet, welcher den Fürstl. Sponheiml. Beambten vom Gaul oder andere an seiner statt kommende Vorsteher niederschießen würde, sondern auch des Endes die voll tolle Bauren mittelst einer offentlichen Verkündigung in dem Dorff Züsch angefrischet habe?

12.)

Ob im Gegentheil die Sponheimische unterthanen sich auch also jemalen von Wein und BrandenWein übernommen hetten und wo betrinken können?

13.)

Was dann im gegentheil die Sponheimische unterthanen den 16. Sept. veranlaßet, die von ihren leuten im nach Troßt durch die Türckheimische unterthanen aufgefangene zu retten, und wie solches geschehen?

14.)

Wer zu weiteren Thätlichkeiten und Beschädigungen von beeden Theilen den ersten anlaß gegeben, und wie es zugegangen seye?

15.)

Was von denen Birkenfeldischen unterthanen in dem Peter Arendischen Hauß vor gegentheilige gewaltsame verübet, dieß verrücket oder entwendet, auch in dießem Hauß beschädiget, oder nach der Handt gesehen worden?

16.)

Ob beym abzug derer Sponheimischen auß Züsch Ihres ungehorsams wegen, mit geführten unterthanen, von der ersten stund an, biß zu Ihrer einlifferung bey Amt Birkenfeldt das mindeste leid zugefüget oder stöße mitgetheilet worden?

17.)

Ob die Dürckheimische Jägere an einigen theilen ihres Leibes Blutrüstig geschlagen worden?

18.)

Ob nicht im gegentheil der von Trunkenheit jederzeit unsinnige und eingenommene Dominus Fiscalis Heydenreich vielweniger Menschlichkeit und mäsigung seit dem anfang des erregten streits von sich blicken laßen, und wie sehr er mit seinen gehülffen denen Sponheimischen Baraquenleuten auf das grausamste zugesetzet habe?

19.)

Ob überhaupt des Fiscalis unterm nahmen des Notarij und Schulmeister Hermann von Neim-Kirchen errichtete Zeugenverhör die darinnen angebrachte Gravamina sich einiges in der Wahrheit befinde?

20.)

Ob nicht der Schulmeister und Notarius Hermann dergleichen aufzusetzen gang und gar außer standt seye, sondern ehemahlen selbsten von einem schreibens wenig kundigen dahie-

dahiesigen Schulmeistern sich ahns Amt um den Lohn eine kleine Supplique machen laßen müßen, und Ihme Zeugen, deßhalb den vorgeliehenen Vorschus noch schuldig seye?

21.)

Ob Zeug nicht, wie und woher den Fiscalem Heydenreich von Sötern kenne, und kennen lernen?

Nomina testium

ad Generalia. Alle.

ad Specialia.

Semtliche Züscher Baraquenleute auf der Schmelz- und Zinßers Wriers-Hütten, sowohl als auch auf denen SchneidersBaraquen ad art. 7^mum.

1. Jäger Gerhard Manns ad 2. 3. 4. 5. 6. 7. 8.
2. Jäger Brüch ad 2. 3. 4. 5. 6. 7. 8. 9. 13. 14. 16. 17. 19.
3. BurgerMeister Niklas Fontenaille ad 5. 9. 10. 11. 18.
4. Deßelben Frau ad 5. 7. 9. 10.
5. Philip Bideau ad 5. 7. 9. 10. 12. 18.
6. Johannes Bouillon ad 7. 9. 10. 11. 12. 18.
7. Anton Michel ad 7. 9. 12. 18.
8. Gerichtschöff Maßirer ad 2. 3. 4. 5. 6. 7. 8. 9. 12. 13. 14. 15. 18. 19.
9. Gerichtschöff Pauli ad 2. 3. 4. 5. 6. 7. 8. 9. 12. 16.
10. Carl Krieger ad 2. 3. 4. 7. 12.
11. Gerichtschöff Roth ad 5. 8. 12.
12. Gerichtschöff Hellman ad 5. 8. 12.
13. Gerichtschöff Engel ad 2. 5. 6. 8. 9. 12.
14. Franz Eußler ad 12. 13. 14. 15. 16. 19.
15. Emanuel Kley ad 7. 8. 9. 10. 12. 13. 14. 19.
16. Zacharias Springweiler ad 2. 3. 4. 7. 8. 9. 10. 12. 13. 16. 17. 19.
17. Ernst Wirth ad 20.
18. Peter Neher ad 13. 14. 19.
19. Johann Andres Schnehe ad 13.
20. Jacob Näher ad 8.
21. Jacob Springweiler ad 12. 13. 14. 17. 19.
22. Christian Schaadt ad 12. 13. 14. 15. 19.
23. Amtsbott ad 2. 6. 7. 8. 9. 10. 12. 13. 19.

24. Niclas Ley ad 9. 10. 11. 12. 18.

25. Jacob Scherer ad 9. 10. 11. 12. 18.

26. Michel Klein ad 9. 10. 11. 12. 18.

27. Carl Neher ad 21.

Allermasen ich nun tragenden Notariat-Amtshalben das angesonnene Zeugenverhör vorzunehmen mich nicht entziehen sollen, so habe mich Mittwochs d. 11. Nov. in den ohnweit denen Züscher Lehens-Baraquen gelegenen Baraquendistrict im Sponheimischen eigenthumlichen gewäldt gelegen, die Mühl genannt, begeben, und die samtlich Sponheimische Züscher Lehens-Baraquen-Leute von der Schmelz Zinsers und Schneiders Hütten daselbsthin in des Carl Simons Behaußung beruffen laßen, und alß selbige sogleich meistens erschienen, über den in vorinserirtem Directorio bemerkten Siebenden articul, doch dermasen überhaupt vernommen, daß sie solchen allen- und erforderenden fals endlich zu erhärten im stand seyen, welchemnechst dieselbe, beyseyn derer beiden adjungirten Gezeugen unanimiter declarirten und außsagten.

Daß nicht das geringste von dem angegebenen sich in der Wahrheit befindete, masen auch von ihrer Seiten keine Schwierigkeit gemacht worden, bevorab da Ihnen die alte Sponheimische alte Hochgerichts- und Lehen-Gerechtigkeit noch von Ihren Eltern, und alten gutentheils bekannt gewesen.

Et dimittebantur.

Da aber sothanes begehrte übrige ZeugenVerhör wegen mein des Notarij Unpäßlichkeit aussezen müßen, so habe besag meines Protocolli

continuirt Freytags den 11ten Decemb. und denen in vorgesezten Directorio benahmsten ersteren dreyzehen Zeugen, sodann andern Tags hernach den 12ten Decemb. denen darauf folgenden zehen Zeugen, und

Freytags den 28ten Decemb. denen übrigen vier Zeugen, auf der gewöhnl. Gerichts-Stube in Birkenfeld, so in der zweyten etage in des Gerichtschöffen Nicol Engels Behaußung ist, den Zeugen-Eyd vorgehalten, vor der zeitlichen und ewigen Straffe des Menn-Eides hienlänglich verwarnet, und besonders vermahnet, auf Befragen aufrecht zu antworten und nichts gegen Gewissen, welches wahr, und pro facilitanda cognitione dienlich und nöthig zu verschweigen, welche zufolge nachdeme dieselbe von Herrn requirenten selbsten Ihrer tragenden Pflichten quo ad hunc actum erlaßen worden, um desto minder Bedenken zu tragen frey und wahr zu reden, præstito juramento corporali Ihre Außagen, und zwaré jeder ins besondere ad Protocollum gegeben, welche depositiones dann um mehrerer Deutlichkeit willen, und zur Erleuchterung der Sachen unter jeden articul zusammen gebracht, und, wie Beyseyn derer beeden adjungirten Gezeugen niedergeschrieben, also fideliter auß ermeldtem Protocollo extrahirt worden, und besag deßen deponirten

Ad Art. 1mum.

Wer, woher, und wie alt Zeug seye?

Test. 1. R. Gerhard Manus 71. Jahr alt, wohne dahier auf der Burg, und seye nun allbereits 33. Jahr Gemeins-Herrschaftl. Jäger, auch vorhero ohngefehr 6. Jahr in Hunolsteinischen Diensten zu Soetern als Schloß Jäger gestanden, und zwar eben in den Kriegezeiten, als der Herr von Freyenfeldt zu Dagstuhl gelegen, und bey der Jagd alles drunter und drüber gegangen.

Test. 2. R. Johann Carl Bruch, bey 66. Jahr alt, zu Abendtheyer allbereits 20. Jahr Herrschafftl. Forster.

Test. 3. R. Niclaus Fontenaille 34. Jahr alt, wohne auf Schneiders-Hütten am Einschieder Pfadt nun bey 11. Jahr.

Test. 4. R. Anna Elisab. des Nicolaus Fontenaille Ehefrau von der Schneiders Hütten 28. Jahr alt.

Test. 5. R. Philip Bideau 47. Jahr alt, zu Züsch auf der Schmeltz wohnhaft, seye 7. Wochen alt gewesen, als Er daselbst hien gekommen, und währender Zeit mit seiner 7. Jahr auf der Abendtheyer sich auffgehalten.

Test. 6. R. Johannes Bouillon 38. Jahr alt, auf Zinßers Baraquen wohne er nun bey 24. Jahr.

Test. 7. R. Anton Michel 35. Jahr alt, wohne nun bey 5. Jahr lang auf der Schmeltz.

Test. 8. R. Johann Michel Maserer 44. Jahr alt, zu Rintzenberg wohnhaft und seye Gerichtschöffen.

Test. 9. R. Melchior Pauli 61. Jahr alt, wohnhafft und Gerichtschöff zu Bullenberg.

Test. 10. R. Carl Krieger 38. Jahr alt, zu Bullenberg wohnhaft.

Test. 11. R. Johann Mattheis Roth, 56. Jahr alt, zu Gollenberg wohnhafft und Gerichtschöff.

Test. 12. R. Jacob Heylman 61. Jahr alt, zu Brücken wohnhafft und Gerichtschöff.

Test. 13. R. Johann Nickel Engel 64. Jahr alt, dahier zu Birkenfeld wohnhaft und Gerichtschöffen.

Test. 14. R. Franz Küßler 49. Jahr alt, dahier zu Birkenfeld wohnhaft.

Test. 15. R. Emanuel Friedr. Kley 34. Jahr alt, dahier ledigen Standes wohnhaft, seye im Ausschuß.

Test. 16. R. Zacharias Springweiler dahier ledigen Standes wohnhaft, seye unterm Ausschuß 33. Jahr alt.

Test. 17. R. Ernst Ludwig Wirth, 49. Jahr alt, Weiß-Becker dahier.

Test. 18. R. Peter Neher 30. Jahr alt, Weiß-Becker dahier.

Test. 19. R. Joh. Andr. Schue 24. Jahr alt ledigen Standes bey seinem Stieff-Vater Ludwig Haut dahier, seye unterm Ausschuß.

Test. 20. R. Joh. Jacob Neher, 31. Jahr alt, bey seiner Mutter dahier sich aufhaltend.

Test. 21. R. Franz Jacob Springweiler 44. Jahr alt, dahier wohnhaft.

Test. 22. R. Christian Schadt 36. Jahr alt, dahier wohnhaft.

Test. 23. R. Hanß Georg Nonnweiler 32. Jahr alt, seye dahier gemeinschafftl. Amts-Bott.

Test. 25. R. Niclas Ley auf der Schmelz zu Züsch wohnhaft, alt 32. Jahr.

Test. 25. R. Joh. Jacob Scherer auf Schneiders Hütten zu Züsch wohnhaft, alt 32. Jahr.

Test. 26. R. Michel Klein auf der Züscher Schmelz wohnhaft, 42. Jahr alt.

Test. 27. R. Carl Näher, dahier wohnhaft, 45. Jahr alt.

Ad Art. zum.

Was d. 18. Aug. jüngthien zu Züsch von denen Sponheimischen unternommen worden seye, und ob der Hr. Amtmann von Birkenfeld selbigen Tags, und wann, auch warum ins Dorff Züsch, und zu welchem Hauß am ersten gekommen seye?

Test. 1.

Test. 1. R. Wäre mit hiesigem Herrn Amtmann, und einigen hiesigen Jägern zu Züsch gewesen, und nachdeme man das durch die Dürckheimische denen Baraquen-Leuten abgenommen, und in die Mühle hintersteltte Gewehr ohne weiters ins Dorf zu kommen, sodann die gefallene ZehendGarben auf denen Baraquen-Districten abgeholet, auch hierauf die samtliche Leute vorkommen laßen, demnächst hetten sie ein TreibJagdt angestellet, nach deren Vollendung man über den Azenborn in des Michel Arends Hauß, und das Dorff wieder zurückgekehret.

Test. 2. R. Hiesiges Amt wäre den 18. Aug. mit etlichen Jägern zu Züsch gewesen, und durch einige Fuhren die Zehend-Garben abholen, und nacher Bullenberg bringen lassen, Sie wären am allerersten zur Mühl kommen und die daselbst hinterstellte Flinten geholt.

Test. 8. R. Sie Beorderte hetten d. 18. Aug. Beyseyn des Amts vorerst das in der Mühl niedergestellte Gewehr weggeholet, und hetten nahmens der Sponheimischen Herrschafft die daselbstige Landes-Gerechtsamen verwahren sollen, weßwegen die Baraquen-Leute gehuldiget hetten, auch die Jägere mittelst Treibjagen die Jagd exerciret; Nachgehends weren sie vom Azenborn zur Mehl-Kaule gegangen, aber in kein Hauß, als durch des Michel Arends Hauß gekommen: So viel er gesehen, hette der Hr. Amtmann mit keinem Bauren zu Züsch als mit dem Michel Arendt in der Mühl geredet, und demselben gesagt, daß er auf einen sichern Tag zu Birkenfeld erscheinen sollte, worauf der Michel Arendt geantwortet, sein Herr leide es nicht, Herr Amtman hingegen versetzet, wer Ihr Herr dann seye, Michel Arendt erwiederte, der Herr von Dürckheim, demnechst Hr. Amtman; Birkenfeld seye seine Herrschafft, und Befehle Er Nahmens der Herrschafft zu Birkenfeld zu erscheinen, daß der Müller ausgebotten wüste er nicht von dem geringsten.

Test. 9. R. Er wäre mit Hr. Amtman selbsten und andern Gerichtschöffen, Jägern und Leuten

Leuten den 18. Aug. nacher Züsch gereiset, um die Herrschafftl. Gerechtsame des heimgefallenen Sponheimischen Lehen daselbst aufrecht zu erhalten, und das von denen Dürckheimischen denen Lehens Baraquen-Leuten abgenommene Gewehr abzuhohlen, auch die Unterthanen zu ihrer schuldigen Unterwürfflichkeit anzuweisen, wobey es keine Mühe gekostet, indeme männiglich die allzubekannte Sponheimische alte Hochgerichts- und Lehen-Gerechtigkeit noch von ihren Eltern und alten her bekannt seye, welches samtlich dann auch geschehen, und hetten sie den Anfang gemacht an der Mühlen zu Züsch, woselbsten das besagte Gewehr gestanden, welches sie abgenommen, und hernach die Zehend-Garben aufgeladen, und sofort die Lehens-Baraquen-Leute ihre vor Zeiten geschehene Huldigung erneueren laßen, nachgehends zu dem Azenborn durch des Michel Arends Hauß und weiters dem Weeg nach wegen der Gemächlichkeit, weilen nicht gerad denen Lehens-Gränzen nach, der Zäunen halben fortzukommen gewesen, biß in die Mehl-Kaul fortgefahren, deponent seye von dar mit etlichen Jägern zum Brühler Weeg, wo der alte Mehl Baum gestanden, und hernach wieder zur Mehl-Kaul gegangen; Hr. Amtmann hette zwar beym ersten Anfang und Abnehmung des Gewehrs, den Michel Arendt, welcher seines Herrn Widerwillen vorgewendet, gefragt, wer ihr Herr seye, darauf derselbe geantwortet, der Herr von Dürckheim, demnechst Hr. Amtman ihm versezet, Sponheim seye ihr Herrschafft, und Befehle er ihm zu Birkenfeld zu erscheinen.

Test. 10. R. Den 18. Aug. ware er deponent mit Hr. Amtman, Jägern und Schöffen nacher Züsch gegangen, und die denen Baraquen Leuten abgenommene Flinten in der Mühl daselbst abgeholet, hernach hetten die Leute auf denen Lehens Baraquen gehuldiget, nachgehends seyen sie wiederum auf Züsch gegangen, er könnte von dem ganzen Verlauff nichts vollständiges sagen, weilen er bey den hindersten gewesen.

Test. 13.

Test. 13. R. Wäre den 18. Aug. mit Hr. Amtman in den Züscher district geritten, und auf Zinßers Hütten die Zehend-Garben abgeholet, sofort auf Bullenberg führen laßen.

Test. 16. R. So viel er dabey gewesen, bestünde darinnen, daß er deponent d. 18. Aug. mit Hr. Amtman, Jägern, Schöffen und übrigen vom Ausschuß auf Züsch gegangen und am allerersten das Gewehr in der Mühl weggenommen, hernach hetten die Baraquenleute gehuldiget, sodann hätten sie ein TreibJagen gehallten, und endlich dem Hr. Amtman auf Züsch wiederum nachgefolget, welchem sie dann im Dorff bey Kleffers Hauß angetroffen, sie wären hernach miteinander zur MehlKaul gegangen, keineswegs aber wäre Hr. Amtman von Hauß zu Hauß herum gezogen, aber zum Michel Arendt gesagt, er säße wegen der Mühl auf Sponheimischen Grund und Boden, und sollten andern Tags bey Straffe zu Birkenfeld erscheinen.

Test. 23. R. Deponent wäre mit Hr. Amtman und andern den 18. Aug. auf Züsch geritten, und die Flinten abgeholet, welche in der Mühl hingestellet gewesen, auch bey Huldigung derer Baraquenleuten sich gegenwärtig befunden, Hr. Amtmann hette verschiedenes mit dem Michel Arendt geredet, so er deponent der Ursachen halben nicht verstehen können, weilen er wehrender Zeit die Flinten unter die Leute außgethellet, um solche mitzutragen, Hr. Amtman aber wäre nicht von Hauß zu Hauß zu Züsch herum gezogen, hette auch gar nichts gehöret von Mühlen raumen und dergleichen.

Ad Art. 3tium.

Ob ermeldter Hr. Amtman, wie Dürkheimischer Seiten vorgebracht wird, von Hauß zu Hauß, und zware von Michel Arends Hauß an, biß zur Mühl selbst herum gezogen, und Mann für Mann gefraget hette, wer ihr Herr, und ob nicht vielmehr dießes Vorgeben sowohl, als auch falsch seye, daß er dem dortigen Müller ausgebotten, und einen andern hineinzusezen nurn gedacht hette?

Test. 1. R. Hr. Amtman seye durch des Michel Arends Hauß richt hiendurch der Straßen nach, wellen sie wegen den Zäunen nicht richt zugehen können, zur Kaul hinter dem Hoff Hauß gegangen, sodann hette deponent sich mit denen dabey gewesen Gerichtschöffen beßer hinauf zum Waldt, wo ehehin der Mehlbaum gestanden, so deponent noch selbsten gesehen zu haben sich erinnerte, begeben, da immittelst Hr. Amtmann an ermeldter Kaule stehen geblieben, sonsten seye der Müller nicht ausgebotten worden, Hr. Amtman hette zwar den Michel Arendt, welchem die Mühl zu Züsch zugehöret, gefragt, wer ihr Herr seye, derselbe hette geantwortet, der Herr von Dürckheim, worauf Herr Amtman versezt, Sponheim seye ja ihr Herr.

Test. 2. R. Herr Amtmann seye an kein Hauß mehr gegangen, alß auf den Abend in der Rück Kehr vom Atzenborn durch des Michel Arends Hauß, hernach in die Kaul obig der Mühl; Die Jägere wären mit denen Schöffen zum Waldt gegangen, wo der alte Mehlbaum gestanden, Hr. Amtman aber ohnweit der Mühlen stehen geblieben; So viel wuste deponent sich zu besinnen, daß Hr. Amtman zum Michel Arendt gesagt, alß sie angeregter Maßen die Flinten in der Mühlen geholet: Sponheim ist ja euer Herr, und daß er Michel Arendt morgen bey Strafe zu Birkenfeld erscheinen sollte. Von ausbiethen des Müllers hette er nichts gehört, seye auch übrigens so viel und lange er deponent dabey geweßen nichts widriges geredet worden.

Test. 8. R. Wäre in voriger deposition beantwortet.

Test. 9. R. Keineswegs seye Hr. Amtman von von Hauß zu Hauß herum gezogen, sondern nur durch des Michel Arends Hauß ohne sich zu säumen in die Mühlen, und endlich wellen es am Abend gewesen, zurück nach Hauß sich begeben. Seye auch nicht das geringste von Müller ausbiethen geredet worden.

Test. 10. R. Cessat.

Test. 16. R. Wäre in voriger Deposition beantwortet.

Ad

Ad Art. 4tum.

Ob nicht ermelten Herrn Amtmanns intention und local-Beaugenscheinigung einzig dadurch veranlaßet worden die von Hhrn. von Dürckheim geschehene eingriffe, und unternommene attentata auf die unvermuthete Anzeige bloß zu redressiren die von selbigen denen Baraquen-Leuten incompetenter abgenommene und vorhien bereits in der Mühl hinterstellte Flinten aufheben zu laßen, und die Unterthanen in dem von Sponheim ehemahlen lehnrühriaen Bezirk, zur Gebühr, gegen die durchleuchtigste Gal. Gemeins-Herrschafften nach ihrem Eigenthumsrecht anzuweisen?

Test. 1. R. Sie Jägere und Ausschuß wären um die von Hrn. von Dürckheim denen Baraquen-Leuten abgenommene Flinten in der Mühlen abzuholen befehlet gewesen, auch solche würklich in Beysein des Amts und derer Gerichten mitgenommen.

Test. 2. R. Es würde wohl die Meinung gewesen seyn, maßen beedes bewerkstelliget worden,

Test. 8. R. Vermuthete daß die intention dahin gegangen, weilen sie die Flinten abgenommen, auch die Lehens-Unterthanen zum Gehorsam angemahnet.

Test. 9. R. Ja, seye auch beedes geschehen.

Test. 10. R. Wäre beedes seiner Meinung nach in solcher Absicht geschehen.

Test. 16. R. Wäre die Meynung gewesen, weilen beedes auch bewerkstelliget worden.

Ad Art. 5tum.

Ob nicht die diesmahl gehaltene Jagd vorhin mehrmahl exerciret, ja gar mit offentlichen und solennen Treib-Jagen ohnehin schon exerciret worden seye?

Test. 1. R. Sie hetten zu Zeiten des verstorbenen gemeinschafftl. OberForstMeister Hr. von Borberg als nachgehends bey beeden OberForstMeistern Herren von Wreden, und Herren von Redewiz die Jagd auf dem Züscher Lehensdistrict exerciret, und zwarn durch TreibJagen, so Beysein verschiedener hiesigen Amts-

 Unter-

Unterthanen geschehen; Er wüste sich noch wohl zu besinnen, daß zu Zeiten des ermelten Hn. von Boxbergs sie ein Schmal-Thier auffm Rözenkopff ohnweit dem Dorff Züsch geschoßen, es hette solches Jagen bißweilen zwey Tag gewehret, wobey ihnen niemand das geringste in Weeg geleget, und hetten sie etliche mal die Waldthörner bey sich gehabt, und blaßen laßen.

Test. 2. R. Es hette der Hr. OberForstMeister von Boxberg, ja allzubekannt selbsten mit ihnen Jägern den Züscher Lehens-distrikt mit TreibJagen bestrichen, auch seye bey einem daselbst geschehenen Jagen ein Schmal-Thier gegen dem Unter genannt geschoßen worden, beide Hhrn. OberForstMeistern von Wreden, und von Redewiz wären selbsten einsmahlen mit aufm TreibJagen zu Züsch gewesen; Sie Jägere hetten vorhero und nachgehends den ganzen district zum öfftern bejaget, ohne daß sie darinnen gestöhret worden wären, der jezmalige Forster zu Züsch Martin Manus hette noch selbsten kurzhien zu deponenten gesagt, alß die Rede der Jagd halben zu Züsch vorgekommen, die Dürckheimische hetten ja den Sponheimischen noch niemalen die Jagd zu Züsch gewehret.

Er deponent wüste sich noch wohl zu besinnen, daß sein seel. Vatter Hß Jacob Bruch, welcher lange Zeit Jäger auf der Abendtheyer gewesen, Ihme zum öfftern gesagt, der Hr. Amtman Jacobi seel. hette ihme befohlen, er solte biß in Züsch, und biß an den Azelbern jagen, es würde ihm kein Mensch wehren, solches auch sein Vatter gethan.

Test. 3. R. So lange er daselbst gewohnet, hette er den Hrn. OberForstmeister von Boxberg, und nachgehends den Herrn OberForstmeister von Redewiz im Züscher Gewäld etliche mal Jagen gesehen.

Test. 4. R. Sie wüste sich wohl vor ihrer Kindheit noch zu erinnern, daß, als sie auf der Pfaffen Straß das Vieh gehüthet, verschiedene Birkenfelder Jägere bey ihnen dort

dort herum gejaget, auch nach der Hand seie der Hr. OberForstmeister von Boxberg mit einigen Jägern ins Züscher Gewäldes auf die Jagd gekommen, wobey viele Bauren gewesen, und zum Wahrzeichen hette Hr. OberForstmeister von Boxberg noch selbsten eine Eüle von ihres Vatters Hütten herunter geschoßen. Zudeme hette ihr Vatter auf eine Zeit ihrem Bruder Ludwig die HaußStette, wo ihre Voreltern auf dem alten Dorff gewohnet, gezeiget. Sie erinnerte sich anbey noch ganz genau, daß in ihrer Kindheit etliche Herren von Trarbach auf ihren Hütten, bey ihrem Vatter Peter Arend dem lahmen Schneider, gewesen, und denselben nach dem Pitz- und Spitzborn gefraget, ersterer wäre auch von ihrem Vatter, auf dem alten Dorff gezeiget worden, und lezterer befände sich ohnweit ihren Baraquen im Bruch.

Test. 5. R. So viel ihme von Kindes Beinen an erinnerlich, hetten die Birkenfeldische Jäger ohngestöhrt, und ohngehindert durch das ganze Züscher Gewäld biß an das Dorff gejaget, deponent wüste zwarn von seinen jüngern Jahren von denen dorten jagenden Birkenfelder Forsteren keinen darum zu benennen, weilen er sich damalen noch des JagdWesens nicht angenommen gehabt, und zu ihnen gekommen, so offt sie aber dahien zu jagen gekommen, hette man es doch allemahl erfahren; von Steffel Neuman, welcher über acht Jahren todt, und vorhero bey denen angefangenen Churtrierischen Unruhen zu Züsch, abgesezt, und weilen er nicht gewust, zu welchen er hallten sollte, verdrungen worden, hingegen bey dem lezt abgelebten Herrn von Hunolstein 35. Jahr als Jäger gedienet, hette ihme deponenten offt und vielmahl gesagt, und daß es auch vorhero alßo üblich und herkommlich gewesen versichert, daß die Birkenfelder im ganzen Züscherdistrict ohne Scheu jagen mögen und dörffen, es auch jederzeit gethan, und von Hr. von Hunolstein sich niemalen widersezet worden seye, und er es hette leiden müßen.

Test. 8. R. Deponent wüste sich genau zu entsinnen, daß er nebst verschiedenen andern in Ao. 1735. beschelden worden ein Treibjagen zu Züsch zu halten, weßwegen er dann auch auf der Abendtheyer zu Hr. OberForstmeister von Boxberg gekommen, sofort mit denen übrigen dabey geweßenen Jägern in den Wald auf Züsch gegangen, und den ersten Trieb an dem lezt sogenannten Tyrlerstein, so das Noheseldische von dem Birkenfeldischen Eygenthum und dem Sponheimischen Züscher Lehen-Gewäldt scheidet angefangen, demnechst über die Zinßers-Hütten fortgezogen, und gleich darunter nach einer gezeichneten Buch bey 20. Schüße gethan, hernach seyen sie über die Allbach zum Rößen-Kopff gegangen, und weiters zu des lahmen Schneiders Baraquen. Bey diesem Jagen seye ein Schmal-Thier, durch den Meyer von Mahlborn Gollen, angeschoßen, aber nicht bekommen worden, auch hette der Forster Bruch von der Abendtheyer damahlen einen Haasen geschoßen, wornach sie auf gedachten Schneiders Hütten zu Mittag geweßen, und hette der Hr. von Boxberg noch einen jungen Eüel, welcher gezähmet geweßen, und aufm Dach geseßen mit der Kugel-Büchse herunter geschoßen, überhaupt aber wäre es die Meinung geweßen, das Sponheimische Züscher Lehen-Gewäldt zu durchjagen, so auch geschehen. Andern Tags wären verschiedene andere Dorffschafften nochmahlen bestellet worden, in dem Züscher Lehens-Gewäld ein Treib-Jagen zu hallten, worzu sie die Befehle an die Dorffschafften noch mitgenommen und bestellet.

Test. 9. R. Deponent seye zweymahl mit zu Züsch auf der Jagd gewesen, und ein TreibJagen hallten helffen, ohne daß sie gestöhret worden wären, das erste mahl mit dem Hrn. OberForstmeister von Boxberg, und etlichen zwanzig bis 30. Mann, sodann das andere mahl mit den Hhrn. OberFforstmeistern von Wrede, und von Redewiz, nebst vielen hiesigen Amtsunterthanen.

Test. 11.

Test. 11. R. Wäre mit dem Hrn. OberForstmeistern von Boxberg in Ao. 1735. im Züscher Gewäldt nebst andern Jägern und bestelleten Leuten, auf der Jagd geweßen, und zum Wahrzeichen hette der Hr. von Boxberg noch eine Eüle auf Schneiders Hütten geschoßen.

Test. 12. R. Davon könnte er nichts sagen, hette aber seine Buben auf die bestellte Züscher Jagden mitgehen laßen.

Test. 13. R. Wäre einsmahls mit mehreren Amtsunterthanen im Züscher Gewäld auf der Jagd gewesen, wobey sich auch die Hhrn. OberForstmeistere von Wreden und von Redewiz selbsten befunden.

Ad Art. 6tum.

Ob dann zu dieser d. 18. Aug. gehaltenen Jagd viele Leute und auf waß arth gebraucht worden?

Test. 1. R. Er wüste wohl, daß nur die GemeinsLeute von Bullenberg und etliche vom Außschuß dabey geweßen.

Test. 2. R. Könnte nichts davon sagen, weilen er sich meistens bey dem Jagen aufgehalten.

Test. 8. R. Den 18. Aug. wären nur die GemeinsLeute von Bullenberg und einige vom Außschuß nebst denen Fuhrleuten, so viel er sich zu besinnen wüste, dabey gewesen.

Test. 9. R. Bullenberg seye dabey geweßen, nebst einigen vom Ausschuß.

Test. 13. R. Die Gemeind Bullenberg, nebst einigen vom Ausschuß waren zurückgeblieben, und deponent mit denen Wagen fortgeritten, iedoch wären auch noch einige vom Ausschuß, wie er sich erinnerte zurücke, und bey den Jägern geblieben.

Test. 23. R. Wüste nicht, ob mehr, alß die Gemeind Bullenberg dabey geweßen, besinnete sich endlich, daß nur allein ersagte Gemeind Bullenberg nebst etlichen vom Ausschuß sich dabey befunden, maßen deponent solches annoch in seinem Einbescheid-Register finden würde.

Ad Art. 7mum.

Ob bey dem ganzen d. 18. Aug. vorgegangenen Sponheimischen Acte, einer so erbärmlich, alß Dürckheimischer Seiten vorgebracht wird, und mit Stößen übel tractiret, auch barbarisch, und ge-

 walt-

walttħätig zur Angelobung denen Dürckheimischen zutringlichkeiten, nemlich keine parition zu leisten, und ihrer rechtmäßigen Sponheimischen hohen Landes-Herrschafft, und Obrigkeit treu und holdt zu seyn, unter einigen Flinten und Rippenstößen beygeschleppet, und welchem seine Hand zu Ablegung sothaner Gelobnus abgenöthiget worden seye?

Test. 1. R. Hette nicht das geringste gesehen, noch gehöret, daß jemand zu sothaner Angelobung gezwungen, beygeschleppet, noch viel weniger die Hand abgenöthiget, am allerwenigsten aber mit Schlägen übel tractiret worden ware.

Test. 2. R. Im geringsten keines.

Test. 4. R. Es wäre niemand kein Leid geschehen, sondern sie hetten freywillige Hand-Gelöbnuß geben.

Test. 6. R. Es wäre bey solchem Hand-Gelöbnus keinem das geringste Leyd geschehen, und ware keiner unter ihnen, noch deponent selbsten zu solcher Handtastung gezwungen, viel weniger übel tractiret worden.

Test. 7. R. Seye freywillig dazu gegangen, und seines Wissens seye kein einziger von denen Baraquen Leuten darzu gezwungen, noch vielweniger übel tractiret worden.

Test. 8. R. Er wäre bey dem ganzen Vorgang und meistens bey allen jederzeit zugegen gewesen, könnte aber auf seine geleistete Pflichten nicht sagen, daß jemand mit Gewalt darzu genöthiget, weniger übel mit schlagen tractiret worden.

Test. 9. R. Es wäre keinem kein uneben Wort gegeben, viel weniger jemand mit Gewalt gezwungen, noch deswegen übel tractiret worden.

Test. 10. R. Keineswegs.

Test. 15. R. Wüste von nichts, und ware auch niemand darzu gezwungen, vielweniger einem Leids angethan worden.

Test. 16. R. Seye keines vorgangen.

Test. 23. R. Seye niemand gezwungen, vielweniger übel tractiret worden.

Ad Art. 8vum.

Ob nicht bey dießen und allen andern nachherigen Amts-Abordnungen einiger Amts-Unterthanen und Mannschafft alle und

jedes-

jedesmahl auf das nachdrucksamste und schärffeste sich vor Handgemeng sorgfältigst zu hüten, und alle Thätlichkeiten zu vermeiden befohlen, und nicht im Gegentheil ihr mit sich geführte Gewehr bey dem Amt-Hauß zu Birkenfeld abgenommen worden.

Test. 1. R. Die Jägere hätten sich von selbsten zu bescheiden wißen, daß sie es zu keinen Thätlichkeiten kommen laßen, doch wäre er nur den Sommer durch zweymahlen nacher Züsch gekommen, weilen er die übrige Zeit wegen eines an einem Fuß bekommenen Schadens nicht außgehen können.

Test. 2. R. Es wäre ihnen jedesmahlen nachdrücklich bedeutet worden, daß sich jederman aller Thätlichkeiten enthalten solte.

Test. 8. R. Es wäre allezeit von Amt selbsten, sowohl alß denen hierzu Committirten befohlen worden, sich vor Hand-Gemeng mit denen Dürckheimischen zu hüten, und alle Thätlichkeiten zu vermeiden, so gar, daß auch Hr. Amtman selbst, in sein deponenten und mehrern Beyseyn befohlen, daß die Unterthanen dasjenige Gewehr, so sie mit anhero gebracht, dahier stehen laßen, und mit bloßer Hand dahien gehen solten, in Betracht man andere erlaubte Mittel statt der gewaltsamen jederzeit vorzuziehen, und die dießeitige Gerechtsame ohngekränkt zu erhalten gesonnen wäre.

Test. 9. R. Allemahl wäre von Amt solches befohlen worden.

Test. 11. R. Wäre allemahl befohlen worden.

Test. 12. R. Ja seye auf das allerschärffeste befohlen worden.

Test. 13. R. Ja wäre befohlen worden.

Test. 15. R. Ja seye ihnen von ihrem Wacht-Meister, welcher sie commandirt, gesagt worden, daß keiner keine Thätlichkeit anfangen solte.

Test. 16. R. Seye ihnen allezeit nachdrücksamst anbefohlen worden, und andere, welche Flinten gehabt, hetten solche ja dahier lassen müßen, auser nur das leztere mahl, alß sie die Zehend-Früchten abgeholet, einige wenige neben dem Ausschuß.

Test. 20. R. Er hette von des Haßß Adam Biehlen Sohn von Rimßberg und Stoffel Stephan daselbst, alß dieselbe mit andern

Unterthanen auf Züsch zu gehen bescheiden geweßen, vernommen, daß Hr. Amtman sie geheißen, ihr mitgebrachtes Gewehr abzulegen, weswegen dießelbe ihre beede Flinten in deponenten Mutter Hauß gestellet, biß sie wieder zurückgekommen, da sie solche mitgenommen.

Test. 23. R. Herr Amtman hette solches bey Straff befohlen, auch etliche mahl, daß niemand Gewehr mitnehmen sollen, und deswegen ihnen solches dahier beym Amts Haus abgenommen worden wäre.

Ad Art. 9num.

Ob nicht im Gegentheil der gesamte Freyherrl. Dürckheimische Hauffen Unterthanen, so offt sie sich wiedersezet oder erschienen, mit aller sinnlichen Gefähr- und tödtlichen Wehrschafften, alß geladenen Flinten, Aexten, Heu-Gabeln, auf langen Stangen vestgemachte Gras-Sensen, und dergleichen ohne Außnahm, recht tumultuarisch, und unter sowohl ausgestoßenen injurien, alß Verbitterungen erschienen, und aufgezogen?

Test. 2. R. Sie wären mit Flinten, Aexten, und Heu-Gabeln erschienen, und sich gantz verbittert bezeuget, so daraus abzunehmen, wellen einer unter denßelben, so gar seine Flinte auf den Herrschafftlichen Einspänniger angeschlagen, alß sie das erste mahl obig der Schmelz beisammen gekommen, seyen die Dürckheimische ziml. von Brandenwein trunken gewesen.

Test. 3. R. Seye keinesmahls dabey gewesen noch zugesehen, hette es aber von andern häuffig erzehlen hören.

Test. 4. R. Sie wäre kein mahl dabey gewesen, wann die Birkenfeldisch- und Dürckheimische zusammen gestoßen, doch seye der Fiscal einsmahls bey der Nacht mit denen Söterer und Boßenern zum Theil mit Gewehr auf ihre Hütten gekommen, und sie deponentin nebst Johannes und Leonhard Groß, sodann Michel Cronenberger mit sich auf Sötern gefänglich genommen, dabey gesagt, alß sie deponentin ihme Fiscal einen Befehl von hiesigem Amt gezeiget: was solle der Arschwüsch.

Test 8.

Test. 5. R. Hette gesehen, daß der sogenannte Heß von Schwarzenbach eine Senße an einem Wurff vestgemacht, auch etliche Flinten, Aexte, und Heu Gabeln gehabt; der Christian Arend von Züsch hette dabey 2. oder 3. mahl den Funten-Hahnen gegen den Herrschafftlichen Einspänniger Carl Roth auffgezogen, und wäre Deponent selbsten unter dem Dürckheimischen Hauffen geweßen, ermelter Arend hette zum Einspänniger gesagt, sie Birkenfelder wären Schelmen, und wollten seinem Herrn das Land hinweg stehlen.

Test. 6. R. Alß die Dürckheimische bey dem ersten Vorfall erschienen, waren sie samtlich ziemlich besoffen geweßen, und hetten allerhand Gewehr, alß Aext, Flinten, Heu- und Mist-Gabeln, Spieß, auch der sogenannte Heß von Schwartzenbach eine GraßSenß an eine Stange gebunden gehabt.

Test. 7. R. Deponent wäre das erste mahl, alß die Birkenfelder und Söterische zwischen der Schmelz und Zinßers Hütten zusammen kommen, selbst bey den Söterischen gewesen, auch gesehen, daß sie allerhand gefährliche Waffen, und unter anderen Aexte, Gabeln, auch der Schumacher von Schwartzenbach eine Senß an einen langen Stecken gebunden gehabt.

Test. 8. R. Die Dürckheimische hetten das erstemahl, alß sie zusammen kommen, allerhand gefährliche Waffen, alß Aext, Senßen, Flinten und Heu-Gabeln gehabt, und alß deponent herzugekommen, seyen beede Theile ganz stille, und zufrieden geweßen.

Test. 9. R. Die erste mahl hetten die Soeterische freylich allerhand Gewehr, alß Flinten, Heu-Gabeln, und Aerte gehabt, auch damalen geschienen, alß wann der mehreste besoffen geweßen.

Test. 13. R. Das erste mahl, alß sie zwischen den Zinßers und SchmelzBaraquen zusammen kommen, seyen die Soeterische sehr erbittert, und dem Ansehen nach besoffen gewesen.

Test. 15. R. Deponent wäre mit etlichen vom Ausschuß auf Schneiders Hütten com-

 man-

mandirt worden, und deswegen alß die erste attaque vorgegangen, etwas spath kommen, als würklich beede Theile zufrieden, und auseinander gegangen, hette wohl gesehen, daß die Soeterische in zimblicher rage und dem Ansehen nach toll und voll gewesen, auch etliche ihre Halßtücher von sich geworffen gehabt, anbey sich mit allerhand Gewehr versehen.

Test. 16. R. Alß sie das erste mahl zusammen gekommen, seyen die Soeterische recht voll besoffen gewesen, auch allerhand Gewehr, alß Axt, Heu-Gabeln, und grose Hebel gehabt, dabey ein entsetzlich Geschrey geführet, alß sie auf die Birkehfelder zugeloffen gekommen.

Test. 23. R. Damahlen als sie das erste mahl zwischen der Schmelz- und Zinßers-Hütten zusammen kommen, wäre er dabey gewesen, und gesehen, daß die Söterer braff bewaffnet, und die Flinten angeschlagen, auch meistens stark besoffen gewesen.

Test. 24. R. Er Deponent wäre etliche mahl dabei gewesen, alß beede Theile zusammen gekommen, wobey er gesehen, daß die Söterische recht bewaffnet gewesen, worunter auch der Heß von Schwartzenbach eine Graß-Senße an einen langen Stecken gebunden gehabt, der Christian Arend hette die Flinte bey der ersten attaque auf den Sponheimischen Einspänniger gespannet, welches ja vermessen gnug wäre.

Test. 25. R. Wäre bey keiner attaque gewesen, nur alß er das erste mahl anhero zur Verpflichtung beschelden worden, wäre der Fiscal und etliche Jäger nebst andern auß ihren Baraquen gekommen und sie abhallten wollen, Er deponent aber wäre fort- und nach der Mühl zugesprungen, wornach ihme einer von denen Soeterischen zugeruffen, hallt Hund oder ich schieße, Er aber seye fortgeloffen, wornach er 3. biß 4. Schüße gehöret, ob sie aber auf ihn geschossen, wüste er nicht.

Test. 26. R. Die Söterische hetten sich gut mit Gewehr versehen gehabt, alß Axten Flinten, Heu-Gabeln, Senßen an Stangen gebunden, es waren auch etliche dabei gewesen, welche sich ziemlich voll gestellet hetten.

Ad

Ad Art. 10mum.

Ob nicht zu Ausübung solchen angehofften dienstbaren Muthwill und Blutvergiessen, die ermelte Dürckheimische Unterthanen jederzeit von dortigen sogenannten Fiscali Heidenreich recht vorsezlich præpariret, des Endes von Wein und Brandenwein besoffen, und solcher mit Bütten unter ihnen ausgetheilet worden?

Test. 3. R. Er wüste es freylich, daß die Dürckheimische Unterthanen so stark getrunken und von dem Fiscal den Wein außgetheilt bekommen, deswegen, deßelben starken Zuspruchs der vormahlige Wirth Michel Arend das Zapffen auffgegeben.

Test. 4. R. Das lezte mahl alß die Dürckheimische sich zu Züsch versammlet, hette sie gehöret, daß sie den Wein mit Kübeln zu Züsch beigetragen, auch von des Uhrmachers zu Züsch Lautenbachers Mädgen Beysein des Philipp Gruselins Frau gehöret, daß die Soeterische ordre hetten, den Amtman von Birkenfeld, wann sie ihn bekommen, todt zu schießen.

Test. 5. R. Wüste nichts davon, außer daß die allgemeine Rede seye, der Michel Arend zu Züsch hette nur allein des Fiscals und seines Sauffens halben den Weinschank aufgegeben.

Test. 6. R. Das lezte mahl alß die Söterische zu Züsch versammlet gewesen, hetten sie den Wein, wie er gehöret, mit Bütten zusammen getragen und gesoffen, um Courage zu bekommen, deswegen denn auch der Michel Arend zu Züsch das Zapffen auffgeben, weilen der Fiscal im Anfang des Streits viel bey ihm gesoffen, und nichts bezahlet hette.

Test. 15. R. Hette wohl gehöret sagen, von wem aber wüste er sich nicht mehr zu besinnen, daß die Soeterische zu Züsch den Wein häuffig beygetragen, auch sogar dem Wirth allen seinen Wein-Vorrath weggesoffen.

Test. 16. R. Der Heydenreich wäre das erste mahl nicht dabey gewesen, die Leute aber hetten sich meistens besoffen gehabt, masen sie dem Wirth zu Züsch allen Wein und Brandenwein ausgesoffen, daß alß deponent

nent anderer Geschäfften halben selbigen Tages durch Züsch auf Troneken passiren müsen, nichts zu trinken bekommen können.

Test. 24. R. Des sogenannten Calvinischen Mattheßen Sohn vom Damfloß Niclas Drießler hette deponenten selbsten gesaget, daß sie Soeterische sich vorhero braff besoffen, und den Wein mit Wasser-Bollen geschöpffet hetten.

Test. 25. R. Wüste von nichts alß nur, daß der Fiscal ihnen Baraquen-Leuten eine Zeithero sehr zugesetzet.

Test. 26. R. Wüste von nichts, alß nur, daß der Fiscal ihnen samtlichen Züscher unterthanen bey Anfang des Streits, vor des Michel Arends Haußthür zu Züsch einen Befehl vorgelesen, daß wann die Kerl, welche die Hoheit bestrichen und begangen hetten, wieder kämen, sie darauf schießen sollten.

Ad Art. 11mum.

Ob nicht selbsten der Dürckheimische Anführer Heydenreich nach seiner täglichen Gewohnheit, bey jedem Vorfall alßo betrunken, und toll aufgeführet, daß er weder denen Sponheimischen Obrigkeiten geschonet, und gar anderer respectloosen Schimpfreden zu geschweigen, eine Belohnung von 10. Rchsthlr. darauf gesetzet, welcher den Fürstl. Sponheimischen Beamten vom Gaul- oder andere an seiner statt kommende Vorsteher niederschießen würde, sondern auch des Endes die voll tolle Bauren mittelst einer offentlichen Erkündigung im Dorf Züsch angefrischet habe?

Test. 3. R. Es wäre unter denen Dürckheimischen Unterthanen nichts alß von Todschlagen und Tödten damahl die Rede geweßen, und hette sich insonderheit nach des Schmidberaers von den Schneiders Hütten Aussage der Schweitzer Bernd, und der lange Gottfried von Züsch in des Joseph Frantzen Hauß, auf der Schmeltze vermessen, daß, wann sie den Amtman von Birkenfeld bekämen, sie ihn vom Pferdt herunter schießen oder schlagen wollten; Ja es hette noch mehrers der SchuBaldes Geld mit seinen 2. Söhnen Georg Peter und Balthasar, auß dem Dorff Züsch ihn Deponenten versichert, wie es auch der Bierer

Ley

Ley und noch mehrere Leute von ihnen gehöret, ja das gantze Dorff Züsch wüste es, zu Zeugen aber vor denen Hrn. von Dürckheim sich förchteten, daß der Fiscal allen zu Züsch versammleten Dürckheimischen Unterthanen verkündet, daß er von seinem Herrn zu schießen, und zu stechen ordre hette, ja daß er Fiscal selbsten 10. Rchsthlr. darauf gesetzet, wer den Amtman von Birkenfeld niederschießen würde.

Test. 6. R. Der Fiscal wäre freylich besoffen gewesen, wann er auf denen Hütten herum geschwermet, welches daraus zum Theil erschienen, weilen der Fiscal des Peter Reißdörffers Wittib ihre Tochter, nahmens Maria, wegen der ihr durch die Züscher Pferdt verdorbenen Haber dermaßen verängstiget, daß selbige gleich zur Ader laßen müßen, der Fiscal hette zu des Niclas Fontenaille Frau gesagt, der Birkenfelder Amts-Befehl wäre nur ein Arschwüsch.

Test. 24. R. Hette im Dorff Züsch gehöret, daß der Fiscal demjenigen 10. rthlr. geben wollte, welcher den Amtman von Birkenfeld vom Pferd schießen würde, auch von Fontenaills Frau vernommen, daß der Fiscal zu ihr gesagt: was der Amtman von Birkenfeld, der Sau-Schwantz zu befehlen hette, und seine Befehle wären Arschwüsche.

Test. 25. R. Er hette von des Diedrich Schmidtbergers und Michel Cronenbergers Frau gehöret, daß der Fiscal ordres hette, todt zu stechen, zu schlagen, und zu schießen, und wann es der Amtmann von Birkenfeld selbst wäre; auch hette deponenten Schwieger Vatter Leonhard Groß ihme gesagt, der Fiscal hette unterwegens im Ebers-Wald, alß derselbe ihn Groß, Michel Cronenberger, und Johannes Groß, nebst des BurgerMeisters Fontenaille Frau nacher Soetern gefänglich geführet, zu denenjenigen Jägern, so mit Ihm gewesen, gesaget: Schaut, Schaut, wie der SauSchwantz der Amtman von Birkenfeld denen Leuten Befehl giebt, alß wann er etwas dazu befehlen hette, zugleich auch solche wären gut vor Arschwüsch.

Ad Art. 12mum.

Ob im Gegentheil die Sponheimische Unterthanen sich auch also jemahlen von Wein und BrandenWein übernommen hetten, und wo betrinken können?

Test. 5. R. Dieses könnte Er keinem nachsagen.

Test. 6. R. Auf denen Baraquen hetten sie nichts an Getränk empfangen und im Dorff nichts hohlen können, weilen solches von denen Dürckheimischen besezt gewesen.

Test. 7. R. Auff denen Baraquen wäre nichts daß sie sich betrinken können.

Test. 8. R. Keiner von denen Birkenfeldischen hette sich betrunken gehabt, maßen auf denen Baraquen, wovon sie hergekommen, auch nichts vors Geldt zu bekommen gewesen.

Test. 9. R. Hette keine betrunken gesehen.

Test. 10. R. Gar nicht.

Test. 11. R. Niemahlen, so viel er dabei gewesen hette er es gesehen.

Test. 12. R. Hette nichts davon wahrgenommen.

Test. 13. R. Wüste von nichts.

Test. 14. R. So viel er Deponent dabey gewesen, hette Er bey dieser Gelegenheit niemahlen einige trunken gesehen, maßen solches auch ohnmöglich geschehen können, indeme die Birkenfelder nur auff denen Baraquen aufhalten können, woselbst nichts zu trinken gewesen, die Soeterer aber allemahl das Dorff Züsch würklich besezt gehabt.

Test. 15. R. Hette gar keinen betrunken gesehen, so auch nicht geschehen können, weilen auff denen Baraquen, welche die Birkenfelder allezeit passiren müßen, nichts zu bekommen gewesen.

Test. 16. R. Keiner von denen Birkenfeldischen wäre betrunken gewesen, im Fall sie aber auch trunken gewesen wären, wie die Soeterische, so wäre es vielleicht zu einem gefährlichen Hand-Gemeng gekommen.

Test. 21. R. Keinen hette er betrunken gesehen, auch hette solches ohnmöglich seyn können, indeme auf denen Baraquen nichts zu trinken gewesen.

Test. 22. R. Nein, seye niemand betrunken geweßen.

Test. 23.

Test. 23. R. Nein gar nicht, indeme sie nichts alß Waßer bekommen können.

Test. 24. R. Hette keinen Betrunken gesehen; da er doch öffters bey diesen Begebenheiten unter ihnen gewesen.

Test. 25. R. Hette keine Birkenfelder betrunken gesehen, und glaubte er, daß wann die Soeterische das erste mahl also kommen wären, so sollten die Leute wohl nicht so abtrünig worden seyn. aber die Soeterische wären kommen, wie Wilde, wie Narren.

Test. 26. R. Betrunken hette er keinen Birkenfelder gesehen, wohl aber Hungerig.

Ad Art. 13tium.

Waß dann im Gegentheil die Sponheimische Unterthanen d. 16ten Sept. veranlaßet, die von ihren Leuten im Nachdroßt durch die Dürckheimische Unterthanen aufgefangen zu retten, und wie solches geschehen?

Test. 2. R. Wie ihme die andere Leute gesagt, daß weilen die Soeterische ihnen Birkenfeldern zwey Leute weggenommen, und gegen die gegebene parole nicht wieder geben wollen, auch noch mit steinen aus des Peter Arends Hauß unter sie geworffen, wären sie auch unwillig worden, und die Leute heraus gehohlet.

Test. 8. R. Alß die hiesige Amts-Unterthanen schon im Heimweg begriffen geweßen, und die Soeterer von selbigen zwey Mann aufgefangen, wären sie in der ersten Hitze zurückgekehret, da die Dürckheimische sich noch nicht zur Ruckgab solcher Gefangenen verstehen wollten, der Jäger Bursch Rauff auch gesagt, der erste Birkenfelder, welcher über den Weg gienge, schieße er todt, seyen sie Birkenfelder auch unwillig worden, und, nachdeme der Franz Jacob Springweiler auf ersagten Rauff zugegangen, und ihme die Flinten ergriffen, um das Schießen zu verwehren die gefangene heraus geholet, und wann einiges Hand-Gemeng geschehen seye, wären sie Soeterische selbst Schuld daran.

Vorhero hätten die Soeterische auß des Peter Arends Hauß häufig mit Steinen unter die Birkenfelder geworffen, daß auch auff deponenten selbsten ein Klog zugefahren, da er sich am meisten dadurch exponirt, daß er nach dem Amts-Befehl Thätlichkeiten zu erwehren bemühet geweßen.

Test. 14. R. Es hette sie veranlaßet, die von denen Dürckheimischen den 16. Sept. gefangen genommene 2 Birkenfeldische Mann zu retten, weilen die Dürckheimische Committirte, alß nemlich der Forster Keßler und Fiscal Heidenreich denen Birkenfeldischen Committirten, alß beede Theile bey denen Zinßers Hütten auf einander gestoßen, und deponent selbsten dabey geweßen, versprochen, daß kein Theil dem andern etwas Leides zufügen, und sie friedlich auseinander gehen wollten, und ihr einander gegebenes Wort nicht gehallten; immittelst wäre in des Peter Arends Hauß, der Christian Schad mit einer eißernen Stange sehr am Kopf verwundet worden, und ziemlich Stein aus gedachtem Hauß heraus geflogen, auch ermeldtem Schaden noch ein Wasch-Blauel auff den Kopf geworffen worden, es müste jedermann, so nur dabey gewesen, gestehen, daß die Soeterische ohngeachtet ihrer selbigmahligen geringen Mannschafft gar großen Anlaß zur Verbitterung gegeben, wenn auch etwas mehreres alß Schläge ausgefallen wären.

Test. 15. R. Alß die Soeterische denen im Heimweg begriffen gewesenen Birkenfeldern nachgesetzet, und deßhalb die dießeitige Schöffen und Deputirten eine Weile mit denen Dürckheimischen geredet, auch einig worden, daß jeder friedlich nach Hauß kehren, und keine Feindseeligkeiten ausüben sollte, die Soeterische aber dennoch 2. Mann von denen nachgekommenen Birkenfeldern gefangen genommen, und nacher Züsch geführet, so hetten sie Birkenfelder ihre 2. arrestirte Mann zurückgehohlet, zumalen auch der Jäger-Bursch Rauff seine Flinte in der Hand gehabt, und mit selbiger gefochten. Auch hette der Frieß von Schwarzenbach seine Flinte auf Deponenten angeschlagen aber nicht geschoßen, endlich die Flinte mit dem Lauf in die Hand genommen, und mit selbiger

selbiger einen Streich gefaßt, wo er aber hingeschlagen, nicht gesehen hette, so seyen die Sponheimische Unterthanen auch noch mehreres irritiret, und auffgebracht worden.

Test. 16. R. Weilen die Dürckheimische nachgefolget biß herauf zum Birckenfelder Waldt, so wären sie doch mit ihnen einig worden, daß jeder Theil friedlich seyn, und nach Hauß kehren sollte, hernach aber hetten die Soeterische zwey Birckenfelder Mann geholet, und nach Züsch geführet, weswegen sie Birckenfelder alß sie schon weit fort im Heimreißen begriffen gewesen zurück gekehret; und zu Züsch die gefangene abgenommen, waß vorhero in Züsch vorgegangen, könnte er nicht sagen, weilen er eben kommen alß die Jägere auß Züsch herausgeführet worden wären.

Test. 18. R. Er wäre dabey geweßen, alß die Soeterische ihnen Birckenfeldern im Heimweg, biß an Zinßers Baraquen nachgekommen, welche etliche malen, besonders der Uhrenmacher und noch ein anderer, ersterer mit der Flinte, und lezterer mit der Pistohl auf sie angeschlagen, iedoch nicht geschoßen, auch hette der Harz Mathes von Soetern mit Steinen damahlen unter sie geworffen; Endlich wären sie beederseits einig worden, daß jeder seiwegs kehren sollte, demnächst sie Birckenfelder aber erfahren, daß die Soeterische, 2. Mann, von Birckenfeld zu Züsch in Hafften hetten, seyen sie daselbst hin gegangen, um selbige abzuholen, welche aber nicht gefolgt werden wollen, bey Abnahm der arreſtirten wäre deponent zwar nicht selbsten geweßen, vorhero aber wohl gesehen, daß ein WaschBlauel, auß des Peter Arends Hauß dem Christian Schaden auf den Kopf geworffen worden wäre.

Test. 19. R. Hette gesehen, alß sie die gefangene in Peter Arends Hauß geholet, daß die Soeterische entsezlich mit Steinen aus dem Hauß geworffen, auch seye ein hölzern Keul heraus geflogen kommen, und hetten etliche Soeterische mit großen Prügeln auf dem Gebirn gestanden, alß sie das erste mahl bey Zinßers Hütten zusammen gekommen, hette der Harz-Mathes zwey Steine in jeder Hand einen gehabt, und die übrige bey ihm geweßen hetten auch mit Steinen unter sie Birckenfelder geworffen; der Steinhauer von Schwarzenbach hette mit einer Pistohl auff sie schießen wollen, Item der Frieß von Schwarzenbach hette auch die Flinte vor Peter Arenden Hauß zu Züsch auf ihn deponenten angesezet.

Test. 21. R. Alß sie daß lezte mahl zu Züsch die Zehend Garben abgeholet, und die ungehorsame mit anhero geführet, auch würcklich auffm Weeg, gegen den Zinßers Hütten gegen Birckenfeld zu begrieffen geweßen, seyen die Soeterer ihnen nachgesezet, und sie gestellet, etliche unter denselben besonders ein Steinhauer von Soetern hette das Gewehr auf sie gehallten, wie auch des Schmidt Arends Sohn, von Züsch, endlich seyen sie in Frieden von einander gegangen, und zugesagt, daß kein Theil etwas weiters anfangen sollte, darauf hetten sie in solchem Zutrauen fort auff Birckenfeld gehen wollen, aber erfahren, daß die Soeterer etliche von Birckenfeld dennoch nach Züsch gefangen geführet hetten, welches dann die Ursache geweßen, daß sie Birckenfelder zurück gekehret und die 2. gefangene auß dem Hauß geholet, worzu sie durch gedrohetes schießen, und Stein werffen wovon deponent selbsten ein blutiges Zeichen mitgebracht, noch mehrers gereizet worden.

Test. 22. R. Alß sie heimgehen wollen, wären die Soeterer ihnen biß an die Zinßers Hütten nachgekommen, und hette einer von Soetern der Steinhauer eine Pistohl auff sie angeschlagen., hernach aber seyen sie einig worden, und beede Theile einander versprochen, daß jeder nach Hauß gehen sollte, alß aber dennoch 2. von ihren Leuten zurück und in Züsch gefangen worden, seyen sie wieder umgekehret: und wellen die Soeterische sich vor des Peter Arends Hauß gestellet, der Frieß von, Schwarzenbach auch die Flinte angeschlagen, und gesagt, es solle sich iedermann hüthen hinüber zu gehen, sonsten würde er geschoßen,

schoßen, so wären die Birkenfelder noch mehrers wegen gebrochener parole auffgebracht worden, und die 2. gefangene looß zu machen ins Hauß gedrungen, und weilen er deponent im Herausgehen der lezte geweßen, so hetten die Dürckheimische die Thür zugemacht und ihme im Hauß mit einer eisernen Stange bey fünff Löcher in den Kopf geschlagen, noch wäre er mit einem WaschBlauel auff den Kopff und darein ein Loch geworffen worden.

Test. 23. R. Er Deponent wäre allbereits mit denenienigen, welche man damahlen zu Züsch wegen ihres Ungehorsams abgehohlet, auf dem höchsten des Bergs im Birkenfelder Gewäldt geweßen, da er den Lermen bey denen Baraquen gehöret, darauf zurück gegangen, woselbsten er dann die Soeterische bey denen Birkenfeldischen angetroffen, welche eben miteinander übereins kommen, daß jeder Theil in Friede zurück kehren solte, alß die Soeterer eine Weile fort und auf Züsch geweßen, hetten sie Birkenfelder gehöret, daß 2. Birkenfelder von den Soeterischen zu Züsch gefänglich einbehalten worden, sie wären deswegen zurück auf Züsch gekehret, und die Soeterer vor des Peter Arends Hauß postiret gefunden, welche die darinnen gefangene Leute nicht herausgeben wollen, weßwegen sie auf das Hauß getrungen, die Soeterer aber hetten, mit allerhand Rüstung, alß Steinen und Hölzern heraus, und unter die Leute geworffen, besonders hetten der Frieß von Schwarzenbach den ersten Anfang zum HandGemeng gemacht, indeme er seine Flinte auf die Leute gehallten und schießen wollen.

Ad Art. 15tum.

Wer zu weiteren Thätlichkeiten und Beschädigungen von beeden Theilen den ersten Anlaß gegeben, und wie es zugegangen seye?

Test. 2. R. Wäre im vorigen Articul beantwortet.

Test. 8. R. Similiter beantwortet.

Test. 14. R. Desgleichen.

Test. 15. R. Ebenfalß.

Test. 18. R. Gleichmäßig.

Test. 21. R. Desgleichen.

Test. 22. R. Ebenmäßig in vorigem Articul beantwortet.

Ad Art. 15tum.

Was von denen Birkenfeldischen Unterthanen in dem Peter Arendischen Hauß vor gegentheilige gewaltsame verübet, auch an diesem Hauß beschädiget, oder nach der Hand gesehen worden?

Test. 1. R. Weiters wäre nichts verübet worden, alß daß sie die Thür mit Gewalt auffgemacht, weilen die Soeterische Anlaß darzu gegeben und die darinnen Gefangene nicht heraus gegeben hetten; seye auch seines Wissens nichts entwendet worden.

Test. 14. R. Hette wohl gesehen, daß die Hauß-Thür entzwey gewesen, wie auch ein Fenster.

Test. 22. R. Hette nichts gesehen, außer ein Stänglein Eisen hätte er Deponent mitgenommen, mit welchem er in des Peter Arendt Hauß so mörderisch tractiret worden wäre.

Ad Art. 16vum.

Ob beym Abzug derer Sponheimischen aus Züsch ihres Ungehorsams wegen mitgeführten Unterthanen von der ersten Stund an, biß zu ihrer Einliefferung zu Amt Birkenfeld das mindeste Leid zugefüget, oder Stöße mitgetheilet worden?

Test. 8. R. Niemand hätte ihnen einiges Leid gethan.

Test. 9. R. Deponent seye bey denen Fuhren gewesen, und seye ihnen, so viel er wüste, kein Leid geschehen.

Test. 14. R. Hette nicht gesehen, daß einem etwas Leides geschehen, es müste dann wehrender Zeit die Soeterische aus der Peter Arends Hauß mit Steinen geworffen, oder da Deponent in dem Haus die arrestirte abhohlen helffen, vorgegangen seyn.

Test. 16. R. So viel er gesehen, wäre keinem etwas Leides wiederfahren.

Ad Art. 17mum.

Ob die Dürckheimische Jägere an einigen Theilen ihres Leibes blutrüstig geschlagen worden?

Test. 2. R. Es wäre so im Tumult zugegangen, daß einer oder der ander vielleicht einige Stöße

Stöße bekommen habe, wie er aber wahrgenommen, müsten die Jägere wenig gefährliche Schläge bekommen haben, maßsen sie in der Heimreiße auf Birkenfeld annoch zu Abendtheyer in Deponenten Hauß etliche Schoppen Wein getrunken.

Test. 16. R. Der junge Rauff hette geklaget, daß er gestoßen worden wäre, und der Keßler, daß man ihm die Haare geropft, weilen sie sich wiedersezet.

Test. 21. R. Hette nichts gesehen, alß daß der Rauff ihme zu Züsch gezeiget, daß er an dem Leib gestoßen seye, welches ein wenig roth geweßen.

Ad Art. 18vum.

Ob nicht im Gegentheil der von Betrunkenheit jederzeit unsinnige und eingenommene Dominus Fiscalis Heldenreich vielweniger Menschlichkeit, und Mäsigung seit dem Anfang des erregten Streits von sich blicken laßen, und wie sehr er mit seinen Gehülffen, denen Sponheimischen BaraquenLeuten, auf das grausamste zugesetzet habe?

Test. 3. R. Er Deponent seye niemahlen zu Hauß gewesen, wann der Fiscal sich auf ihren Hütten sehen laßen, aber von seiner Frau und übrigen HüttenLeuten vernohmen, daß derselbe etliche mal des Nachts mit dem WaldtMeyer und einiger Mannschafft gekommen, und ihnen gedrohet, daß wann sie nicht pariren wolten, Er die Baraquen abhauen, und alles wegnehmen, auch sie mit allerhand DrohWorten hart beleget.

Test. 5. R. Er hette selbst vom Fiscal gehöret, daß wann die BaraquenLeute nicht bezahleten, so wollte er ihre Baraquen anstecken.

Test. 6. R. Es wäre ihnen offt gedrohet worden, daß wann sie nicht bezahleten, man ihnen die Hütten abreißen, oder überm Kopf anstecken wollte. In des Niclas Leyen Hütte aber hetten die Sooterische, wobey der Fiscal der Forster Rauff und der WaldtMeyer geweßen, mit Fackeln und FeuerBränden, oben auf der Hütte herum gegangen, daß sie besorget, die Hütte mögte in Brande gerathen, und den ersagten Ley gesuchet. Auch seye der

AmtsBotten von Soetern Sohn, einsmahls auf Deponenten Baraquen gekommen, und dem Fiscal und anderen, so nicht weit davon gewesen, geruffen, und ihn Deponenten zu fangen und auf Soetern zu führen, er aber seye entwischet; darauf hette der Fiscal und die bey ihm geweßene seine ganze Baraque durchsuchet, um ihn zu finden, dabey sein Gefütter mit Sabeln und Hirschfängern durchstochen, in Meinung ihn Deponenten darinnen anzutreffen, er aber seye angeregtermaßen durchgegangen geweßen, weswegen sie Soeterische des Deponenten Frau mit auf Soetern gefänglich geführet, und ihr beym Weggehen nicht einmohl erlauben wollen ihrem säugenden Kinde zu trinken zu geben.

Test. 7. R. Hette hören sagen, daß der Fiscal mit Sengen und brennen denen BaraquenLeuten gedrohet, des Niclas Leyen Frau hette ihm auch gesagt, daß der Fiscal mit einer Fackel auf dem Speicher und in der Stube herum gegangen und ihn Leyen gesuchet.

Test. 8. R. Von ihme Fiscalen selbsten hette er nichts gehöret, doch von denen BaraquenLeuten über denselben klagen hören.

Test. 24. R. Der Fiscal hette ihnen BaraquenLeuten von Anfang des erregten Streits noch biß iezo auff das grausamste zuegesetzet, und mit einthürnen, straffen, Baraquen anstecken gedrohet, unter andern hetten die Soeterische, alß dieselbe Deponenten einsmahls fangen, und nacher Soetern führen wollen, er aber entwichen gewesen, mit Steinen auf seinen Dach geworffen, daß auch 2. Rauten im Fenster zersprungen, auch einen armen Mann, welcher bey Deponenten sich aufhielte, eine Karpes-Bütte zerschmeißen wollen, so aber deßen Frau abgewehret, und gesagt, daß solche nicht dem Niclas Ley, sondern ihr zugehöre, seinen SchubKarren hetten die Soeterische ihm damalen mit Steinen zerworffen, und verbrochen, nicht weniger hette der Fiscal dem Zeischel Michel eins Mahls, wie er gehöret, die Baraque anstecken wollen, auch

auch würklich schon eine Latte vom Dach abgerißen, so aber vom Schultheisen von Schwarzenbach wegen der übelen Folge, wäre abgewehret worden.

Test. 25. R. Der Fiscal hette sie BaraqueLeute von Anfang des Streits biß heran sehr verfolget und ihme Deponenten ins besondere gedrohet, wann er ihn bekäme, in den tiefesten Thurn zu werffen; Er hette im gemeinen Gespräch gehöret, daß der Fiscal ganz ausgelassen und wildt sich bezeiget.

Test. 26. R. Der Fiscal hette ihnen Baraquen-Leuten zum öfftern gedrohet, mit Hütten abreißen und dergleichen. Einsmahls wäre der Fiscal mit des AmtsBotten Sohn von Soetern und etlicher Mannschafft auf ihre Hütten gekommen, und vor Deponenten Hütte selbsten angesprochen, da er Deponent dann entsprungen, der Fiscal hette damalen zu Deponenten Frau gesagt, wenn sie Baraquen-Leute nicht pariren wollten, so wollte die Baraquen abbrechen und zum Teuffel verbrennen, auch einer von den Soeterischen, so dabey gewesen, des Deponenten Frau zu erstechen gedrohet, sie aber zu ihm gesagt, er solte einmahl die Courage haben, welcher aber darauf geantwortet, er frage so viel darnach, ob er eine Frau oder eine Rübe ersteche, welches Deponenten Frau, alß er zuruckgekommen, ihme umständlich erzehlet; der Fiscal hette damahlen wie unsinnig und rasend gethan, auch einer von den Soeterischen in Beysein des Fiscals eine Latte vom Dach abgebrochen.

Ad Art. 19num.

Ob überhaupt des Fiscalis, unterm Nahmen des Notarij, und Schulmeistern Hermann von Neun-Kirchen errichtete ZeugenVerhör, die darinnen vorgebrachte Gravamina sich einiges in der Wahrheit befinde?

Test. 2. R. Das meiste davon seye erlogen, besonders daß damalen 800. Mann gewesen, wohl aber 200. Mann.

Test. 8. R. Es seyen die mehriste darunter die allergröste Unwarheiten, und kennte Deponent wohl gewissenhafft sagen, daß er

ff 2 den

dem Schultheiß Schillo bey dem sich ergebenen Handgemeng nicht gesehen, viel weniger Stöße bekommen.

Test. 14. R. Wären etwa wie Er vermeynet an 400 Mann geweßen, die Dürckheimische hetten aber die Sache durchaus mit Unwahrheiten so gefüttert, daß er glaubte, wo die Leute die angegebene Sachen eydlich erhärten sollten, keiner zu Hauß seyn würde.

Test. 15. R. Sie wären bey 300. Mann starck geweßen; und wäre das meiste erlogen

Test. 16. R. Das meiste wäre unwahr.

Test. 18. R. Es hetten zwar etliche Leute Ohrfeigenbekoñen, dießelbe hetten aber allemahl den Anfang gemacht, besonders eine Frau so auff die Erde ergriffen, und Grund unter die Leute geworfen.

Test. 21. R. Mögten etwa 500. Mann starck gewesen seyn, und waß die Dürckheimische angeben, seyen pure Unwahrheiten.

Test. 22. R. Wären lauter Lügen, und hette deponent noch etliche Prügel denen Soetterischen abgenommen, damit nichts vorgehen könnte, Es wären über 300. Mann, und dießelbe nicht allezeit beysammen geweßen.

Test. 23. R. Wären bey 300. Mann starck geweßen, Es wäre gerad das Gegentheil, und hette kein Mensch von den Sponheimischen zu schlagen begehrt.

Ad Art. 20mum.

Ob nicht der Schulmeister und Notarius Hermann dergleichen aufzusetzen, ganz und gar ausser Stand seye, sondern ehemahlen selbsten von einem Schreibens wenig kundigen dahiesigen Schulmeistern sich ans Amt um den Lohn eine kleine Suplique machen laßen müßen, und ihme Zeugen deßhalb den vorgelliehenen Vorschuß noch schuldig seye?

Test. 17. R. Der Schulmeister Herman von Neunkirchen hette vor 2. Jahren Ein Memorial dahier bey dem vorigen Schulmeister Schmidt machen lassen, welches er zum Amt dahier übergeben, in einer Sache worinnen ermelter Schulmeister

Hen-

Herman Procurator gewesen, deponent hette den Schreiber lohn davor vorgeschoßen, daß er nemlichen selbigen zu Eißen empfangen sollen, so aber noch nicht geschehen.

Ad Art. 2tum.

Ob zeug nicht, wie und woher den Fiscalem Heidenreich von Soetern kenne, und kennen lernen.

Test. 27. R. Er kennete den Heidenreich anderster nicht, alß wie derselbe sich mit seiner Frauen in des KirschenManns Hauß dahier eine Zeit lang auffgehallten, damalen seye er zu deponenten ins Hauß kommen, und gesagt, er hette vor dießem in einem sichern procefs zu Münchweiler gegen ihn deponenten gedienet, und vor seinen Principalen an den Graffen um eine zwey Jährige ZahlungsFrist suppliciret, aber nichts alß Unwarheiten vorgetragen, jezo wollte er vor ihn deponenten dienen, und guth dafür seyn, daß er die Sache gewinne, deponent aber hette ihm zur Antwort gegeben, weilen er Heidenreich seinem Gegentheil gedienet, so müßte doch eins nicht bestehen können, worauff er Heidenreich versezet, er hette ums Geld gedienet, auch damalen drey Gläßer Brandtwein in einem Vormittag bey ihme deponenten getruncken, kurz darauf seye er Heidenreich zweymahl nacheinander allemahls Vormittags kommen, und allemahl ein Glaß Brandtwein getruncken, und deponenten wiedermahlen angelegen, ihme in gedachtem Procefs zu dienen, Sein deponenten Frau aber hette gesaget, er sollte sich nicht an dießen Kerl laßen. er sehe wohl daß derselbe ein Liederlicher Kerl, und ein Brandtwein Säuffer wäre, welcher einen wie den andern Theil um sein Geldt zu bringen suche, hernach seye er nicht mehr gekommen, hette auch denselben nicht mehr alß seithero auff einem Marckt zu Soetern geschehen, kurz vorhero aber ehe gedachter Heidenreich sich dahier auffgehallten, seye ein Kerl in sein deponenten Hauß gekommen, welcher sehr verlumpt, und allem Ansehen nach ein liederlicher Mensch geweßen, welcher nach dem Heidenreich gefragt, ob derselbe nicht zu Deponenten gekommen, alß er nun mit Nein geantwortet, er gesagt, der Heidenreich würde doch nechstens zu ihm kommen, und hette ersagter Kerl den Heidenreich nach seiner postur beschrieben, auch daß er eine Frau bey sich habe, und zugleich, daß sie beede mit einander von Clan-Münchweiler weggegangen, auch wie er Deponent seithero, ohnwißend mehr von wem, gehöret, vertrieben, und beeden dießelbe unterwegens voneinander kommen wären, seithero hette er den ersagten leztern Kerl noch bey dem Heidenreich zu Soetern auff dem Markt gesehen.

Gestallten ich Endes gemelter Kayserlicher Notarius nun dieses Zeugen-Verhör in Beysein eingangs gemelter beeder adjungirten Zeugen verrichtet, und ieder ins besondere seine ad protocollum gegebene Deposition prævia prælectione affirmiret, auch des Endes das Protocoll unterschrieben, so habe gegenwärtiges Instrument ausgefertiget, und nebst denen adjungirten Zeugen eigenhändig unterschrieben, auch mein gewöhnlich Notariat-Signet vorgetruckt. So geschehen im Jahr Indictione, Kayserl. Regierung Jahr, Monath und Tage, wie auch Ort und Stell, alß vorgemelt

L. S.

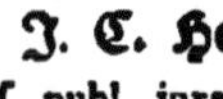
J. C. Hezel
Not. Cæs. publ. jurat. ad hunc actum legit. requisitus.

Wilhelm Schneider von Hobstätten
alß erbettener Zeuge.

Jacob König von Hobstetten
alß erbettener Zeuge.

Nr. 114.

Nr. 114.

Copia Recessus Dürckheimischen Procuratoris Dr. Ruland d. d. 13. 8bris 1751.

O. N. 13. Octbr. D. Ruland. In specie die prætendirte Landesherrl. Hoheit und derselben anklebende Rechte, wie auch die Jagd-Gerechtigkeit betr.

| 48. | 49. | 50. |

Producire Documentum Notariale sub Lit. D. ingl. noch 2. Instrumenta sub Lit. E. & F, und wie daraus meiner Principalschafft Possession unwidersprechlich constiret, sonsten auch, daß das Dorf Züsch unter die unmittelbare Reichs-Ritterschafft am NiederRheinstrohm gehöre, und à Jurisdictione Sponheimensi gänzlich exemt seye, notorisch ist; So bitte unterthänigst, auch in diesen Puncten die paritoriam plenam gnädigst förderlich ergehen zu laßen.

Nr. 115.

Extractus Supplicationis pro restitutione in integrum.

ıc. ıc.

§. 26.

Man führet ex adverso in recessu orali vom 14ten Jul. a. pr. an, es seye Gerichtskündig, daß nach Absterben des lezteren Vogten von Hunolstein die von Dürckheimische Vormundschafft, Nahmens ihrer minderjährigen, damals den Besiz des Dorfs Zisch nemine contradicente, ergriffen, und der damalige Herr Pfalzgraf Christian von Birkenfeld darunter alle Assistenz geleistet habe. Den vermeinten Beweiß davon, bleibt aber der Gegentheil, biß nach der Camerallrthel den 8ten 8br. a. pr. schuldig, wo er allererst unterm 13ten 8br. drey Notariat-Instrumenta sub Lit. D. E. F. producirt. Inzwischen ist die angemaßte Bescheinigung desto schlechter gerathen je stärker diesen vermeinten Beweiß-Stücken das vitium contradictionis & falsi entgegen stehet.

§. 27.

Wenn sich der Gegentheil, im angezogenen Recess vom 14ten July a. pr. auf eine Gerichts-Notorietæt berufet; So kan er darunter wohl keine andere Acten alß die von Dürckheim contra ChurTrier citat. super nullitat. verstehen: Allein man lese diese ganze Acten von vorn biß hinten durch, so wird man darinn kein Wort von der Anno 1716. angebl. geschehen seyn sollenden von Dürckheimischen BesitzErgreifung zu Zisch vielweniger von der darunter geleisteten Hochfestl. Pfalz-Birkenfeldischen Assistenz finden: Folgl. begehet man hierunter den ersten Widerspruch und ein offenbares falsum.

§. 28.

Auf die vermeinte Beweiß Stücke selbsten zu kommen; So finden die Gegentheile in dem angebogenen Birckenfelder Amtsbericht sub Nro. 10. über ihr Zeugenverhör sub Lit. D. den nötigen Commentarium, und darinn sind die in sothanem Zeugenverhör enthaltene vielfältige Contradictionen und falsche garstige Außagen, derer abgehörten, denen von Dürckheim zugethanen verdächtigen und gröstentheils ihrer Infamien wegen verwerflichen Zeugen zur Genüg ausgeführet. Denn die vermeinten Zeugen sagen, wegen der Jagd, wegen der Besitzergreifung in Züsch de 1716. wegen des Vorgangs de 1750. und wegen anderer Umständen mehr, die Handgreiflichste von der Gegenseite selbst nicht behauptende Unwahrheiten aus und ziehen solchergestalt ihrem ganzen Geschwäz allen rechtlichen Verdacht und Unglaubwürdigkeit zu. Und dieses dem Zeugenverhör sub Lit. D. entgegen stehende Vitium wird durch das sub Num. 11. allhier angebogene dießeitige Zeugenverhör noch größer.

Es würde daher vergeblich seyn, sich bey einer solchen untauglichen Scarteque länger aufhalten zu wollen. Diesen einzigen Umbstand muß Anwald nur supplementi loco dem gegentheiligen Zeugenverhör anfügen, daß der dritte und vierdte Zeugen ad Art. 19. den unverschämten Lug hervorbringen, der Pfalz Birckenfeldische Burgvogt Hey, seie anno 1716. Commendant über die zu Sötern Wachthaltende Leute gewesen, welcher derben Unwahrheit aber, die dißseitige Zeugen in Num. 4. ad art. 9. 10. 12. 13. und besonders test. 2. 4. 8. 9. ad art. 12. 13. bereits gebührend das Maul stopfen.

§. 29.

Von größerer Erheblichkeit scheinen die gegentheilige Adjuncta Litt. E. u. F. zu seyn, deren Falschheit und Contradiction erhellet aber selbst aus deren Inhalt. Denn so ist

1) Der Notarius Külz welcher sothane Instrumenta verfertigt, und dadurch den angeblichen Actum der Possessions-Ergreifung zu Zisch in perpetuam rei memoriam mit allen Umständen als gewiß und wahrhaftig bescheiniget haben soll, eben derjenige Külz, der damals Dürckheimischer Secretarius und Amtmann zu Sötern gewesen ist. Die dißeitige Zeugen in vorigem Num. 11. sagen solches ad Art. 11. fast einstimmig aus, und unter selbigen erzehlet zugleich test. 9. ad Art. 12.

„Es habe bemeldter Külz vornehmlich bey der Söterischen Possessions-
„Ergreifung, seinen bekannten und guten Freund, den Johannes Meyer,
„damaligen Wirth zu Birckenfeld zu sich berufen, und ihn nötig ge-
„habt um ihr Vorhaben auszuführen und Leute an sich zu locken.

Und Test. 4. & 8. sagen ad hunc Art. 12. weiters aus, der Johannes Meyer habe mit dem Söterischen Beamten Külz, in guter Vertraulichkeit und Verständnis gestanden, seye auch deshalb zu Sötern der Commandant titulirt worden. Es ist daher unwidersprechlich, daß der Külz eben zu der Zeit, alß er die Notariats-Instrumenta sub E. & F. prse apprehensæ possessionis in Zisch verfertiget, als Söterischer Beamter in Dürckheimischen Diensten gestanden, und denen von Dürckheim den Besitz der Hunolstein-Söternschen Nachlassenschaft zu verschaffen, und contra quemcunque beyzubehalten, sich vornemlich gebrauchen lassen, auch seine ihm anvertraute Rolle, als ein eifriges Werckzeug, gespielet habe.

Wie

Wie mag nun dieses Kültzen eines in Dürckheimischen Pflicht und Diensten als Secretarius und Söternscher Beamter, zu gleicher Zeit stehenden Mannes, Notariat Instrument die vermeinte Besitz-Ergreiffung erforderlich solennisiren und und verificiren Und wer wird daran zweiflen daß nicht dieser Kültz alles, was er nur seiner Herrschaft dienlich zu seyn erachtet, keck und ohne Anstand werde instrumentirt haben? Da nun das Edictum Kaysers Caroli IV. d. d. Augspurg den 3. Aug. 1548. die Notarien betreffend, denen Notarien bey Straf 4. Marck Goldes ausdrücklich untersagt, es solten sich diejenige welche den Partheien in ihren Sachen, mit sollicitiren, procuriren und in andere Weege bedient, in denselbigen Sachen, keineswegs auch als Notarien gebrauchen lassen. Wie vielmehr muß derjenige eine verbottene, strafbare, ja null und nichtige That unternehmen, welcher in eines Herrn Pflicht und Diensten ist und dennoch zugleich zu deßen Behuf, sein Notariat-Amt gebraucht?

Zum wenigsten lehren Recht und Vernunft, daß eines solchen Notarii welcher sich seines Notariat Amts so sehr mißbraucht, Zeügniß zum Behuf seiner Herrschafft und zum Nachtheil eines dritten, hauptsächlich in solchen wichtigen Händeln die Leüte und Unterthanen betreffen, nimmer einigen Glauben verdienen könne?

Nam instrumentum Notarii pro eo nihil probat, in cujus causa ille nec judex, nec testis esse potest,

Mev. p. 8. Dec. 212.

Und wie wollen auch die von Dürckheim mit Recht prætendiren, daß das von ihrem damaligen verpflichteten Diener verfertigte Instrumente wider die Hochfürstl. Sponheimische Gemeins-Herrschaften darüber, die von Dürckheim hätten damals das Lehn Zisch ordentlich, förmlich und ohne Widerspruch in Besitz genommen, vollgültigen Bewetweiß machen solle.

Solte erst diese Art zu beweisen Mode werden, was für Bervortheilungen und Betrug, würden nicht Thür und Thor offen stehen? Was will also des Kültzen, eines Dürckheimischen famuli & Domestici Zeugniß, zumalen da er sich zum Dienst seiner Herrschaft, in der nemlichen Possessions-Sache, worinn er instrumentirt hat, so sehr beeifert, ersprießliches würcken? Sondern es stehet vielmehr, wegen dieser notorischen Bedencklichkeiten sothanem vermeintem Instrument der gegründeste Verdacht eines darunter vorgegangenen Falsi entgegen, zum wenigsten versirt der Kültz darunter unstrittig in illicito und in einem delicto notorio.

§. 30.

2) Bleibt es aber nicht bei dem blosen Verdacht eines falsi, sondern der anmaßliche instrumentirende Notarius Kültz, hat darunter ein würckliches Falsum begangen, wenn er in seinem vermeinten Notariat-Instrument sub Litt. E. vom 4ten Sept. 1716. bezeuget, der Secretarius Atzenheim wäre damals zu der vorgeblichen Besitz-Ergreifung zu Zisch von der Dürckheimischen Vormundschaft bevollmächtigt gewesen, und hätte in Kraft dieser Vollmacht den Pfalz-Birckenfeldischen Burgvogten Johannes Hey zu Birckenfeld, zu sothaner Besitz-Ergreifung substituirt. Es ist die Atzenheimische an den Burgvogt Hey angeblich außgestellte Vollmacht am 31. Aug. 1716. datirt, der letzte Ernst Ludwig Vogt von Hunolstein ist zu Sötern am 3. Sept. verstorben, Tags darauf den 4. Sept. soll der Burgvogt Hey substitu-

stitutorio nomine, mithin Nahmens der Dürckheimischen Vormundschaft die Possession zu Zisch ergriffen haben, . die von der Dürckheimischen Vormundschaft ausgestellte, auf den Hrn. Atzenheim lautende Vollmacht zur Besitz-Ergreifung hingegen, auf welche sich gleichwohl die Atzenheimische an den Hey gründen soll, ist allererst unterm 21ten Dec. 1716. datirt.

Wie kan man aber den Hrn. Atzenheim für einen von der Dürckheimischen Vormundschaft zur Besitz-Ergreifung zu Zisch damals förmlich und rechtmäßig bestellten Mandatarium erkennen? Da doch zur Zeit des angeblich ergriffenen Besitzes zu Zisch noch an keine Vollmacht von Seiten der Dürckheimischen Vormundschaft an diesen Atzenheim gedacht gewesen, sondern dieselbe allererst, beinahe vier Monat später datirt ist: oder wie will derjenige einen afterbevollmächtigten aufstellen, der selbst kein Mandat aufzuweisen hat. Sondern gleichwie bekannten Rechtens ist, quod alteri per alterum, sine illius consensu, nihil acquiratur.

per L. 11. ff. de obligat. & action.

Und daß insbesondere die Besitz-Ergreifung ad effectum acquirendæ rei vel hereditatis ein solcher Actus magni momenti ac præjudicii seye, welcher ohne eine besondere vorhergehende Vollmacht durch einen dritten, keineswegs mit Rechts-Bestand vollzogen werden mag.

per L. 25. §. 5. ff. de acquir. hered.

Also kan allenfalß die nachherige Begnehmigung propter regulam, quod ab initio non valet, ex post non convalescit, nicht hinlänglich seyn, sothanen Actum retro gültig und rechtsbeständig zu machen, sondern der in Litt. E. beschriebene Actus, wenn er auch in der Weise und Ordnung, wie darinn stehet, würcklich passirt seyn solte, und dem instrumentirenden Notario nicht sonsten der äusserste Verdacht, er werde seinem Brodherrn zu gefallen, Dinge die nimmermehr passirt hingeschrieben haben, entgegen stünde, ist und bleibt ein für allemal schlechterdings nichtig und hinfällig, und ist dergestalt anzusehen, als ob derselbe niemals existirt hätte, mithin kan auch denen von Dürckheim, allenfalls daraus in Ewigkeit nicht eine so gerühmte wohlhergebrachte und zu manutenirende Poßeßion entstehen, noch weniger also, daß ihnen dieserwegen einige remedia possessoria zumalen in Ansehung solcher Güther die von einem andern zu Lehen rühren, und zu denen sie nicht den geringsten Zutritt haben, in præjudicium domini directi zu statten kommen solten.

§. 31.

Inzwischen ist aber auch

3.) Der in mehrbemeltem Instrument sub Lit. E. enthaltene Umstand schlechterdings unwahrscheinlich, und mit der Aussage des dißseitigen 1ten Zeugen in obigem Num. 11. Art. 23. contradictorisch, wenn es darinn heißt: Hr. Atzenheim hätte den Pfalz-Birkenfeldischen Burgvogt Hey substituirt, um Nahmens der Dürckheimischen Vormundschaft zu Zisch Besitz zu nehmen. Vielmehr gibt der angeführte test. 1. ad Art. 23. dahin die deutlichste Auskunfft,

„ Des damalig regierenden Herrn Herzogen zu Birkenfeld Hochfrstl. Dchlt. rc.
„ hätten Dero Burgvogt Hey nach Zisch verschicket, um in Höchst Dero Nah-
„ men davon Poßeßion zu ergreiffen, so auch in dasigem Hof-Hauß geschehen sey.

Und

und die in dißeitigem Amts-Protocoll vom 22ten Jun. a. pr. dem schrifftl. Recess sub Litt. H. H. h h h. anliegend, abgehörte Zeügen, neml. der Hütten-Factor de Temple ad interrog 6. 7. 8. und die zwei älteste Michel Arend, und Theobald Weber aus Zisch ad interr. 6. bestärken dieses noch weiter und umständlicher, und zwar thun die beide letztere Zeügen ad interr. 17. den merklichen Zusatz: Die von Dürckheim hätten sich einige Jahre nach der Sponheiml. Besitz-Ergreifung auch in Poseßion gesezt: Und der Hütten-Factor de Temple sagt ad interrog. 7. Man hätte damals noch an die von Dürckheim nicht gedacht.

§. 32.

Ob es nun zwar solchergestalt an dem ist, daß der Burgvogt Hey nach Absterben des letztern von Hunolstein, zu Zisch die Possession ergriffen habe; So widersprechen doch die dißeitige Zeügen-Außagen darinn, daß diese Besitz-Ergreifung Nahmens der Dürckheimischen Vormundschaft solle geschehen seyn, dem Gegnerischen Angeben ausdrücklich, und behaupten vielmehr diesen Actum, zum Behuf der Hochfürstl. Sponheimischen Herrschaft. Und anders kan es auch nicht wohl seyn, wenn man betrachtet, daß der letzte Vogt von Hunolstein laut Lit. M. zur dißeitigen Exceptions-Schrifft, noch im Jahr 1707. neün Jahr vor seinem Ableben, Zisch als ein Sponheimisches Lehn requirirt habe, und folglich nimmermehr wahrscheinl. ist, daß der Alt-Landes- und Lehenherr, neün Jahr hernach sich dieser Lehens-Qualität von Zisch nicht solte erinnert, sondern vielmehr sogar seine eigene Diener um dieses Lehn vor einen unbefugten Dritten sub qualitate allodii in Besitz zu nehmen, und zwar ohne Vorbewußt der hohen Mitherrschafft solte hergegeben und abgeschickt haben.

Nimmermehr ist dieses zu vermuthen, sondern weilen der attestirende Notarius Külz in seinem vermeinten Instrument sub Lit. E. selbst nicht in Abrede stellet, der Secretarius Atzenheim habe das Archiv mit dem Birkenfeldischen Innsiegel versiegelt; So wird aus diesem Umstand um desto wahrscheinlicher, daß der damalige gantze Actus, sowohl des Secretarii Atzenheim, als des Burgvogten Hey auf hohen Befehl des damaligen Herrn Pfaltzgrafen von Birkenfeld Hochfrstl. Dchlt. und zwar zu Beobachtung Dero, und der Hochfrstl. Mitherrschaft hohen jurium müße geschehen seyn. Denn wäre die Poseßion zu Zisch, wie der Gegentheil vorgiebt, Nahmens derer von Dürckheim ergriffen worden; So wäre weder erforderlich gewesen, noch allenfalls von der Dürckheimischen Vormundschaft zugegeben worden, das Hochfürstl. Birkenfeldische Innsiegel, zur Versieglung des Archivs zu gebrauchen, zudem so haben ja die hohe Gemeins-Herrschaften, den zum Sponheimischen Mannlehen mitgehörigen Zehnden und Kirchensatz zu Boosen, wie unten gezeigt werden soll, seit der Zeit de 1716. inngehabt, und mithin damals in Besitz genommen. Wie läßet sich nun daran gedenken, daß des Herrn Pfaltzgrafen von Birkenfeld Hochfrstl. Dchlt. etc. das vornehmste Stück ihres Sponheimischen Gesamt-Mann-Lehens neml. das Dorf Zisch, einem unqualificirten Dritten solten haben in Besitz nehmen laßen und zur vermeinten Beförderung dieses Endzwecks ihre eigene Diener hergegeben haben, da sie doch das geringere Lehens-Pertinentz damals zu sich genommen haben. Es laust daher das Angeben der vom Burgvogt Hey, Nahmens der Dürckheimischen Vormundschaft ergriffenen Poseßion zu Zisch wider alle Wahrheit: Und solchergestalt hat so wenig der Burgvogt Hey, den Besitz zu Zisch im Jahr 1716. Nahmens der Dürckheimischen Vormundschaft ergriffen, als wenig allenfalls sothane Besitz-Ergreifung propter deficiens speciale Mandatum rechtsbeständig und verbindlich erachtet werden könnte.

§. 33.

Und eben so wenig ist auch

4.) Die im Instrument enthaltene Birkenfeldische Protection zur Dürckheimischen Besitz-Ergreifung vermuthlich. Was die Gegnere zum vermeinten Beweiß dieser vorgeblichen Protection anführen, ob seye das Archiv mit dem Birkenfeldischen Siegel obsigniret und die Possession zu Züsch, durch den Birkenfeldischen Burgvogt Hey ergriffen worden, dem ist schon seine abhelfliche Maas gegeben.

Das einzige suchen die von Dürckheim noch groß heraus zu streichen, Pfaltz-Birkenfeld hätte damals Sponheimische Unterthanen, umb das Schloß zu Sötern zu bewachen, und die von Dürckheim, gegen fremde Gewalt zu schützen, hergegeben. Es besagt aber das oben sub Num. 11. angelegte Zeugen-Verhör, was es mit der Bewachung des Schloßes zu Sötern durch Sponheimische Unterthanen für eine eigentliche Beschaffenheit gehabt habe, und daß nicht allein dieselbe ohne Herrschaftl. Vorbewußt und Befehl, blos durch den guten Taglohn und Wohlleben, eben wie andere benachbarte Zweybrückische Obersteinische und andere Unterthanen mehr, nach Sötern allda Wacht zu halten, hingelockt, sondern daß auch diejenige Sponheimische Unterthanen, so sich darzu verleiten laßen, derb gestraft worden seien.

(vid. ferners adj. Num. 12.)

Wie läßet sich nun die vorgespiegelte Pfaltz-Birkenfeldische Protektion, mit dieser den Unterthanen auferlegten Strafe zusammen reimen? Und wo bleibt solchergestalt die am 14ten July a. pr. im Receß geprahlte Landes- und Gerichts-Notorietät über die Ao. 1716. ohne Sponheimischen Wiederspruch, ja sogar unter Pfaltz-Birkenfeldischer Proteckion vermeintl. geschehen seyn sollende Besitz-Ergreifung zu Züsch? Vielmehr ist dieses gesamte Vorgeben ein gefährl. ausgesonnenes Glaucoma und schmecket so wie das gantze Kültzer Notariat-Instrument nach lauter fälschlicher Erdichtung.

§. 34.

Inzwischen erkennet man aus dem angezogenen Instrumento sub Lit. E. was für ein sauberer Vogel, und weßen Geistes Kind der Notarius Kültz gewesen sey, der sich kein Bedenken gemacht hat, in seinem Instrument, Vollmachten und Documenta, die doch allererst gantzer vier Monate hernach fabricirt worden sind, bereits damals bei der angebl. Verfertigung seines Instruments als vorhanden und existirend anzuführen, folgl. handgreifliche falsa zu begehen, auch sonsten seinem Instrument andere aperte Unwahrheiten mehr einzurücken.

Oder man müßte zu Bemäntelung des ersten bedenklichen Umstandes sagen wollen, dieses Notariat-Instrument seye erst nach der Zeit, alß die Vollmacht von von Seiten der Dürckheimischen Vormundschaft verfaßet gewesen, ausgefertiget worden, wodurch man sich aber eines noch grösern falsi theilhafftig machen würde.

Man mag sich also ex adverso mit seinen verdächtigen Instrumenten drehen, wie man will; So bleibet denenselben immerfort die aperte Nota falsitatis ankleben, welche sie schlechterdings verwerflich machen. Wenn nun nicht bei diesen, aus denen vermeinten Notariat-Instrumenten selbst augenscheinlich

scheinlich ersichtlich ganz besondern Bedenklichkeiten, die aperte Falschheit und der abgezielte Betrug einleuchtet, der muß nicht mehr zu beurtheilen wißen was wahr oder falsch ist. Und wer will wohl bei diesen bedencklichen Vorfallenheiten, die dem vermeinten Instrument, sowohl quoad personam conficientis, als quoad materiam entgegen stehe, dem übrigen Innhalt der Instrumenten sub Lit. E. & F. trauen und dieselbe für wahr erkennen? Vielmehr muß man solcher wegen auf die sehr gegründete Vermuthung verfallen, es seien sothane vermeinte Notariat-Instrumenta super apprehensa possessione in Zisch cum annexis, allererst lange nachher, umb die vom Burgvogt Hey Nahmens der hohen Gemeinsherrschaften notorisch geschehene Besitz-Ergreifung mit dem Dürckheimischen Plan zusammen zu reimen zu der Zeit verfertiget worden, als erst die Dürckheimische Vormundschaft den betrüglichen Vorsatz gefaßet, zum Behuf ihrer minderjährigen unter der Protection des Hochfürstl. Pfalz-Birckenfeldischen Geheimden Raths und Regierungs- auch Cammer Directoris Waldener von Freundstein das Lehen Zisch heimlich zu invadiren wo möglich davon die qualitatem possessionis zu verändern, und die Lehnherrschafften, wo nicht ganz und gar um ihr Lehen zu bringen doch ihnen deren WiderErlangung zu erschweren. Zum wenigsten laßen diese faßende Vermuthung vom verdächtigen Instrument sowohl die demselben anklebende Notæ falsitatis als auch die übrige sogleich nach Absterben des letztern Vogten von Hunolstein im Jahr 1716. vorgefallene Begebenheiten mit bestem Grund urtheilen, denn die obangeführte Zeugen Außagen stimmen darinn insgesamt überein, daß des Herrn Pfaltzgraven von Birckenfeld Hochfürstl. Durchlaucht, damals das Dorf Zisch durch ihren Burgvogten Hey, proprio nomine hätten in Besitz nehmen lassen, und daß man damals noch in Zisch von denen von Dürckheim nichts gewußt hätte: Ja die dem Gegentheil selbst äußerst zugethane Männer, und ihre beste Verfechter, Michel Arend und Theobald Weber, müssen selbst gestehen

Die von Dürckheim hätten sich einige Jahre nach der Sponheimischen Besitz-Ergreifung allererst auch in die *Possession* gesetzet:

Diesem Umstand trit bei, daß die Dürckheimische Vormundschaft die Mannlehnsqualitæt, wie obangeführt, sattsam gewußt haben müße, weil sie dieselbe aus dem ersten LehnsRevers selbst vorstellig gemacht, und desfalls um Conferirung ex nova gratia nachgesucht hat: Außer dem auch der Sötersche Amtmann in seinem unten sub Num. 22. vorkommenden Project, noch im Jahr 1721. das Sponheimische Mannlehen zu Züsch anführet und deßfalls wegen deßen Verlustes seine Besorgniß geäußert hat.

Nun läßet sich aber unmöglich vermuthen, daß der damalige Pfaltz-Birckenfeldische Ministre Waldner von Freundstein die excessive Verwegenheit gebraucht, und nach Absterben des letztern Vogten von Huneistein zu Sötern, Ao. 1716 zu eben der Zeit als die Pfalz Birckenfeldische Besitz-Ergreifung vergegangen war, zugleich Nahmens seiner Minderjährigen auf die in gegentheiligen Litt. E. & F bezeichnete Weise die Poseßion zu Zisch solte genommen haben: Dann er hätte ja durch eine solche gantz ungescheute Pflichtvergeßenheit die unmöglich den hohen Herrschaften verschwiegen bleiben können Ehr und Reputation völlig aussetzen müßen. Glaublicher also ist es daß die von Dürckheimische Vormundschaft ihren Plan gantz verdeckt, und unterm Hütgen werde zu spielen gesucht haben.

Nun aber einen solchen Plan klüglich einzurichten und vorsichtig auszuführen, dazu gehörte nothwendig einige Zeit, mithin wird wohl Jedermann dem dißeitigen auf dem höchsten Grad der Wahrscheinlichkeit beruhenden Angeben, das ex adverso producirte Külzer Notariat-Instrument sub Lit. E. & F. super prætensa apprehensione possessionis müste erst später und zwar zu der Zeit, als man den Plan, das Dorf Zisch cum pertinentiis alß ein vermeintes allodium zu besitzen, sich formirt hatte, fabricirt worden seyn.

§. 35.

Gleichwohl tragen die von Dürckheim keinen Scheu, dergleichen verdächtige und verwerfliche Chartequen deren sie noch hundert von verlaufenen Notariis können schmieden laßen, wenn erstlich testimonia domestica gelten, Einem Hochpreißlichen Cammer Gericht vorzulegen. Gleichwohl steifen sie auf diese nichtsnützige Papiere und Protocolla ihrer Brödlingen ihre fälschlich gerühmte Landes und Gerichtskundige ältere und geruhige Poseßion. Gleichwohl sollen solche verfälschte Blätter einen Landes- und Lehenherrn seines Eigenthums zu entsetzen, den wahren Eigenthümer zum Spolianten zu machen, und denen von Dürckheim die Manutenenz oder allenfalls Restitution des prætexirten spolii zu wege zu bringen, tauglich genug seyn. So lang aber das Recht noch dasjenige wircket, was es soll, und solang noch die Gerechtigkeits-Liebe dieses höchsten Reichs-Cammer-Gerichts dauert, so lang werden wohl die Gegnere mit sothanem Gesuch blind ankommen und die Hochfürstl. Sponheimische Gemeinsherrschaften einen solchen verkehrten Erfolg nicht zu befürchten haben.

§. 36.

Zwar dürften die Gegentheile zu Bestärckung des ihren producirten Chartequen wünschenden fidei vorschützen es seyen selbige ex Archivo genommen und müsten daher vollen Glauben haben:

Ob nun gleich immediate Adeliche vieles von denen Regalien participiren und deswegen die Ritterschaftliche Corpora das jus Archivi exerciren; So können doch die hohe Reichs-Stände dergleichen vorzügliches Recht, einen jeden immediaten adelichen in individuo nicht einraumen, viel weniger dürfen sich die von Dürckheim in gegenwärtiger Sache den unter Hochfürstl. Sponheimischer Hoheit gelegenen Ort Zisch betreffend, unterstehen, ihre Papiere wieder den Landesherrn für producta ex archivo angesehen wißen zu wollen: Mithin wird man wohl ex adverso auf diesen ungereimten Einfall, schwerlich gerathen. Und wie möchten sich auch die von Dürckheim das jus Archivi, oder ihren vermeinten Instrumentis eben den Glauben welchen die Producta ex Archivo mit sich führen beilegen wollen, da sie doch in Aufbewahrung ihrer Papiere keinesweegs die in

Nov. 15. cap. 5. §. 2.

bemerckte Erfordernisse beobachten, noch beobachtet zu haben, werden darthun können: zu dem weiß man das in der Gegend Sötern, ehemal ergangene ungescheute Gespräch noch allzuwohl, daß man nemlich im Söterner Schloß, einen eigenen Schornstein unterhalte, umb darin den vermeinten Documenten das Alterthum zu geben.

Wolte man aber auch auf einen Augenblick, von alle dem abstrahiren, so macht doch die blose Productio ex archivo die Sache noch lang nicht aus sondern es bleibt einem jeden contra quem fit productio, frei, seine Einwendungen dargegen vorzustele stellen etenim audiendæ sunt adversus hæc producta rei exceptiones, & scripturæ ipsæ cum cura inspiciendæ atque sæpe pro ratione circumstantiarum detrahendum aliquid de integra fide, quam Dres illis habere jubent, quod si hae tanti ponderis sunt, ut judicem convincant, poterit is Documentis ex Archivo fidem nullam adhibere reumque rejectis illis absolvere.

Von Leyser specim. 266. med. 2.

Solchemnach können die gegentheilige Papiere keineswegs producta ex Archivo helfen, noch mag dieser Vorwand, ob seyen sothane producta ex Archivo deprompta, denen von eigenen Dienern verfertigten überall verdächtigen Instrumentis wieder einen dritten, zumalen einen vornehmen Reichs-Stand, dem die Landes-Hoheit über den strittigen Ort gebühret, vorliegender bedenklicher Umständen wegen einen stärkern Glauben erwecken, oder deren anklebende Vitia heilen.

§. 37.

Es bleibt daher dabei, daß die von Dürckheim bei Absterben des letztern Vogten von Hunolstein zu Sötern im Jahr 1716. keineswegs die Poseßion zu Zisch ergriffen haben, vielweniger daß diese unerfindliche Besitz Ergreifung, ohne Wiederspruch der Hochfürstl. Sponheimischen Gemeins-Herrschafften ja gar unter Assistenz des damaligen Herrn Pfalzgrafen zu Birkenfeld Hochfrstl. Dchlt., solte geschehen seyn können: Sondern es fehlt den Gegnern darüber schlechterdings an dem erforderl. gerühmten Beweiß.

Hingegen ist bereits aus dem vorhergehenden und besonders aus dem Zeugen-Verhör sub. Num. 11. mit Zuziehung des dißeitigen Lit. H. h. h. h. retro, ersichtlich, und wird unten des mehrern ausgeführet werden, daß die Hochfrstl. Sponheiml. Gemeins-Herrschafften damals nach Absterben des letztern Vogten von Hunolstein zu Sötern, im Jahr 1716. den Besitz von Zisch cum appertinentiis, einzig, geruhig und rechtmäßig ergriffen haben.

Da nun die von Dürckheim ihren Besitz, deßen Manutenenz oder Restitution sie dermalen so ängstlich, obwohl höchst widerrechtl. sollicitiren, hauptsächlich von damaliger Zeit herleiten; So muß ihnen ihr importunes Gesuch desto mehr fehl schlagen, je mehr es ihnen solchergestalt an dem gantzen Fundament, worauf sie ihre angemaßte remedia possessoria bauen, nemlich an der zuerst geruhig und ohne Widerspruch ergriffenen, mithin wie sie es selbst in ihren Supplicis nennen, an der wohlhergebrachten Possession ermangelt. Zu dem so prætendiren ja die Gegner den Besitz von Zisch in qualitate allodii, versiren aber dißfalls, wie obgezeigt, gleich von Anfang her in pessima fide ac optima scientia rei feudalis, sicque alienæ. Wie sie nun nicht zu leügnen, noch die darüber disponirende klare leges aus den Rechten werden auszukratzen vermögen, daß nicht bei einer jedweden Sache vornemlich auf deßen Ursprung und Anfang gesehen werden müße,

per L. 1. pr. ff. de origine jur. L. 12. ff. ad Sctum Maced.

und daß das von Anfang contrahirte Vitium der Sache beständig folge,

per L. 11. C. de acquirenda & retinenda possess.

also dörfen sie sich um so weniger den geringsten Staat darauf machen, daß ihnen ein Richter in der Welt den Besitz von Zisch, in qualitate allodii zusprechen und solchergestalt deren pessimam fidem annoch verstärken und verhalsstarrigen werde.

§. 38.

Zwar mag es vielleicht seyn, daß die von Dürckheim der Hochfürstl. Sponheiml. Gemeins-Herrschafftl. Besitz-Ergreifung ohnangesehen nach der Hand, unter Begünstigung der damaligen Vorfallenheiten und Umständen, sich ins Nest geschwungen haben. Gesetzt aber dem wäre also; So dürfte doch dergleichen Clandestina, mithin vitiosa possessio, denen Gegnern so wenig Vortheil, als denen dißeitigen hohen Gesamt-Herrschafften Schaden bringen. Denn Jedermann würde sogleich erkennen, sie müsten die von Seiten der hohen Herrschafften legitime ac quiete ergriffene Possession ex post von denenselben vi, clam vel precario erlanget haben: Allein diese Arten des Besitzes, laßen weder in interdicto retinendæ, einige Manutenenz, noch in recuperandæ einige Restitution hoffen. Absurdum enim esset, plus juris habere eum, qui possessionem duntaxat, quam qui Dominium adeptus est.

per L. 3. ff. si ususfr. petat.

§. 39.

Daß aber die Gegentheile sothane Possession ex post clandestine zu erlangen vermocht, darzu sind ihnen die damalige Zeit und Gelegenheit auf das vortreflichste zu statten gekommen. Es ist nemlich reichskündig, daß die langwierige Frantzösische- und besonders der Spanische Successions-Krieg vorneml. die Sponheimische und jenseits Rheinische Lande mitbetroffen, weßwegen denn in damaligen Zeiten, sowohl die Sponheimische Lehens- und gesamte übrige Acten geflüchtet und an unterschiedl. Orte in Sicherheit gebracht worden, alß auch die Pfaltz-Birkenfeldische Residenz bald zu Straßburg, bald zu Rappols- bald zu Bischweiler gewesen ist.

Es waren daher Anno 1716. bei Absterben des letztern Vogten von Hunolstein zu Sötern, die Zischer Lehns-Acten nicht bei der Hand.

Gleich hierauf, nemlich zu Anfang des Jahrs 1717. giengen des Herrn Pfaltz-Grafen Christian des andern Hochfürstl. Durchlt. mit Todt ab, und dadurch verfiele das hohe Sponheimische Lehens-Directorium an das Hochfürstl. Mitherrschaftl. Hauß Baden-Baden und die damalige Vormundschaftl. weit entlegene Regierung zu Rastadt; die aber in den Sponheiml. Lehens-Angelegenheiten darum, weil das Lehens-Directorium in den vorhergehenden Zeiten lang bei dem Hochfürstl. Hauße Pfaltz-Birkenfeld gewesen, wenig Information hatte. Inzwischen sind des Herrn Pfaltz-Grafen von Birkenfeld Durchlt., theils in Haußes Angelegenheiten, theils wegen der von Ihro begleiteten hohen Kriegs-Chargen um damalige Zeit, meistens außer Land gewesen, da immittelst die wichtige Angelegenheit wegen der Zweybrückischen Landes-Succession Dero ganzes Ministerium beschäftiget, und demnechst zur Verlegung der Residenz nach Zweybrücken den Anlaß gegeben hat.

Solcher neue Residenz-Bezug, hat nun sowohl mit Einrichtung des gantzen, alß besonders wegen des Archivs, viele Zeit erfordert; welchem dann kurtz nach angetrettener Regierung zu Zweybrücken der geschwinde Todesfall des Herrn Pfaltzgrafen Christian des dritten Hochfürstl. Durchlt., und darauf die Vormundschaftl. Regierung auf dem Fuß gefolget sind.

Alle diese Vorfallenheiten sind Reichskundig, aber auch so beträchtlich, daß sie bei privatis, will geschweigen bei hohen Reichs-Ständen, die gröste Attention verdienen.

§. 40.

Und sothane Distractionen, wodurch die hohe Gemeinsherrschaften, und dero Landes-Regierungen verhindert wurden, auf die übrige Landes-Geschäften die nöthige Sorgfalt zu wenden, mögen wohl der von Dürckheimischen Vormundschafft ihre unrechtfertige Beeinträchtigungen, wegen Zisch cum pertinentiis ins Werck zu richten, und sothane Stücke ex mutata causa possessionis anzufallen den günstigsten Anlaß gegeben haben um somehr da der damalige Pfaltz-Birckenfeldische Ministre Waldner von Freundstein, zugleich derer von Dürckheim nächster Vetter und Mitvormund gewesen ist, und zur Außführung dieses Plans, alle Aßistenz zu leisten die erwünscheste Gelegenheit in Händen hatte. Ja da sogar wie aus den Lehn-Acten, und denen dabey befindlichen Birckenfeldischen Amts-Berichten ersichtlich, um die Jahre 1716. der der Dürckheimischen Familie gantz ergebene ältere Atzenheim post obitum Smi. Christiani II. wegen verschiedener Pfaltz-Birckenfeldische Particular-Geschäften, noch einige Jahre auf dem Schloß Birckenfeld sich aufgehalten hat; dessen Bruder hingegen kurz nach den Jahren 1716. zugleich zu Sötern und Birckenfeld Amtmann gewesen ist und die gesamte Gefälle zu Sötern samt zugehörigen Orten, und nachhero auch zu Zisch, in Pacht gehabt hat. Und dieses ist eben der fatale Zeitpunckt, in welchem mehrere beträchtliche, und darunter sonderlich die über die, Nahmens der hohen Gemeinsherrschafften, anno 1716. geschehene Besitz-Ergreifung zu Zisch, ganz sicherm Vermuthen nach verfertigt gewesene Instrumenten und Urkunden aus dem Birckenfeldischen Archiv entkommen, und denen von Dürckheim zugesteckt worden sind, zum wenigsten haben noch bei dem angezettelten jetzigen Klagwerck die Dürckheimische Bedienten davon gantz kein Geheimnis gemacht, sondern sich ungescheuet vernehmen laßen daß sie wegen Zisch, die besten Acten, und Sponheim nichts hätte: Welches sie aber ohne die ihnen beiwohnende Nachricht von der Plünderung des Birckenfeldischen Archivs unmöglich behaupten können, daß aber dem Amtmann Atzenheim eine solche von dem eigenen Interesse zumalen gar mercklich unterstützte Verbringung wohl zuzutrauen gewesen; davon geben die unter den Lehns-Acten sub Num. 9. befindl. Birckenfelder Amtsberichte de Annis 1729. und 1730. wie auch dessen Bewußtseyn der Zischer Mannlehens-Eigenschaft Beilage sub No 22. ohne solches gehöriger Orten zu urgiren einen unwiderleglichen Beweiß ab, Es ist also nicht zu verwundern, wenn die Dürckheimische Vormunschaft um damalige Zeit, in einen Theil der Zischer Lehnstücken eingeschlichen ist, das ganze Lehn hat sie aber, wie unten erscheinen wird, damals nicht innbekommen.

§. 41.

Die Rechte verordnen, daß ein Eigenthümer seinen wohlerlangten Besitz etiam solo animo civiliter beibehält ob er gleich der Sache nicht cörperlich insistirt, sondern ein anderer wider sein Wißen und Willen, dieselbe occupirt hat

per L. 6. §. 1. ff. de acquir. vel amitt. possess.

so lange nemlich der Invasor den Eigenthümer bey seiner Ruckkehr nicht mit Gewalt aus der Possession zurück hält

per cit. L. 6. & L. 25. §. 2. ff. ibid.

hingegen besitzet derjenige eine Sache heimlich, qui furtive ingressus est possessionem, ignorante eo, quem sibi controversiam facturum suspicabatur, & ne

 face-

faceret timebat & qui possessionem, ab alio animo quidem sed non corpore continuatam citra ejus voluntatem occupat.

per L. 6. cit.

& qui timuit ejus controversiam aut timere debuit, attamen celavit adversarium neque ei denunciavit

per L. 3. §. 7. ff. quod vi aut clam

ideoque clandestine ut quis dicatur ingressus, inter alia requiritur, ut sine justa causa possessionem intraverit, nam clandestinitatis qualitas non cadit in titulo possidentem

Klock tom 1. Cons. 7. N. 90. seqq.

Wer aber auf eine solche Art, den Besitz erlanget hat, besitzet nicht: nam non videtur possessionem adeptus is, qui ita nactus est, ut eam retinere non possit

per L. 22. ff. de A. v. A. P.

Nun ist in facto oben bescheiniget, daß der Pfalz-Birckenfeldische Burgvogt Hey nach Absterben des letztern Vogten von Hunolstein zu Sötern im Jahr 1716. die Possession zu Zisch, und zwar Nahmens der Hochfürstl. Sponheimischen Gemeinsherrschafften ergriffen hat. Und daraus ergibt sich daß die hohe Gemeinsherrschafften, damals die Possessionem naturalem mit der von seculis her gehabten possessione civili von Zisch, unwidersprechlich consolidirt haben, mithin die unstrittige einzige possessores civiles & naturales von Zisch geworden sind. Da nun um die nemliche Zeit, die Dürckheimische Vormundschaft, die Mannlehens-Qualitæt von Zisch ausdrücklich anerkandt und um dessen Conferirung an die von Dürckheim ex nova gratia besage Lit. O. ad exceptiones nachgesuchet hat; So kan vollends mit dieser eigenen Anerkenntnis unmöglich bestehen, daß die Vormundschaft zu gleicher Zeit das Dorf Zisch cum pertinentiis, pro allodio solte occupirt haben; Und dieses um so viel weniger da sie selbst den zum Lehn mitgehörigen Zehenden zu Boosen, laut unten vorkommender Beweiß-Stücken nach Birckenfeld hingewiesen und verabfolgen laßen: Auch noch im Jahr 1721. laut unten anverwahrter Num. 22. um die Verlierung des deutlich anerkannten Mannlehns Zisch besorgt gewesen sind: Sondern da sich die von Dürckheim allerweil einer Poseßion zu Zisch seiter den damaligen Jahren rühmen, so ist nichts anders zu vermuthen, als daß die von Dürckheimische Vormundschafft nach der Zeit unter Begünstigung der ihr zu ihrem Plan verträglich geschienenen Umständen das Dorf Zisch, ohne Wißen und Willen der Gemeinsherrschafft, heimlich invadirt haben müßen, zum wenigsten läßet sich aus obangeführten notorischen Umständen, da nemlich die Gemeinsherrschafften in den vor sich ergriffenen Besitz von Zisch, gewiß keinen dritten, vielweniger die von Dürckheim wißentlich würden haben kommen laßen, sondern einem solchen geschwind die Thür gewiesen haben; die von Dürckheimische Vormundschaft aber solcherwegen eine unfehlbare Ausweisung und unbeliebige Ahndung einer eigenmächtig anmaßenden Occupation befürchtet haben müße, und laut mehr angezogenen Projects sub Num. 22. noch im Jahr 1721. befürchtet hat, sattsam schließen, daß diese ihr heimliches Einschleichen auf das behutsamste werde verheelet haben. Und dieses wird daraus um desto klärer, da die Dürckheimische Vormundschafft dem auf ihre erste bey Pfalz-Birckenfeld Ao. 1717. übergebene Suplic, ertheilten Decret, wovon Copia sub Nr. 13. anlieget, und welches sie an den Lehnhof verwiesen, damalen keineswegs nachgekommen sind, und hat zwar ersagte Vormundschaft nach der Hand ein anderweites Memoriale pro col-

collatione feudi masculini ex nova gratia bey Pfalz-Birkenfeld übergeben, welches aber durch die von selbsten leicht zu begreifende Absicht und Veranstaltung, bei Serenissimo weder zum Vortrag, noch weniger zur Resolution kommen ist.

Daß aber die hohe Gemeins-Herrschafften von sothanem heimlichen Einschleichen in Zisch weder etwas gewußt, noch vielweniger darinn gewilliget haben, lasset sich daraus gantz handgreiflich erkennen.

Des Hertzogen Christian des andern von Pfalz-Birkenfeld Hochfürstl. Durchl. rc. die von Dero langen Regierung her, eine vollkommene Wißenschaft von allem besafsen, waren tod: dem durch die langwierige Kriege und Militair-Chargen immer in fremden Landen gehaltenen hohen Herrn Successori entgienge alle Information, beide Lehenhöfe waren weit entfernt, die Lehenhand bei der Marggrl. Badischen Regierung, welche von den Sponheimischen Lehn-Sachen keine erforderl. Nachricht hatte. Bei der Pfalz-Birkenfeldischen Regierung dirigirte mehrerwehnter maßen der erste Dürckheimische Vormund Waldner von Freündstein, als Geheimer Rath. Vornemlich aber waren die Sponheimische Officiales beide Gebrüdere Atzenheim eben diejenige, so das gantze Werk, zum Behuf derer von Dürckheim eingefedelt haben: Und bei der gemeinschafftl. Regierung zu Trarbach ermangelte zumalen alle Kenntnis von Sponheimischen Lehns-Sachen, weilen diese von jeher bei den Höfen selbst besorget worden sind. Wer hätte dann nun denen hohen Gemeins-Herrschafften, solches heiml. Einschleichen in Züsch, nur immer benachrichtigen sollen?

Wie nun dieser betrüglichen Anmaßung unmöglich eine andere Gestalt und Benennung als der in Cit. L. 6. befindl. furtivæ Clandestinitatis beigelegt werden kan; Also haben auch die Gegner, durch solche ex pessima fide hervorgequollene Unthat und Frevel, sich so wenig einen rechtmäßigen zu manutenirenden Besitz erworben, als die hohe Gemeins-Herrschafften, aus ihrem Besitz verdrungen. Die von Dürckheim sind also dadurch, weder Possessores naturales noch civiles geworden: Sondern sie haben sich propter scientiam rerum, quod aliter sese habeant, maximum vitium possessionis zugezogen

de Ludolf Observ. Cam. 42.

sed talis vitiosa possessio, nihil plane prodest

Menoch. recup. possess. remed. 15. num. 591. 608.

imo possessionem habere injustam, & possessionem habere nullam, in jure paria sunt,

v. Thuldeni loci communes sub rubro: possessio iniqua.

Mev. p. 7. Dec. 66. N. 5. 6.

§. 42.

Wollen die von Dürckheim ihre invasion damit bemänteln, und die offenbare Clandestinitæt elidiren, es hätte dieselbe unmöglich so stillschweigend, ohne daß es zur Wißenschaft der Sponheimischen Bedienten gekommen wäre, geschehen können, und seie daher kein factum clandestinum vorhanden; So dienet dargegen zur Antwort, es seie weder die den Officialibus zugekommene Wißenschafft, von der Dürckheimischen Invasion erwiesen, noch allenfalls eine solche scientia officialium, da wo von der amissione jurium jam quaesitorum die Frage ist, pro scientia Principis anzusehen.

Stryck in Dissert. de obligat. Principis ex facto Ministri cap. 4. §. 34. seqq.

Vornehmlich da diejenige officiales, welche vielleicht Nachricht davon erhalten haben möchten, weder zu Beobachtung der Lehns-Sachen bestellt und instruirt, oder von dieser ins besondere gehörig informirt gewesen, noch sich wegen des Ansehens des Pfalz-Birkenfeldischen Minister und Dürckheimischen Mit-Vormundes, etwas zu berichten getrauet haben mögen. Nicht zu gedenken, daß wohl gar von demselben zur Unterschlagung solcher Berichten, die Anstalt gemacht gewesen; Und wie könnte auch allenfalls dieses alles zureichen, das denen Gegentheilen ihrerseits entgegen stehende aperte Vitium und malam fidem zu heilen.

Wollen die von Dürckheim ihre vieljährige Usurpation des Dorfes Zisch, und daß sie deßfalls von Seiten der hohen Gemeins-Herrschaften niemals interpellirt worden wären, vorschützen, so häufen sie nur dadurch ihre begangene Ungebühr, vermögen aber darum eben so wenig ein besseres Recht als ein anderer fur & praedo durch seine langwürige Praxin, zu erlangen, da ihnen das anfängl. contrahirte Vitium immerfort ankleben bleibt: Denen Sponheimischen Gemeins-Herrschaften mag aber, die lange Zeit unterbliebene interpellation, wegen der vorangeführten beträchtlichen und rechtserheblichen Verhinderungen nicht im geringsten praejudiciren: cum omne impedimentum justum ac inevitabile proficiat & necessitate impeditis subvenire aequitas postulet.

per L. 16. ff. ex quibus causis majores &c.
add. Mev. p. 2. Dec. 211. N. 1. in Not.

Zumalen da dieselbe ihre hohe jura alsobald gewahret und geltend gemacht, als Sie die zerstreute Acten zusammenbringen und sich aus andern verhinderlichen Distractionen erholen können.

Nr. 116.

Bericht des Sponheimischen Gemeinschaftlichen Amts Birkenfeld, an die Sponheimische-Gemeinschaftl. Regierung d. d. 20. Nov. 1751.

Hochfürstl. Sponheim. Gemeinschafftl. Hochlöbl. Regierung!

Ich habe die von Hochderoselben mir, nach denen zuruckkommenden Anlagen communicirte Freyherrl. Dürckheiml. exhibita sub Lit. D & sub adjunctis E & F. durchgegangen; Gleichwie die vom Gegentheil erhalten günstige paritorie-Urtheil sich hierauff zu gründen und die in instrumento notariali ad nauseam à Seculis her geprlesene possession, wobey mann noch 1716. keinen Herrn von Dürckheim gekannt, zu rechtfertigen scheinet, so könnte man vielmehr nur gedachtes Instrumentum Notariale Lit. D. vor das darinn betittelte null und nichtig unterschobene Zeugen-Verhör ansehen, allermasen.

1mo.

1mo Der eine Instruments Notarius Lallemand, kaum Teutsch verstehet weniger zu schreiben vermag, und ob gleich den andern Notarium Loehr nicht kenne, so ist

2do das instrument so gekünstelt, daß mann gar deutlich daraus wahr nimbt die Wort müßen auf die Waagschahl sowohl in depositionibus alß interrogatoriis mithin denen zur Bejahung ohnehin geneigten und gewonnenen Leuthen in den Mund geleget, Ja nicht nur von Notariis, sondern dem ganzen Dürckheimischen Rath daran gearbeitet worden seye; Es seynd auch, wann sich in die qualitates testium weitläuffig einzulassen der Mühe werth wäre, dieselbe

3tio so beschaffen, daß

A. gleich die erstere beede Zeugen Matheus Schillo Schultheiß zu Schwarzenbach und Johann Nickel Molter Meyer von Boosen schon einige mahl auff dem Sprung gestanden vom Herrn von Dürckheim cassiret zu werden.

B. Theobald Rein ein bekannter liederlicher Vollzapf und nach dem er des Gerichts entsetzet worden, wieder aufgedrungener Gerichtscheff, auch Feld-Dieb.

C. Johannes Krieger, welcher einer vormahliger unbedachtsamer Unterschrieff von einigen beschuldiget wird, und auf ihm beruhet.

D. Theobald Barth, welcher um sich in die Gnad zu setzen wie folgender Schweickert Zenner, da sie wenig geachtet seynd und nurn so zum Schein nachgeführet werden, aller Orthen nachlauffet, und waß mann will, gerne bejahet, auch sich mit einem Schaafdiebstahl, den die beede Boosen und Söeterer Schäffer entdecket, bemackelt.

E. Johann Adam Leonard, welcher dem Theobald Barth einen Hammel entführet, und solchen zu Verdeckung seines Diebstahls nach Sarre Louis wo auch der Eigenthümer denselben zurückhohlen müßen, verkauft, nicht minder zwey gestohlene Lämmer dem Peter Zenner gehörig verduckelt, nachher Tholey in der Stille verkaufft, und der Jetzige Boosener Schäffer solche auch zurückhohlen müßen.

F. Schweickert Zenner ein wie vorgesagt, intimidirter Jaherr.

G. Bast Britzius ohne die vorhergehende beede Zeugen Peter Frieß und Matheiß Klein noch untadelhafft zu schelthen, hingegen als ein bekannter Sauffbruder, und daher rührenden üblen Haußhaltung wegen, von Herrn von Dürckheim mit dem Verbott, daß ihme kein Wirth etwas creditiren solle, selbst abgesetzter Baumeister, welcher über dieses dem Meyer zu Gilzenrodt ein Schwein gestohlen, und seinem eigenen Beambten vor 4. fl. verkaufft.

H. Der vortreffliche sich vor andern im Heuchlen distinguirende Zeug, Adam Baltes, welcher den nacher Zweybrücken um den Lohn vertraut und geführten Herrschafftl. Wein unter Wegs angetastet, den Zapffen einstecken helffen, darüber überwiessen auch gestrafft worden, und dannoch vorhero, mit einem Aod sich würcklich falsch purgiret, nicht weniger verschiedener gegen seine eigene Herrschafft in Ländereyen ausgeübten Malversationen halben mehrere starcke Busen erlegen müssen.

I. Hannß Adam Eyffer, welcher seinem gnädigen Herrn zugefallen, ohne Begriff, in voraus schon alles bejahet.

K. Mickel Krieger der ohngezweiffelt nach seinen Verdiensten und Pflichtvergessenheit abgesetzte zugleich mit einiger Wochen Thurn-Straff beleget wordene Alte Meyer

L. alle die Jäger, aus welchen die animositaet alle Augenblick hervor bricht, besonders aber der Aeltere seiner zu Neumagen begangene Holzdieberey halben, noch schwarz angeschriebene Jäger Raufft und Jäger Molter welcher mehr als einmahl schon aufm Sprung gestanden, und sich beyschmeichlen müssen, alle diese Zeugen, ohne sich noch mehrerer, ihrer Untüchtigkeit zu erkundigen, deren mir an die Hand gegeben werden mögten, seind solche seine glaubwürdige Leuth, daß auch

4to Keinem der Zeugen rathen wollen, der Vorschrifft derer von ihnen abgelegten depositionen sich nicht zufügen, Ketten und Banden, deren man zu Soeteren alß einer Geringigkeit schon gewohnet, wären vielleicht die geringste Belohnung des ihnen darauß fingirten Verbrechers geweßen, die Schärffe des Herrn von Dürckheims ist so bekannt, daß es gern alle seine eigene Unterthanen eingestehen mögten, und Niemand ignoriret, auch im Eberswald die Triebfeder ist, die dortige Partage aufheben zu machen; um hernächst endlich ad contenta zu schreitten, so ist nicht zu verläugnen

5to ad Art. 2. daß Sponheim in denen Jüngern Zeithen keine Schazung zu Züsch eingezogen, gestalten in dem vom aufgetragenen Sponheiml. Lehen reservirten Hoheits-Antheil das nacher Bürckenfeld schatzbar gewesene Obere Dorff durch der Vasallen pflichtlose verschulden verfallen, und in dem untern Dorff, worinnen eigentlich nurn Hintersassen, in jenem aber die Schatzbare Bauren gewohnet, die Hoheit mit zu Lehen gegangen, mithin die Schazung dem Vasallo damit überlassen worden, daß aber Sponheim im erstgeml. Lehens-Theil die Schatzung würcklich eingezogen, ist nicht allein in exceptionibus exhibitis erwiesen, sondern auch in denen Hunolsteinischen Archiven selbst genugsam bekannt, und endlich ob die immittelst in ein Corpus sich zusammen gethane adeliche Vasallen ihre Schatzungen zu ihrem gemeinen Besten zusammen tragen und dahero Rittersteuren nennen, so seind solche doch eigentlich Schatzungen, und eodem jure & nomine à Vasallo quo ante à domino directo ohne Zustands-Veränderung bißhero eingezogen worden, wovon die disposition über eines jeden Jahresertrag dem Vasallo zwaren frey stehet, vor alle Zeit aber zu des Lehen-Herrn Nachtheil nicht geschehen kann. Wie nicht weniger

6to Contra asserta art. 6. instrumenti notarialis auch, wie wegen der Schatzung der Beweiß in exceptionibus geführt, obschon nun nicht diese Præstationen biß zu denen letztern Zeiten continuiret worden.

7mo Hingegen düncket mich recht wundersam zu seyn, daß Leuthe welche 2. biß 3. Stunden von Züsch entfernet seynd und wohnen, ja selten einmahl dahin kommen, und per casum fortuitum keinen Sponheimischen Jäger angetreffen, der Sachen vorzüglich vor andern Zeugen, den Ausschlag geben wollen, adversarii haben also ganz wohl gethan, daß sie ad hunc passum ihrer Jäger besonders des Keßlers Depositionen nicht ad protocollum kommen lassen, wollen sie aber dieses in ihren Diensten nunmehr stehenden Menschen, und des von ihnen in hiesige Diensten getrettenen Jäger Gerhard Manus eigene vormahl aufgenommene und ihnen cum exceptionibus in die Hand gelieferte Aussagen, wie so viele andere Zeugniße einsehen, so finden sie nicht allein possessionem novissimam, worauf sie in ihrem eigenen Summarischen Gefecht so viel halten, sondern auch antiquiorem, indeme der Herr-

schafft-

schafftl. Jäger Bruch von seinem Vatter, alß Jägern testirte, daß dieser ja nicht verstohlen, sondern aus hiesig Ambtl. Geheiß biß in Züsch offentlich gejaget.

8vo. findet mann ad Art. 12. die Treulosigkeit derer gegentheiligen Zeugen offenbar an Tag, und besonders des Theobald Rein, welcher von der Faust weg eine Sache affirmiret, welche der Herr von Dürckheim selbsten zu souteniren nicht über sich nimbt, er würde ja sonst das protestations-instrument produciret haben, und der Notarius Glitzenhirn, welcher zu Allenbach protestiren solle, und nicht einmahl dahin, will geschweigen nacher Kirchberg in der vorgeblichen Gemeinschafft gekommen, hat sich mit der ihn unterwegs überfallenen Colique entschuldiget, daß ja aus denen Glitzenhirnischen Scriptis der Gegen-Beweiß vorhanden ist.

9no. seynd quoad Art. 13. die Freyherrl. Dürckheiml. Zeügen übel unterrichtet worden, oder selbst boshafft von der Wahrheit abgegangen; dominus directus & utilis, jeder hat sein Eigenthum und was hilfft es, wann auch Zeügen ihren requirenten zu Gefallen, gegen besseres kundbares Wissen und Gewissen dieses Eigenthum confundiren wollen, da der Herr von Dürckheim in exceptionibus belehrter maßen die Lehens-Conferirung über Züsch & annexa angesuchet, und eben so wenig kan

10mo. Herr von Dürckheim ad Art. 14. mit dem Erblaßeren Ernst Ludwig von Hunolstein sich einer ruhigen possession rühmen, aller maßen er Herr von Dürckheim an und vor sich selbsten solche unterbrochen, da er von Zeit zu Zeit zu deren Versicher- und Beybehalt- oder Gestattung bey Höchst gnädigsten Gemeins-Herrschafften um Gnad angesuchet, seine Ihrn Vorfahrere, die von Hunolstein, aber actenkündig öffters um dieses Lehns willen angegangen worden, und so ist es auch beschaffen, waß

11mo. ad Art. 15. & 16^{tum} wegen der von Serenissimi Palatini piæ memoriæ Hochfürstl. Durchlt. unterstützten Freyherrl. Dürckheiml. Possessions-Ergreiffung der Hunolsteinischen Verlassenschafft zu Söetern vorgebracht worden, alles wiederleget sich in beyverwahrten notarialischen Verhör, demselben hinzugefügten, unter denen Augen Höchstgedl. Ihro Hochfürstl. Durchlt. von hiesigem Gemeinschaftl. Beambten Hr. Brammer abgehaltenen Bestraffungs-Protocoll- und Frevell-Realster zu Bescheinigung der würckl. deshalb eingegangenen Straffe sub Lit. A. B. & C. Sodann ist altesati Serenissimi Vorbewust, Willen und Befehl bey dem gantzen Vergang noch lange nicht, wie doch nothwendig, dargethan, noch in instrumento possessionis berühret.

Item die dazu nach Sötern gelockte hiesige Unterthanen waren bey weitem nicht so zahlreich, weniger aber beordert nach Sötern zu gehen.

Nichtweniger hatten mehr Höchstgedl. Ihro Hochfürstl. Durchlt. dem Vernehmen nach in ihrem damahligen Auffenthalt dahier zu Bürkenfeld nicht mehrere Bedienten um sich, alß Dero Secretarium Atzenheim, die Hochfürstl. Pfalz-Bürkenfeldische Regierung aber ware nach Beschaffenheit der ruhig und unruhigen Zeiten bald zu Straßburg bald zu Rappolts- und Bischweiler im Elsaß sub Directorio Dero Herrn Geheimen Rath und Præsidenten Friederich Ludwig Waldner von Freündstein; Wann solchemnach die Entfernung Hochgedl. Regierung mit Entziehung alles Geschäffts Antheil, des Herrn Geheimen Raths und Præsidenten Waldnern von Freündstein hohen Ansehen zustatten gekommen, so ware dieser einerseits auch ein Schwager des Aeltern und Oehm und Vormünder der Jungen Herrn von Dürckheim, neben welchem natürlichen nexu nicht weniger der Herr Secretarius Atzenheim ohnlängst damalen aus derer Herren von Dürckheim Diensten getretten, seinen Hrn. Bruder und Amtmann Atzenheim in dieselbe befördert, und beede in besonderer Verbündlichkeit gegen sie lebenslänglich gestanden. Ist diese Beschaffenheit beeden derenselben nemlich dem Herren Præsidenten von Waldner und Herrn Secretario Atzenheim so günstig gewesen, der Freyherrl. Dürckheiml. Famillie zu assistiren, so ist es bloß auf Söetern, und nicht Züsch gemeint gewesen, dieselbe haben auch proprio nomine gehandelt, dieses erhellet noch weiters daraus gar merklich, daß sie vielmehr der Sachen vortheilhafften Fortgang tentiret, alß derselben getrawet, da bey Gegeneinanderhaltung derer respective Vollmachten zu Ergreiffung der possession, inspiciatur das gegentheilige instrumentum Notariale Lit. E. sub No. 1. ad D. diejenige, welche von Herrn Secretario Atzenheim gleich nach dem Hunolsteinl. Ableben dem Burgvogten Hey ertheilt, um 5. Monathen älter ist, alß diejenige, welche ihm Hr. Atzenheim selbst die Freyherrl. Dürckheiml. Vormünder nach der Hand jam finito negotio zugestellet, und darauf sich doch jene gründet, mithin der Notarius ein Falsum begangen.

Wobey noch merkwürdig sein könnte, daß der Notarius Kültz sich in vorerwehnt von ihm verfertigten Instrument sich so verstellet, und zu verbergen gesuchet, daß die Nachkommenschafft denken solte, ob wäre er nicht der aus seiner Vatter- oder Geburth-Stadt Bacharach längst gewichene und von sehr vielen Jahren her in Söeterischen Diensten gestandene Secretarius oder Beambte geweßen, welcher eben so leicht die Famillie von Dürckheim umb die fette Erbschafft bringen, alß anderen solche in die Hände spielen können, und zu Favorisirung der Freyherrl. Dürckheiml. mit Ihnen und ihren adhærenten vornemlich dem Secretario Hrn. Atzenheim die besondere Verständnus also getroffen, und die nöthige Maßregulen concertiret, daß der Kültz alles in allem gewesen, und von ihm alles dependiret, ohne andere Erheblichkeiten, besonders auch der abseiten erwehnter Freyherrn von Dürckheim vorgegangenen violenten intrudierungen in die Hunolsteinische Verlaßenschafft, nicht minder der bey dem einzig gefälligen Rhein-Gräfflichen Lehn-Hoff gebrauchten Ränkhen, wozu mann sich bey andern Lehnhöffen nicht gewinnen laßen, da weiters zu gedenken, so wenig aber sonsten

13tio. ad Art. 20. auf die von Dürckheimischer Seithen, auf gutwilliges Abstehen Sr. Churfürstl. Gnaden von Trier wiederumb angemaßte possession in dem bekannten disturbio zu attendiren seyn wird, da solche, alß sie kaum erschlichen geschienen, wieder cessirte, so sehr ist bereits

14to. ad Art. 22. die animositæt der gegenseitigen und die vernünftige moderation der hiesigen Unterthanen sattsam ad exceptiones dargethan worden, thut auch nichts weiters zur Sache, da dieses keine Violenzien zu nennen, was mann pro tuendis juribus zu thun gezwungen wird, mann siehet übrigens schon auß der Aussag des 18ten Zeugen ad hunc art. wie weit die Sach getrieben, und mit Unwahrheiten aufgeflicket wird, da ich schon ehehin ad acta das Zeügnus eingeschickt, daß ihme Rauffen so wenig als einem anderen fehle, und er nichts weniger alß einen Bruch habe. Man weiß überdieses, wie all dieser Zeügen-Außsag überhaubt beschaffen, und mann zu allen denenselben wenig oder kein Zutrauen haben darff, dann waß ist von ihnen anderst zu hoffen, und gemeiners, alß Beschimpf-

und

und Erdichtungen, da sie mit Schimpff- und Scheltworten noch gegenwärtig mithin vor und nach ihren abgelebten Zeugnußen gegen alles, waß Sponheiml. ist offentlich und ohne Scheu loßzubrechen continuiren, dahero waß

15$^{to.}$ ad Art. 23. 24. & 25. von Zeügen hergeschwetzet wird, mehr lachens- alß glaubenswürdig ist, dann wie die schöne qualitæt des Trunkenpoltes Haydenreich bekannt, auch wo es nöthig mit der gantzen Nachbarschafft zu erweißen wäre, und die Kreitten, in welcher er bey beeden Wirthen Michel und Peter Arent zu Züsch noch hafftet, ein sicheres Monument ist, so können auch die Freyherrl. Dürckheimische Zeügen nicht einmal beantworten, waß nicht sie aber andere wißen, gesehen und selbst gehöret, mithin sie gar zu voreylich zu gefällig und willfährig seynd, einen Menschen zu rechtfertigen, welcher nirgends das Ziel seines Aufenthalt Löbl. erreichet, ich verharre mit allem respect

Ewr. Hochfürstl. Sponheiml. Gemeinschafftl.
Hochlöbl. Regierung

Birkenfeldt
den 20ten 9br. 1775[1].

gehorsamster Diener
Fabert.

Nr. 117.

Extractus Birkenfelder Amtskellerei-Rechnung de Ao. 1716.

Einnahm Geldt

pag. 9. Frevel.

No. 6. Joannes Mayer & Consorten wegen der Seterer Affaire erlegen zusammen jeder Herrschaft zur Helfft —:. 36. fl. —
Thut in Gemeinschaft - - —:. 72. fl. —

Nr. 118.

Notariats-Instrument über ein eidliches Zeugen-Verhör vom 18ten 9br. 1751.

Im Namen Gottes Amen.

Kund und zu wissen seie hiemit und in kraft gegenwärtigen offenen Instruments jedermänniglichen, welchergestalten im Jahr nach der Gnadenreichen Geburt unsers einigen Erlösers und Seeligmachers Jesu Christi Ein Tausend siebenhundert und Fünfzig Eins, in der XVten Römer Zins-Zahl bei Herrsch- und Regierung des Allerdurchlauchtigst-Grosmächtigst- und unüberwindlichsten Fürsten und Herrn, Herrn FRANCISCI I. erwählten Römischen Kaisers, zu allen Zeiten Mehrern des Reichs, in Germanien und Jerusalem Königs, Herzogen zu Lothringen und Baar, Groß-Herzogen zu Toscanen, Marchis, Herzogen zu Calabern, Geldern, Montferat, in Schlesien zu Teschen, Fürsten zu Charleville, Marggraven zu l'ont à Mousson und Nomeny, Graven zu Provence, Vaudemont, Blankenberg, Zütphen, Saarwerden, Salm Falkenstein rc. rc. unsers allergnädigsten Kaisers, Königs und Herrn, Ihrer Kaiserl. Majestät Regierung und Reichen des Römischen im 7den Jahr, Donnnerstags den 18den Novembris, Morgens gegen halb 8. Uhren der Hochfürstl. Sponheimische Gemeinschaftliche Amtmann Herr Fabert dahier zu Birkenfeld mir Endes unterschriebenen dahier in Birckenfeld wohnhaften Kaiserl. Notario auf der Amts-Stuben allhier narrando zu vernehmen gegeben, welchermaßen bei der am Hochfürstlichen Kaiserlichen und des Reichs Cammer-Gericht hangenden Proceß-Sache des Freyherrn von Dürckheim entgegen die hohe Sponheimische Gemeins-Herrschaften wegen des heimgefallenen Züscher Mannlehens verschiedenes vorgebracht, zu dessen Zernichtung von letzterer Seithen etliche Zeugen eidlich vernehmen zu lassen vor gut gefunden worden, mir zugleich nachstehendes Requisitions-Schreiben samt angehängten Interrogatorien zustellend:

WohlEdler,

Hochgeehrter Herr Notarie!

Da in denen obschwebenden Contestationen und bei dem hochpreißlichen Kaiserl. und des Reichs-Cammer-Gericht hangender Proceß-Sachen des Frey-Herrn von Dürkheim entgegen die hohe Sponheimis. Gemeins-Herrschaften, wegen des Sponheimischen Züscher Manns-Lehen und dessen vom erstern vorgegebenen Besiz-Anmasungen, verschiedenes vorgebracht worden, zu dessen Zernichtung man disseits nach beigehenden Interrogatorien die in fine angemerkte Gezeugen eidlich und auf ihr Gewissen vernehmen zu lassen vor gut befunden; So requirire hiemit Mhgten. Herrn Notarium, derselbe wolle Amtswegen um die Gebür sothanes Zeugenverhör in debita forma vornehmen und mir ein oder mehrere Documenta davon zukommen lassen, des Endes auch samtliche Zeugen sowohl als den Herrn Notarium von denen sonsten gegen hiesige Gnädigste Gemeins-Herrschaften auf sich habenden Pflichten in Höchst-Deroselben Namen quoad hunc Actum auch hiermit entledige und allezeit harre

Meines Hochgeehrten Herrn Notarii

Birkenfeld, den 17ten Nov. 1751.

Bereitwilliger
Hochfürstl. Sponheimis. Gemeinschaftlicher
Amtmann daselbst.

Fabert.

Inter-

Interrogatoria.

Præmissis Generalibus.

Ob Zeugen bekannt, was Anno 1716. nach Absterben Herren Ernst Ludwig von Hunolstein zu Söetern vorgegangen?

Ob wegen dessen Erbschaft nicht zwischen denen Dürckheimischen Vormündern und den Hunolsteinischen Stamms-Agnaten Streit gewesen oder befürchtet worden?

Ob nicht deswegen Dürckheimischer Seiten allerhand Leuthe aus der Nachbarschaft zusammen gebracht, um sich zu Söetern zu schüzen?

Wo solche Leute hergewesen?

Ob sie von ihren Herrschaften darzu geschickt, oder nur Dürckheimischer Seiten um den Lohn und gute Zechen darzu gedingt worden?

Ob sich Jemand aus dem Amt Birckenfeld dabey befunden und wer?

Ob es wirklich angesessene Unterthanen oder nur ledige Pursche gewesen?

Ob sie hierzu Herrschaftlichen Befehl gehabt und solcher ihnen vorgelesen worden?

Ob nicht ein damaliger Wirth von Birckenfeld, Namens Meyer und ein Obersteiner Unterthan Namens Rau aus dem Idarbann, als zwey Kühner Leute sich darinn gebrauchen lassen?

Ob nicht gedachter Meyer heimlich auf Birkenfeld geschrieben, oder sonst durch angerühmten guten Lohn und treffliche Azung verschiedene junge Pursche nach Söetern gezogen habe?

Wie dieses von damaligen Beamten zu Birckenfeld angesehen worden?

Ob dieser nicht die zur Ungebür complottirte und mißbrauchte Unterthanen durch geschärften Befehl von Söetern zurück berufen lassen?

Ob dieser Befehl schriftlich nach Söetern gegangen und durch wen er dahin getragen worden?

Ob diese Leuthe, als sie von Söetern zurück kommen, vom Amt Birkenfeld nicht gestraft worden seien?

Ob nicht die, welche nicht sogleich Gehorsam gezeiget, noch mit Thurn-Strafe beleget worden?

Ob darauf noch weiter Jemand aus dem Amt Birkenfeld nach Söetern gegangen und sich allda gebrauchen lassen?

Ob auch Jemand von Züsch damalen zu Söetern gewesen und gehuldiget habe?

Wer damalen Beamter zu Söetern gewesen?

Wer darauf bei den Herren von Dürkheim Beamter daselbst worden seie?

Ob Zeugen bekannt, daß man jemalen Sponheimischer Herrschafts- oder Amtswegen den Herrn von Dürkheim Züsch zugestanden habe?

Nomina Testium.

1. Johann Carl Bruch.
2. Martin Kley.
3. Ludwig Papst.
4. Peter Hofmann.
5. Jacob Pauli allhier.
6. Jacob Kunz allhier.
7. Jacob Kunz von Dienstweiler. } ad omnia.
8. Johann Nicol Engel.
9. Georg Brenner.
10. Gerhard Manus auf die 9. erste Interrogat.

Mit Begehren sothanes Zeugen-Verhör Beysein der hierzu besonders requirirten Gezeugen Wilhelm Schneiders und Franz Roosen, beiden Gerichtsschöffen von Hopstätten vorzunehmen und demnechst ein oder mehrere Instrumenta auszuhändigen; mithin habe den 19ten und 20ten 9br. den vorgestellten Zeugen (nachdeme ich der Notarius anvorderist meiner gegen höchstgedl. Sponheimische Gemeins-Herrschaften obhabender Pflichten entlediget, und ich sofort die Zeugen ihrer gleichmäßigen Pflichten quoad hunc Actum dem Requisitions-Schreiben gemäs entlassen) in meiner Behausung vi Officii den Eid vorgehalten und vor der zeitlichen und ewigen Straf des Meyn-Eides hinlänglich verwarnet, welche dann præstito Juramento corporali nachfolgende Aussagen gethan:

Generalia

1.

Wer, woher, und wie alt, auch wessen Condition Zeuge seye?

Test. 1. R. Johann Carl Bruch 67. Jahr alt, Gemeinsherrschaftlicher Jäger und Forster auf der Abentheuer.

Test. 2. R. Martin Kley dahier zu Birkenfeld, GemeinsMann und Kiefer 67. Jahr alt.

Test. 3. R. Ludwig Pabst 75. Jahr alt, Mezger dahier zu Birkenfeld.

Test. 4. R. Peter Hofmann, GemeinsMann und Wagner dahier, 70. Jahr alt.

Test. 5. R. Hanns Jacob Pauli, GemeinsMann und Leinen-Weber dahier, ledigen Standes, 63. Jahr alt.

Test. 6. R. Jacob Kunz dahier GemeinsMann und LeinenWeber, 70. Jahr alt.

Test. 7.

Generalia 1.

Test. 7. R. Jacob Kunz von Dienstweiler, seiner Profession ein Rothgerber, 66. Jahr alt.

Test. 8. R. Johann Nicol Engel, Gerichtschöff und Handelsmann dahier, 65. Jahr alt.

Test. 9. R. Georg Brenner, GemeinsMann und Schmidt dahier, 55. Jahr alt.

Test. 10. R. Gerhard Manus, nunmehro seithero Ao. 1717. bei dahiesigen Gnädigsten Gemeins-Herrschaften, vorhero aber 5. bis 6. Jahr bei dem verstorbenen Herrn von Hunolstein zu Söetern bis an seinen Todt und darauf ein Jahr lang bei der Freiherrl. Dürckheiml. Vormundschaft gewesener Jäger und Forster, 71. Jahr alt.

Generalia ad 2.

Ob Zeug wisse, warum er hier erscheine?

Test. 1. R. Wisse nichts, ausser daß er es jezo vernehmen wollte.

Test. 2. R. Wie er eben vermerke, seie es wegen Söetern.

Test. 3. R. Weiter von nichts, als so viel er jezo vernehme, weilen sie ehedessen zu Söetern gewesen.

Test. 4. R. Wüßte es nicht, als was er heute gehöret, nemlich wegen Söetern.

Test. 5. R. Wüßte es nicht.

Test. 6. R. Nein.

Test. 7. R. Wie er höre, wegen Söetern.

Test. 8. R. Er höre, es wäre wegen Söetern.

Test. 9. R. Weiters nichts nichts, als wie er jezo vermerke, daß solches wegen Söetern seye.

Test. 10. R. Weiters nichts, als daß er es jezo hören solle.

3.

Ob Zeuge, um willen er vernommen würde, einigen Vortheil oder Schaden von seiner Aussage zu gewarten habe, oder auch deßfalls unterrichtet seie?

Test. 1. R. Keines nicht.

Test. 2. R. Keinerley.

Test. 3. R. Nein, keineswegs.

Test. 4. R. Hätte keinen Nuzen noch Schaden davon, seie auch nicht unterrichtet.

Generalia. 3.

Test. 5. R. Nein, gar nicht.
Test. 6. R. Nein, keineswegs.
Test. 7. R. Keines nicht.
Test. 8. R. Nein, keines nicht.
Test. 9. R. Nein, keineswegs.
Test. 10. R. Gar nicht.

Specialia 4.

Ob Zeugen bekannt, was Anno 1716. nach Absterben Herrn Ernst Ludwig von Hunolstein zu Söetern vorgegangen?

Test. 1. R. Ja, seye ihm bekannt, weilen er auch nach Söetern beruffen worden.

Test. 2. R. Ja, doch seye er nicht von Anfang bei dem Handel zu Söetern gewesen.

Test. 3. R. Ja.
Test. 4. R. Ja.
Test. 5. R. Ja.
Test. 6. R. Ja, weilen er auch dahin gekommen.
Test. 7. R. Ja.
Test. 8. R. Ja.
Test. 9. R. Ja.

Test. 10. R. Ja, zum Theil, indeme er nicht so genau Achtung darauf gegeben, sich auch die mehreste Zeit auf der Jagd befunden, auf welcher er mit dem SchußGeld seinen Gewinn suchen müßen, da er zu Söetern von dem Hunolsteinischen Todt an keine Besoldung mehr bekommen.

Interrog. 5.

Ob wegen dessen Erbschaft nicht zwischen denen Dürckheimischen Vormunderen und den Hunolsteinischen Stamms-Agnaten Streit gewesen oder befürchtet worden?

Test. 1. R. Ja, und hätte geheissen, daß der Herr von Hunolstein von DürrCastell Anforderung an Söetern mache.

Test. 2. R. Der Herr von Hunolstein-Gremsingen haben sollen zu Söetern Possession ergreiffen, der Hr. von Dürckheim aber zuvor kommen wollen, zumalen er Geld darauf geschossen hätte, wie dann auch ein vom Hrn. von Hunolstein-Gremsingen gekommener Bott mit Briefen abgewiesen worden seie.

Test. 3.

ad Interrog. 5.

Test. 3. R. Darum hätte er sich nicht bekümmert.

Test. 4. R. Ja, mit dem Herrn von Hiedersdorf hätten die Dürckheimische Streit gehabt und diese befehlen, keinen von den Hunolstein-Hiedersdorfischen Leuten ins Schloß zu lassen.

Test. 5. R. Wüßte nicht eigentlich, worinn der Streit bestanden, wünschete aber, daß dieser Krieg des guten Verdienstes halber noch währete, dann um das übrige hätte er sich nicht bekümmert.

Test. 6. R. Daß Streit gewesen, vermuthete er, weilen sie zu Bewachung des Schlosses zu Söetern berufen worden.

Test. 7. R. Ja, es seye Streit mit dem Herrn von Hunolstein-DürrCastel gewesen.

Test. 8. R. Wie er damalen gehöret, seye zwischen den DürrCastelischen und Dürckheimischen Streit gewesen, deswegen sie dann auch von dem letzteren die Wacht zu halten angestellet worden.

Test. 9. R. Die Dürckheimische hätten mit denen von Hiedersdorf, wie er sagen hören, Streit wegen der Herrschaft Söetern gehabt, auch sie bewehret worden, Niemand deßhalb ohnangemeldet oder den sie nicht kenneten, ins Schloß zu lassen.

Test. 10. R. Ja.

ad Interrog. 6.

Ob man nicht deswegen Dürckheimischer Seiten allerhand Leute aus der Nachbarschaft zusammengebracht, um sich zu Söetern zu schützen?

Test. 1. R. Ja, maßen die Dürckheimische Vormundere auch Pulver und Bley unter die Leute ausgetheilet, um sich auf allen Fall zu schützen und der gute Lohn hätte viele, ja allenfalls genug Leute dahin gelocket, sich gebrauchen zu lassen.

Test. 2. R. Ja.

Test. 3. R. Ja, besonders aber, da sie Birkenfelder von Söetern hinweg gemußt, seyen andere Leuth aus dem Idarer Bann vor den nemlichen Lohn, den sie empfangen, dahin gedungen worden.

ad Interrog. 8.

Test. 3. R. Sie hätten die gute Belohnung, welche ein jeder täglich mit einem halben Gulden, nebst gutem Essen und Trinken bekommen, maßen sie sogleich das beste Faß Wein angestecket und aus den Hunolsteinischen Schweizereien verschieden der besten Rinder abgethan, angesehen und also keiner abgewartet, daß sie von ihrer Herrschaft dahin geschickt worden, also, daß wann Deponent nicht zuruck gemüßt hätte, er alleweil noch daselbst wäre, weilen er nicht mehr verdienen können, hätte sich doch gegen 14. Tage dorten aufgehalten.

Test. 4. R. Er hätte nicht darnach gefraget, so viel die Beschickung angehet, weilen das Geld auf solche Art leicht zu verdienen gewesen, vor welches sie gedungen worden.

Test. 5. R. Sie wären von Dürckheimischer Seiten, wie auch von denen Vormunderen selbsten um den täglichen Lohn ad Einen halben Gulden und die gute Kost gedungen worden, als um welchertwillen sie auch ohne Vorbewußt der Herrschaft und ohne sich zu befragen, dahin gegangen und nicht so leicht noch auch so viel zu verdienen gewußt.

Test. 6. R. Daß einer von seiner Herrschaft dahin geschickt worden, davon wüßte er gar nichts, sondern im Gegentheil, daß es der gute Lohn gethan.

Test. 7. R. Es seye gleich lautbar worden, daß ein guter Lohn zu verdienen seye, deswegen sich von allen Orten Leute genug eingefunden, seyen aber ja nicht befelcht, oder von ihrer Herrschaft abgeschicket gewesen.

Test. 8. R. Nein, sondern wären ohne Befehl und nur um den guten Lohn zu verdienen, alle nacher Söetern gegangen, wenigst, wann sie Bi kenfelder oder Sponheimische von ihrer Herrschaft dahin geschickt worden, wären sie ja noch nicht, wie sie müßten, fortgegangen.

Test. 9. 9. Er glaubete gewiß, daß Niemand Befehl gehabt, sondern alles um den Lohn gethan habe.

Test. 10. R. Sie hätten sich, um etwas zu verdienen, zur Wacht gebrauchen lassen.

ad

ad Interrog. 9.

Ob sich Jemand aus dem Amt Birkenfeld dabei befunden und wer?

Test. 1. R. Ja, doch da er Zeug einer der ersten zu Sötern gewesen, wären anfänglich nur noch andere 5. Mann, als Ludwig Pabst, der verstorbene Lorenz Bierbrauer, Carl Roth zu gleicher Zeit hingekommen, bis sich nach und nach mehrere des erschollenen Lohns halben eingestellet, man hätte eben ihn Zeugen, weilen er grün gekleidet gewesen, als einen Jäger angesehen, und gleich anfangs mehrers zugetrauet, wer die übrige gewesen, könnte er nicht sagen.

Test. 2. R. Ja und seien verschiedene aus dem Amt die meisten 8. bis 9. Täge und nur die wenigste länger dabei gewesen, wie viel aber wüßte er nicht, indeme sie nach und nach angewachsen, weilen immer mehrere Lust bekommen, auch so starken Lohn zu gewinnen und keiner so viel, vielweniger so leicht und geschwind zu Hauß zu verdienen gewußt.

Test. 3. R. Als der Herr von Hunolstein zu Sötern verstorben, seien ihrer 6 von hier, ohnwissend mehr, von wem, dahin gefordert und berufen worden, auch wirklich auf die Wacht dahin gegangen, welche sie am Thor und auf der Schloß Mauer daselbst gehalten, wann Jemand käme, der an sie gesonnenen Bestellung nach, nicht einzulassen, sondern bei denen Herren Vormunderen anzuzeigen, es seyen nach der Hand noch verschiedene nach und nach gekommen, welche er aber wegen Länge der Zeit nicht mehr namhaft machen könnte, sie wären nicht zum Schein der Ablösung, sondern um etwas zu verdienen, dahin gekommen.

Test. 4. R. Wer als dabei gewesen, könnte er sich nicht so genau und nur noch besinnen, daß er Deponent mit Jacob Pauli und Georg Brenner dahin gegangen und ohngefehr 5. Tage daselbst bleiben mögen.

Test. 5. R. Ja, wie vorgedacht, wüßte sich aber nicht aller derselben zu erinnern, seyen halt auf das gute Versprechen, nach und nach vieles zu verdienen und also auch er Deponent endlich mit zweyen anderen, als Georg Brenner und Peter Hofmann dahin gegangen,

ad Interrog. 9.

gen, sich aber nur 5. Tage zu Sötern aufgehalten, und vorgemeldten Lohn bekommen, da sie wieder fort gemüßet hätten.

Test. 6. R. Ja, wer aber, sele ihm entfallen.

Test. 7. R. Ja, und so viel er vermeine, und seyen ihrer 15. bis 16. gewesen, wie sie nach und nach anzuwachsen angefangen.

Test. 8. R. Ja, wer aber und wie viel sele ihme entfallen.

Test. 9. R. Ja, wer aber und wie viel, wüßte er nicht.

Test. 10. R. Wie vorgesagt.

ad Interrog. 10.

Ob es wirklich angesessene Unterthanen oder nur ledige Pursche gewesen?

Test. 1. R. Es wären alte und junge, doch meistens ungeheurathete Leute gewesen.

Test. 2. R. Es seyen meistens und fast alle unangesessene Leute gewesen.

Test. 3. R. Es seyen allerhand Leute durch einander gewesen, wer halt nur etwas verdienen wollen.

Test. 4. R. In allem wären ihrer 4. bis 5. Männer und angesessene Unterthanen. Die übrige aber lauter ledige, die geheurathete, jedoch meistens Leuthe, so in Kriegs-Diensten ehemalen gestanden, gewesen.

Test. 5. R. Es seyen Unterthanen, doch meistens ledige Pursche gewesen.

Test. 6. R. Die meisten seyen ledige Pursche gewesen.

Test. 7. R. Allerhand Leute, wer nur Geld verdienen wollen, meistens aber ledige Pursche.

Test. 8. R. die meisten, womit Deponent dahingekommen, seien ledige Leute und keine Unterthanen gewesen.

Test. 9. R. Meistens ledige Leute.

R. Meistens ledige, so keine Unterthanen gewesen.

ad Interrog. 11.

Ob sie hierzu Herrschaftl. Befehl gehabt und solcher ihme vorgelesen worden?

Test. 1. R. Nein, der Herr Rath Atzenheim hätte zwar ihme Zeugen durch seinen Bruder Franz

ad Interrog. 9.

Franz Christian, welcher damalen Förster zu Bullenberg gewesen, daß er mit andern auf Sötern gehen und das Schloß bewachen helfen solle, rufen lassen, ermel. Herr Rath Atzenheim hätte auch gegen sein Deponenten gedachten Bruder erwehnet und vorgegeben, deßfalls Befehl von Ihro Hochfürstl. Durchlt. dem Herzogen zu haben, seye ihm aber keiner vorgezeigt oder sonst bekannt worden, Zeug hätte auch, da er dennoch allein nach Sötern gegangen, nach der Hand gehöret, daß Niemand Zwangs wegen daselbst hinaufgebotten worden, sondern ein jeder freiwillig des Lohns und guter Kost halben dahin gegangen seie.

Test. 2. R. Hätte keinen Befehl gesehen, auch von keinem gehört und hätten sich halt, um etwas zu verdienen, gebrauchen lassen.

Test. 3. R. Nein gar nicht, und wann sie Befehl darzu gehabt hätten, wären sie nicht gestraft worden.

Test. 4. R. Nein, keineswegs.

Test. 5. R. Nein, wüßte von keinem Befehl, hätte auch keinen gesehen, noch gehört, sich auch am wenigsten darum bekümmert, und weiters nichts zu verdienen gewußt.

Test. 6. R. Im mindesten nicht.

Test. 7. R. Gar nicht.

Test. 8. R. Hätte keinen Befehl gesehen, auch von keinem gehört.

Test. 9. R. Nein, sondern jeder wäre um etwas zu verdienen gegangen.

Test. 10. R. Wüßte nicht, ob sie herrschaftlichen Befehl gehabt, da sie, um etwas zu verdienen, gekommen.

ad Interrog. 10.

Ob nicht ein damaliger Wirth von Birkenfeld Namens Meyer und ein Obersteiner Unterthan Namens Rau aus dem Idar Bann als zwey kühner Leuth sich darinn gebrauchen lassen?

Test. 1. R. Ja, doch so viel den Rau betreffe, da Deponent nach 12. Tagen wieder heimgegangen und der Rau vorhero seines Besinnens noch nicht da gewesen, hätte er seine Ankunft erst nach der Hand erfahren.

p p Test. 2.

ad Interrog. 12.

Test. 2. R. Ja, da insbesondere der Idarer Obersteiner Unterthan, dem Namen und der That nach ein Rauer- der Johannes Meyer aber ein bedürftiger und gewinnsüchtiger Mann gewesen.

Test. 3. R. Ob der Johannes Meyer dabey gewesen, wüßte er sich nicht mehr recht zu besinnen, doch hätte er gehört, daß derselbe auch gestraft worden seye, mithin müßte er auch dabei gewesen seyn, der Rau aus dem Obersteinischen Idar Bann seye aber gewiß dabei gewesen.

Test. 4. R. Ja, der Johannes Meyer, ein sonst bedürftiger und gewinnsüchtiger, auch mit dem Söterischen Beamten Külz vertrauter Mann, so deßhalb auch zu Sötern der Commendant tituliret worden und der Rau aus dem Obersteinischen seie dabei gewesen.

Test. 5. R. Er erinnere sich des Johannes Meyers, welcher ein Gewinn- begieriger- zugleich auch nicht ein allzubemittelter Wirth dahier gewesen, dabei gewesen zu seyn.

Test. 6. R. Ja und erinnere sich eines dahiesigen dabei gewesenen Wirths Namens Johannes Meyer.

Test. 7. R. Ja und wäre der Johannes Meyer, der Wirth von Birkenfeld, damalen ein bedürftiger und also ein gewinnbegieriger- zugleich recht kühner Mann gewesen.

Test. 8. R. Ja, diese beide wären ihre dertige Anführer und Commendant der Jacob Rau auch wohl ein rauer, wilder- der Johannes Meyer hingegen mit den Söterischen so bekannter Mann gewesen, welcher mit dem Hrn. Külzen in guter Verständnis gehaftet, und auch sonsten etwas zu verdienen oder zu gewinnen nöthig gehabt.

Test. 9. R. Ja und dieses um so vielmehr, so viel den Johannes Meyer sein Deponenten nachmals gewordenen Schwieger-Vatter betrifft, als der ein Mann gewesen, der etwas zu verdienen gesucht, und nöthig gehabt und mit dem Hrn. Külzen so bekannt und gut Freund gewesen, daß auch dieser ihn nöthig gehabt, um ihr Vorhaben auszuführen und Leute an sich zu locken, des Endes auch er Johannes Meyer zum Commendanten gesezet

ad Interrog. 12.

gesetzet und doppelt belohnet, auch wie Deponent bedunke, ihne in allem schadlos zu halten versprochen worden.

Test. 10. R. Ja.

ad Interrog. 13.

Ob nicht gedachter Meyer heimlich auf Birkenfeld geschrieben, oder sonst durch angerühmten guten Lohn und trefliche Atzung verschiedene junge Pursche nach Sötern gezogen habe?

Test. 1. R. Wüßte nicht, wie es weiters, als Zeug vorher gesagt, zugegangen wäre.

Test. 2. R. Es hätte Johannes Meyer als Oberster oder zu Sötern bestellter Commendant unter ihnen kund gethan, wer Geld verdienen wolle, sollte dahin kommen, und wäre nachgehends Lorenz Bierbrauer, ein hiesiger Unterthan, von der Söterer Wacht anhero gekommen, hin und wieder zu sagen, folglich mehrere anzuwerben, daß derjenige, welcher Lusten hätte, vor einen halben Gulden täglich nebst Bekostigung zu Sötern zu dienen, daselbst hinkommen sollte, und da er Bierbrauer selbsten wiederum auf Sötern gienge, wäre Deponent mit ihm gegangen, er hätte ja nicht mehr zu verdienen gewußt.

Test. 3. R. Wie es mit Berufung der mehreren Amts-Unterthanen zugegangen, könnte er wegen Länge der Zeit nicht mehr sagen.

Test. 4. R. Sie hätten nach dem Hunolsteinischen Tod Ordres, das ist das Anerbieten und Ansuchen von Sötern bekommen, wer zu Sötern zu wachen und davon täglich einen halben Gulden nebst gutem Essen und Trinken zu verdienen Lusten hätte, der sollte dahin kommen, wie er dann auch dorten wohl gelebet, verschiedenes fette Vieh abgethan und den besten Wein getrunken.

Test. 5. R. Es seye ein allgemein Gespräch von Sötern nicht mehr wissend wie und von wem anhero gekommen, daß, wer dahin gehen, Geld verdienen und bei dortige Dürckheimische Herren Vormundere gerne kommen wollte, sich nur einfinden sollte, er bekäme des Tags nebst gute Beköstigung einen halben Gulden und in der That hätten sie auch dorten wohl gelebet, daß er es nicht besser wünschete.

 Test 6.

ad Interrog. 13.

Test. 6. R. Wie der Herr von Hunolstein zu Sötern verstorben gewesen, seie der Lorenz Bierbrauer, ein hiesiger Unterthan, von dorten ihme Deponenten erinnerlicher maßen anhero gekommen, und da er ihnen so viel von dorttigem Lohn und guten Kost vorgeschwäzet, hätte er Deponent sich auch anwerben lassen und wäre mit ihnen dahin auf die Wacht gegangen, wo er drey Tag geblieben und hernach wieder fortgemußt.

Test. 7. R. Könnte zwar nicht sagen, daß der Johannes Meyer anhero geschrieben, aber indeme Deponent selbiger Zeit bey Ludwig Pabsten dahier gewohnet, hätte sein damaliger Nachbar der Franz Meier zu ihm gesagt, sein Vatter Johannes Meyer habe ihm von Sötern entbotten, daß dortten jeder Wächter des Tags ½. fl. und treflische Kost empfange, mithin, wer Lusten hätte, Geld zu verdienen und dahin zu gehen, der solte dorthin kommen, wordurch Deponent auch und sein Bruder Georg von Dienstweiler nacher Sötern zu gehen sich verleiten lassen, auch dortten wirklich 11. bis 12. Tage gewesen, bis sie umkehren müßen. Es hätten halt die Söterer dem Meyer zu Ausführung ihres Werks vieles und nebst dem doppelten Lohn auch seine Schadloshaltung versprochen, so, daß weilen er Meyer mit dorttigem Beamten Külz so gut Kamerade waren, daß sie es also angesponnen, um mehrere Leute an sich zu bringen.

Test. 8. R. Wüßte zwar nicht, daß etwas schriftliches, wohl aber, daß sie Ordre oder Bescheid mündlich von dem Johannes Meyer durch den Lorenz Bierbrauer, welcher schon zu Sötern gewesen, anhero gebracht worden, daß ein jeder, nebst guter Beköstigung des Tags einen halben Gulden bekommen und also wer Geld verdienen und das Schloß zu Sötern bewachen zu helfen kommen, mithin auch Deponent mit noch mehreren jungen Leuten um die Bezalung mit ihm Bierbrauer hinüber gehen wollte, sich aufmachen sollte, Deponent wäre hierauf mit noch 5. oder 6. Mann daselbst hingegangen und, wo ihme recht wäre, vier Tage dortten gewesen, nach welchen sie zuruckkehren müßen,

und

ad Interrog. 13.

und in der That hätten sie auch wohl da gelebet, braf geschlachtet, den besten Wein getrunken und Deponent hätte in dem untersten Saal bei denen Herren Vormunderen, die sie alle gedungen, und selbsten bezalt, die Wacht mit vielem Zeit-Vertreib halten helfen.

Test. 9. R. Nach dem in vorgeml. Antwort erwehnten Zusammenhang schiene zwar, daß der Johannes Meyer mehrere Leute anzulocken angestellt worden, doch wüßte Deponent andersten nicht zu sagen, als da etliche Birkenfelder, um die Wacht im Schloß zu halten, schon zu Sötern gewesen, ein Gespräch anhero gekommen seye, daß, wer Lusten hätte, des Tags einen halben Gulden nebst der guten Kost zu verdienen, derselbe auf Sötern kommen sollte, auch hierauf sich mit noch etlichen, besonders Hanns Jacob Pauli auf- und nach Sötern gemacht, so fort daselbst bei 5. Tage lang die Wacht am Thor und anderswo im Schloß gehalten habe, gestalten sie wieder heim- und zuruckgemüßet hätten.

ad Interrog. 14.

Wie dieses vom damaligen Beamten zu Birckenfeld angesehen worden?

Test. 1. R. Der gemeinschaftl. damalige Amtmann Herr Prummer allhier hätte, so viel er wüßte, und glaubte, hiesige Unterthanen zurück berufen lassen.

Test. 2. R. Es hätte Herr Amtmann Prummer, welcher in Gemeinschaft bestellet gewesen, ernennt ihren Commendanten zu Sötern Johannes Meyer, den Jacob Steffen von Feckweiler geschickt, und sie sammtliche Birckenfelder Amts-Unterthanen zurückfordern lassen, auch gestrafet.

Test. 3. R. Wie der gemeinschaftliche Amtmann Herr Prummer zu Birckenfeld solches angesehen, wäre leicht daraus zu schließen, wellen sie gestraft worden.

Test. 4. R. Es wäre von dem gemeinschaftlichen Beamten Herrn Brummer nicht zum besten angesehen und sie gestraft worden.

ad Interrog. 14.

Test. 5. R. Nicht zum besten wäre es von dahiesigem gemeinschaftl. Herrn Amtmann Prümmer angesehen worden.

Test. 6. R. Wüßte nicht anderst zu sagen, als daß sie gestraft worden.

Test. 7. R. Der gemeinschaftliche Beamte Herr Prümmer hätte es ihm nicht vor gut gehalten, sich zu Sötern also gebrauchen zu lassen.

Test. 8. R. Der damalige gemeinschaftliche Herr Amtmann Prümmer hätte es ihnen sehr hoch ausgelegt und übel aufgenommen.

Test. 9. R. Sehr übel, indem sie vom gemeinschaftlichen Amt gestraft worden.

ad Interrog. 15.

Ob dieser nicht die zur Ungebür complottirte und mißbrauchte Unterthanen durch geschärften Befehl von Sötern zurückberufen habe?

Test. 1. R. Ja, wie vorhin gemeldt.

Test. 2. R. Ja, wie vorhin gedacht.

Test. 3. R. Ermelter gemeinschaftl. Herr Amtmann Brümmer hätte ihnen freilich befohlen, daß was Birckenfelder seien, sogleich nach Hauß gehen sollten, welches auch geschehen.

Test. 4. R. Ja, dann da sie kaum einige Tage zu Sötern gewesen, hätte der gemeinschaftlich hiesige Beamte Herr Brümmer sie nacher Birckenfeld unter angesetzter Strafe zurückgefordert.

Test. 5. R. Ja, der Herr Amtmann Brümmer dahier hätte auf Sötern geschickt und ihnen bei geschärfter Straf befehlen lassen, daß sie ohngesäumt nacher Hauß zurückkehren sollten, welches sie dann auch gethan.

Test. 6. R. Wären sie durch den vom Amt dorthin abgeschickten Expressen, Jacob Steffen von Feckweiler abgerufen worden, da er dann mit andern auch gleich wieder heimgegangen.

Test. 7. R. Ja, es wäre von Herrn Amtmann Prümmer geschärfte Ordre nach Sötern gekommen, daß sie sogleich nacher Hauß kommen sollten, welches dann auch geschehen.

Test.

ad Interrog. 15.

Test. 8. R. In alle Weege und freilich wohl hätte sie der gemeinschaftliche Beamte durch geschärften Befehl zuruckgerufen.

Test. 9. R. Ja.

ad Interrog. 16.

Ob dieser Befehl schriftlich nach Sötern gegangen und durch wen dahin getragen worden?

Test. 1. R. Könnte es nicht sagen.

Test. 2. R. Wüßte anderst nicht, als daß sie durch vorhergeml. vom Amt abgeschickten Botten, ohne von einem schriftlichen Befehl sich etwas zu erinnern, zuruckbescheiden worden.

Test. 3. R. Erinnerte sich nicht mehr.

Test. 4. R. Deponenten wäre bewußt, daß sie durch den Jacob Steffen von Feckweiler den Befehl vom Amt erhalten, nacher Birkenfeld zuruckzukehren, wie es dann auch geschehen.

Test. 5. R. Wüßte es nicht mehr eigentlich.

Test. 6. R. In nächst voriger beantwortet.

Test. 7. R. Es wäre ein Expresser, nemlich der Jacob Steffen, ein Amts-Unterthan von Feckweiler, mit sothaner Ordre vom gemeinschaftl. Amt nacher Sötern abgeschickt worden.

Test. 8. R. Seie ihm entfallen.

Test. 9. R. Ja, einen schriftlichen Befehl hätte Herr Amtmann Prümmer ihnen zugeschickt, sonsten wären sie nicht fortgegangen, wer aber den Befehl überbracht, seie ihm nicht mehr erinnerlich, und sie würden doch noch nicht fortgegangen seyn, wann ihnen die Hhrn. Vormündere vor die Straf gut geworden wären, gestalten es ihnen dorten so wohl gegangen und der Lohn so gut gewesen. Erwehnte Hhrn. Vormundere wären nicht weniger über ihren Abzug sehr betrübt gewesen, sich aber die Hofnung gemacht, bei Ihro Hochfürstl. Durchlt. dem Herzogen die Erlaubnis auszuwirken, daß sie die Wacht thun und nach Sötern zuruckkehren dörften, es wäre aber der Sage nach, Ihro Durchlt. unpäßlich gewesen, daß man nicht zu ihnen kommen können.

ad Interrog. 17.

Ob diese Leute, als sie von Sötern zuruckkommen, vom Amt Birkenfeld nicht gestraft worden seien?

 Test. 5.

ad Interrog. 17.

Test. 1. R. Ja, dem Vernehmen nach, wären diejenige, welche zu Sötern gewesen, vom Amt gestraft worden; Deponent wüßte es so umständlich nicht, weilen ihme Niemand etwas gefordert und die Bestrafte ihn frei ausgehen lassen.

Test. 2. R. Ja, sie Amts-Unterthanen seien gestraft worden, daß sie ohne Befehl auf Sötern gegangen, es wäre ihnen jedem ein halber Rthlr. Straf gefordert, endlich aber auf ihre Vorstellung insgesamt ad 10. Rthlr. angesezt und würklich bezalt worden, und der Johannes Meyer allein hätte 15. bis 20. Rthlr. erlegen müßen, und weilen ihm Meyer, so viel Deponent damalen gehört, diese Straf, neben seinem tägl. ad 1. fl. gehabten Sold und Kost, von denen Freyherrl. Dürckheiml. Vormunderen in lauter Duplonen erstattet worden, so hätte Hr. Amtmann Brümmer des Meyers Tochter, als sie die Straf überliefert, eine derer Duplonen vor sich zuruckgegeben und zum Andenken geschenkt.

Test. 3. R. Ja sie hätten zum gemeinschaftlichen Amt und zwar, wie sich andere erinnerten, jeder ½. Rthlr. Straf erlegen müßen.

Test. 4. R. Freylich wohl und glaube, daß ein jeder einen halben Thaler oder 30. Petermännger in Summa sie zusammengelegt, seines Behalts 10. Rthlr. hingegen der Johannes Meyer vor sich allein weit mehreres zur Straf bezalt, die ihme die Freiherrl. Dürckheimische Vormundere nebst seinem gegen andere doppelt genossenen Lohn an lauter Duplonen wegen versprochener Schadloshaltung besonders gegeben haben sollen, und Herr Amtmann Brümmer der Meyerischen Tochter, als sie solche zu Amt gebracht, eine davon vor sich zu behalten zum Andenken geschenkt hätte; Deponent wüßte nicht so eigentlich, ob es 3. 4. oder 5. Duplonen gewesen wären.

Test. 5. R. Ja, und wären sie vom gemeinschaftl. Amt vor samtl. Unterthanen, so mit zu Sötern gewesen, vor 10. Rthlr. gestraft worden, welche er Deponent auch selbsten zu ermeldtem Amt bezalen helfen, nur der Johannes Meyer wäre vor sich allein um ein merklich mehrers bestraft worden.

Test. 6.

ad Interrog. 17.

Test. 6. R. Ja und hätten die MitBestrafte sein Deponenten Antheil Strafe an dem die 3. Tage hindurch verdienten einen Reichsthaler abgezogen.

Test. 7. R. Freylich und hätte Deponent und Hanns Jacob Pauli die deßhalb vom gemeinschaftl. Amt angesetzte Straf vor die samtlich zu Sötern gewesene mit 10. Rthlr. baar bezalt, der Johannes Meyer hingegen, deme die Straf dahier zu erlegen zu Sötern neben seinem gedoppelten Lohn versprochenermaßen und zwar lauter Duplonen gegeben worden, hätte vor sich allein ohngefehr 20. Rthlr., eine Duplon mehr oder weniger, zur Straf entrichten müßen, wovon doch Hr. Amtmann Brümmer des Johannes Meyers Tochter, nicht wissend, ob es des Conrad Hertels oder des Georg Brenners Frau dahier geworden, eine Duplon mit dem Beding zuruckgegeben, daß sie solche vor sich behalten und ihrem Vater ja nicht zuruckgeben solle.

Test. 8. R. Als sie Sponheiml. von Sötern anhero zuruckgekommen, hätte der gemeinschaftl. Hr. Amtmann Prümmer dieselbe jeden um ½. fl. gestraft, der Johannes Meyer seye aber etwas stärker gefrevelt worden, daß es an etlich und 20. fl. gekommen, wovon mehr erwehnter Hr. Amtmann seel. einer der Meyerischen Töchter, welche das Geld zu Amt gebracht, etwas davon vor sich zu behalten zuruckgegeben, doch hätten die Dürckheimische Hhrn. Vormundere ihn Johannes Meyer, wie Deponent vernommen, schadlos gehalten, und solche Gelder von Sötern geschickt.

Test. 9. R. Freilich wohl, wie eben gedacht, daß sie samtliche Sponheimische nach Sötern gelaufene Leute zwar insgesamt ohngefehr 10. Rthlr. und hieran jeder seines Behalts an die 30. Peterm. zalen müßen, jedoch sein Schwieger-Vatter Johannes Meyer hätte vor sich allein 15. bis 20. Rthlr. Straf dem gemeinsherrschaftl. Beamten Hrn. Prümmer, nachdem er sein Deponenten Frauen, der Meyerischen Tochter, von denen ihme überlieferten ihres Vatters Straf-Geldern eine Duplon vor sich zu behalten, ohne solche ihrem gleichwohl auch damalen bedürftigen Vatter zuruckgeben dörfen, wieder zu-

 gestellet

ad Interrog. 17.

gestellet und geschenket, wirklich entrichtet, jedoch so viel Deponent von seiner verstorbenen Frauen vernommen, seie ihrem Vatter die angesezte Straf zu erlegen, von Sötern geschickt worden.

ad Interrog. 18.

Ob nicht die, welche nicht sogleich gehorsam gezeiget, noch mit Thurn-Straf beleget worden?

Test. 1. R. Dieses wüßte er, um nechst vorgemeldter Ursachen willen, nicht zu sagen.

Test. 2. R. Könnte sich nicht mehr so genau erinnern.

Test. 3. R. Erinnerte sich nicht mehr so genau.

Test. 4. R. Ja, der abgeschickte Bott Jacob Steffen selbsten, weilen er sogleich zuruckzukehren gesäumet, und an dem guten Verdienst auch Antheil mitnehmen wollen, allenfalls von dorttigem Wohlleben sich anfechten lassen, wäre mit einer besonderen Thurn-Strafe noch beleget worden.

Test. 5. R. Wüßte es nicht mehr zu sagen.

Test. 6. R. Nur der Jacob Steffen wäre wegen seines längern Ausbleibens, da er auch etwas zu verdienen und von dem guten noch zu geniesen eingethürnet worden.

Test. 7. R. Ja, ermelter Steffen, welcher sich noch etwas weiters zu Sötern aufgehalten und auch einen Taglohn verdienen wollen, seie in das Gehorsams-Häußgen bei seiner Ruckkunft gesezt worden.

Test. 8. R. Seie ihm ausdenkig und erinnere er sich nicht mehr.

Test. 9. R. Seye ihm ausdenkig.

ad Interrog. 19.

Ob darauf noch weiter Jemand aus dem Amt Birkenfeld nach Sötern gegangen und sich allda gebrauchen lassen?

Test. 1. R. Nachgehends seie Niemand mehr aus hiesigem Amt nacher Sötern gegangen wie dann Deponent selbsten, weilen er keine Compagnie von den Lands-Leuten mehr zu Sötern gehabt, auch abgewichen und zuruckgeblieben seye.

Test. 2. R. Niemand mehr.

Test. 3. R. Niemand, Sie hätten an dieser Straf vors künftige gnug gehabt.

Test. 4.

ad Interrog. 19.

Test. 4. R. Nein, sie hätten nicht mehr dörfen hinüber gehen, so gern sie auch gewollt, indem sie nichts leichter, noch auch so viel zu Hauß verdienen können, zumalen der Dürckheiml. Vormund Herr von Waldner bei ihrer Abreise von Sötern zu ihnen gesagt, daß, wann sie wieder kommen dörften, sie nur kommen und den vorigen Lohn empfangen sollten.

Test. 5. R. Mit seinem Wissen Niemand, auch Deponent selbsten nicht.

Test. 6. R. Nein, nachgehends wären sie ja nicht mehr auf Sötern gegangen.

Test. 7. R. Nein und hätte nach dieser Strafe und amtlichen Verweiß keiner wieder nacher Sötern zu gehen verlanget.

Test. 8. R. Deponent sowohl, als die übrigen seines Wissens, wäre keiner wieder nacher Sötern gegangen.

Test. 9. R. Nein, gar nicht.

ad Interrog. 20.

Ob auch Jemand von Züsch damalen zu Sötern gewesen und gehuldiget habe?

Test. 1. R. Wüßte es nicht, hätte wenigstens damalen von Züsch Niemand zu Sötern gesehen.

Test. 2. R. Hätte die Züscher nicht gekannt und wüßte es also nicht.

Test. 3. R. Hätte keinen gesehen.

Test. 4. R. Könnte es nicht sagen.

Test. 5. R. Hätte die Leute nicht gekennet und wüßte also Niemand.

Test. 6. R. Er hätte die Leute nicht gekennet.

Test. 7. R. Mit seinem Wissen nicht.

Test. 8. R. Wüßte es nicht.

Test. 9. R. Hätte die Leut nicht gekennet.

ad Interrog. 21.

Wer damalen Beamter zu Sötern gewesen?

Test. 1. R. Der Hr. Külz sele Secretarius, welchen kein anderer Beamter damals zu Sötern sich befunden, dorten gewesen und zugleich Kaiserlicher Notarius, welches letztere es von dem Johannes Meyer gehört gehabt.

Test. 2. R. Wüßte es nicht mehr.

Test. 3. R. Der Hr. Külz.

ad Interrog. 21.

Test. 4. R. Könnte sich nicht mehr erinnern.

Test. 5. R. Wüßte es nicht.

Test. 6. R. Er erinnerte sich nicht mehr.

Test. 7. R. Der Hr. Külz.

Test. 8. R. Der Hr. Külz, welcher Secretarius zu Sötern gewesen, seie damalen vorgestellet worden, in was Qualität aber, wüßte er nicht.

Test. 9. R. Seie ihm unwissend, oder entfallen, doch daß der Hr. Amtman Azenheim in Dürckheimis. Diensten gewesen, erinnerlich.

ad Interrog. 22.

Wer darauf bei den Herren von Dürckheim Beamter daselbst worden seie?

Test. 1. R. Wie er vermeine, seie der Herr Amtmann Atzenheim, ein Bruder des Herrn Raths Azenheim, nach des Herren Külzen baldigen Ableben gleich Amtmann zu Sötern geworden, und vorhero schon in Dürckheimischen Diensten gestanden.

Test. 2. R. Glaube, Herr Azenheim wäre bald nachgehends Amtmann zu Sötern worden, welcher bekanntlich lange in diesen Diensten gestanden.

Test. 3. R. Der Herr Azenheim, welcher zugleich als hiesiger Beamter lezthin verstorben.

Test. 4. R. Könne sich nicht mehr erinnern.

Test. 5. R. Seie ihm auch entfallen.

Test. 6. R. Seie ihm entfallen.

Test. 7. R. Könne sich nicht sogleich erinnern.

Test. 8. R. Eben der lezt dahier verstorbene und zu gleicher Zeit zu Birkenfeld mitgewordene Hr. Amtmann Azenheim.

Test. 9. R. Bezoge sich auf seine vorhin gethane Aussage.

ad Interrog. 23.

Ob Zeuge bekannt, daß man jemalen Sponheimischer Herrschafts- oder Amtswegen den Herren von Dürckheim Züsch zugestanden habe?

Test. 1. R. Hätte solches niemalen gehöret, daß man Sponheimischer Seiten jemalen denen Herren

ad Interrog. 23.

Herren von Dürckheim Züsch zugestanden habe, im Gegentheil, so fern er sich wegen Länge der Zeit recht besinne, und, wie er glaube, daß des damalen dahier regierenden Herren Herzogen Hochfürstl. Durchlt. Dero BurgVogt Hey nach dem Hunolsteinischen Ableben alsbalden nacher Züsch verschicket, in Höchst Ihro Namen davon Possession zu ergreifen, so, wie er sich erinnern könne, in dasigem Hof-Hauß geschehen, die davon gehörte Umstände wären ihm seit der Zeit entfallen.

Test. 2. R. Nein, hätte es niemalen gehöret.

Test. 3. R. Hätte niemalen etwas davon gehöret, daß ab hiesiger Seiten denen Herren von Dürckheim an Züsch etwas zugestanden worden.

Test. 4. R. Hätte es niemalen gehöret.

Test. 5. R. Könnte davon nichts sagen.

Test. 6. R. Nein.

Test. 7. R. Hätte es niemalen gehöret.

Test. 8. R. Davon hätte er sein Lebtag nichts gehöret.

Test. 9. R. Hätte nichts davon gehöret.

Gestalten ich der Notarius nun dieses Zeugen-Verhör in Beiseyn derer zu diesem Actu ersuchten beyden ausländischen Gezeugen also vorgenommen, die Aussage eines jeden mit angehöret, allen Zeugen und jedem insonderheit solche zum zweitenmal vorgelesen, auch solche im Protocoll von ihnen eigenhändig unterschreiben lassen; So habe gegenwärttiges Instrument gefertiget, mit meinem gewöhnlichen Notariat-Signet bedrucket, selbst, beneben beeden ersuchten Gezeugen unterschrieben und ausgehändiget.

So geschehen im Jahr Indiction, Kayserl. Regierung, Orth und Stelle, wie obgedacht.

(L.S.)

Johann Christoph Hetzel,
Notarius Cæsar. publ. jurat. ad hunc Depositionis Actum specialiter vocatus.

Wilhelm Schneider als Erbettener Zeuge.
Franz Rooß als Erbettener Zeuge.

Nr. 119.

Sponheimisch-Gemeinschaftl. Birkenfelder Amts-Protocollen vom 17. 21. und 22ten Sept. 1716.

Den 17den Nachmittag 2. Uhren kamen die Unterthanen von Sötern, nach dem sie dem Befehl bis in den 3ten Tag keine Parition geleistet, von selbsten zurück, wurden dahero heut über dern Ungehorsam vor Amt citiret & desuper vernommen.

deponirten unanimiter:

Es seie der Bott mit dem Befehl hinüber kommen und solchen dem Jost von Eisenberg zugestellet, welchen er dem Joannes Meyer bringen wollen, es habe aber der Edelmann Herr von Waltner solchen von ihme Justen abgenommen, auch dem Meyer zugestellet, welcher solchen zu sich gestecket und sogleich auff Birckenfeld geritten, ohne daß er einem Mann davon Apertur geben, was der Befehl in sich gehalten, weilen sie aber alle gezweiffelt, es müße was darhinder verborgen seyn, als hätten sie Joannes Meber bei dessen Zurückkunft: so des folgenden Tags gewesen) befragt, ob ein Amts-Befehl da seye, hätte er Meyer gesagt, ja freilich seie einer da, ad id, warum daß er Meyer dann solchen ihn nicht communiciret und was sie dann thun sollten, er heische sie nicht gehen, auch nicht bleiben.

Was des Meyers seine Verrichtung zu Sötern gewesen.

Respondent:

Er habe sie commandirt.

Was der Jost vor Bedienung gehabt.

R. Er habe die Posten auf und abgeführet.

Ware unterschrieben

Prümmer.

Franz Ruppenthal Gerichtschöff.
Johann Matheis Eißenschmid Gerichtschöff.
Carl Ott Hoffmann Gerichtschöff.

Continuatum.

Den 21ten erhielte ein Schreiben von den Dürckheimischen Vormünderen zu Sötern, worinn dieselbe Joannes Meyer suchten zu excusiren, ob seie dieser alleinig zu Verkauffung ein und anderer Mobilien emploiret worden, ersuchten dahero, diesen ferner zu Sötern zu verbleiben, die Erlaubnis zu geben.

Responsum.

Daß Joannes Meyer wissen sollen, daß keinem gemeinschaftlichen Unterthanen erlaubet, ohne Verwissen gemeinschaftl. Amts sich armata manu in anderer Herr-

Herrschaft gebrauchen zu lassen, weniger aber auf gleichen Fuß verschiedene andere anzuziehen und sogar zu commandiren, die Posten auszutheilen ꝛc. dessen er durch protocollirte Depositiones bereits mehr als nöthig überführet, hauptsächlich aber, daß er den Unterthanen zugefertigten gemeinschaftl. Amts-Befehl, welcher (wohl wissend) nicht an ihn selbsten sondern übrige Unterthanen ergangen, malitiosissime hinterhalten, habe dahero sein Verbleiben bei der ihme in Gemeinschaft angesetzten Strafe der 30 Rthlr.

Continuatum den 22. 7br.

Erschiene Johannes Meyer und nachdeme ihme die von den Unterthanen untern 19ten bei Amt gethane Depositio:i vorgehalten, zwar anfangs sich mit nichtigen Einwenden schüzen wollen, nachdeme aber die Unterthanen zur Confrontation citiret, hat er den nicht abwarten wollen, sondern sich dahin erkläret, er wollte dann bitten, damit ihme wenigsten Hochfürstl. Pfalz-Gräflsche Herrschaft den Antheil der Strafe erlassen möge, so ihme zugestanden und dazu 2. Tage pro termino angesetzet worden.

Die übrige Unterthanen:

Wellen sie ohne Permißion mit gewehrter Hand sich in fremde Herrschaft begeben, auch wenigstens genugsame Nachricht von ergangenem Befehl gehabt und ohnerachtet dessen bis 1½ Tage nicht erschienen, so hat ein jeder ½ Rthlr. Frevel zu erlegen, welcher Straffe sie sich submittiret.

Prümmer.

Nr. 120.

Herzoglich-Zweybrückische Resolution auff die bei der Recurs-Schrift sub Nro. 40. liegende Züscher Lehens-Requisition der Dürckheimischen Vormundschaft dd. Rappolzweiler den 5. Julii 1717.

Gegenwärtige Supplic wird an die Fürstlich-Pfalz-Sponheimische Lehen-Cammer zu Bischweiler verwiesen, um darauff zu decretiren, was Recht ist.

Christian pfg.

Rappolzweiler, den 5ten Julii.
1717.

Nr. 121.

Copia Extractus Iudicialis in Sachen der Freyherren von Dürckheim, entgegen die gemeinschaftlich Sponheimische Regierung d. d. 4ten 7br. 1752.

rc. rc.

55. bis 93. Lt. Ziegler. Producire in facto & jure sattsam gegründete Deductionem novorum maxime relevantium mit unterthänigster Bitte, pro restitutione in integrum adversus Sententias d. 8. Oct. 1751. & deinceps hucusque latas, eaque praevia, cassando mandato de non violando territorium nec amplius turbando in possessione loci Züsch &c. S. C. una cum condemnatione partis impetrantis in expensas frivole causatas ac condignam poenam, und mit Anlagen sub num. 1. bis 37. incl. handle und Bitte Inhalts zu restituiren und zu sprechen, nebst deme übergebe Ihro Hochfürstl. Durchlt. als regierenden Herrn Herzogen zu Pfalz-Zweibrücken Original-Special-Vollmacht ad Praestandum juramentum in puncto restitutionis in integrum sub Nro. 38.

94. 95. desgl. des Hrn. Advocati Causae Original-Special-Vollmacht, ad idem juramentum praestandum sub Nro. 40. und bin Innhalts derselben den gedachten Eid sowohl in animas Serenissimi domini Principalis mei und des Advocati Causae, als auch meine eigene Seele sogleich abzulegen erbietig, will auch derer Special-Gewälter und sämtlicher Beylagen recognitionem allenfals ex officio unterthänigst gebethen haben.

O. N. 4. Septb.

Lt. Brand. Inhaerire der so eben vom Hrn. Lto. Ziegler übergebenen Implorations-Schrifft pro restitutione in integrum. Dann producire gleichmäsig Original-Special-Vollmacht ad praestandum iuramentum restitutionis in integrum, Namens Ihro Hochfürstl. Durchlt. des Herrn Marggraven zu Baden-Baden und bin gemelten Eid in animam Serenissimi Domini Principalis ut & propriam abzulegen erbietig der Special-Vollmacht aber recognitionem vel ex officio.

Nr. 122.

Extractus Supplicationis pro restitutione in integrum &c.

§. 97.

Anwaldt gehet in seiner Ausführung weiter, und darinnen wird sich nunmehro

Der zweyte Abschnitt

mit der Hoheit über Zisch beschäfftigen, und demjenigen membro Mandati de non violando territorium, krafft dessen das Dorff Zisch cum pertinentiis als eine

imme-

immediate denen von Dürckheim, vermeintlich zuständige Allodial-Herrschafft supponirt, und in dessen Gefolg, denen Hochfürstlich-Sponheimischen Gemeins-Herrschafften, sothanes vermeinte territorium weder zu betretten, noch einige Gewalt darauf zu verüben, verbothen wird, näher auf den Grund sehen.

§. 98.

Wenn die zudringliche Gegentheile, ein Mandatum de non violando territorium nachsuchen; So bringen sie zur Bescheinigung dieses ihres gerühmten territorii in Zisch, sonst weiter nicht das geringste vor, alß daß sie sich in dem Besitz des Ortes Zisch befunden hätten, und darin durch Mandata und paritori-Urtel, contra Chur-Trier geschützet, von Seiten der Sponheimischen Gemeinsherrschafften hingegen niemals einige Anspruch auf ermeltes Dorff Zisch und dessen Zugehör, vel in possessorio, vel in petitorio gemacht worden sey.

Daß aber denen von Dürckheim, die Hoheit über beregtes Dorf zustehen, und daßelbe, deren territorium ausmachen solte, davon haben sie in ihren Supplicis weder eine deutliche Erwehnung gethan, noch vielweniger die erforderliche Bescheinigung darüber beygebracht, sondern nur gleichsam im Vorbeygehen quasi aliud agendo, erzehlet, der Hr. Amtmann Fabert zu Bürkenfeld, seye mit bewafneter Hand, in disseitiges, scil. das vermeinte Dürckheimische territorium eingefallen; Und ausser dem, wird sothanes so betittelte Einfallen, in denen Anlagen zu den Supplicken, die der retro berüchtigte Bößwicht und Falsarius Heidenreich geschmiedet, annoch mit den ehrvergessensten Benennungen beschmitzet.

§. 99.

Nach unserer Teutschen Reichspraxi machet das territorium das Subjectum materiale von der Landes-Hoheit aus.

Mascov. principia juris publ. R. G. libr. 6. cap. 1. §. 2. 3.

vid. etiam Itter de feudis Imperii cap. 8. §. 7. p. m. 372. seqq. cum alleg. Reinkinn, & Sinolt. Schütz.

und ist daher als eine notio relativa, niemals anders zu verstehen, als wenn man das Relatum, nemlich die Landes-Hoheit, dargegen hält; Gehet also das Wort territorium, in sensu eminentiori, lediglich nur dahin, daß es die einem gewißen Districkt anklebende Hoheit ausdrückt, und lässet sich daher, vermög unsers Teutschen Staats-Rechtes, niraend anders gedenken, alß bei demjenigen, der die Landes-Hoheit hat, und derselben fähig ist

Knichen de sublimi territ. jure cap. I. num. 25. 26.

So wenig nun die unmittelbare von Adel, der Landes-Hoheit fähig sind, oder dieselbe in den Teutschen Reichs-Gesetzen beigeleget kriegen, ob sie schon sonsten, & speciali privilegio und auf andere Weise mehr, an den mehresten Regalien participiren;

vid. Hugo de Statu Regionum Germ. Cap. 5. §. 5.

So wenig lässet sich auch von ihren unmittelbaren Dörfern, Schlössern, und Districkten, nach dem wahren Verstand unsers Teutschen Staats-Rechtes, das die Landes-Hoheit ausdrückende, mithin in Sensu eminentiori zu nehmende Wort: territiterritorium prädiciren. Und in diesem Verstand des juris publici R. G dürfen sich die von Dürckheim, keines territorii ratione Zisch, wenn man gleich übergehet, daß dieser Ort, nicht einmal immediat seye, rühmen. Wer auch den Districkt über Zisch, ein einziges Dorf mit seiner Gemarkung, zu einem besondern territorio machen wolte, der würde eine dem Teutschen Staats-Recht sehr ungemäße Sprache reden, müste auch von territoriis eine sehr lächerliche idée haben, und sich dieselbe nach einem sehr verjüngten Maas-Stab in der schönsten Miniatur vorstellen.

Es fehlet also denen von Dürckheim bereits in so weit, nach dem Begriff unsers Teutschen Staats-Rechts, an einem territorio.

§. 100.

Allein setzet man auch dieses beiseit; So haben doch die Gegentheile ihr gerühmtes territorium von Zisch, und folglich die, zu dessen Beweiß, vornehmlich zum Voraus zu setzende immedietatem deßelben, mit keinem Buchstaben bescheinigt. Daß die hauptsächlichste Nota characteristica eines territorii in demjenigen sensu, wie es die Kläger verstanden wissen wollen, in der immedietate bestehe, wird kein Publicist leugnen. Es hätten also die von Dürckheim sothane Ohnunterwürfigkeit, der Vorschrifft des R. I. N. §. 79. gemäß, zuvorderst einigermaßen bescheinigen sollen, bevor sie die Hochfürstlich-Sponheimischen Herrschafften, für violatores territorii hätten ausschreyen und Ein Höchstes Reichs-Gericht, ihnen mit Straff gebothen, dargegen zu Hülfe zu eilen, hätten auffordern dürfen. Nun gehe man aber die Dürckheimische Supplicken von Wort zu Wort durch; So wird man in deren præmissis nicht den Nahmen von der immedietæt finden: Worin solte nun die Bescheinigung des gerühmten von Dürckheimischen territorii über Zisch bestehen?

Soll aber die, zur Erlangung eines Mandati, vornemlich gegen Reichs-Stände, Reichs-Gesetzmäßig zu prämittirende Bescheinigung darin verborgen stecken, daß sich die Gegentheile, wegen ihres vorgeblichen Besitzes, auf die Acta inter alios contra Chur-Trier bezogen, demnechst allen, von denen Hochfürstl. Sponheimischen Gemeins-Herrschafften, jemals gemachten Anspruch auf Zisch, kurzumb abgeleugnet haben; So langen Sie damit sehr schlecht aus: Es ist bereits oben ausgeführt, wie wenig die Abberuffung auf acta inter alios, deßgleichen die blose Verneinung, als ein Satz, der seiner Art und Eigenschaft nach nicht einmal einen Beweiß zuläßt, zur reichsgesezmäsig erforderlichen Bescheinigung taugen könne. Und wolte man auch die Abberuffung auf frembde Acten, noch passiren laßen; So ist doch in selbigen keine Sylbe von der gerühmten von Dürckheimischen immedietæt des Dorfses Zisch, sondern vielmehr in |75.| und |113.| das gerade Gegentheil davon befindlich. Die angemaßte Ableugung einigen, von Seiten der Hochfürstlich-Sponheimischen Gemeins-Herrschafften jemals geschehenen Anspruches auf Zisch, kan aber um so weniger, für eine Bescheinigung angenommen werden, weilen eines Theils, die mannigfaltigen Fälle, wodurch Jemand seinen Anspruch, auf gültige Art äusert sich unmöglich alle gedenken- geschweige dann deren non usus durch eine generalem negationem in folle sich bewähren läßet; Und andern Theils, aus denenjenigen Acten, worauf man sich ex adverso bezogen, das klare Gegentheil erscheinet.

Denn dieselbige besagen nicht nur in |65. | 71.| den gemachten Sponheimischen Anspruch auf Zisch, ganz klärlich und gründlich, sondern auch laut |70. | 113.| daß sich die Sponheimische Hoheit, auf den grösten Theil von Zisch erstrecke.

§. 101.

§. 101.

Solchergestalt mangelt es denen von Dürckheim, in ihrem Gesuch pro Mandato de non violando territorium, nicht nur etwann bloß an der Bescheinigung sondern ihre an deren statt, anmaßl. dienen sollende allegata, sagen ihnen sogar das grade Gegentheil ins Gesicht, und überführen sie, wegen ihres Anführers, einer offenbaren Unwahrheit.

Und dennoch sind sie so glücklich gewesen, das Mandatum wie gebethen, zu erhalten: Und dennoch haben sich vornehme Reichs-Fürsten deßwegen, daß Sie in ihrem Eigenthum und Hoheit, diejenige Gewalt worzu Sie in Reichsgesetzen, unstrittig autorisirt sind, und welche jeder Reichs-Standt alltäglich ausübt, durch ihre Beambten exerciren lassen, ohne weitere Nachfrage; für violatores territorii ausschreyen lassen müßen.

Das müßen also importunæ preces gewesen seyn, die solches Mandat auszuwürcken vermocht, oder die von Dürckheim müßen ein Privilegium wider den §. 79. des jüngsten Reichs-Abschieds, und den §. 9. des jüngsten Vis. Absch. vorzuzeigen gehabt haben, das sie gegen die Nothwendigkeit, der vorgängig beizubringenden Bescheinigung ihrer gerühmten Immedietæt von Zisch, und daraus fliesenden territorii, gedecket.

§. 102.

Da nun also das erschlichene Mandatum de non violando territorium, auf den ärgsten sub- & obreptionen beruhet; was Wunder, daß auf die dißseitige gründliche exceptiones, sothanes Membrum Mandati, durch die Cameral-Urtel vom 8ten Octob. a. pr. nicht eben so, wie der übrige Theil des Mandati, paritorie bestättiget worden ist!

Es ist nemlich in der beregten Exceptions-Schrifft a pag. 32. bis 62. umständlich ausgeführet, und mit denen untrüglichsten documentis beurkundet worden, was massen die Hochfürstlich-Sponheimische Gemeinsherrschaften, seit seculis, die Unstrittige Landes-Hoheit, durch Außübung der hohen Malefiz-Obrigkeit, durch Abforderung Steuer, Reiß und Folge ꝛc. über den grösten Theil von Zisch, herbracht haben, und daß daher, dieser vornehmliche Theil des Lehenrührig gewesenen Ortes Zisch, ein wahrer pars integrans des Sponheimischen territorii gewesen sey. Die Wahrheit dieses Angebens, hat Einem Hochpreißlichen Cammer-Gericht, der gestalt überzeugend eingeleuchtet, daß dasselbe gerechtesten Anstand genommen, auf diesen Punkt eben so, wie auf den andern geschehen ist, paritorie zu sprechen, sondern es ist dißfalls, wie auch ratione der Jagd, lediglich nur bei einer actori geblieben, mithin in soweit die Sache in einen simplen Citations-Proceß verwandelt worden.

§. 103.

Dieserwegen sind nun folgende Betrachtungen vorauszusetzen: und zwar ad

1) Wann ein Hochpreißliches Cammer-Gericht, den punctum prætensi Mandati de non violando territorium nicht eben so, wie das zweyte membrum Mandati per paritoriam bestättigt, sondern diesen Punkt, mit Einschluß der Jagd, in einen blosen Citations-Proceß verwandelt hat; So muß ein hoher Herr Richter, bei der Gerichtlichen Adjudicatur der Sache, unfehlbar den Gegentheiligen, ob zwar

 vorvorhin zur Erkennung sothanen Mandati hinlänglich genug geglaubten Vortrag, keinesweegs zur Aufrechthaltung dieses Mandati für sattsam gegründet, oder doch zum wenigsten, durch den disseitigen Gegenvortrag, genüglich abgelehnet befunden haben. Ist nun dieses, so kan unmöglich das Hochpreißliche Cammer-Gericht, das bisherige zur Außübung der zuständigen Hoheits-Rechten abzielende Unternehmen der Hochfürstlich-Sponheimischen Gemeinsherrschafften, in Absorderung der Huldigung, Steuren, und was dem anhängig, von den Unterthanen in Erlassung Herrschafftlicher Ge- und Verbothen, in der Außübung des juris circa sacra, in der Oberobsicht und Pflege der Waldungen, auch Exercirung der Jagden, und was dergleichen mehr, eben so, wie es die Gegentheile mit ihren Helfershelfern, unbesonnen und vermessentlich vorzuspiegeln, und zu benennen sich erfrechen, für Eingriffe in die von Dürckheimische Jurisdictions- und territorialjura angesehen haben. Die von Dürckheim begehen daher die pflichtvergessenst- und vermessenste Thathandlung, wenn sie sich unterstehen, denen Hochfürstlich-Sponheimischen Gemeinsherrschafften, wovon sie sogar dem einen condomino, nemlich dem Durchlauchtigsten Hauß Pfalzzweybrücken, noch mit anderwärtigen besondern Lehens-Pflichten verwandt- und zu gethan sind, nicht allein die Hoheit über Zisch wieder besser Wissen und Gewissen, streittig zu machen, sondern auch die disseitige bestbefugte Ausübungen unter der Rubrick einer violationis territorii vorzustellen, ja sogar dieselbe, mit den gehäßigsten abscheuligsten Benennungen zu überhäuffen.

Blind und unbesonnen handlen aber die Gegner darinnen, daß sie nicht einmal die Augen aufthun- und erkennen wollen, was ihnen wegen dieser Frevelthat im Garten wachsen, und daß ihnen für diese treulose Felonie an ihrem Durchlauchtigsten Lehnherrn, dessen Schaden zu warnen, und bestens zu befördern, sie zu Gott und auf das Heilige Evangelium geschworen haben, der Privations-Proceß, und die Caducirung des Lehn zur wohlverdienten in Lehnrechten, auf dergleichen Untreu bestimmten Straffe,

vid. 2. feud. 6 junct. 1. feud. 21.

Jus feudale alemann. cap. 4. in Corp. jur. feud.

Helfrich cap. 19. §. 18. not. **

auf dem Fuß folgen werde.

Und so schlägt Untreu seinen eigenen Herrn! dem falsario Heidenreich bleibt aber die Strafe des Zuchthauses, für sein ehrvergessenes Schänden und Schmähen auf das wohlbefugte Unternehmen der Hochfürstlich-Sponheimischen Gemeinsherrschafften und dero Beamten, wie schon gedacht zum rechtmäßigen Recompens bevor. Und dieses ist die erste vorläufig zu machen gewesene Betrachtung.

§. 104.

Hat nun das Hochpreißliche Cammer-Gericht, das Membrum Mandati de non violando territorium per sententiam nicht bestätigt, sondern durch die angefügte actori-Urtel, den Mandat-Proceß in processum citationis verändert; So bringt 2) die natürliche rechtlige Folge mit sich, daß pendente lite pesa. das Cammer-Gericht selbsten, die ohnunterbrochen fortwehrende Ausübung aller ersinnlichen Hoheits-Rechten, wie auch Exercirung der Jagden, von Seiten der hohen Sponheimischen Gemeinsherrschafften, genehmiget habe, und gut heisen müße. Die Rechte geben klärlich an die Hand, daß derjenige, welcher ante litem motam in

Besitz

Besitz einer gewißen Sache oder Rechts gewesen ist pendente lite darin fortfahren- und verbleiben müße, wobei man nur darauf siehet, ut de possessione eaque ante litem cœptam habita, seu de usu, qui possessionis loco est, constet.

Mev. p. 2. dec. 188. n. 1. 2. 3. 4. intextu.

Enimvero propter litem & motam controversiam nemo possessionis commodo privari debet; nec potest continuanti obesse, quod jus possessionis in judicium deductum sit & controvertatur, est enim pro illo, velut possessore, donec vincitur, juris præsumtio, multo magis cum Magistratus est.

Mev. p. 6. dec. 205.

Nun haben aber die hohe Gemeinsherrschafften ihren ohnunterbrochenen Besitz vel quasi der Hoheit über Zisch, und der Jagden in den Zischer Waldungen, biß auf die Zeiten des ex adverso darüber höchst unbefugt angemaßten gegentheiligen Wiederspruches, und entsponnenen jetzigen Streits, unleugbar continuirt: Und die gegentheile sind solches nicht nur auf keine Weise zu leugnen im Stand, sondern ihre aufgeführte Zeugen, gestehen es auch überall deutlich ein. Da sich nun die Außübung sothaner Hoheits-Rechten über Zisch, in Ge- und Verboth an die Unterthanen, Erhaltung der offentlichen Ruhe und Sicherheit und was dergleichen mehr, unmöglich auf einige Weise verschieben lässet, noch weniger aber, den Gegnern gebühret oder in die Hände gestellet werden können; So beharren die dißseitige hohe Herrschafften, auf deren Fortführung, mit dem besten Rechtsfug und werden sich darin, auf keine Weise stöhren- noch durch den ohnmächtigen Widerspruch derer von Dürckheim davon abwendig machen lassen.

Es verdienet daher sothaner unrechtmäßig angemaßte Wiederspruch, vielmehr Hochrichterliche Indignation, alß Attention. Und dieses ist die zweite vorläufige Betrachtung.

§. 105.

Dieses vorausgesetzt; so will unterzeichneter Anwaldt, in puncto prætensi Mandati de non violando territorium, und zwar, so viel die dißseitige Rechtsgründe betrifft, so deßen gänzliche Caßirung mit sich bringen und rechtfertigen, nunmehro gezimend ausführen, was massen ad

a) Die Hochfürstlich-Sponheimische Gemeinsherrschafften, die Hoheit über den grösten- in diesseitigen exceptionibus beschriebenen Antheil von Zisch, ingleichem die Jagd-Gerechtigkeit in den Zischer Waldungen, seit seculis unwidersprechlich und geruhig herbracht, deren ehemalige Vasallen, die Vögte von Hunolstein hingegen sothane hohe Gerechtsame, niemals in Besitz bekommen haben: Folglich können auch die Gegnere dieselbige, weil ihr Erblasser, der letzte Vogt von Hunolstein zu Söttern, solche niemals in Besitz vel quasi gehabt, niemals überkommen haben. Und solchergestalt beruhet das Mandat in soweit auf den ärgsten sub- & obreptionen, ist der unfehlbaren Caßirung unterwürffig und überhebet die hohe Gemeinsherrschaften aller Schuldigkeit, sich mit den Gegnern, darüber am Cammer-Gericht, es seye in via Mandati, oder citationis, weiters einzulassen.

§. 106.

Um nun diese Sätze in der gebührenden Ordnung auszuführen; So ist in diesseitigen exceptionibus sattsam bescheiniget worden, daß laut Lit. Ee und Mm alle Zischer Unterthanen ohne in Ansehung ihrer Wohnung, den geringsten Unterschied zu machen, dem Bürkenfelder Hochgericht unterworfen gewesen, und an den Hochgerichts-Tägen, erschienen seyen, deßgleichen alle peinliche Fälle vom Amt Birkenfeld, nicht aber von denen Vögten von Hunolstein gerüget, und daß laut Lit. Aa. Bb Cc. Dd. Gg. Ii. Kk. die Zischer Einwohner von seculis her bereits, durch die alten Grafen von Sponheim, mit Steuren und Schazungen belegt, nach Birkenfeld aufs Schloß, zur Wacht erfordert, und in den Birkenfeldischen Muster-Rollen, beständig geführet worden.

So gewiß nun alle diese Stücke, durch unwiederlegliche documenta publica, und die eigene Bekantniße der ehemaligen Vasallen, Vogten von Hunolstein, beurkundet sind; So gewiß geben auch dieselbe einen ganz offenkündigen Beweiß, der disseits von seculis unwiedersprechlich und geruhig heraebrachten Hoheit an die Hand: Und so viel derer besondern Stücken, so viel besondere Merkmale der disseitigen Hoheit finden sich auch.

§. 107.

Diese wahre Beschaffenheit hat es nun mit der Hoheit über Zisch gehabt, und wie sich den Rechten nach, keine Veränderung dieser erwiesenen Beschaffenheit vermuthen läßt, noch weniger gegenwärtig der Umständen wegen, wahrscheinlich ist, daß die Hochfürstlich-Sponheimische Gemeinds-Herrschafften ihrer mit lauter Gefährde und Felonien schwanger gehenden Vasallen, die unfürdenklich hergebrachte Hoheit über Zisch, und einen ansehnlichen partem Integrantem der Sponheimlichen Graffschafft, solten aufgelassen haben; Also bleibt es dabei, daß sothane obbeschriebene Hoheit über Zisch zu keiner Zeit denen Sponheimischen Vasallen, Vögten von Hunolstein, zugeeignet, oder jemals in deren Besitz vel quasi gekommen sey.

§. 108.

Hat aber der lezte Vogt von Hunolstein zu Sötern derer von Dürckheim Erblasser, von welchem sie alle ihre vermeinte Ansprüche auf Zisch ableiten und herhaben wollen, die Hoheit über Zisch niemals in Besitz vel quasi gehabt und exerciret; Wie kan es denn möglich seyn, daß die Gegnere, als dessen Erben, dieselbige unter dessen Nachlaß solten gefunden, und mit auf sich gebracht haben: Vielmehr verschwindet dadurch, aller ex adverso vorgebliche titulus pro herede des Zischer Hoheits-Antheiles, auf einmal.

§. 109.

Die von Dürckheim haben auch sonsten keinen andern Titulum zur Hoheit über Zisch in ihren anmaßlichen Supplicis pro Mandato de non violando territorium vorgebracht, sondern die obige Ausführung bewährt, daß sie sich, zur Erschleichung sothanen Mandati, solcher Erzehlungen bedienet, die nicht allein mit keinem Buchstaben bescheiniget, sondern auch sogar in denen adversantischen eigenen allegatis ihres offenbaren Ungrundes und Falschheit überführt sind. Denn ob sich zwar die Gegentheile, einer wohlhergebrachten Possession von Zisch rühmen, (worunter sie vielleicht in folle die territorial-jura mit verstanden wissen wollen) und sich zu dessen vermeinter Bescheinigung, auf acta inter alios von Dürckheim contra Chur-Trier beziehen; So enthalten doch sothane Acten (abstrahendo davon, daß sie

sie nicht einmal contra tertium einen nachtheiligen Beweiß machen können) von dem Anfang des gegentheiligen vermeinten Besitzes kein stummes Wort, und bescheinigen daher die gerühmte wohlhergebrachte Possession nicht im geringsten, vielweniger also, daß diese Acten einigen titulum und rechtmäßige Ursach, weßwegen die von Dürckheim die immedietæt und territorial-Gerechtsame, über dieses unter Sponheimischer Hoheit liegende Dorf Zisch, wohlbefugt erlanget und hergebracht hätten, enthalten solten: Vielmehr gestehet Chur-Trier in sothanen Acten, und in specie | 70. | ja selbsten, die von Dürckheim, durch das ihrer Seits producirte Conferenz-Protocoll | 113. | die Sponheimische Hoheit über ein ansehnliches Theil von Zisch, ausdrücklich ein.

§. 110.

Nun ist in Rechten eine ausgemachte Sache, daß in denen Fällen, wovon Regalien, und also um so mehr von Territorial-Gerechtsamen, alß dem Inbegrif aller Regalien, die Frage ist, der blose vorgebliche Besitz zur richterlichen Beibehaltung desselben, keineswegs zureichend sey, sondern daß immerfort, darzu ein gültiger Titulus zugleich gehöre, soll anders der angemaßte Besitzer seine Possession nicht verlieren: Nam ubi de possessione vel quasi regalium controvertitur solam possessionem probasse non sufficit, sed insuper justificationem tituli requiri, defendunt:

Menoch remed. retinendæ poss. 1 1 1. n. 590. remed. recuper. XV. n 469.

Andres Knichen de jure territor. cap. 5. n. 2. & seqq.

Merckelbach apud Klock Tom. I. conf. 8. n. 55.

Vornehmlich ist aber ein solcher Besitzer seinen titulum beizubringen verbunden, wenn er vor seine Person der anmaßlichen Regalien nicht fähig ist, und dieselbe in einem Territorio unter frembter Hoheit prätendirt: Cum enim hujusmodi possessio juri communi refragatur, adeo ut in alieno territorio jurisdictionem affectans territorium lædere, & pedem in alienum territorium immittens domino præjudicium inferre dicatur.

Gail. de pace publ. libr. I. Cap. 16. n. 27. 29.

Sequitur, eandem absque titulo subsistere non posse, concludente

Engelbrecht in tract. de servitute jur. publ. sect. 11. membr. 3. §. 25. ibique sub lit. r. citati.

§. 111.

Wie nun aber die von Dürckheim in ihren Suppliquen pro Mandato de non violando territorium, nicht daran gedacht, einen titulum vor sich anzuführen, sondern sich lediglich nur auf ihren vermeinten wohlhergebrachten Besitz von Zisch bezogen, allein den nicht einmal erforderlich bescheinigt, sondern es nur bei der Abberufung auf acta inter alios, von Dürckheim contra Chur-Trier, die doch sogar ratione der Hoheit, den Dürckheimischen Erzehlungen klärlich wiederstreiten, haben bewenden lassen; Also beruhet sothanes Mandatum auf dem offenbahresten Ungrund: Und deßen Erschleichung hat bei denen diesseitigen Hohen Gemeins-Herrschafften, billig um desto größere Aufmerksamkeit erwecken müßen, da aus denen selbsteigen allegirten

Acten von Dürckheim contra Chur-Trier, die Hochfürstliche Sponheimische Hoheit über den grösten Theil von Zisch, und daß solchergestalt der Theil, gegen welchen die Territorial-jura prätendirt, und das Mandatum nachgesucht würde, der superior seye, erhellete.

§. 112.

Nun geben aber nicht allein die Kayserliche Wahl-Capitulation art. XV. §. 5. und der R. J. N. §. 105. an die Hand, es solte, ohne vorgängiges Schreiben um Bericht, contra Superiorem kein Mandat erkandt werden, sondern es lehren auch die gemeine Rechte, quod adversus Superiorem ob præsumtionem quæ pro eo militat, Mandata jurisdictionem vel regalia concernentia caute & non facile, imo non sine aliqua causæ cognitione, qua tituli justi allegatio & demonstratio fieri debet, decernenda sint, præsertim si tendit ad exclusionem Superioris à jurisdictione, qui tamen fundatam, quoad omnia in territorio existentia, intentionem habet.

Mev. p. 1. dec. 44.

Und dieser wackere Rechtsgelehrte hat, laut sothaner decision, in gleichem Fall, ein Mandatum restitutorium contra superiorem abgeschlagen. Die Herrn von Dürckheim hingegen sind so glücklich gewesen, ein Mandatum contra Superiorem, ob sie gleich einigen Titulum weder angeführt, noch bescheinigt, zu erschleichen.

Wenn aber Jemand, auf eine solche Art, dem §. 79. R. J. N. ein genügen zu thun vermag, und wenn dergleichen Erzehlungen, wie die von Dürckheim gethan, zureichen, ein Mandatum de non violando territorium auszuwirken; Welcher Reichs-Stand wird denn künfftig in seinem Land sicher seyn, daß nicht ein dritter, zumal unqualificirter des niedern Adels, ex sorte ministerialium, ihm ein Stück seiner Hoheit nach dem andern abzwacket, und ihm alle Augenblick, neue Territorial-Handlungen anhalset?

§. 113.

Nachdem nun die Hohe Gemeins-Herrschafften, auf sothanes unverantwortlich erschlichene Mandat, nicht allein dessen offenbare sub- & obreptiones in ihren exceptionibus angewiesen, sondern auch ihre von seculis hergebrachte unwidersprechliche Landes-Hoheit, über das beschriebene Zischer Theil, und daß dasselbe einen partem integrantem des Amts Bürkenfeld ausmache, besonders aber, daß das ganze Dorf Zisch, ohne Unterscheid, unter das Bürkenfelder Hochgericht gehöre zur selbst eigenen Ueberzeugung Eines Hochpreißlichen Cammer-Gerichts dargethan haben; So schöpfeten Sie aus der Cammer-Gerichts-Ordnung, und in specie R. V. N. §. 9. welcher das Cammer-Gericht dahin anweiset, dergleichen erschlichene Mandata, auf der Stände des Reichs gezimmende Vorstellung, ohne verzüglichen Anstand, cum condigna pœna wieder abzuthun, das gewisse Vertrauen, es werde die unfehlbare Cassirung- und Wiederaufhebung des Mandati erfolgen. Und zwar um so mehr, da die von Dürckheim, nach der Wiedereinführung des Mandati biß auf die Cammeral-Urtel den 8ten Oct. a. pr. auf sothane demonstrativische Einreden, nicht das geringste zu wiedersetzen, noch das differirige Anführen, abzuleugnen vermocht, folglich dadurch, ihr Unrecht eingestanden haben. Die Hohe Gemeins-Herrschafften sind aber wieder besseres Vertrauen, sothaner gänzlichen

Cassi-

Cassirung des Mandati de non violando territorium nicht theilhafftig worden, sondern es hat ein Hoher Herr Richter für gut befunden, in diesem Punkt denen Impetranten eine Verhandlung aufzulegen, und solchergestalt den Processum Mandati in processum simplicis citationis zu verändern.

Nr. 123.

Extractus Protoc. Iudic. in Causa von Dürckheim contra Sponheim d. d. 4. Novbr.. 1752.

rc. rc.

Lt. Ziegler. Woferne der gegenseitige lauter merita causæ tractirende
Recess vom 11ten 7brs. nup. wieder dißeitiges Verhof-
fen, in Protoc. gelaßen werden solte, übergebe intra terminum legalem diesen
96. schrifft- statt mündlichen contradictions-Recess, mit wiederholter rechtlichen Bitte,
handle und bitte Innhalts, kan auch, wann Neuerung ex adverso unterbleibet, gnädigst förderl. Urthel wohl leiden.

Nr. 124.

Extractus Deductionis novorum die Dürckheimische Schulden-Last betr.

rc. rc.

§. 36.

Und diese WiederAbtrettung, muß allerweil aus dem Betracht, um so mehr verschwinden, da die von Dürckheim ad 6.) nicht allein überhaupt in der tieffsten Schulden-Last stecken, sondern sich auch schon unterstanden haben, das Dorf Zisch cum pertinentiis, zum Unterpfand und Sicherheit eines Capitals ad 33000 fl. einzusetzen: Weßwegen dann die Hochfürstl. Sponheiml. Gemeins-Herrschaften, unmöglich geholfen werden können, wegen des daraus entspringenden augenscheinlichen metus dilapidationis ac damni irreparabilis ihr unwidersprechliches, in der Cameral-Urtel selbst dafür erkanntes Eigenthum in die schlüpffrige Hände solcher Leute, die auf dem Banqueroute stehen, anzuvertrauen, und demnechst allererst, durch einen weitschichtigen Prozeß und viele Kosten, ja wohl gar mit der grösten Einbuß zu vindiciren, und dabei außer dem Verlust des ihrigen, ihre Landes- und Lehenherrl. Gerechtsame, als das theuerste Kleinod der Teutschen Reichs-Ständen, noch oben drauf in die Schantze zu schlagen.

§. 87.

Um dieses alles klärlicher vor Augen zu legen; So bezeugen 1.) die Anlagen sub Num. 21. 22. (wovon letzteres im Original-Auffatz des damaligen Dürckheimischen

Amtmann Atzenheym zu Sötern, eigene Handschrift ist) daß sich die von Dürckheim bereits im Jahr 1721. für Schulden fast nicht zu retten gewußt, und daß daher schon damals die Dürckheimische Vormundschaft die Resolution habe faßen müßen, ihre im OberAmt Lichtenberg, und UnterAmt Nohfelden Pfalz-Zweybrückischer Hoheit, gelegene Güther, an die Hochfürstl. Pfalz-Zweibrl. Geistl. Güther-Verwaltung zu verkaufen, welches dann im Jahr 1722. besage der Anlage Num. 23. würklich erfolget ist. Wie denn auch die von Dürckheim besage Num. 24. im Jahr 1738. ihre zu Capplen gehabte Frucht- und Wein-Zehenden, an das Hochfürstl. Hauß Pfalz-Zweibrücken käuflich überlassen haben.

Demnächst besagen

2.) Die Anlagen sub Num. 25. 26. was für eine übergrose Schulden-Last ad 85186. fl. 5. ß. $6\frac{1}{12}$. D. die von Dürckheim in Ansehung ihrer gesamten im Elsaß liegenden Güter auf dem Halße haben, und daß diese Güter, zur gänzlichen Genugthuung derer in Concurs bei der dahiesigen Ritterschaft, zusammengetrettenen Creditoren, nicht einmal zureichen, mithin die unbefriedigt geblieben Creditores ihren wohlbefugten Regress, an die auf dem teütschen Reichs-Boden gelegene von Dürckheimische Güter nehmen müßen. Auch ist

3.) Aus denen weitern Anlagen sub Num. 27. 28. 29. 30. 31. 32. ersichtlich, daß es denen von Dürckheim, an mannigfaltigen kleinen Schulden nicht fehle, und

4.) Der sub Num. 33. anliegende Birkenfeldische Amts-Bericht, nebst deßen angefügten Pro Memoria und Post scripto sub Num. 34. 35. bewähren vollends, daß die von Dürckheim, auch in Ansehung ihrer auf dem teütschen Boden gelegenen Gütern in einer erstaunlichen Schuldenlast stecken, und den Rock auf dem Leib schuldig sind, und daß ihnen ein Glaubiger begegne, wo sie nur den Fuß hinsetzen: Weswegen sie denn auch allemal damit umgehen, ihre Güther unter der Hand wie Num. 36. besagt, zu veräusern, besonders aber bezeüget

5.) Die sub Num. 37. anliegende von Dürckheimische Obligation de Anno 1741. daß die Gebrüder von Dürckheim nicht allein ihre grose Schuldenlast und den ihnen daraus besorglichen gäntzlichen Ruin, offenhertzig eingestehen, sondern auch, wegen sothanen Nothstandes gezwungen, zugleich ein Capital von 33000 fl. aufgenommen und dafür ihre gesamte auf dem Teütschen Grund und Boden gelegene Güther, nichts nicht davon ausgeschieden, verpfändet haben. Hauptsächlich aber bestärket sothane Obligation, daß die von Dürckheim sich unterstanden, sogar selbsten das Dorf Zisch mit in diesen nexum hypothecæ einzuflechten, und solchergestalt darunter, daß Sie ein frembdes Eigenthum, als das ihrige, an ihre Glaubiger verpfändet, sich wahrhaftig des criminis stellionatus theilhaftig gemacht haben.

§. 88.

Sind nun die von Dürckheim so ungewißenhaft gewesen und haben das Dorf Zisch, ein unstrittiges Hochfürstl. Sponheiml. Eigenthum, bei ihren Glaubigern für das ihre ausgegeben, wie weit würden sie nicht alsdann erst, ihren Frevel und Uebermuth treiben, wenn ihnen das Glück wolte, das Dorf Zisch cum appertinentiis wiederum in ihre freie Hände und Gewalt zu kriegen? Wie würden sie nicht denen schönen Waldungen, so viel nemlich von deren ehemaligen Invasion und Usurpation übrig geblieben, so geschwind den garaus machen: und wie würden sie nicht mit den

Zischer

Zischer Unterthanen, Baraquenleuten rc. umgehen und des Schindens dieser Leute kein Ende wissen? Ferner, wer wäre Bürge dafür, daß nicht, bei bevorstehendem Concurs über die Teutsche Reichs-Güther, das Dorf Zisch mit ad Massam gezogen, oder doch außer dem, von den Creditoribus, wenn die übrige Güther nicht zureichten, oder pignora priora sich darauf äuserten, angesprechen- und in solutum eingezogen werden dürfte?

Wer wolte also, bey diesen ungezweifelten Bedenklichkeiten, denen wahren in der Cammeral-Urtel selbst dafür erkannten Eigenthümeren des Lehnbar gewesenen durch Rechtskräftige Lehnhofs-Urtel consolidirten Lehens-Zisch, weiters heisen und zumuthen, diesen Ort an die von Dürckheim zu überlassen rc.

Nr. 125.

Copia Schreibens des Dürckheimischen Consulent Sahlers an den Dürckheimischen Amtmann Atzenheim dd. Colmar den 6ten Xbr. 1721.

HochEdelvest und Hochgelehrter,

Insonders Hochgeehrtester Herr Amtmann!

Sowohl deroselben geehrtestes vom 11ten als dero beede vom 29ten elapsi seynd mir samtlich samt den Innschlüssen zu Collmar recht worden, aus dem ersten habe die Zalung der 3000. fl. an Merrheim und auf was Weiße man die an dem bereits verfallenen noch restirende 3000. fl. gröstentheils auch bezahlen könne, wohl ersehen, und daß zu solchem Ende demselben die respective vormundschaftliche Ratification über die getreffene Erbbestands- und andere Accord, deren Ertragung oder Gelds-Erhebung derselbe zu Abführung bemeldter 3000 fl. employren wolte, fürderlichst übersandt werden möchte, ersehen, diese Ratification samt was auf Herr Hauzeurs Accord interim resolvirt worden, in welchen man angetragener massen statt 1000 fl. 1600. gesezet, folgt hierbey Projectsweiß, weil man aus Mangel genugsamer Nachricht und erheblichen Ursachen dermalen zu dessen Ratificirung sich nicht entschliesen können, auch machen Ihro Gnaden die Herrn von Waldner keine Schwierigkeit, die Mobilien quæst. demselben Curatorio nomine pr. den Anschlag, laut beykommenden von beeden Herren von Waldnern abgefaßten Decreti zu überlassen, also, daß dardurch dessen Project, so hieben remittiret wird, gröstentheils approbiret ist, und man an dessen Execution keinen Zweifel weiters haben will; wegen der Gelauischen Prätension habe keine Nachricht, will aber in dem Archiv nachsehen, und müssen einmal diese gute Leute so lang, bis man mit Merrheim besser richtig, in Gedult stehen, ich sehe aber nicht, wie man das versprochene gegen Merrheim halten könne, als wohin über die kurzbezahlte 3000. fl. und was nach gemeldtem Project noch diß Jahr in ohngefehr 2928. fl. 12. Alb. bezahlt werden kan, man dennoch bis End diß Jahr noch bey 3334. fl. zu bezalen schuldig verbleibt, es seye dann, daß man zu deren Abführung die im Herzogthum Zweybrücken habende

Güter und Gefälle verkauft und zu dem Ende mit dasig- Geistl. Verwaltung auf möglichste Weiße handelt, obschon, was auf diese Güter und Gefälle, gebotten worden, dem Anschlag des Inventarii bey weitem nicht gleich kommet, zu dem Ende und zu dessen Erreichung, weil die Verwaltung ohne die Erörterung dieser Sache nichts schliesen will, mit denen Unterthanen zu Eitzweiler puncto Frohn-Geldes ein richtiges zu machen, maßen, so viel mir noch von der Sache bekannt, diese Leute nicht Unrecht haben, und meines Erachtens billig prätendiren, daß sie bey deme, was Sie mit dem Herrn von Hunolstein seel. accordirt, gelassen werden, als welches man ohnedeme, da man dessen Erb seyn will, zu halten verbunden ist, so dessen fleissiger Vorsorg einzurichten billig überlasse; daß der vorgehabte Verkauff des Guts Lorch an das Victors Stift zu Maynz zurückgegangen, nimmt mich um so weniger wunder, weil ein Rescriptum Cæsareum an die Reichs-Ritterschaften des Innhalts ergangen, daß dieselbe keine Güter weiters in manus mortuas kommen lassen sollen, indessen ist raoe. dieses Guts und des dermalen in Besitz seienden Herrn von Sohlers kein ander Mittel, so viel ich wenigst absehen kan, als daß solches, wie schon längstens der Meinung geweseh, stuckweiß verkauft werde, zudem Ende könnte man solches publiciren, dabey aber melden, daß solches fürderist zu Bezahlung des Herrn von Sohlers und hernach auch andern darauf versicherten Creditoren, so weit jeder zu fordern, oder das Guth hinlänglich, geschehete, webey man sich diesseits erklärte, keine Gelder, bis solche Bezalungen beschehen, zu touchiren, sondern man wollte gerne geschehen lassen, daß Herr von Sohler, und hernach andere Herrn Creditoren oder die Ritterschaft ad Implorationem Jemands constituirten, welcher gegen Ertheilung genugsamer Quittungen die Gelder nach eines jeden Erforderung und jederweiliger Losung erheben, und solchergestalt endlich diß verdriesliche schädliche Werk gehoben werden möchte, will die Ritterschaft diese Particular-Verkauffung des Guts Lorch, so ich doch nicht hoffen will, weniger daß sie solches thun könne, glauben kan, verhindern, so kan solches Herr von Sohler auch nicht thun, und mus man gleichwohl nachgehends sehen, ob man sothaner Hindernis an der Cammer nicht begegnen könne, welches wohl alsdann wird geschehen müssen, massen ich auf diesen Fall wohl voraus sehe, daß die Sache wegen dieses Guts und des Herren von Sohlers auf lauter quasi Extremitäten hinauslaufen wird, inzwischen bin ich mit meinem hochgeehrtesten Herrn, weilen die übrige vorgehabte Verkauff zurückgegangen, einerley Meinung, nemlich daß nicht ab zusehen seye, wie die Herren von Dürckheim sich aus denen Schulden werden heraus helfen können, vielmehr halte ich ein abscheuliches Confusionsweesen solchergestalt ohnvermeidlich und nächst bevorstehend; da man doch disseits sowohl die Intention als die Mittel hat, einen jeden Creditoren zu bezalen, auch gerne consentiren will, daß die Herren Creditoren selbst mit disseitiger Zuziehung die Allodialia, so viel nöthig, verkaufen und sich bezalt machen; den Accord wegen des Zehenden zu Wallerthum halte ich meines Orts vor wohlgemacht und hat selbigen Herr von Waldner von Hartmannsweyler unterschrieben, wann die Gefälle zu Hanheim diß Jahr richtig eingehen, wird ein neuer Proceß vermieden, weilen Herr von Zettwitz selbige wegen seiner habenden Forderung loco Interesse geniesst; Sollte man mit der Geistl. Verwaltung zu Zweybrücken, wie gemeldet, handlen können, so wird man im Stande seyn, dem Herrn von Langwerth, die von dem Herrn von Brinnighoffen zugesagte 900 fl. rückständige Interesse zu bezalen; dem Müller von Söetern wäre meines Erachtens, weil dahin Moyens genug vorhanden, der Proceß ordentlich zu machen und er exemplarisch abzustraffen, auch aus der Herrschaft mit Abschwörung ordentlicher Urphede zu schicken, wobey man aber wegen mit Chur-Trier habender gemeinschaftl. Jurisdiction sich wohl vorzusehen, Herr Pfarrer wäre auch auf die Finger zu klopfen, weil er dem Gegentheil zu Favor, zu malen

len wann es ihme verbotten worden, gehandelt; Wegen der Collatur Achtelsbach kan noch nichts berichten, weilen bis dahin in dem Archiv nichts positives gefunden, doch könnte mit der vorgehabten Protestation, als von welcher Art Acten es heißet, valeant in quantum, fortgefahren werden; Wegen Nonnweyler wird an der Cammer müssen gearbeitet werden, indeme man auf das bisherige Sollicitiren bey Chur-Trier ja nicht einmal eine Antwort erhalten, und also weiters Sollicitiren nichts, als ein ferneres Amusement seyn, und dannoch endlich dieser Weeg würde müssen ergriffen werden, worüber die in großer Menge vorhandene Acta nach meiner Retour durchgehen und alsdann nach mit hochlöbl. Vormundschaft gehabter Communication und erhaltener Ordre, das weitere darinnen vornehmen werde; von hochbesagter Vormundschaft ist bereits resolvirt, Dero und Hr. Reylings Rechnungen in loco abzuhören, ob ich mit dabei seyn werde, wird die Zeit lehren, maßen es scheinet, es wollen theils Leute (unter welche ich die Herren von Waldners Gnaden nicht verstanden haben will) die ehrliche Bediente von denen Dürckheimischen Geschäfften wegtreiben, oder so chagriniren, daß sie selbst selbst davon gehen, worüber ich mich gehörigen Orts nächstens mehrers expliciren werde, dißmal melde quoad hoc Caput nur dieses, daß, daferne ich wegen meiner eigenen Rechnung noch ferner umgezogen werde, auch meine bis End diß Jahrs liquid zu fordern bekommende mehr als 500. Rthlr. wenigst nicht größtentheils erhalte, ich die künftige Arbeit einem andern von Herzen gerne überlassen will, dann ohne Geld lasset sich zwar eine Zeitlang, jedoch nicht so, wie bißher beschehen, arbeiten, maßen ich anjezo um mein eigen Geld Verdruß haben und solches bittweis wieder erhalten solle; zu bevorstehenden Feriis und Jahrs-Abwechslung gratulire von Herzen so wohl denenselben, als auch dem Herrn Bruder und Herrn Hauzeur und verharre nebst allerseits göttl. Schuzes Erlassung

Monsieur

Colmar
den 6ten Xbr. 1721.

Votre treshumble & tres obeissant Serviteur

Sahler.

Nr. 126.

Berechnung der Dürckheimischen Schulden von deren Amtmann Atzenheim und Consulent Sahler dd. 6ten Xbr. 1721.

Die hochansehnliche Vormundschaft der hochadel. Dürckheimischen Pupillen ist dem Freyherrl. Hauß Hunolstein-Merxheim vermög des den 31ten May 1726. zu Strasburg errichteten Vergleichs den 1ten Jan. a. c. zu zalen schuldig gewesen - - - - - - - - - - - - - 6000 fl. — — —

An Interesse ohngefehr - - - - - - - 262 — 18 alb. —

Item bis zu Ende dieses Jahrs der 3te Termin fällig von - - 3000 fl. — — —

Summa — 9262 fl. 18 alb. —

Zu

Zu Abtragung der 9262. fl. 18. alb. können ohnmaßgeblich nachfolgende Posten angewendet werden:

1. Von der Hochfürstlichen Verwaltung zu Zweybrücken laut gemachten Vergleichs wegen des Hof- und Lauterswellier Zehenden - - - - - - - - - - 1200 fl. — , —

2. Kan ohnvorgreiflich die hochlöbl. Vormundschaft in des Hrn. Hauzeurs hiebeigelegten Lehnungs-Bestand über die Eisenhütte zu Züsch anstatt 1000. zu avanciren sezen lassen

NB. Ich habe bereits gedl. Hauzeur gesaget, daß die hochlöbl. Vormundschaft mit 1000. fl. nicht zufrieden wäre, sie wollte 1600. fl. haben, worüber er sich beschweret und vorgeben, daß er das Geld nicht wohl aufbringen könnte, wann er siehet, daß es nicht anders seyn kan, so wird er sich dazu bequemen, wann das Sponheimische Mann-Lehen von dem Züscher Wald kommt, so hat Hr. Hauzeur über 6. Jahr kein Holz mehr vor die Hütte, dahero ich um der Ursache willen in den Accord gesezet, es möchte Holz da seyn oder nicht, daß er dannoch den Hütten-Zinns von denen 16. Jahren (höher habe ich es nicht bringen können) geben sollte, man muß ihme nicht weiters, als wegen des avancirten Geldes Eviction leisten, und was er wegen der Jagd verlanget hat, heraus lassen und den Accord expedirt anhero schicken. Wann er Mangel an Holz hat, so kan er das vor einigen Jahren in der Nachbarschaft und im Trierischen gekaufte Holz darzu employren und hat nicht nöthig, nacher Nonnweyler eine Schmelz zu bauen, wordurch die Hütte zu Züsch conserviret wird.

3. Item aus 151. Stuck Schaaf-Viehe erlöset laut Steig-Zettel - - - - - - - - - 226 fl. 23 alb. —

It. das Geld vom Holländer Holz laut beigelegten Accord - 445 fl. 10 alb. —

NB. Der Herr von Hunolstein seel. hat 3. malen die Waldungen aushauen und keinen rechten Holländer-Baum darinnen gelassen, daß man also nicht auf Baum- sondern auf Stuckweiß hat handeln müsen, es sind unterschiedene dargewesen, die kein Stuck Holz aus denen Waldungen verlangt haben, es ist fast alles abgängiges Holz, und habe es, ohneracht 3. Meister-Knecht beisamen waren, nicht höher bringen können, die Jäger glauben, daß der Meisterknecht das Holz nicht finden wird, er hat anfänglich nicht mehr als 100. Wagenschüsse nehmen wollen.

4. Item von Jacob Scherer wegen des der Herrschaft zuruckgefallenen Cöller Michels Gütlein, laut Erbbestand-Brief - 300 fl. — , —

NB. Dieses Guth im Inventario vor 360. fl. angeschlagen worden, da nun der Erbbeständer 300. fl. zalt und jährlich an Erblichen Zinns 9. fl. gibt, als kommet es höher als wie vorhin und ist der Zinns ständig und meiner Herrschaft nüzlicher.

5. It.

5. It. vom Jäger Christoph Neumann von des Jägers Häußlein laut Erbbestands-Brief - - - - -	67 fl. 18 alb. —
NB. Dieses kleine Hauß ist nicht, wie im Inventario zu sehen, angeschlagen worden, meine Gnädige Herrschaft genieset wenigstens den Zinns von den 67. fl. 18. alb. da sie vorhero nichts davon gezogen hat.	
6. Jacob Hirsch der Schweizer, von einem Hauß Platz und dabei gelegenen Stück Wiesen, laut Erbbestands-Briefs	157 fl. 18 alb. —
NB. Dieser Platz mit dem Stück Wiesen ist theuer gnug bezalt, meine Herrschaft ziehet ins künftige 3 fl. Zinns und giebt ein Unterthan mehr.	
7. Johannes Schancken Erben wegen der Haupels und Fuchsen Güther laut Vergleich - - - - - - - -	50 fl. — —
NB. Von diesen Güthern ist in dem Inventario nichts enthalten, es weiß auch niemand, welches die Haupels und Fuchsen Güter sind, kan auch die Beschaffenheit davon nicht erfahren, daß ich selbige prätendiret, dazu haben mir Herr Külzens Rechnungen Anlaß gegeben, es finden sich in selbiggen nachfolgende Wortte:	
„ Schazungen zu Ober-Sötern Johannes Schanck von „ Ober-Sötern von seinem Guth 2 Rthlr. 27. alb. Item von „ Haupels und Fuchsen so lange es der Herrschaft beliebig „ 4 Rthlr. die Erben geben dagegen vor, daß solches Herr Külz „ aus Feindseeligkeit solches gethan hätte.	
8. Item Christoph Selbert, laut gemachten Accord wegen des Gärtners Häußlein zu Sötern ist zu zahlen davon schuldig 125 fl. davon nach unterschriebenem Accord laut Beilage müssen gezahlt werden. - - - - - -	90 fl. — —
9. Item will Ends unterschriebener vor die wenig allhier zurückgelassene Mobilien überhaupt zalen. - - - - -	140 fl. — —
10. Item können 113. Mltr. Korn, das Malter a 2 fl. 24 Peterml. laut beygelegten Accord mit Monf. Hauzeur verkauft werden, ertragen. - - - - - - -	301 fl. 12. alb.
11. Item 150. Mltr. das Mltr. a 1 fl. 12 Peterml. thun -	200 fl. — —
12. An Geld Gefällen, wann alles richtig eingehet. - -	522 fl. — —
	1253 fl. 12 alb. —

Summa Summarum - - - - -	5300 fl. 9 alb.
davon sind den 6ten 9br. dem Hauß Hunolstein gezalt worden. - - - - - - -	3000 fl. ——
bleibt also Rest - - - - - -	2300 fl.

9262 fl. 18 alb. ist bis zu End diß Jahrs an Merxheim verfallen.
5928 fl. 9 alb. seind theils und können nach diesem Project bezahlt werden.

3334 fl. 9 alb. bleiben bis End dieses Jahrs noch zu zahlen, zu denen und wegen denen Zweybrückischen Gütern, so gut möglich wird zuschliesen seyn,	2800 fl.	—	—
	1246 fl.	33 alb.	—
	1253 fl.	11 alb.	—
— — 1	5300 fl.	9 alb.	—

davon abzuziehen, so unter denen an Merxheim gezalten 3000 fl. bereits begriffen.

Erstlich wegen Zweybrücken	1200 fl.	—
wegen Hauzeur	500 fl.	—
Aus Schafen erlößt	226 fl.	23 alb.
Aus Holz erlößt	445 fl.	10 alb.
Summa	2371 fl.	33 alb. —

Abgezogen von obiger Summa der - - 5300 fl. 9 alb. —
so kan man diesem Project nach diß Jahr noch
an Merxheim zalen - - - - 2928 fl. 12 alb.

Daß vorstehende Rechnung bis an die Worte: bleibt also Rest 2300 fl. des verstorbenen Herrn Amtmann Atzenheims eigenhändig uns wohlbekanntliche Schrift seye, solches wird unter Vordruckung des hiesigen Gerichts-Insiegels und Unterschriften hiemit attestirt. Birckenfeld, den 10ten April 1752.

(L.S.) A. Faber, Gerichtschöffen.
Mattheis Roth, Gerichtschöffen.
Michel Maßirer, Gerichtschöffen.

Daß nicht nur, wie in vorgemeltem gerichtl. Attestat erwehnet und mir solches wohl bekannt, gegenwärtige Rechnung bis an die Wortte: bleibt also Rest 2300 fl. von des abgelebten Herrn Amtmann Atzenheims eigenen Handschrift sondern auch die ferner darunter befindliche Schrift von des Freyherrl. von Dürckheimischen Consulenten Sahlern eigenen und mir insonderheit wohl bekannten Hand seye, solches wird von mir ebenmäßig attestiret und beschienen. Urkundlich meiner eigenhändigen Unterschrift und vorgedruckten Notarial-Signet. Birkenfeld, den 10ten April 1752.

(L.S.) Johann Christoph Hetzel,
Notarius Cæsar. public. jurat.

Pro Copia vero suo originali consona.

(L.S.) J. C. Hetzel, Notarius
Cæsar. publ. juratus.
In fidem præmissorum.

Nr. 127.

Nr. 127.

Extractus Canzlei-Protocolli löblicher Ritterschaft im Untern Elsaß vom 15den 7br. 1745.

In Implorations-Sachen Herrn Lt. Lazari Christiani Sahlers respective Haupt- auch Interventions- und Oppositions-Klägers,

Contra den Freywohlgebohrnen Herrn Ernest Luwig Eckbrechten von Dürckheim Haupt-Beklagten, wie auch Libmann Raphael Hirtz Netter und übrige des Herrn Haupt-Beklagten Creditores, Interventions- und Oppositions-Beklagte, sodann Hr. Johann Wilden, eines ehrsamen grosen Raths hiesiger Stadt Strasburg Beisitzers, ebenfalls Imploranten und Arrestanten, contra sowohl besagten Herren Ernst Ludwig als auch Herren Christian Friderich von Dürckheim, Imploraten und Arrestaten, und auch ferner Hr. Lt. Thomä Kauen, als bestellten Syndici Creditorum und Curatoris Massæ des abgelebten Johann Daniel Koben auch Imploranten, Arrestanten und Litis Intimanten contra besagte beede Gebrüdere Herrn von Dürckheim, Imploraten und Arrestaten, wie auch gemeldten Hrn. Lt. Sahler, Hrn. Wilden und übrige Creditores gedachter Herren von Dürckheim, sodann Herrn Johann Andream Käuflin litis Intimaten puncto solutionis, juris prioritatis und distractionis unter sich certirend, worauf anfänglichen erkannt worden, daß die Sach zu Bedacht zu ziehen und samtliche Acten beizubringen seyen; Demnach also sich aus denen producirten Acten, auch noch sonsten genugsam ergeben, daß nicht nur obgemeldte Creditores, sondern auch noch verschiedene andere mehr besagter beeder Gebrüderen Herren von Dürckheim Glaubigere sich täglichen bei diesem Gericht anmelden und einer nach dem anderen auf die Zalung dringet, auch samt und sonders ettliche oder viele der Priorität halben von einer Session zu der anderen gegen einander verfahren, sonsten aber auch oft gedachter beeder Gebrüderen Herren von Dürckheim Gütere und Haabseeligkeit, besonders in hiesigem Lande und Königreich, zu dermalen gesuchter gänzlicher Befriedigung aller und jeder deren Creditoren nicht zureichend scheinen und im übrigen die particular-poursuitten und proceduren täglichen continuiren und zunehmen, da dann dardurch die Kosten sich vergröseren und je mehrer aufschwöllen, und über das Hr. Lt. Kau als des abgelebten Johann Daniel Koben hinterlassener Vermögens-Massæ bestellter Syndicus und Curator in seinem den zwanzigsten May jüngsthin wider besagte beede Herren Christian Friderich und Ernst Ludwig von Dürckheim und Dero samtliche Creditores präsentirten Memoriali, seines darinn ausgeführten Enthalts und Anzeigen Acte begehrt und einfolglichen, daß so wohl besagte beede Herren von Dürckheim, als auch alle und jede ihre Creditores auf gewißen Tag und Orth edictaliter zu citiren, samtliche Schulden liquidiren zu lassen, dieselbige in rechtlicher Ordnung zu colociren und um denenselben die billige Zahlung zu verschaffen, mehr ermelter beeder Herren Debitoren samtliche Renten, Gefäll und Einkünften zu Handen der Justiz zu ziehen und durch einen tüchtigen Curatorem verwalten zu lassen, reservatis ulterioribus, besagtes Memorial auch samt dem a tergo darauf stehenden Decret so wohl Anfangs ermeldten beeden Gebrüderen Herren von Dürckheim, als allen übrigen Parthen debite significiret worden, und nachdeme seithero Lt. Sahler proprio nomine durch eines den siebenzehenden Julii lezthin präsentirtes Memoriale dem durch Lt. Kau nomine quo agit genommenen petito auch inhärirt und eadem Sessione beede obgedl. Gebrüdere Herren von Dürckheim puncto Suspensionis concursus petiti mit einem Memoriali eingekommen, worauf erkannt worden ist, daß solches so wohl gedachten Lt. Kau, als Lt. Sahler, sodann auch übrigen urgirenden Dürckheimischen Creditoren, absonderlich auch Libmann Raphael und Hirz Netter, beeden Juden von Buchsweiller, Hr. Johann Wilden, Schaffner Schöllen, Johann Friderich Mannberger, Johann Conrad Schäffer, Frauen Spielmännin, Johann Christian Jünglin, Franz Martinet und ferneren in besagtem Memoriali benamsten Creditoren zu ihrer Beantworttung und Erklärung in Termino ordinis zu communiciren seie; Und seithero bei heutiger Session ofigedachter Lt. Kau, puncto einer Forderung, in ohngefehr zwanzig Tausend Gulden bestehend, mit einem andern Memoriali eingekommen, mit Bitten, ihm in seinem schon vorhero genommenen Conclusionibus puncto Concursus zu willfahren; Und Lt. Sahler proprio nomine als ein nahmhafter und starker Creditor ebenfalls mit einem wiederholten Memoriali eingekommen, mit gleichmäsiger Bitte, mit der formatione Concursus quæst. beigebrachter sehr erheblichen Ursachen halben nicht länger zu verweilen. Hr. Johann Philipp Schlick Burger zu Scheyd auch als Creditor durch ein heutigen Tags übergebenes Memoriale denen von Lt. Kau und Lt. Sahler genommenen Conclusionibus auch inhärirt und pro formatione Concursus ebenfalls gebetten, der Freywohlgebohrne Herr Ludwig Wilhelm Heinrich von Rothenburg auch als ein starker Glaubiger und andere mehr die nemliche Conclusionen genommen, über das auch noch bei heutiger Session verschiedene andere starke Creditores mehr pro solutione urgirt, absonderlich aber ein löbliches Stift zum jungen St. Peter allhier, puncto einer Schuldforderung von vierzehen Tausend Gulden Capital, samt von etlichen Jahren her geforderten schuldigen Zinnßen. Und von solchen beeden obgedl. Gebrüderen Herren von Dürckheim, ferner und bei dieser Session nichts eingewendet noch vor- und angebracht worden: Als wird in Ansehung aller dieser Umstände der Concurs gedachter beeder Gebrüderen Herren Christian Friderichs und Ernst Ludwigs von Dürckheim Creditoren als movirt und eröfnet hiermit richterlich angesehen und erklärt. Weilen nun aber die Wichtigkeit dieses Concursus und Vielheit an Schulden und deren Glaubiger, auch die Abweesenheit verschiedener Creditoren und deren weit auseinander liegender Domicilien erfordern, daß zu deren Befriedigung und damit ein jeder wohl erwogenermaßen in seine Ordnung gesezt werden könne, die gehörige gerichtliche Anstalten gemacht werden mögen, Als wird zu solchem Zihl und Ende der Freywohlgebohrne Herr Franz August Ferdinand Böcklin von Böcklins-Au bei diesem Dicasterio wohl bestellter Rath und Ausschuß hiermit pro Commissario ernennet, welcher so wohl Edelermelte beede Gebrüdere Herren von Dürckheim auf gewisse Zeit und Tage fürderlich vorzubescheiden und dahin anzuhalten hat, eine vollständige beglaubte Designation und Verzeichnis aller ihrer Haab und Nahrung Lehen und Eigenes ohne einige deroselben Verschweigung oder darmit zuruckzuhalten in Gegensein deroselben SchuldGlaubiger, welche auf gleiche Zeit edictaliter vorzubescheiden seynd, von sich zu geben, zu welcher Zeit alle und samtliche besagte Creditores samt und sonders gehalten seyn sollen, ihre Schuldforderungen Rechtsbeständig zu liquidiren, auch was darauf empfangen und bezahlt worden, in richtiger Abrechnung ausfindig zu machen, ihnen ohnbenommen, zugleich zur Wahl und Benennung eines Syndici Creditorum und Administratoris bonorum zu schreiten, welchemnach eines jeden SchuldGlaubigers habenden Rechten gemäs die Bezalung nach Möglichkeit ordonnirt und zu nöthiger Administration und Einziehung der Lehens- und anderer Einkünften die ferner behörige Veranstaltung vorgekehrt werden solle, bis dahin die Sachen in Statu quo zu lassen, denen beeden Gebrüderen Herren von Dürckheim aber die Veräusserung einiges Stucks ihrer Haabschaft verbotten, mithin auch ihren Creditoren die fernere Verfolgung gerichtlicher Processe gegen dieselbe bis zu Austrag dieses

inhi-

inhibirt und die Execution bereits erhaltener Bescheiden suspendirt verbleiben solle; doch keinem Theil an seinen habenden Rechten etwas benommen, sondern vielmehr alles übrige dahin reservirend, wie nicht weniger besagten beeden Gebrüderen Herren von Dürckheim die ihnen auf allen Fall competirende Alimentations-Pension, um solche Ordnungsmäßig suchen zu können und determiniren zu lassen, omni meliori modo vorzubehalten, auch alle noch fernere in dergleichen Fällen übliche Anstalten und Verordnungen reservirend.

Decretum Straßburg ut supra.

Extrahiret und Collationirt
den 24ten Dec. 1751.

Canzley der Ritterschaft im untern Elsaß.

Probeque, Secretarius.

Nr. 128.

Extractus Liquidations-Protocolli über die Schulden Herrn Christian Friderich Eckbrechten von Dürckheim vom 6ten April 1750.

Erstlichen fordert Hanß Theobald Meiche, Burger zu Busenberg, cessionario nomine &c.	414 fl. 2 ß. 11 d.
An ausstehenden Zinnßen bis 1750.	112 fl. 2 ß. —
Herr Johann Wild, löblicher Stadt Strasburg Rathßherren an Capital	2289 fl. 1 ß. 6 d.
An ausstehenden Zinnßen biß 1750.	194 fl. 1 ß. 5½ d.
Herr N. N. Strehlin der Apothecker allhier zu Strasburg laut Conto	42 fl. 8 ß. —
Johann Georg Baür, des gewesten Burgers und Schumachers allhier hinterlassene Wittib und Erben laut Conto	138 fl. 5 ß. 9 d.
Herr Lt. Oesinger nomine weyl. Herrn Johann Hammel seel. hinterlassener Erben	1150 fl. — —
An Zinnß biß 1749.	460 fl. — —
Idem dictis nominibus	3000 fl. — —
Zinnß bis 1749.	1200 fl. — —
Gerichts-Kosten p. Rest	379 fl. 5 ß. —

Herr Johann Friderich Heubel des allhiesigen Stifts Waisenhauß verordneten Schafneren an Capital - - - -	4044 fl.	3 ß.	9 D.
Zinnß bis 1750. p. Rest - - - - - - - -	1780 fl.	1 ß.	7 D.
Gerichts-Kösten - - - - - - - - - -	322 fl.	3 ß.	2 D.
Quirin Berga geweßten Burgers und Mauer-Meisters allhier hinterlassene Erben vermög Conto p. Rest - - - -	419 fl.	3 ß.	—
Johann Christian Treßler Namens Hanß Georg Köhlers, des geweßten Schultheißen zu Busenberg hinterlassener Erben.	100 fl.	—	—
Idem dictis nominibus - - - - - - - -	200 fl.	—	—
Idem dictis nominibus - - - - - - -	40 fl.	—	—
Idem pariter - - - - - - - - - - -	31 fl.	7 ß.	—
Herr Johann Caspari, Burger und Handelsmann allhier vermög Wechselbriefs - - - - - - - - -	1867 fl.	7 ß.	1 D.
Zinnß bis 1750. - - - - - - - - -	560 fl.	3 ß.	1 D.
Herr Johann Friderich Mannberger Burger und Handelsmann allhier - - - - - - - - -	537 fl.	—	—
Zinnß biß 1749. - - - - -	134 fl.	2 ß.	6 D.
Gerichts-Kösten - - - - -	29 fl.	5 ß.	9 D.
Desgleichen ferner - - - - -	20 fl.	—	—
Item dergleichen - - - - -	3 fl.	2 ß.	6 D.
Item pariter - - - - - -	47 fl.	1 ß.	5½ D.
Louis Mege dit St. Louis Burger und Schneider allhier.	600 fl.	—	—
Zinnß bis 1749. - - - - -	450 fl.	—	—
Gerichtskösten - - - - -	12 fl.	9 ß.	6 D.
Dergleichen ferner - - - - -	31 fl.	3 ß.	4½ D.
Herr Lt. Sahler proprio nomine - - -	3362 fl.	5 ß.	—
Idem desgleichen. - - - - -	4000 fl.	—	—
Idem ferner - - - - - -	6637 fl.	5 ß.	—
Zinnß bis 1ten May 1750. - - -	1234 fl.	1 ß.	4½ D.
Frau Maria Elisabetha Spielmännin, gebohrne Binderin allhier wohnhaft - - - - -	258 fl.	—	8½ D.
Zinns bis 1ten Febr. 1750. - - - - -	90 fl.	3 ß.	—
Gerichtskösten - - - - - -	27 fl.	3 ß.	—
Dergleichen - - - - - -	8 fl.	8 ß.	6 D.
Item ferner - - - - - - -	12 fl.	—	—
Item - - - - - -	53 fl.	4 ß.	7 D.

Item

Item - - - - - -	8 fl. 3 ß. 6 d.
Die frey wohlgebohrne Frau Magdalena Friderica von Rothenburg verwittibter Voltzin von Altenau hereditario nomine Herrn von Rothenburg ihres Herren Vatters seelig	2500 fl. — —
Zinnß bis 1749. - - - -	1000 fl. — —
Eadem ferner - - - - -	500 fl. — —
Zinnß bis 1750. - - - -	250 fl. — —
Gerichtskosten - - - -	51 fl. 1 ß. 6 d.
Johann Christoph Schöll vermög Arret vom 23ten Nov. 1736.	941 fl. 2 ß. 10 d.
Zinnß bis 1749. - - - - -	47 fl. — 6 d.
Libmann Raphael Jud zu Buchsweiler - -	1132 fl. 6 ß. 4 d.
Zinnß biß 1750. - - - -	226 fl. 6 ß. —
Gerichtskösten - - - - -	95 fl. 8 ß. 11 d.
Herr Amtmann Poirot zu Waßlenheim - -	1000 fl. — —
Zinnß bis 1748. a 5 pCto. - - -	600 fl. 9 ß. $6\frac{1}{2}$ d.
Von 1748. bis 1750. a 4 pCto. - - -	80 fl. — —
Herr Philipp Caspar Pfarrherr zu Busenberg - - -	112 fl. 5 ß. —
Der Frey wohlgebohrne Herr Philipp Ludwig Eckbrecht von Dürckheim - - - -	4666 fl. 6 ß. 8 d.
Zinnß bis 1749. - - - -	1686 fl. — —
Gerichtskosten so noch zu produciren.	
Idem vermög Handschrift - - - -	1312 fl. 3 ß. 4 d.
Idem ferner - - - - -	250 fl. — —
Zinnß von diesen lezteren bis 1750. für 16 Jahr - -	200 fl. — —
Gerichtskösten - - - -	12 fl. 1 ß. 6 d.
Idem die dem Stift Sauerburg zu $\frac{1}{4}$ Theil bezahlte -	162 fl. 7 ß. 6 d.
Zinnß biß 1749. - - - -	8 fl. 1 ß. 4 d.
Gerichtskösten - - - - -	12 fl. 1 ß. —
Idem die Herrn Binder bezalte - - -	296 fl. — —
Zinnß bis 1750. - - - -	236 fl. 8 ß. —
Gerichtskosten - - - - -	15 fl. 5 ß. —
Idem die vermög Particular-Rechnung über die Herrschaft Söttern de Ao. 1735 & 1736. mehre ausgegebene als eingenommene - - - - -	1687 fl. — —
Ohne Präjudiz der Zinnßen.	
Johann Philipp Schlick gewesten Handelsmanns zu Scheid hinterlassene Erben - - - - -	138 fl. 9 ß. —

Zinnß bis 1749. - - - - -	27 fl. 9 ß. —
Gerichtskosten - - - - - -	29 fl. 6 ß. —
Ferner dergleichen - - - - -	17 fl. — —
Idem ferner - - - - - -	578 fl. 9 ß 11 D.
Zinnß bis 1749. - - - - -	201 fl. 3 ß. 5 D.
Gerichtskosten, so noch zu produciren.	
Herr Peter Richard Vatter und Sohn beede Handelsleute allhier - - - - - - -	231 fl. 8 ß. 6 D.
Herr Johann Funck, Pfalz-Zweybrückischer Canzley Rath	497 fl. 7 ß. 6 D.
Zinns bis 1749. - - - - -	124 fl. 5 ß. 5 D.
Idem an Besoldung bis 1750. - - -	600 fl. — —
Ferner für Frucht und Wein angeschlagen zu - -	264 fl. — —
Idem vermög Obligation vom 27ten 7br. 1738. hiehero zur Helfte - - - - - -	750 fl. — —
Zinns bis 1750. - - - - -	225 fl. — —
Idem vermög Wechsel - - - -	265 fl. — —
Zinnß biß 1750. - - - -	92 fl. 7 ß. 6 D.
Gerichtskosten - - - - - -	14 fl. 5 ß. 9 D.
Herr N. N. Treuttlinger Professor Juris allhier für gehaltene Collegia - - - - -	15 fl. — —
Herr Johann Thomas Kau als Syndicus Creditorum des abgelebten Koben - - - - -	24783 fl. 3 ß. 4 D.
Johann Antoni Danner uxorio nomine Quirin Berga, gewesten Mauer Meisters allhier hinterlassener Erbin -	548 fl. 3 ß. 11 D.
Johann Wilhelm Schäffler allhier - - -	388 fl. 6 ß. 3 D.
Zinnß vom 12ten April 1750.	

— Extrahirt und collationando dem Original-Protocoll gleichlautend befunden worden. Straßburg den 24ten Xbr. 1751.

Canzley der Ritterschaft im untern Elsaß.

Probeque, Secretarius.

Nr. 129.

Nr. 129.

Birkenfelder Amts-Bericht über die Schulden-Last der Herren von Dürckheim dd. 24. Dec. 1751. nebst einem Pro-Memoria und Post-Scripto.

P. P.

Was auf Dero hohen Befehl, ich von denen Freyherrl. Dürckheiml. passivis, und derselben sonst allmänniglich überhaupt kundigen obærirten Zustand sonderheitlich erkundigen können, solches befindet sich in anliegendem Pro-Memoria, welches also gehorsamst berichten und mit allem respect harren sollen

Einer Hochfürstl. Sponheiml. Gemeinschafftl. Hochlöbl. Regierung

Birkenfeld
den 24. Dec. 1751.

Gehorsamster Diener
Fabert.

Pro Memoria.

1mo Ist notorisch, daß die drey Hhrn. Gebrüdere und Freyherren von Dürckheim bey Antrettung derer respective vätterlich- sodann des lezt abgelebten und ohne Leibes-Erben verstorbenen Freyherren Ernst Ludwig Vogt zu Hunolstein-Sötern Verlassenschaft zugleich bey jener - - - 50000 fl.
und mit dieser - - - - - - - 57194 fl.
Schulden auf sich gebracht, ererbet, und guten oder meisten theils bißhero unbezahlt anstehen gelaßen.

2do haben erml. dieselbe drey Herren Gebrüdere von Dürckheim vor etwa 10. Jahren, von einer zu Zweybrücken formirten großen Compagnie, in Capitali aufgesprochen, dagegen gesammte hierländische von Hunolsteinischer Verlaßenschaft zur Hypotheque eingesetzet, sofort alle zu Sötern und in der Gemeinschaft Eberswaldt auch sonsten zu Boosen, Hauppenthal, und übrige jährlich fallende Zehnd, oder andern Renthen, ohne Ausnahm, so weit nöthig, statt der Interesse angewiesen, welches der ältere Herr von Dürckheim, bey Erkaufung seiner Herrn Brüdern Antheil, an sothanen hierländischen Herrschaften, über sich genommen. Nebst denen, dem Vernehmen nach, ausständigen einig Jährigen Interesse laut Obligation besagend - - 31000 fl.

über dieses haben

3^tio Erwehnt älterer Herr von Dürckheim, als mit denselben seine beede Jüngere Hhrn. Brüder, über vorersagt vor ungefehr 3. bis 4. Jahren, getroffenen

Verkauff, uneins geworden, auch darüber, den Ritterschafftl. Entscheid eingehohlet, um sich von der angeschuldigten mora solvendi zu purgiren, die Helffte des Kauffschillings dem von denen Jüngeren Herren zur interpellation abgeschickten Notario dargezehlet die Summam von - - 40000 fl.

woher solche bey dem oberirten Freyherrl. Dürckheiml. Zustandt, und nicht zureichenden, ja wie vor und nach gemeldet, dissipirten Gefällen gekommen, hat man noch nicht ausfindig machen können.

4to hat die de Hauzerische Erbschafft zu Abentheyer, auf vorgemeld. Versatz von verschiedenen Capitalien deren einige samt davon verfallenen Interesse, und anderen Fournituren auf Abrechnung beruhen, und nicht berühret werden, seith dem nicht Genuß der angewiesenen Vergüthung noch einige laut Obligation zu fordern ad - - - - - 2850 fl.

auch an stipulirten Interesse und einigen weitern Fournituren ebenmäßig noch zu fordern an die - - 3000 fl.

5to hätten meist an den älteren Herrn von Dürckheim, mitteist aufgeborgten Summen zu prætendiren von alt und Jüngeren Zeithen

1mo der abgelebte Herr Pfarrer Rapp zu Sötern,
2. dessen Successor Herr Pfarrer Cullmann zu Sötern;
3. Johannes Fülmann zu Boossen,
4. Peter und Michel Arent, auch Lorentz Lauterbach zu Züsch; zusammen biß etwa - - - - 2000 fl.

6to haben verschiedene Boossener seith einigen Jahren, durante processu contra Emum Electorem Trevirensem zu Bestreittung derer process-Kösten, zu zweymahlen vorgeschossen, und nicht zurück haben können - - 1200 fl.

7mo haben die Schwarzenbacher Eberswaldische Unterthanen, in lezt verwichenen Jahren, einen Vorschuß auff einen fingirten Güther-Verkauff thun müssen ad - - - - - 900 Rthlr.
oder - - - - - - - - 1350 fl.

8vo hat dem älteren Herrn von Dürckheim ein sicherer Eberswaldischer Unterthan nahmens Stephan von Ozenhausen auf einen angebottenen seithero aber zerschlagenen Holtzhandel, eine selbst auffgesprochene Summam vorgeschossen ad 50 fl.

sonsten hat

9no der Herr von Gager bey Creutznach, dem Herrn von Dürckheim einen starken Vorschuß gethan, auch darauf vorm Jahr, ein considerables zurückbezahlt bekommen, wieviel aber noch darauf ausstehe, ware noch nicht zu erforschen, vorhin hingegen

10mo hat der ältere Herr von Dürckheim ehe seine Hhrn. Brüder ihre hierländische Antheil demselben verkaufft, sein eigenes zu Rodten und am Mettenicher Zehenden, dem Kauffmann Reckling zu Trier vor viele ausgeborgten Waaren und Lüfferungen, vor gar geraumen Jahren versetzet, statt der Interesse zu geniessen

sen gegeben, und noch hierauf einen Ausstandt zu zahlen, so man nicht eigentlich erfahren können, etwa an die - - - 1500. fl.

11mo hat der ältere Hr. von Dürckheim, gegen einen nach Frankfurth außgestellten Wechselbrieff, bey Jud Isaac Spier von Metz und Compagnie, aufgesprochen, deßhalb lang zu gedl. Metz im Schuldenthurn gesessen, und dem dafürhalten nach, noch nicht gantz ausbezahlt die Summam von - - 10000 fl.

12mo ist leicht zu ermeßen, da bey vorerwehnten Umbständen, die ordinairen Gefälle, nicht minder die Eberswaldische Holtzgelder, und waß man aufbringen kann, auf Capital-Interesse, Schulden auch andern Aufwandt zu den vielerley process-Kösten, des Herrn von Dürckheim sehr ansehnlichen Menage, niedergerißen und andern Gebäuen, Item Unterhalt seiner auswärtigen Famille nicht zureichend seynd, daß die passiva sich immer häuffen, und stärker, alß man sogleich erkundigen können, seyn müßen, zumahlen nicht allein

13^tio die Renthen sich gegenwärtig minderen, anerwogen vom Trierischen Consistorio die im Trierischen situirten Waahlen- und Riesenthaler-Zehenden, wegen des dortigen Kirchbaues, mit Arrest bestricket, sondern auch

14to Eben beede diese Zehenden obgleich Sponheiml. Lehensstücken, vom Herrn von Dürckheim verkaufft werden wolten, des Endes er vor etwa 2. Jahren, aller Orthen, schon Leuth ausgeschickt, und beede Zehenden, der Abtey Mettloch, hernach Hr. Lasalle zu Sarre-Louis, vergeblich angebotten, um auf deren Verkauf oder Versatz, wie es sich thun laße, Geld aufzunehmen, desgleichen derselbe

15to die Weinrenthen zu Münster, nicht allein zu dem Lehen, sondern etwa meistens zur Kirch zu Züsch gehörig, denen Hhrn. Jesuitten, hernach denen Carthäußern zu Trier angetragen, wellen aber bei dem notorischen rechtlichen Versang, und schlechter Wirthschafft des Herrn von Dürckheim, sich niemand getrauet, mit ihme sich einzulaßen, so hatte sich die Negotiation zwar zerschlagen, aber

16to vorhin gleichwohlen ermelter Herr von Dürckheim, mit participation seiner Hhrn. Brüder, ihnen Hhrn. Carthäußern, vor seine an sie gehabte schlechte Weinforderung oder Schuld, ihre zur Meyerey Münster schuldige Wein-Zinsen nachgesehen, und an Zahlungs-Statt überlaßen, und ohne zu gedenken, daß

17° Nachdeme von denen Vasallen von Hunolstein, hiebevor schon nicht allein das Sponheiml. Lehns-pertinent-Stück der Zehenden zu Lockweiller sambt dortigen Pfarrsatz, zum Theil nicht weniger die Lock- und Nauweillerer Höfe, sondern auch die vor den erstgemelten Zehenden, an- und aufgetragene Surrogata, alß die Baumholder, Ronnenberger, Ertzweiler, Aulen- und Auersbacher Zehenden im Baumholder Hochgericht, vor einige Tausend Gulden alienirt worden, die Hhrn. von Dürckheim, ohne einig Lehenherrlichen Consens, in anno 1722. unter ihrer damaligen Vormundschafft, auf die Bezahlung ihrer häufigen und dringenden Schulden, die weitere Surrogations-Stücke, alß den Zinck- und Eckersweillerer Zehenden mit denen Hubgefälle-Gülthen und Zinßen zu Heimbach, Aulenbach, Langenbach, Börschweiller, Baumholder Rußberg, Bard- und Frohnhaußen rc. im Untertheil, sambt denen Gerechtigkeiten zu Anß- und Ayzweiler, Item die Vogtey Adelsbach, an die geistliche Güther-Verwaltung zu Zweybrücken meistens verkaufft vor ohngefehr - - - - - - - - 4000 fl.

zum Theil aber Anno 1729. an einen sicheren Pfaltz-Zweybrückischen Unterthan von Baumholder nahmens Micklaus Welsch verpfändet, und statt der Interesse zu nutzen übertragen in Capitali ad - - - 150 fl.

wie nicht weniger

18vo die Dörfer Hoff, Leitersweiler, und Krugelborn, mithin alles, was von der Hunolsteinischen Verlassenschafft im Herzogthum Zweybrücken herrühret, seithero vollends, und zwarn bevor die gnädigste Gemeinds-Herrschaft vom Hauß Pfalz-Birkenfeld zum Besitz erwehnten Herzogthums gelanget seynd, an den Herrn von Schorrenburg, oder Geistliche Güther-Verwaltung, veräussert vor und umb - - - - 1200 biß 2000 fl.

desgleichen

19no um ganz geringen und ungleichen Preiß, nur Geld zu machen, und das Lehen zu deterioriren zu Züsch

das Herrschaftl. Jäger-Hauß, die ansehnliche Schweitzerey Bitz, die weitläuftige und viele Wiesen an der Brünß.

Dortiger beeden Unterthanen Jacob Scherer und Theobald Weber Häuser und Güther, worzu noch die rechte Erben vorhanden gewesen.

Drey Hauppenthaler in diesen Gebieth gehörige Hauß-Plätze zu Ober-Sötern, wobey noch

20mo soviel das Sponheimische Lehen nicht angehet, anzumerken, daß die Herren von Dürckheim, nicht allein, obwohlen unter ihrer vormaligen Vormundschaft, zu dissipirung der Hunolsteinischen Verlassenschaft sowohl als Tilgung derer pressantesten Schulden, das, was zum Hauß Lorch gehörig, und von verschiedenen Herrn lehnrührig, an den Herrn von Sohlern, und sonst nacher Maintz meistens verkauft vor in circa - - - - 24000 fl.

sondern auch

21° des ältern Herrn von Dürckheim Elsaßische von väterlicher Verlaßenschaft herrührende Portion, Herrschaften, Güther und Renten, so sehr mit passivis beladen seye, daß vom Französischen Conseil zu Collmar, ein Concurs veranlaßet, und der Französische Beamte Lichtenberger, zum Sequester angeordnet worden, Ja gar dem Vernehmen nach, die jährliche Nutzbarkeiten, zu Bezahlung derer Capitals-Interesse nicht zureichend, folglich die dabey vorgekommene, und auf dem Elsaßischen Vermögen haftende passiva dortiger Orten noch unbekannt seyen.

P Sum

P Stum

Auch Hochfürstl. Sponheiml. Gemeinschafftl. Hochlöbl. Regierung.

Wie in dem gehorsamst Einschickenden pro - Memoria der erstere und drittere punct, auf der Notorietæt hafften, so ist

ad 2dum bereits die Obligation in Einer Hochfürstl. Regierung Handen.

ad 4tum hingegen folgen die Abentheuer Obligationen in neben liegenden vier vidimirten Abschriften, mit der Anmerkung, daß solche durch die von denen Herrn von Dürckheim angewiesene Verauthung, nicht getilget werden können, weilen sobald die Trierische Sequestration anno 1732. & 1733. ihren Anfang genommen, an dieselbe der Züscher Hütten-Zinnß bezahlt werden sollen, und endlich gar von beeden litigirenden Theilen, Inhibitoria erweißlich eingekommen, wodurch vollends das Züscher Hüttenweesen still gestanden,

ad 5tum 6tum 7mum 8vum können die Bescheinigungen darum nicht beygebracht werden, weilen die meiste und considerableste Creditores, noch unter des Herrn von Dürckheims Gerichts-Zwang sich befinden.

ad 9num gehen mir die Mittel und Weeg ab, nähere Kundschaft einzuziehen.

ad 10mum ist in facto ganz richtig, ich habe auch nacher Trier geschrieben, über den jetzigen Zustandt dieser Forderung mich zu erkundigen, von wannen mir geantwortet wird, daß solche aus den, von Chur-Trier ehehin sequestrirten Züscher Lehens-Gefällen, getilget worden. ob es aber deme also seye, ist mir nicht sattsam bekannt, wie dann die Creditores sich noch in etwas scheuen, maßen

ad 11mum sich aus einer von Metz, an mich eingekommenen Antwort äußert, daß man mit der Sprach nicht recht heraus will, doch gibt man mir noch nähere Hoffnung zu der Sachen Entdeckung

ad 12mum ist eben so notorisch, als der erstere punct.

ad 13tium ergiebt sich aus der Anlage.

ad 14tum ist zwarn richtig und unlaugbahr und wann Hr. Lasall die erwartende Antwort mir nicht bald ertheilet, so werde erforderenden Fallß von anderen ein Attestat beybringen können: eben kombt einliegend Lasallische Antwort.

ad 15tum & 16tum werden die Hhrn. von Dürckheim nicht in Abrede seyn.

ad 17mum ist zum Theil aus nachkommender mit dem Oberamt Lichtenberg veranlaster Untersuchung der Züscher Lehnspertinentzien zum Theil an Hochfürstl. Regierung eingekommene Abschriften des mit der Verwalthung getroffenen Handels ersichtlich, und der Wetschische Versatz wird nicht weniger aus deßen vidimirten Abschrift bestättiget.

ad 18vum 19num 20mum seynd lauter unlaugbahre facta, allenfalß von Hfürstl. Cammer zu Zweybrücken, über ersteres der schrifftl. Handel zu erhalten, ratione der Züscher Händel, habe solche mit Berichte schon meistens vidimirt eingeschickt, und die Lorcher Händel werden sich auch bald verificiren laßen.

ad 21um alß das wichtigste, wird die etwa inzwischen einkommende, oder bereits an Hfürstl. Regierung eingelangte authentische Nachricht alles außer Zweifel setzen, wie im Bericht harrend. Birkenfeld den 24. Xbr. 1751.

Fabert. Nr. 130.

Nr. 130.

Copia Schuldverschreibung derer dreyen Gebrüder Christian Friederich, Ernst Ludwig und Philipp Ludwig Freyherren von Dürckheim, gegen den Herzoglich-Zweybrückischen Minister Freyherrn von Wreden und mehrere Zweybrückische Bediente, über ein Capital von 33000. fl. zu 6. pro Cent auf Anweisung gewißer Gefälle und Naturalien um den Cameral-Anschlag, wogegen die Freyherrn von Dürckheim nicht nur all ihr Vermögen, sondern auch die Lehne und namentlich das ihnen von dem Sponheimischen Lehnhof im Jahr 1739. verweigerte Dorf Züsch verpfänden. dd. Fröschweiler den 26. Julij 1741.

Wir Ends unterschriebene Gebrüdere Christian Friedrich, Ernst Ludwig, und Philipp Ludwig, Freyherrn Eckbrechte von Dürckheim, Herrn zu Schönecken und Sötern rc. urkunden und bekennen hiemit, einer vor alle und alle vor einen, ungesondert in solidum, vor Uns Unsere Erben und Nachkommen, demnach auf weyland Herrn Ernst Ludwigs Vogtens zu Hunolstein-Sötern; Unsers gewesenen GroßOncles in anno 1716. erfolgtes Absterben und deßen auf Uns erblich devolvirter Sötterischer Succession, Uns nicht nur zu gleicher Zeit, ein considerabler Schulden-Last, nebst vielen Processen, und andern unerschwinglichen Unkosten, wie solches, ein gericht- und außergerichtliches notorium ist, mit angefallen, noch solcher, während Unserer, obzwar lang gedauerter Vormundschaft zu sonderbaren Unserer Beschwerniß, eben so wenig, ansehnlichen theils abgethan worden, sondern immerfort auf der Herrschaft, belästig stehen geblieben ist, alß auch an deßen Abtilgung, Wir Gebrüdere, seit erreichter Majorennitæt ebenfals wegen annoch verschiedenen fortgedauerten Kostspieligen Processen und mannigfaltig anderer Unß betroffenen Zufällen, biß daher in alle Weise, behindert werden sind, mithin bey dergleichen und vielen anderen zugestoßener Bekümmernißen, wir solcher Schulden-Last, des mehreren anzuhäufen, so ohnvermeidlich, alß nothdringlich eingeleiten werden müßen, weßhalben Wir sodann dermalen von Unsern Creditoren hart angetrungen, und in besorgliche Befahrnüße gesetzet werden, also bey derley unsern gäntzlichen Ruin bedrohenden Umständen, und zu deren Abwendung, insonderheit aber, zu ohnzergliederter Conservir- und Beybehaltung, besagter Unserer Herrschaft Sötern, Wir zu Aufnehmung eines hinlänglichen Capitals bedacht, und entschlüßig worden sind, zu solchem Ende dann Wir, wie solches bereits anderwertiger Orten geschehen ist, auch bey dem Reichsfreyen Hochwohlgebohrnen Herrn, Herrn Ernst Wilhelm Freyherrn von Wreden Hochfürstl. Zweybrückischen Herrn Geheimbden Rath und Regierungs-Præsidenten rc. Ingleichem bey denen Hochedelgebohrn HochEdelgestreng und Hochgelehrten Herrn, dem auch Hochfürstl. Pfalz-Zweybrückischen Regierungs- und Verwaltungs-Rath Carl Sturzen, Herrn Cammerrath Hubert Adam Bettinger, Herrn Professori Laurentio Holtzen, Herrn Amtschreiberen Johann Nicolas Ehrmann in Zweybrücken, und Herrn Frantz Ernst Hauthen, Ambtsverwesern zu Noheselden, durch Herrn Rath Funcken, als

als unsern zugleich seyenden gemeinschaftlichen Consulenten, um ein Darlehn, von Drey und Dreyßig Tausend Gulden Rheinischer Währung. die besonders vertrau- lich- und inständige Ansuchung thun laßen, worinnen dann samtliche dieselbe Unß gewühreig und gefällig zu seyn, sich nicht nur angeneigt und schlüßig erkläret, sondern auch benantes Capital von Drey und Dreyßig Tausend Gulden in ersagter Rheinischer oder Frankfurther Reichs-Währung, den Gulden zu Fünfzehen Batzen, oder Sech- zig Kreutzer gerechnet, in gangbaren groben Gold und silbernen Sorten in Gemein- schaft, und auf gemeinsame privilegirte hypothec, auf zehen Jahre lang, welche mit dem annahenden Ein Tausend, Sieben Hundert Zwey und Vierzigsten Jahr, ihren Anfang nehmen und mit dem künftig kommenden Ein Tausend Sieben Hun- dert Zwey und Fünfzigsten Jahr sich endigen sollen, zu Unßerer nothdringlicher Be- dürfnüs, auch zu Förderung Bestens und Nutzens, sodann zu Abwendung andro- henden Schadens, insonderheit aber zu Tilg- und Abbezahlung, unßerer sowohl auf der Herrschaft Sötern, alß auch auf unßerer dahier im Nieder-Elsaß gelegenen Herrschaft Schönecken haftender, theils ererbter Familien- theils unserer eigenen Schulden, zu unsern Handen, in vergnügliche Weise, ungetrennet dargeschoßen, und hinbezahlet haben, Wir dahero davor bester Maßen quittiren, und dieses Unß würklich beschehenen Darleyhens halber, der Exception non numeratæ pecuniæ wohlbedächtlichen Verzicht thun, sofort Unsere respective Schuldglaubigere, dar- über auf das Rechts beständigste loß- und ledig erkennen, das dargeliehene Capital aber ebenfalls von Anfang des kommenden Jahres 1742. und so immerfort, die stipulirte Zehen Jahre hindurch, oder so lange solches stehen bleiben wird, und zwar auf den ersten Januarii Ein Tausend Sieben Hundert Vierzig und Drey, das erste mahl (gestalten wegen derer biß dahin verfallender Interessen übereingekommener maßen, vergnügliche Richtigkeit geschehen ist) mit landläufigen und im Fürstenthum Zweybrücken, auch solcher Gegend und Landen, gestatteten Interessen zu Sechs pro Cento, forthin jährlichen mit Ein Tausend Neun Hundert Achtzig Gulden aus Unserer Söterer Kellerey Renten und Gefällen, an unsere Herren Schuldglaubigere, oder deren respective Herren Erben, und Erbnehmen, auch sonsten dieser Schuld- Verschreibung getreuen und rechtmäßigen Inhabern. an welche, oder wohin solche, nach habender Willkühr, auf gültige Weise, transferiret worden wäre, ohnfehlbar und dermaßen richtig zu verzinßen versprechen, daß ohnverhoften Falls, solches eines jeden verfließenden Jahres, nicht also, oder wenigstens jedesmals vom Neuen Jahr bis Ostern, geschehen würde, alßdann unßere Herren Schuldglaubigere, auch vor Verfließung deren stipulirten zehen Jahren, uns aufzukünden, ohngebundenen freyen Fug, und Macht haben, dahingegen bey richtiger Abführung derer Jährlichen Interessen, unß biß zu völligem Ablauf solcher zehen Jahren keiner Aufkündigung des Capitals, weder in seinem Toto, noch in jeder beygeschoßener rata, wohl aber von uns jederzeit gegen eine halbjährige Aufkündigung, jedoch keines Weges, in particulari sondern in Toto, mit Drey und Dreyßig Tausend Gulden geschehen können soll. Wie dann des ferneren, zu desto gesicherter und jedesmalig, præfigir- ter Zahlung solcher verscheinender Interessen, Wir unsere Herren Schuldglaubi- gere nicht nur auf unsere sammtliche in der Herrschaft Sötern habend und fallende Renten, wovon die Verzeichnuß sub N. 1. dieser Obligation nachgesetzet, und von uns unterschrieben ist, ohne Unterschied und überhaupt, hierdurch anweisen, auch würklichen dergestalt immittiren und einsetzen, daß von solchen biß zu allmähliger Entrichtung besagter Interessen, uns weder der Ueberschuß, noch der geringste Hel- ler, verabfolget werden, oder wir zu beziehen haben sollen, sondern ansorderist, zu Bezahlung derer Interessen von denen Geld-Renten, Zwölf Hundert Zwantzig Gulden, sodann in natural-Posten an Früchten Ein Hundert Zwanzig Malter

Korn, und Ein Hundert Vierzig Malter Habern, nach landgewöhnlichem Kammer-Tax, das Malter Korn zu Vier Gulden, und das Malter Haber zu Zwey Gulden, Söterer Masung dergestalten angeschlagen, daß, wann auch der Preis derer Fruchten, in diesen Zehen Jahren, den Anschlag übersteigen, oder geringer fallen solte; sowohl Wir Schuldbekenner, alß die Herren Creditores, in alle Wege zu Berechnung derer Interessen, auf diesen gemelten Fuß, gehalten seyn sollen, welches dann die Summ von Ein Tausend Neun Hundert Achzig Gulden, derer sich belaufender Interessen ausmachet, alljährlichen durch unsern Beamten in Sötern, von denen in der Verzeichnis sub N. 1. angegebenen, und durch ihn erhebenden Kellerey-Renten geliefert, und zwar die Früchten jedesmahl auf Weyhnachten, in richtiger Maßnung zugemeßen, auch darzu, die nöthige Speicher im Schloß zu Sötern gratis hergegeben werden, anbey unser Beamte, auf solche Früchte, so lange es denen Herren Darleyhern solche jeden Jahrs, oder auch länger aufzuhalten gefällig wäre, eine getreue und fleißige Obacht, ohne einiges Entgelt zu haben, auch darüber nach unserer Herren Schuldglaubigern instruction zu geleben, und denenselben eine besondere Rechnung zu führen, sodann samtlich sowohl vor die Interessen dieser Geld-Verschreibung, ausgesezte Geld-Renten, als auch was nach Gutbefinden derer Herren Schuldglaubigern, aus denen an sie zu liefernden jährlichen natural-Posten, an Geldern erlöset werden solte, pro rato nacher Zweybrücken, und Nohfelden, auf unsere derer Schuldnern Gefahr und Kosten frey zu liefern, schuldig und gehalten seyn solle; zu dem Ende, wir consentiren, daß sowohl unser jetztmaliger Amtmann zu Sötern, alß auch immer fort, der jeweilige Beamte nach ihm, so lange diese Schuldverschreibung ohngetilget stehen bleiben wird, von denen Herren Schuldglaubigern darüber unter seiner eigenen Gefahr, und ex propriis zu thun habenden Zinß bezahlen, in so weit er, an deren Richtigmachung jeden Jahrs, säumig seyn, oder bevor, deßen, von denen Renten etwas anderwärtshin, verabfolgen würde, in besondern Pflichten und Treu genommen werden mag, gestalten dann wir denselben in so fern seiner Pflichten, und Gehorsams gegen uns erlaßen, auch ihn, und einen jeden nach ihm, welcher mit Einnehmung besagter unserer Söterer Kellerey-Renten, zu thun haben, und in unserer Bedienung stehen wird, dahin bereits hierdurch anheischig, und verbündig gemacht haben wollen, mit dem ferneren Anhang, daß im Fall nach abgereichten Fruchtbesoldungen, annoch jeden Jahres, eine mehrere quantitæt Korn und Haber vorräthig wäre, solche ebenfalls in natura nach gemeldtem Cammertax, an die Herren Darleyher geliefert, und alsdann von denen Geld-Renten, nur jedesmals so viel als zu der Summe von Ein Tausend Neun Hundert und Achzig Gulden annoch nöthig seyn wird, zugeschoßen werden soll, zu welchem Ende dann der zeitliche Amtmann dahin angewiesen wird, daß er alljährlichen, einen richtigen Etat der eingehenden Früchten, denen Herrn Creditoren, behändigen solle, um den etwaigen Ueberschuß daraus ersehen, mithin ihre Mesures, darnach nehmen zu können, wobey es auch, es mag der Preis der Früchte höher oder geringer kommen, sein Verbleiben haben soll: Wäre es auch, daß durch einfallende Kriegs- oder andere landsverderbliche Zeiten, Mißwachs, oder was sonsten dergleichen außerordentliche Unglücks- und Zufälle seyn möchten, welche doch Gott in Gnaden verhüten wolle, unsere Herren Schuldglaubigere die jährl. stipulirte so Geld als Natural-Posten, deren Interessen, aus unserer Söterer Kellerey Renten, ein oder anderes Jahr entweder gar nicht, oder nicht alle solten ziehen können, so haben wir Gebrüdere, uns auch dahin verbunden, daß wir, es seye das ganze, oder den Abgang nach Ausgang eines jeden Jahres, aus unseren anderweiten Mittelen, es mögen sich selbige befinden, wo sie wollen, ins besondere aber, aus unsern im Untern Elsaß habenden Renten und Gefällen, biß auf die vorgemelte Summ, von Ein Tausend Neun

Neun hundert achtzig Gulden ohne allen Anstand, nachtragen und bezahlen wollen; oder denen Herren Darleyhern es frey stehen soll, das folgende Jahr den Abgang solcher Früchten, alß auch die derhalbige indemnisirung es seye des Preißes oder der Zeit halber, aus denen Söterischen Frucht-Renten, zum voraus zu beziehen, inmassen dieselbe keinesweegs an ordentlicher Abführung der Interessen, und darzu ausgeworfenen, es seye an denen Geld- oder Natural-Posten, verhalten, noch verkürzet seyn sollen, damit aber nun auch hoch- und wohlbesagte unsere respective Herren Schuldglaubigere, sowohl vor das dargeschossene gesamte Capital derer 33000 fl. als auch derer Interessen und etwa bey nicht beschehenden jedesmaliger oder säumiger Zahlung, wie wir jedoch nicht hoffen, aufzuwendender Gerichts- oder anderer Kosten und Schadens auf alle Art und Weiße gesichert seyn mögen, so constituiren und setzen wir denenselben insgesamt und einem jeden insbesondere vor dessen zugeschossene Ratam, hiemit und in Kraft dieser unserer solidarischen Verschreibung in beständigster Form, Weiß und Maaß, als es nach Rechten, am kräftigsten geschehen solle, kan, oder mag, zuvörderist und überhaupt, zu einer General-Hypothec, unsere samtliche Haab und Vermögen, wo sich solches sowohl in Reichs- als auch dieser Landen, im Elsaß befinden und gelegen seyn möchte, soviel hiezu vonnöthen, wie nicht weniger, hiernächst auch wir denenselben zu einem besonderen Special-Unterpfand und Versicherung hiermit cum clausula constituti possessorii expressa hingeben, und einsetzen, folgende eigenthümliche Stücke und Güther, welche wir auf unsern adeliche Treu und Glauben, von frey, ledig eigen und unverfangen declariren, nemlichen

1) unser in Sötern habendes Burgschloß, samt darzu gehörigen Burgbezirck, und sich darauf befindlichen Gebäuden, an Scheuer, Stallungen, auch Gärten und Fischweyern.

2) Unsern unter Hochfürstl. Zweybrückischen Hoheit in der Pfleg Adelsbach gelegenen groß- und kleinen Zehenden zu Adelsbach, Mackenbach, Eisen, Brücken, Traun und Abentheuer, samt dem darzu gehörigen Patronat-Rechten.

3) Das Dorf Ober-Sötern, mit aller unser allda allein zugehörigen Oberherrlichkeit, auch Schatzung, Frevel, Busen, Umgeld, Zinns, Zehenden, Jagden und allda habenden samtlichen hohen Oberkeitlichen Rechten und Bottmäßigkeiten, nichts davon ausgenommen.

4) Unsern Hof Haupenthal bey Ober-Sötern gelegen, mit allen dessen Grund und Boden, Aeckern, Wiesen, Garten, Hauß, Hof, Scheuren, Stallung und Schäferey, samt aller unß allda allein zugehörigen Hoheit, Straffen, Ohmgeld, Jagden, Waldungen und andern hergebrachten Rechten, Nutzbar- und Gerechtigkeiten ꝛc.

5) Unsere samtliche Gefälle in der Herrschaft Dachstuhl, in specie die grosse und kleine Zehenden zu Mettenich und Mühlfeld, Frohnd- und Schaff-Geld, auch Schaff-Früchten, Flachs, Hüner, Hahnen und Eyer daselbst.

6) Den Zehenden auf dem sogenannten Eisenfeld bey Sötern.

7) Unser Hofguth zu Otzenhauffen. 8) Unser Hofguth zu Sötern 9) unser Hofguth zu Eisen 10) den Pacht von unserer Burgmühl zu Sötern, 11) unser Zehenden zu Wahlen und Riesenthal 12) unsere Grundherrschaft zu Münster an der

der Mosell, sambt dem allda habenden Gericht, aus einem Mayer und sieben Schöffen bestehend, mit der gesamten Jurisdiction und Rechten allda, nebst darzu gehörigen vier und ein halb Fuder Zinnswein, wovon nichts als zehen Ohmen an die R. R. Patres Jesuitarum zu Trier, um Funfzehen Hundert Gulden versetzet sind, sodann die allda, von jeden Unterthanen in Münster fallende Rauchhaber, und auch Rauchhüner nebst etwas Zehenden auf gewißen Feldern und einem Sester Ohlig 13) unsere Schaff- und Frohngelder zu Hoßborn, Roth, Fröschweiler, Hofelden, Eyweiler und Guntzenbach, samt denen in dahiesigen Orthen fallenden Schafft-Früchten, auch habenden Leibeigenschafften Recht und Gerechtigkeiten, von welchen biß daher specificirten Specialen Unterpfandsstücker den dermaligen Ertrag, wobey jedoch die Hoheits-Jurisdiction Jagd und andere Rechten in keinen Anschlag gekommen sind, in der nachgesezeten Berechnung sub Nr. 2. mithin des Darleyhens vollkommene Sicherheit zu ersehen ist; Wie dann zu vollkommenster Sicherheit, wir auch annoch 14) zu diesen Special-Hypothequen hinzu und einsetzen, unsere samtliche fructus feudales des sogenannten Eberwaldischen Erblehens, in denen Dörfeten, Sötern, Schwarzenbach, Otzenhaussen und Nonnweyler, wie solche in der Verzeichnis sub N. 1. enthalten seynd, um sich, an selbigen, wann benöthigten Falls, die vorher benamste Unterpfandsstücke distrahiret werden müsten, und zu Bezahlung des dargeliehenen Capitals, Zinns, Kösten und Schadens, nicht hinreichend seyn sollten, wegen alles, sich erfindenden Rückstandes, biß auf den lezten Heller, bezahlt zu machen. Endlichen 15) dieses mit annectiret wird, daß, wann die uns gehörige zwey Dörfer Züsch und Bosen, von dem Churtrierischen Seqnestro, wie wir die rechtsbegründete Hoffnung haben, in conformitæt des bereits darüber in Anno 1736. in Camera imperiali, erhaltenen Mandati Cæsarei de non turbando in quieta possessione S. C. erlediget werden sollten, selbige in nexum obligationis & hypothecæ pro Capitali & Interesse ebenfalls gereichen, und solchergestalt mit eingesetzet seyn sollen, als wann darüber, die höchstrichterliche Definitiv-Erkänntnus bereits anjetzo geschehen gewesen wäre, also und dergestalten, daß bey nicht ordentlich- und obstipulirter Massen, einhaltender Bezahlung, es seye von Capital oder Interessen, die Herren Darleyhere sich sowohl des constituti possessorii, über vorgemelte Special-Hypothequen, als auch, aller anderer Remediorum paratissimæ executionis, und als ob darüber, von dem Richter definitive und executive gesprochen und erkannt worden wäre, in Kraft und Macht eines vollkommenen Instrumenti guarentigiati sich ohne unser, auch unserer Erben, und männiglichs Hindernus, noch Wiederrede, zu bedienen, Fug und Macht, auch erlangt und ausgesprochenes Recht haben sollen; Wie dann auch zu dem Ende, nach der Sachen-Erheischung und Umständen, wir Uns derjenigen Jurisdiction und demjenigen Richter, wobey unsere Herren Schuldglaubigere, willkührig darüber würden imploriren wollen, es seye dahie im Elsaß, oder im Reich, sofort denen samtlichen bey solchen Richtern extrahirenden Arrestis oder Mandatis de solvendo, de immittendo aut distrahendo, oder welcherley executivische Verordnungen pro exigentia zu decerniren, nöthig wären, cum renuntiatione expressa primæ instantiæ, fori ordinarii, competentis & privilegiati, solchemnach auch allenfalls, das hier im Elsaß, der personal und real-Belangung, auf unsere Güther daselbsten, obgleich das uns gethane Darleyhen, auf unsere Sötterische und also Reichsgüther, geschehen ist, immassen von solchem Darleyhen, insonderheit auch, und zwar mehrentheils unsere Schulden im Elsaß, um welcher willen, unsere dahiesige Herrschaft Schöneckeu und darzu gehörige Güther anjetzo verhaftet, getilget worden sind, mithin sowohl in Ansehung unserer Personen, als auch unsern Güther solcher von unsern Herrn Schuldglaubigeren, zu ihrer Befriedigung erwehlender Jurisdiction, und Richter,

Richter, freywillig und ohne Unterscheid, hierdurch uns und unsern Erben submittiret und unterworfen haben wollen: Uebrigens aber weder Wir, noch unsern Erben zu præjudiz oder Hinternus, dieser Schuldverschreibung und alles dessen, so nach Inhalt derselben, wir zu præstiren, gehalten sind, das mindeste vorzunehmen, oder abzuändern, noch auch bis, und in so lang jeden Jahrs, unsern Herren Darleihern, wegen deren Interessen, auch etwa zuwachsenden Schadens und Kösten befriediget seyn werden, lediglich keine Gefälle, weder anderwärts zu assigniren, noch auch selbsten zu beziehen, vielweniger zu verpfänden, noch sonsten abzugeben keine Macht noch Gewalt haben sollen, noch wollen, jedoch, daß dabey, wie die Schuldnern, in keinen Fällen, an freyer dirigir- meliorir- und Einrichtung besagter Güther und Renten, weder eingeschränket noch gehindert werden können, noch sollen, insofern die Hypotheque nicht deteriorirt wird, weßwegen ihnen Herren Glaubigern, zu allen Zeiten die Inspection derer Rechnungen, frey und vorbehalten ist. Da es aber geschehen solte, daß nach Verfliessung derer obstipulirter zehen Jahren, während welcher, unsern Herren Schuldglaubigern, das vorgeliehene Capital, stehen zu lassen sich erkläret haben, wir solches alsdann hinwiederum abzutragen nicht im Stand, hingegen denen Herren Darleyhern diesen Contract beschriebener Maßen zu continuiren, anständig wäre, so ist beschlossen worden, daß selbiger ohne weitere Verabredung, nach dessen vollkommenen Inhalt und Clausula, jedoch nur auf so lange Jahre, als es unseren Herren Schuldglaubigern gefällig seyn wird, fortwähren und in seiner vollen Kraft verbleiben, dahingegen wann es deroselben Gelegenheit, solchen zu continuiren nicht wäre, alsdann auf obgemelte Weiße denenselben, um sich von Capital-Interessen, Schaden und Unkosten bezahlt zu machen, frey stehen, noch dieselben daran gehindert seyn sollen, damit aber hiernächst annoch ferners, unsern Herren Darleyhern, insonderheit wegen mein Christian Friederich Eckbrechts von Dürckheim Ehegemahlin, es seye unter dem Vorwand habender Wythums, oder Krafft ihrer Ehepacten, auch wegen zugebrachten Vermögens, oder sonsten privilegirter Ansprüche und Vorrechten, wie die immer Namen hätten, heut oder morgen, kein Anstoß haben, noch dardurch die in gegenwärtiger Schuld-Verschreibung von uns auf alle Weiß und Wege vollkommen intendirende Sicherheit, geringert oder gefährdet seyn möge, so hat dieselbe ebenfalls zu mehrerer Versicherung, dieser von uns Gebrüderen, ausgestellten gemeinsamen Obligation, sowohl unter meinem als ihres Eheherren und Ehevogts, Authorisirung, als auch beyständl. des Frey Reichs hochwohlgebohrnen Herrn Johann Philipps Freyherrn von Zyllenhard rc. welchen dieselbe als Herren Schwagern hierzu insonderheit erbeten hat, auf sämtliche ihre, wegen vorberührter etwa ex pactis dotalibus, oder propter illata, und fernerer inferendorum, auch sonsten etwa mehrerer Ansprüchen, so dieselbe bereits tacite vel expresse hat, oder haben könnte, zustatten kommende Prælations-Rechte, nahmentlich, und insonderheit, auf die beneficia juris hypothecæ privilegiatæ tam tacitæ quam expressæ in bonis mariti, restitutionis in integrum, ingleichen probationis ignorantiæ juris vel facti, wie nicht weniger auf die exceptiones retentionis, rei non satis intellectæ, inductionis, persuasionis und was deren mehrere, sich erfinden oder erdacht werden, oder dieserhalb, von Rechts und Gewohnheitswegen zu deterselben Vorstand seyn könnten, wissend und wohlbedächtlich hierdurch renuntiiret: wie dann ich Dorothea Johanna Christiana Freyin von Dürckheim gebohrne Freyin von Witzingerode, unter Authoritæt und Beystand, wie obgemelt, des samtlichen wohl informiret und verständiget worden bin, und mich aller solcher Exceptionen, Privilegien und Vorrechten samt und sonders, in favor und zum besten dieser Obligation, und deren Herren Schuldglaubigeren, dererselben respective Herren Erben und Erbnehmen, wie auch dererjenigen, auf welche diese

Schuld-Verschreibung, cediret und transferiret werden wolte, auf das rechtsbeständigste und ausdrückentlich samtlich und zumal begeben, und Verzicht thun, gleichergestalten. hiernächst auch wir eingangsgemelte drey Gebrüdere selbsten, zu des samtlichen gesicherter Vesthaltung, und ohnverbrüchlich nachkommen, nicht nur declariren, daß falls sich wegen hierinnen veroppignorirter Göterischer Güter, ein und andern, unter uns gemachte oder vorherige Familien-Verträge erfinden solten, welche dieser Schuld-Verschreibung præjudicirlich oder zuwider seyn könnten, deren uns jedoch keine bekannt sind, wir hierdurch selbigen soviel besagte diese Schuld-Verschreibung betreffen kan, derogiret haben wollen, noch daher derselben, der geringste Nachtheil nicht entstehen soll, sondern auch wir hiebey uns aller und jeder hierwider etwa dienender, in geist- und weltlichen Rechten enthaltenen privilegien, beneficien und exceptionen, wie die immer erdacht werden, und zu statten kommen, und unsern Herrn Schuldglaubigeren zum Nachtheil gereichen könnten, wohlwißend und bedächtlichen, insonderheit aber, denen exceptionibus doli mali, fraudis, usurariæ pravitatis, contractus antichretici, rei non sic sed aliter gestæ zusamt denen beneficiis statutorum, ordinationum & constitutionum, cessionis bonorum, divisionis & novæ constitutionis de duobus reis debendi vel promittendi, Ingleichem der Exception, daß allgemeine Verzicht nicht Statt habe, es gehe dann sonderbahrer vor, nicht weniger auch mein Christian Friederichs Ehegemahlin, ihren bereits obeingeführten und wohlverständigten Vorrechten und privilegien, nochmalen und mit uns samt und sonders, mit gutem Muth, Rath und Bedacht, auf das rechtbeständigste bey unsern wahren Adelichen Worten und Treuen, vor uns und unsere Erben, begeben haben wollen, wie wir dann hierdurch uns derselben begeben, renunciren, und absagen, auch darwider nicht thun, noch gestatten wollen, gethan zu werden, auf keinerley Weiß noch Wege, falls auch eine mehrere speciale renuntiation, als hierinnen enthalten erforderlich gewesen, so wollen Wir solche ebenfalls nicht anders, als ob dieselbe hiermit eingeführet, und namentlich ausgedrucket worden wäre, vollkommentlich gethan haben, und also, ob solche würklich geschehen, davor gehalten werden; alles getreulich, ohne Argelist und Gefährde, zu deßen wahren Urkund, Wir samtliche drey Gebrüdere, und mein des ältesten Ehegemahlin nebst derselben Herrn Beystand, diese Schuld-Verschreibung eigenhändig unterschrieben, und zu mehrerer Bekräftigung unsere angebohrne adeliche Pittschaften beygedruckt haben. So geschehen zu Fröschweiler in unserer Herrschaft Schönecken, den Sechs und Zwanzigsten Tag des Monaths July Ein Tausend Sieben Hundert Vierzig und eins.

(L.S.) Christian Friederich Eckbrecht Frhr. von Dürckheim.

(L.S.) Ernst Ludwig Eckbrecht von Dürckheim.

(L.S.) Philipp Ludwig Eckbrecht von Dürckheim.

(L.S.) Dorothea Johanna Christiana von Dürckheim geb. von Witzingerode.

(L.S.) Joh. Philipp von Zyllenhard, als Beystand.

Daß vorstehende Abschrift mit dem Originali collationirt und demselben von Wort zu Wort gleichlautend befunden worden seye, ein solches wird hiermit attestirt. Zweybrücken den 29. Octobr. 1751.

Joh. Henrich Dippel
Notarius Cæs. publ. jur. desuper requisitus.

Daß

Daß die vorstehende Copia obligationis der in copia vidimata apud acta befindlichen Schuld-Verschreibung, nach vorgängiger Collationirung durchaus conform und gleichlautend befunden worden seye, solches wird hierdurch attestirt. Trarbach den 11. Dec. 1751.

Joh. Carl Martius

Reg. Secretarius.

Nr. 131.

Extractus Iudic. Protoc. d. d. 20ten Septbr. 1753. in Causa von Dürckheim contra Sponheim.

rc. rc.

Notar. Feyerlein: Nebst Abstande von übrig vorsorglich gebettener Zeit, übergebe mir in Feriis magnis zugekommenen

118. Libellum revisorium signeto meo notariali clausum sub Nro. 11. handle und bitte Innhalts.

Nr. 132.

Angeblicher Kaufbrief, wodurch die zwey jüngere Kläger Ernst Ludwig und Philipp Ludwig Freyherrn von Dürckheim ihrem ältern Herrn Bruder Christian Friederich Eckbrecht von Dürckheim ihren Antheil an der Herrschaft Sötern, nebst denen Dörfern Züsch und Boßen um eine unbenannte Summe im Jahr 1749. sollen cedirt haben.

Wir Endes Unterschriebene Gebrüdere Ernst Ludwig und Philipp Ludwig Eckbrechten Freyherren von Dürckheim, Herren der Herrschaften Schönecken und Sötern; Urkunden und bekennen hiermit vor uns, unsere Erben und Nachkommenden: Demnach nach seeligem Absterben unsers Herrn Oncle, des Freyhochwohlgebohrnen Herrn, Herrn Ernst Ludwig Vogten zu Hunolstein, Herrn der Herrschaft Söteren und anderen Orten, mehr ermeldte Herrschaft Söteren mit ihren Zugehörungen auf Uns Gebrüdere von Dürckheim erblichen Devolviret und zugefallen; Wann wir aber heutiges Tages nothdringlich uns gemüßiget gesehen, zu Beförderung unsers anderwertigen wahren Nutzen, diese obgemeldte Herrschafft Söteren, mit allen ihren Zugehörungen und appertinenzien, nichts davon ausgenommen, wie wir solche an Uns ererbet, genossen und besessen worden, anderwertlichen zu verkaufen und auf immer und ewig käuflichen zu cediren, hierzu nun auch als Käufer unser ältester Herr Bruder Christian Friederich Eckbrecht Frey-Herr von Dürckheim sich præsentiret und dargestellet, als haben wir nach der Sachen langwieriger und reifer Ueberlegung, auch zu Beförderung unsers wahren sonstigen Interesse, uns dahin entschlossen, wie wir uns dann' auch durch dieses entschliessen, obgedachten unserm ältesten Herrn Bruder, seinen Erben, Erbnehmern und nachkommenden auf die beste und unwiderrufliche Weiße Rechtens, diese obgemeldte Güter, und so viel Wir davon zu prætendiren haben, vor Uns, unsere Erben und nachkommenden, immer und auf ewig abzutretten, und hierdurch käuflichen zu überlassen, so daß derselbe, seine Erben und Nachkommenden, immer und auf ewig abzutretten und hierdurch käuflichen zu überlassen, so daß derselbe, seine Erben und Nachkommenden mit diesen ihme verkauft und cedirten Gütern, Renten und Gefällen, gleich seinen andern Gütern und Eigenthum je und allezeit zu schalten und zu walten, eine ungehinderte Macht und Gewalt haben solle und behalten, ohne männiglichen Widerrede und Einwand, unter was vor einem Prætext oder Vorwand es nur immer geschehen könnte, oder durch Menschenwitz mögte erfunden werden; Als worinnen auch Uns, unsere Erben, Erbnehmen nnd Nachkommenden, schützen, oder zu statten kommen sollen, und auf welches alles Wir hierdurch vor immer und ewig vor Uns und die Unsrigen und deren Nachkommenden, auf das allerverbindlichste renuntiiren, und da wir nebst dieser Herrschafft Söteren und ihrer Zugehörungen, auch in dem Herzogthum Zweybrücken, und zwar in dem OberAmt Lichtenberg den Baumholder Zehenden, samt noch unterschiedlichen anderwertigen Gefällen, als ein Erblehen besitzen, wie hierüber die besagte Lehen-Briefe das weitere bemelden, Wir aber gesinnet seyn, diese Gefälle ebenmäßig käuflich zu begeben, so viel uns davon zukommen mag, hierinnen ermeldte Herr Käufer solche auch gleichermaßen an sich und die seinige suche zu erkaufen, als cediren Wir gleichermaßen hierdurch auch ihm, seinen Erben und Nachkommenden obmentionirte Baumholder Gefälle, und bestehen solche in Erblehen oder Eigenthum, auf die gleiche Art und mit männlichen Conditionen, wie Wir ihme und Ihnen ermelde Herrschaft Söteren verkauft und cediret haben, doch so und dergestalten, daß, weilen in diesen Baumholder Gefällen, als auch in der Herrschafft Söteren sich unterschiedliche Erblehen befinden, er der Herr Käufer auf seine Kosten den Lehen-Herrschafftlichen Consens über diesen Verkauf auswürken und sich belehnigen lassen solle, wogegen dann er Herr Käufer uns unterschriebenen Gebrüdern Eckbrechten von Dürckheim vor die ihm verkaufte und hierinnen specificirt-cedirte Güther, Renthen und Gefällen (als zu dessen Vollziehung derselbe sich von dato der Unterschrifft zwey Monath Zeit längstens aushalten thuet) an jeden der Herren Verkäufer zu zahlen verspricht

Gulden Reichswehrung, den Gulden zu 15. Bazen oder 60. kr. gerechnet, mit dem fernern Anhang, daß in sobalden die Streitigkeiten so dermalen zwischen Ihro Chur-Fürstlichen Gnaden zu Trier, dem Herrn Graven von Hunolstein-Durcassel und uns Gebrüdern von Dürckheim in Ansehung der Dörfer Züsch und Boßen, als eine Appertinenz der Herrschafft Sötern obwaltet, wird gehoben seyn, und unser ältester Herr Bruder als Käufer in die ruhige Possession und Genuß solcher Dörfer wird gesezet seyn, und wozu er seines Orts und zwar auf seine Kosten das beste beyzutragen sich obligiret, fernerhin an jeden Endes unterschriebenen Herrn Verkäufer, sogleich eine nochmalige Summa von — —

— — — — — — — — — — — —

zu zahlen verspricht, und damit auch Herr Käufer beyder hiervornen stipuliret erfolgender ersterer Zahlung wegen von uns gethanen Verkauffs im geringsten nicht gestöhret werde, und keine weitere Formalitæt vonnöthen habe sich in die vollkommene Possession derer ihm hierdurch cedirten Güteren, Renten und Gefällen zu sezen; Als consentiren wir hierdurch auch, sobalden die vorgemeldte erstere Zahlung erfolget, er Herr Käufer die völlige Macht und Gewalt haben solle, sich in den Genuß und in den Besiz aller Ihm übergebenen Güther und Renthen zu sezen, die Untertha-

nen

nen als auch die Bedienten, in seine alleinige Pflicht zu nehmen, ohne daß ihme hierinnen von Uns, oder Jemand anders, wer es auch seyn mag, einige Hindernis solle gemacht werden können. Wie wir dann bey solcher Gelegenheit auch unsern Unterthanen und Bedienten ihr uns geleistete Pflichten hierdurch entlassen, und solche dem Herren Käufer und denen seinigen wollen zugewießen haben.

Damit aber auch in das Zukünftige, dem Herrn Käufer, seinen Erben, Erbnehmen und Nachkommenden, an seinem ruhigen Besitz und Genuß dieser ihm verkauften Güthern, Renthen und Gefällen, um so weniger einiger Eintrag möge gemacht werden können; Als ist hierinnen zu gleicher Zeit expresse vorbehalten worden, daß der hiebeygelegte renunciations actus von meiner des jüngsten Herrn Bruders und Mitverkaufers Gemahlin, mit Zuziehung ihres Herrn Beystandes möge unterschrieben und besiegelt werden. Uebrigens aber dieselbe als auch die Herrn Verkäufere sich alles dasjenige vor sich und ihre Erben, Erbnehmen und Nachkommenden auf das kräftigste wollen begeben haben, was ihnen nach welt- oder geistlichen Rechten, oder durch Menschen-Sinn zu statten kommen könnte, jezo und zu ewigen Zeiten diesen Verkauf anzufechten, zu turbiren, oder gar über einen Haufen zu werfen, sonderlich der Ausflüchten, als ob solche Güter, Renten und Gefälle mit einem fideicommiss verstrickt, oder gar nicht hätten veralieniret noch verkauft werden können, oder der Exception non numeratæ pecuniæ; læsionis ultra dimidium, doli mali, fraudis, usurariæ pravitatis, rei non sic sed aliter gestæ, zusamt denen beneficiis statutorum ordinariorum & constitutionum, cessionis bonorum, divisionis & novæ constitutionis de duobus reis debendi vel promittendi, ingleichem der Exception, daß allgemeine Verzicht nicht statt haben, es gehe dann sonderbarer vorher, als auf welches alles dieselben hiermit nochmalen renunciren, anbey sich anheischig machen, in Zeiten, als dieser Verkauf durch den Lehenherrlichen Consens und Ritterschaftliche Confirmation bekräftiget werde, weder ein noch das andere zum Schaden und Nachtheil dieses Verkaufes weder verkaufen, verpfänden noch vertauschen, als nicht weniger die zu dieser Herrschafft Renthen und Gefällen, als worunter die Baumholder mitbegriffen, gehörige Documenten gewissenmäßig zu extradiren, und bey ersterer Zahlung dem Herrn Käufer nacher Zweybrücken zu liefern. wie dann auch die Herrn Verkäufere, vor sich, ihre Erben, Erbnehmen und Nachkommende sich auf das kräftigste hierdurch verbindlich machen, daß wann heut oder Morgen, frühe oder späth durch die ihrigen oder Fremden, dem Herrn Käufer und seinen Nachkommenden, die verkaufte Herrschaft durch hohen richterlichen Ausspruch sollte entzogen werden, die Herren Verkäufere und ihre Nachkommenden dem Herrn Käufer und denen Seinigen die gehörige Eviction zu leisten, auch zu solchem End vor sich und die Ihrige alles dasjenige, es bestehe solches in liegenden oder fahrenden Gütern, zum besten wollen verhypothecirt haben, als viel zu diesem mögen erforderlich seyn.

Dessen zu wahrem Urkund und Vesthaltung ist dieser Verkauf in Duplo von Uns samtlich, wie auch des jüngern Herrn Frau Gemahlin samt ihrem Herrn Beystand eigenhändig unterschrieben, mit ihrem gewöhnlichen Petschafft corroboriret, ausgefertiget, geschlossen und jedem transigirenden Parti ein Exemplar zugestellet worden. So geschehen Langen-Sulzbach und Fröschweiler den ersten Aprilis Siebenzehen hundert, Vierzig und Neun.

(L.S.) de Dürckheim. der Mittlere.
(L.S.) P. L. E. Freyherr von Dürckheim.
(L.S.) Louise von Dürckheim, geb. von Berlichingen.

Ich Louisse Sophia von Dürckheim gebohrne von Berlichingen, jetztmalige Gemahlin des Herrn Philipp Ludwig Eckbrechten Freyherrn von Dürckheim als Mitverkäufer, bekenne hierdurch mit Zuziehung meines Herrn Beystandes, als welcher mich wegen diesem Verkauff der Herrschafft Söteren, deren Gefälle zum Baumholder, und ihren sämtlichen Dependenzen und Zugehörungen, auf das beste informiret und ich auch vollkommen verstanden, mich aller solcher Exceptionen Privilegien und Vorrechten, die mir etwa durch meine Heuraths-Verschreibung, Dotal-Gelder oder sonstigen Vermächtnüssen oder Dispositionen samt und sonders auf diese obgemeldte Güther je und allerweg möchten erhalten haben, zu favor und zum besten dieses Verkaufs und des Herrn Käufers, desselben Erben, Erbnehmen und Nachkommenden auf das Rechtsbeständigste und ausdrücklichste sämtlich und zumal begeben und Verzicht thuen. Dessen zu wahrem Urkund ich diesen Verzicht und Renunciation nebst obgemeldt meinem Herrn Beystand eigenhändig unterschrieben und mit unsern angebohrnen Insiegel bekräftiget haben. So geschehen Fröschweiler den ersten Aprillis Siebenzehnhundert, Vierzig und Neun.

(L. S.) Louisse von Dürckheim,
gebohrne von Berlichingen.

(L. S.) Joh. Philipp de Zyllenhard,
als Beystand,

wie daß obige Renunciation wohlgedachter Frau von Dürckheim Gnaden gänzlicher Wille und Meynung seye.

Von Nieder-Rheinischen Reichsritterschaftlichen Directorii wegen wird vorstehender zwischen denen dreyen Herrn Gebrüdern Eckbrechten von Dürckheim verabredet- und geschlossener Kauf- und Verkauf alles seines Innhalts, Clausuln, Wort und Meynungen dergestalten jedoch confirmiret, daß die hiermit ertheilende Confirmation uns und einem jeden an seinen habenden Rechten, sonderlich auch denen unterm 31ten Octob. 1744. und 13ten hujus von Uns bestättigten Obligationen von respective drey und dreysig tausend Gulden, und Tausend Gulden, ohnnachtheilig und unabbrüchig seyn solle.

In Urkund dessen haben wir gegenwärtiges fertigen, unserem Austrags-Protocoll einverleiben, das Reichs-Ritterschaftliche Directorial-Insiegel hievordrücken, und durch unsern Secretarium unterschreiben lassen. Coblenz in consilio equestri den 26ten November 1749.

Ex Mandato

(L. S.) J. G. Gluckstein, unterschrieben.

Secretarius.

Daß vorstehende Copia von ihrem wahren mir vorgelegten, aber gleich wieder zu Handen gezogenen auf sieben Blättern befindlichen originali fideliter gefertiget, auch demselben ausser denen darinnen stehenden Summen, so heraus gelassen worden, von Wort zu Wort facta collatione gleichlautend und übereinstimmend befunden, solches

solches thuet vermöge eigenhändiger Nahmens-Unterschrifft, und vorgedruckten gewöhnlichen Notariat-Insiegel glaubwürdig attestiren und bescheinigen. Straßburg den 24ten October 1770.

(L.S.) Johann Jacob Griesbach

Not. publ. & Academicus juratus.

Wir Franz Joseph von Hafner der Meister und der Rath der Strasburg urkunden und bekennen hiermit, daß Herr Johann Jacob Griesbach, welcher vorstehendes Certificat gegeben, und unterschrieben, dieser Stadt ordentlicher und geschwohrener Notarius seye, und ihme in solcher seiner Qualitæt vollkommener Glauben in und ausser Gericht beygemessen werde. Zu dessen mehrer Bekräftigung Wir unserer Canzley gewöhnliches Insiegel hierunter drucken lassen, so geschehen Strasburg den fünf und Zwanzigsten October Ein Tausend Sieben Hundert Siebenzig.

(L.S.) Canzley allda.

Nr. 133.

Copia Antwort-Schreibens des Herrn Herzogen von Zweibrücken Durchlt. an des Herrn Churfürsten von Mainz, Churfürstlichen Gnaden d. d. 18ten Apr. 1778.

P. P.

Euer Lbd. ist unterm 11ten Febr. h. aj. gefällig gewesen, uns von dem in Sachen von Dürckheim entgegen die H. G. Sponh. gemeinschafftl. Regierung, puncto des Züscher Lehens erhaltenen Kaiserl. und Reichs-Cammergerichtlichen Executions-Auftrag beliebig zu benachrichtigen.

Mit je besonderer Dankverbundenheit Euer ꝛc. desfalsige Eröffnung und Dero gegen Uns hegende geneigte Gesinnungen wir verehren, mit eben so vieler Bedaurung sehen Wir an, daß Euer ꝛc. hierunter geäußerte Vorschläge zu bewürken, uns außer Standt befinden, indem das Directorium von dem H. Gr. Sponh. Lehens-Hof dermalen bey des Herrn Marggraven von Baden Lbd. stehet, und von dahero der Recursus ad Comitia Imperii bereits eingeführet worden, und fortgesezt werden wird, verfolgl. wir eine andere Entschliesung in dieser gemeinschafftl. Sponh. Angelegenheit zu faßen in alle Weege behindert sind, auch selbst vermeynen, daß dieser Recours nicht ohngegründet und von dem gewühnrigen Erfolg seyn werde.

Welches Euer ꝛc. Wir hierdurch in Freundnachbarlicher Antwort ohnverhalten, und zugleich diejenige vorzügliche Hochachtung versichern wollen, in welcher Ihro ꝛc.

Nr. 134.

Sententia die 29. Aug. 1777. publ.

Omis: rubro: Ist die durch Notar. Mahl am 2ten Junij jüngsthin gesuchte Revision als unzuläßig hiermit verworffen, sondern laßt man es (vorbehaltlich jedoch des Dris Gülich und Dris von Zwierlein Herrn Principalen in Betref der verlangten Lehnbarkeit des Orts Züsch in petitorio etwa zukommen mögender Gerechtsamen) bey dem vorhin erkannten Mandato de exequendo lediglich bewenden.

Dann ist in Betreff der Landes-Hoheit und derselben anklebenden Rechten, auch in spec. der Jagd-Gerechtigkeit, Dri Gülich und Dri von Zwierlein auf die durch Dr. Ruland | 48. | 49. | 50. | eingebrachte Handlung, so weit es statum possessionis vom Jahr 1716. bis zur Chur-Trierischen Sequestration betr. sich vernehmen zu lassen, annoch Zeit 1. Monaths zugelassen, mit dem Anhang, wo sie deme also nicht nachkommen werden, daß alsdann die Sache von Amtswegen für beschlossen angenommen seyn soll, und auf weiteres Anrufen ergehen solle, was Recht ist.

Endlich ist Dr. Brandt, daß er bisher vor den Herrn Markgraven zu Baden-Durlach ohne dazu bevollmächtiget zu seyn, mit seinem Prorogations-Gesuch das Protocoll verwirret, hiermit verwiesen, und sich dessen in Zukunft zu enthalten, aufgegeben.

Daß sämmtliche vorstehende Beilagen, von Num. 81. biß 134. inclusive, theils von ihren Originalien, theils von vidimirten Abschriften, und theils von andern ad Acta gekommenen glaubwürdigen Abschriften genommen, und selbigen, facta praevia Collatione, quoad passus concernentes von Wort zu Wort gleichlautend erfunden worden, solches wird hiermit unter vorgedrucktem Fürstl. Geheimen Raths Canzley-Innsiegel beurkundet. Carlsruhe den 6ten September 1779.

Friedrich Matthäus Vierordt

Hochfürstlich Marggrävl. Badischer Rath und geheimer Registrator.